KB175134

Be the Solver

과제 성과 평가법

혁신 방법론

Be the Solver

과제 성과 평가법

송인식 지음

이담
Books

'문제 해결 방법론(PSM)'[1]의 재발견!

오랜 기간 기업의 경영 혁신을 지배해온 「6시그마」의 핵심은 무엇일까? 필자의 과제 수행 경험과 강의, 멘토링, 바이블 시리즈 집필 등 20년 넘게 연구를 지속해오면서 6시그마를 지배하는 가장 중요한 요소가 무엇인지 깨닫게 되었다. 그것은 바로 **'문제 처리(Problem Handling)', '문제 해결(Problem Solving)', '문제 회피(Problem Avoiding)'**이다. 이에 그동안 유지해온 타이틀 『6시그마 바이블』 시리즈와 『Quality Bible』 Series를 이들 세 영역에 초점을 맞춘 『**Be the Solver**』 시리즈로 통합하고, 관련 내용들의 체계를 재정립한 뒤 개정판을 내놓게 되었다.

기업에서 도입한 경영 혁신의 핵심은 대부분 '문제 처리/문제 해결/문제 회피(이하 '3대 문제 유형')'을 위해 사전 활동으로 '과제 선정'이 요구되고, '3대 문제 유형'을 통해 사후 활동인 '성과 평가'가 이루어진다. 또 '3대 문제 유형'을 책임지고 담당할 '리더'가 정해지고, 그들의 '3대 문제 유형' 능력을 키우기 위해 체계적인 '전문 학습'이 기업으로부터 제공된다. 이들을 하나로 엮으면 다음의 개요도가 완성된다.[2]

---

1) Problem Solving Methodology.
2) 송인식(2016), 『The Solver』, 이담북스, p.38 편집.

상기 개요도에서 화살표로 연결된 내용들은 '용어 정의'를, 아래 밑줄 친 내용들은 '활동(Activity)'을 각각 나타낸다. 기업에는 모든 형태의 문제(공식화될 경우 '과제')들이 존재하고 이들을 해결하기 위해 세계적인 석학들이 다양한 방법론들을 제시했는데, 이같이 문제들을 해결하기 위한 접근법을 통틀어 **'문제 해결 방법론(PSM, Problem Solving Methodology)'**이라고 한다.

필자의 연구에 따르면 앞서 피력한 데로 문제들 유형은 '문제 처리 영역', '문제 해결 영역', 그리고 '문제 회피 영역'으로 나뉜다. '문제 처리 영역'은 '사소한 다수(Trivial Many)'의 문제들이, '문제 해결 영역'은 고질적이고 만성적인 문제들이, 또 '문제 회피 영역'은 연구 개발처럼 '콘셉트 설계(Concept Design)'가 필요한 문제 유형들이 포함된다. '문제 회피(Problem Avoiding)'의 의미는 설계 제품이 아직 고객에게 전달되지 않은 상태에서 "향후 예상되는 문제들을 미리 회피시키기 위해 설계 노력을 강구함"이 담긴 엔지니어 용어이다. 이들 '3대 문제 유형'들과 시리즈에 포함돼 있는 '문제 해결 방법론'을 연결시켜 정리하면 다음과 같다.

[총서]: 문제 해결 역량을 높이기 위한 이론과 전체 시리즈 활용법 소개.
- The Solver → 시리즈 전체를 아우르며 문제 해결 전문가가 되기 위한 가이드라인 제시.

[문제 처리 영역]: '사소한 다수(Trivial Many)'의 문제들이 속함.

- 빠른 해결 방법론 → 전문가 간 협의를 통해 해결할 수 있는 문제에 적합. '실험 계획(DOE, Design of Experiment)'을 위주로 진행되는 과제도 본 방법론에 포함됨(로드맵: 21 – 세부 로드맵).
- 원가 절감 방법론 → 원가 절감형 개발 과제에 적합. 'VE(Value Engineering, 가치공학)'를 로드맵화 한 방법론(로드맵: 12 – 세부 로드맵).
- 단순 분석 방법론 → 분석 양이 한두 건으로 적고 과제 전체를 5장 정도로 마무리할 수 있는 문제 해결에 적합.
- 즉 실천(개선) 방법론 → 분석 없이 바로 처리되며, 1장으로 완료가 가능한 문제 해결에 적합.
- 실험 계획(DOE) → '요인 설계'와 '강건 설계(다구치 방법)'로 구성됨(로드맵: '빠른 해결 방법론'의 W Phase에서 'P – D – C – A Cycle'로 전개).

[문제 해결 영역]: 고질적이고 만성적인 문제들이 속함.

- 프로세스 개선 방법론 → 분석적 심도가 깊은 문제 해결에 적합(로드맵: 40 – 세부 로드맵).
- 통계적 품질 관리(SQC) → 생산 중 문제 해결 방법론. '통계적 품질 관리'의 핵심 도구인 '관리도'와 '프로세스 능력'을 중심으로 전개.
- 영업 수주 방법론 → 영업 수주 활동에 적합. 영업·마케팅 부문(로드맵: 12 – 세부 로드맵).
- 시리즈에 포함되지 않은 동일 영역의 기존 방법론들 → TPM, TQC, SQC, CEDAC, RCA(Root Cause Analysis) 등.[3]

---

3) TPM(Total Productive Maintenance), TQC(Total Quality Control), SQC(Statistical Quality Control), CEDAC(Cause and Effect Diagram with Additional Cards).

[문제 회피 영역]: '콘셉트 설계(Concept Design)'가 포함된 문제들이 속함.

- 제품 설계 방법론 → 제품의 설계·개발에 적합. 연구 개발(R&D) 부문 (로드맵: 50 – 세부 로드맵).
- 프로세스 설계 방법론 → 프로세스 설계·개발에 적합. 금융/서비스 부문 (로드맵: 50 – 세부 로드맵).
- FMEA → 설계의 잠재 문제를 적출해 해결하는 데 쓰임. Design FMEA 와 Process FMEA로 구성됨. 'DFQ(Design for Quality) Process'로 전개.
- 신뢰성(Reliability) 분석 → 제품의 미래 품질을 확보하기 위해 수명을 확률적으로 분석·해석하는 데 적합.
- 시리즈에 포함되지 않은 동일 영역의 기존 방법론들 → TRIZ, NPI 등.[4]

다음은 『**Be the Solver**』 시리즈 전체와 개별 주제들의 서명을 나타낸다.

분류	『Be the Solver』 시리즈
총서	The Solver
문제 해결 방법론 (PSM)	[문제 처리 영역] 빠른 해결 방법론, 원가 절감 방법론, 단순 분석 방법론, 즉 실천 (개선) 방법론 [문제 해결 영역] 프로세스 개선 방법론, 영업 수주 방법론 [문제 회피 영역] 제품 설계 방법론, 프로세스 설계 방법론
데이터 분석 방법론	확증적 자료 분석(CDA), 탐색적 자료 분석(EDA), R분석(빅 데이터 분석), 정성적 자료 분석(QDA)
혁신 방법론	혁신 운영법, 과제 선정법, 과제 성과 평가법, 문제 해결 역량 향상법
품질 향상 방법론	[문제 처리 영역] 실험 계획(DOE) [문제 해결 영역] 통계적 품질 관리(SQC)–관리도/프로세스 능력 중심 [문제 회피 영역] FMEA, 신뢰성 분석

---

4) TRIZ(Teoriya Resheniya Izobretatelskikh Zadach), DFQ Process(Design for Quality Process), NPI(New Product Introduction).

한 기업의 과제 발표회에 참석했을 때 CFO의 부드러우면서도 간결했지만 강력한 메시지가 들어 있던 강평이 떠오른다. "…(중략) 과제의 발표 자료에서 우리는 항상 '양'의 결과만을 강조하지만, 그를 유지하기 위해 투입되는 비용이나 그로 인한 역효과 비용, 또 자료에 들어 있던 '양'의 결과가 그대로 지속하지 않을 것 같은 불확실성, 다시 말해 '부'의 효과에 대해서는 거의 논하지 않는 것 같다. 정녕 오늘 발표했던 과제들의 이익 합계가 우리 회사 손익의 결과와 맞춰질 수 있는 것인가? 성과 평가 담당자들은 이런 부분에 대해서 완벽하다고 할수 있는가? 되짚어보지 않을 수 없다. (중략)…"

교육을 하고 있을 때의 일이다. 회사 내 강의실 맞은 편 벽면에 이런 문구가 눈에 띄었다. "경영 혁신을 한 글자로 압축하면? The answer is 돈!" 마이클 해리가 'Bottom – up'의 형태로 추진했던 1세대 혁신 활동 키워드를 '비용 절감'에 두었지만 이후 시작하게 된 2세대를 'Top – down'으로 정의한 데는 충분한 이유가 있었다. 바로 성과의 한계를 느꼈기 때문이다. 조직의 맨 하부에서 나름대로 성과를 내는 구조로는 거대한 몸집의 공룡과 다름없을 기업에겐 간에 기별도 가지 않는 아주 작은 변화로만 인식된다. 맨 하부의 활동도 몸집에 비해서는 작지만 공룡의 뇌와 같은 기업의 상부와 연결될 때에야 비로소 성과가 극대화될 수 있다는 논리다. 이와 같은 'Top – down' 형태는 매년

말 또는 매년 초에 한 해 동안 수행할 과제들을 발굴할 때 너무도 익숙한 '전략과의 연계'란 화두로 시작하는 배경이 되었다.

　여기까지는 누가 봐도 바람직한 변화임에 틀림없다. 그러나 이다음부터가 문제다. 경영 혁신을 처음 도입하는 기업이 첫 해엔 계획 세우느라 분주히 보내고, 둘째 해엔 세워놓은 계획을 이행하기 위해 교육받고, 과제 수행하고, 관리하는 데 온 정신을 쏟아낸다. 3년차 들어가면 적어도 1.5사이클은 돌아간 시점이라 어느 정도 몸에 익기도 할 뿐더러 컨설턴트에 따라만 가던 추종자에서 이젠 이끌어가려는 주도자 역할을 하려는 움직임도 생겨난다. 두 번째 사이클이니 계획하는 일도 능수능란하다. '프로세스 맵 → C&E Matrix → FMEA' 같은 반복되는 전개 구조에 익숙한 나머지 가끔 "그건 그냥 넘어가지…" 하는 약간 역정 섞인 말투도 사업부장 입에서 흘러나오기 시작한다. 이 과정을 넘기고 3년차가 마무리돼 가는 시점에 이르면 임원들에게서 영락없이 이구동성으로 나오는 말이 있다. "그렇게 번 돈 다 어디 갔지!!" 발표되는 과제들의 성적을 듣고 있노라면 적게는 몇 천만 원부터 수억, 많게는 수십억까지 재무성과를 논하지만 도대체 그게 내 돈인지 알 길이 없다. 심지어는 적자가 난 회사들에겐 그와 같은 상황이 전혀 납득하기 어려운 지경에 이른다. 전략과 연계된 과제를 뽑아 1년 내내 추진해서 결국 적자라니…. 물론 이때도 의구심에 항변할 기막힌 대응책은 있다. "그렇게 하지 않았다면 적자 폭은 더 커졌을 겁니다"라고. 이런 반복되는 질문과 대답 속에 경영진은 지쳐만 간다. '경영 혁신 정말 필요한 건가?' 하는 자성 섞인 소리도 들려오기 시작한다. 이와 같은 초창기와 달라진 경영진의 태도에 혁신 사무국은 사무국대로 추진 동력을 서서히 잃어가고 그동안 하자는 대로 움직여주었던 직원들도 각자의 업무에 집중해가면서 의지를 갖고 추진된 경영 혁신 활동은 관심사로부터 점점 멀어지는 쇠퇴기를 맞이한다.

　'문제 해결 방법론'의 로드맵을 보면 Analyze Phase에서 세웠던 '가설'을 확인하는 '검정' 절차가 있다. 'X'가 'Y'와 관계하는지 객관적으로 검증해야 프로세스를 뜯어 고칠 수 있는 자격이 주어진다. 그런데 하물며 회사의 손익을 논하는 자리에서 일말의 검정 절차 없이 "과제 성과가 진정 손익과 관계한다!"라든가, "안 그랬으면 적자 폭은 더 늘어났을 겁니다"와 같은 가설의 가설을 덧붙이는 현실은 모순덩어리 속에 파묻혀 있음에 분명하다. 그래도 좀 나은 축에 들어가는 예가 평가 전문가들을 육성하고 교육을 통해 수행 과제의 성과를 평가하도록 제도화한 경우인데, 이때도 과제 수에 비해 턱 없이 부족한 평가 전문가들을 배정해놓거나 교육을 철저히 하지 않는 경우, 또는 아주 흔한 일이지만 모두가 'Part-time'으로 운영되는 현실에서 산출 식 하나하나를 하루 종일 붙잡고 늘어질 열정은 아예 생겨나기 어려운 지경이다. 과연 과제 하나에서 만들어진 '재무성과'가 '2+3=5'와 같이 명료하면서 반론의 여지도 없는 금액으로 결론지을 수 있을까? 적어도 기업의 손익 계산과 관련한 대답에서는 'No'이다. 엄청난 노력의 대가 없이는 속한 기업의 사업 특성과 환경에 맞는 적합한 산출 식을 마련하기가 그리 녹록치 않음은 분명하다. 다시 말해 남들이 해놓은 산출 식이나 노하우는 우리가 그대로 가져다 쓰기엔 부족한 점이 너무 많음을 인식하는 것이 매우 중요하다.

서양의 SPC, TQC 등이 일본으로 흘러들어와 일본 것이 됐듯이 경영 혁신도 미국에서 들여왔지만 이젠 거의 한국 것이 돼가고 있다. 그러나 일본이 자국 내 학계와 업계에서 수많은 연구와 관심, 시행착오를 거쳐 순수 그들의 작품들을 끊임없이 만들어낸 것과 달리 우리의 현실은 지진해일이 휩쓸고 간 후 흔적만 남은 것처럼 기업과 사회적 관심도가 멀어지면서 학계의 관심도 거의 사라져버렸다. 조금 비관적으로 현실을 대변하면 낭떠러지 절벽에 가느다란 옥수수 줄기 엮어 만든 빈약한 줄에 몸 하나를 지탱하고 있는 그런 느낌이랄까! 그동안의 것들을 더욱 발전시키고 체계화시켜야 할 단계에서 너무나도 쉽게 지휘봉을 내려놓은 느낌을 지워버릴 수가 없다. 그러나 오케스트라는 아직

끝나지 않았다! 아무라도 지휘봉을 들고 흔들어보자. 그 이면엔 '과제 성과 평가'라는 우리가 만들어낸 독창적인 아이템이 존재한다. 이 분야는 애초 미국 컨설팅 회사들이 안(案)을 주었든 그렇지 않았든 명칭 자체도 우리의 것이고 내용도 우리 기업 내부에서 공들여 만든 순수 우리의 것이다. 등한시하고 허공에 비눗방울처럼 흐트러트리기엔 너무 아깝다는 생각도 들고 또 이를 확대 발전시키지 못한 자책감마저 든다. 이런 분위기를 반영해 '과제 성과 평가 편'의 본문은 다음과 같은 쓰임새로 활용되었으면 하는 바람이다.

첫째, 기업에서 수행되는 모든 과제들의 금전적 효과 평가 체계가 완성되는 첫 핵반응이 되었으면 한다. 하나의 원자 충돌로 수많은 반응이 연쇄적으로 일어나는 핵반응처럼 본 책의 기본 정보를 토대로 각 기업별 수행되는 모든 과제의 효과를 화폐의 단위로 계량하는 연구와 그로부터 실질적 성과를 계측하는 체계가 다양한 분야에서 다양한 형태로 완성되기를 기원한다.

둘째, 완성된 금전적 효과 평가 체계가 각 기업의 재무제표(특히 손익 계산서)와 과학적이고 실용적으로 연계되는 체계로 발전되었으면 한다. 모든 과제의 효과를 금전적으로 표현하는 것은 사실 조금만 노력하면 불가능한 일도 아니다. 그러나 그것이 공신력 있는 재무제표(특히 손익 계산서)의 숫자와 인과성을 갖도록 하는 작업은 그리 쉬운 일이 아니다. 약간의 시행착오와 끊임없는 연구가 뒷받침돼야 맛볼 수 있는 달콤함이다. 그 과실이 각 기업별 분야별로 여러 모양과 색깔로 삐져나올 때 "과제의 효과=기업의 수익"으로 받아들여지는 계기가 될 것이다.

셋째, 경영 혁신을 다시 추진하는 계기가 되었으면 한다. 회사의 수익성과 성장성을 담보하기 위해서는 기업은 차년도에 무엇인가를 해야 한다. 그 '무엇'이 '과제'라면 '전략과 연계된 과제가 발굴'된 것이다. 과제가 발굴되면 누군가 이행하도록 해야 하고 또 직원들 중 누군가는 그 일에 책임을 지고 일정 기간 동안 목표를 달성해야 한다. 이것이 '과제 수행'이다. 과제 수행 결과로 나온 '효과'는 분명 기업의 당초 목표 달성 여부를 확인한 뒤 단기적으론 '수익'에, 장기적으론 '성장'에 기여한다. 사이클이 완성되고 선순환을 하는 것이다. 우리네 몸에 비유하면 생체 리듬이 생겨 건강해지고 활력소를 얻게 됨으로써 더 발전적인 인격체로 발돋움할 수 있는 단초가 된다. 이것은 경영 혁신을 처음 받아들인 경영진의 취지에 정확히 부합한다. 말이 맞는다면 부진했던 효과 평가 분야를 체계화해 실질적인 기업의 수익과 성장에 기여하고자 했던 초기의 분위기로 되돌아가 한층 더 고도화된 경영 혁신 활동을 추진하는 계기가 되었으면 하는 바람이다.

본 「과제 성과 평가법」편이 이런 점에서 좋은 본보기가 되었으면 하는 바람과 기업 내에서 좀 더 연구해나가는 분위기가 조성되었으면 하는 바람이다. 매우 어려운 시기에 모든 기업의 큰 성장을 이 공간을 빌어 크게 소원하는 바이다.

본문의 구성

　본 책은 『Be the Solver』 시리즈 중, '혁신 방법론' 분류에 속한다. '과제 효과'를 '재무성과'와 '비재무성과'로 구분하는데 의미 전달을 명확히 하기 위해 서명을 '과제 효과 평가법' 대신 「과제 성과 평가법」으로 정했다. 우선 기본 철학은 기업에서 수행되는 모든 과제의 효과를 '금전적'으로 표현하는 콘셉트를 갖고 시작할 것이다. 따라서 기존에 보지 못한 생소한 개념도 일부 포함되었다. 이런 내용은 낯설지만 독창적이란 측면에 점수를 더 주었으면 하는 바람이고 미진한 부분들에 대해서는 다양한 분야의 다양한 전문가들에 의해 더욱 발전되는 계기가 되었으면 한다. 본문의 구성을 요약하면 다음과 같다.

　1. 전개를 크게 「서론」과 「본론」으로 나누었으며, 「서론」에서는 통상 효과가 '재무성과'와 '비재무성과'로 나뉨에 따라 '과제 유형'도 둘의 구분을 따라 '재무 과제'와 '비재무 과제'로 나눈 뒤 각각의 발굴 과정을 설명하였다. 이 내용은 「Be the Solver_과제 선정법」편의 내용을 요약한 것이므로 자세한 정보는 해당 서적을 참고하기 바란다. 또 「서론」에 국내에서 '효과 평가 전문가'가 탄생한 배경과 기존의 '효과 평가 제도' 등에 대해 언급한다. 따라서 독자는 「서론」을 통해 기존 또는 현재 평가 전문가에 대한 전반적 이해를 구할 수 있다.

2. 「본론」 초반부에는 '금전적 효과 평가'의 전반적 '개요'를 다룬다. 이 단계에서는 우선 혼선을 막기 위해 기업마다 같은 대상이지만 다른 표현의 용어들을 찾아내 명확하게 정의함으로써 대화의 효율을 높이는 데 주력했다. 또 독창적 모델인 '성과 공간'을 도입함으로써 앞으로 이루어질 모든 '금전적 효과 평가'의 시각화까지도 대상 범주에 포함시켰다. 따라서 독자는 「본론」 초반부에 제시된 내용을 통해 이후 전개될 '산출 식'의 전반적 형태를 마치 숲을 보는 개념으로 인식하게 될 것이다.

3. 「본론」 중반부에는 주로 '재무성과'에 대한 유형별 구체적 '산출 식'을 제시한다. 그동안 기업에서 쓰고 있는 다양한 '산출 식'들을 유형별로 구분해 명확히 하였다. 특히 큰 특징 중 하나는, 과제 효과를 기업 성적표인 재무제표 (특히 손익 계산서)와 일치되게 할 목적으로 '손익 계산서'의 '계정 과목'에 기초한 분류 체계를 철저히 따른 점이다. 따라서 독자는 '손익 계산서'의 각 '계정 과목'과 연계된 '산출 식'을 접함으로써 과제 효과 평가 시 '손익 계산서'와의 연계성 확립에 큰 도움을 받게 된다.

4. 「본론」 후반부에는 주로 '비재무성과'를 다룬다. '비재무성과'는 다시 'COPQ성'과 'R&D성'으로 구분되며, 특히 'R&D성'은 기존 효과 평가에 포함돼 있지 않은 새로이 개척한 영역이다. 물론 '산출 식'을 스스로 만들어내기보다 기존 연구 개발 과제의 성과 산출 방식을 도입해 반영했으므로 현실과 동떨어진 먼 나라 얘기가 아니란 점을 강조하고 싶다. 자세한 내용은 본문을 참조하기 바란다.

5. 「본론」 종반부는 '비재무성과 – 체질 개선 성과'를 다루지만 'R&D성'과 유사하게 기존에 접해보지 않은 독창적인 효과 평가 체계를 언급한다. 그러나

'R&D성'과 다른 점은 'R&D성'은 '산출 식'에 명확한 출처가 있고 기존 연구되어온 이론적 배경을 바탕으로 한 반면, 본문에 설명된 '체질 개선 성과'는 그가 속한 과제의 탄생 배경부터 산정 방식까지 모두 새롭게 짜인 실험적 성격을 띤다. 따라서 독자들로부터 반론과 이의가 속출할 가능성도 높지만 변화 없이는 발전도 없다는 변명하에 앞으로 나아갈 연구 방향을 제시했다는 점에 나름 큰 의의를 두고 싶다. 이 영역에 대해서는 관심 있는 분들의 가까운 미래에 대한 연구 테마로 남겨두는 바이다.

사실 '과제 효과 평가'는 필자에게도 좀 생소한 영역이라 이 책을 완성하는 데 너무 많은 시간과 에너지를 쏟아야 했음을 고백한다. 이 얘기는 결국 중간중간 부족한 점들이 대거 스며들어 있음을 미리 인정하는 꼴이다. 따라서 독자들의 비평도 달게 받겠지만 또 본 책을 계기로 이 분야가 한층 성숙하는 계기가 돼주는 데 많은 관심과 사랑을 기울여주기를 바라마지 않는다.

차례

서론

이 단원에선 지금까지 과제 수행에 따른 결과, 즉 '효과'에 대해 그 평가가 어떻게 이루어졌고, 또 어떻게 운영돼왔는지 알아본다. 덧붙여 앞으로 이어질 금전적 평가의 이해를 돕기 위해 과제 평가의 주체인 '효과 평가 전문가'와 그들의 활동을 지원할 '제도'에 대해서도 언급한다.

1. 효과 평가를 고려한 '과제 선정'

'효과'와 '과제'는 서로 어떤 관계일까? '과제 (Project)'의 사전적 정의가 "처리하거나 해결해야 할 문제"이고, '효과(Effect, Effectiveness)'는 "어떤 목적을 지닌 행위에 의하여 드러나는 보람이나 좋은 결과"이므로 "과제, 즉 문제를 해결하면 효과, 즉 좋은 결과를 얻는다"로 연결 지을 수 있다. 요즘은 기업의 사회적 책임을 중시하는 풍조가 만연되고 있지만 기저엔 여전히 이윤을 추구해야 할 사명과 본분이 있어야 함은 부인할 수 없다. 기업이 존속돼야 사회적 책임도 다할 수 있으므로 '사회적 책임'과 '이윤 추구'가 우선순위에서 서로 뒤바뀔 수 없음은 명백하다. 따라서 기업의 '이윤 추구'는 기존과 나은 상태로 늘 발전해야 하며, 그러기 위해선 매출을 올리든, 생산성을 높이든 또는 비용을 줄이든 눈앞에 닥친 다양한 문제를 적극적으로 극복해나갈 필요성을 느끼게 된다.

기업 과제를 수행하다보면 종종 '성과(Result, Outcome)'란 단어를 접한다. '성과'는 "이루어낸 결실"로 정의된다. 삼성그룹에선 과제 수행과 관련해 '성과'와 '효과'를 동일한 의미로 규정한다. 그러나 『Be the Solver』의 방법론 중 'Define Phase' 내 세부 로드맵에 'Step-2.3. 효과 기술'이 있고, 그 안에 '재무성과'와 '비재무성과'로 나누어 기술하도록 돼 있듯이 본 시리즈 경우 '효과'는 "전체적인 결과"를, '성과'는 "그 안에 들은 세부적인 결과"를 각각 설명하는 데 사용할 것이다. 어찌되었든 기업 경영 혁신 추진 과정에서 '효과'와 '성과'가 혼용돼 사용된 점을 감안할 때 앞으로 전개될 내용 설명에 앞서 용어를 명확히 해두는 것도 중요할 것 같다. 따라서 앞서 거론된 '효과'와 '성과'의 함수 관계(?)를 다음과 같이 재정립해보았다.

- **효과(Effect, Effectiveness)** (국어사전) 어떤 목적을 지닌 행위에 의하여 드러나는 보람이나 좋은 결과. (필자) 본문에선 과제 수행을 통해 얻어지는 모든 결과를 '효과'로 정의하고, 재무/비재무 모두를 포괄하는 상황에 적용한다. 따라서 이후 설명은 '효과'로 통일하되, 필요 시 '재무성과/비재무성과'를 구분해 언급할 것이다.
- **성과(Result, Outcome)** (국어사전) 이루어낸 결실. (필자) 단, 본문에선 '효과'의 하위 개념으로 정의하고, '성과'는 다시 '재무성과[5]'와 '비재무성과'로 나뉜다. '재무성과'는 과제 완료 후 1년 이내의 재무제표에 직접 반영되는 성과를, '비재무성과'는 '준재무성과'와 '체질 개선 성과'로 나뉘어 아래와 같이 각각 정의한다. 아래는 본문에서 필자가 재정립한 분류이다.

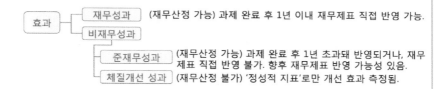

※ 〈참고〉 '체질 개선 성과'는 성과 평가 탄생 초기부터 '비재무성과'와 동일시해왔으나 본문은 '비재무성과'의 한 하위 분류로 포함시키되, '정성적 지표'로 이루어진 개선 성과만을 지칭하도록 규정할 것이다. 또 '준재무성과'는 새롭게 정립된 용어로 R&D 과제나 COPQ 일부 유형처럼 금전적 산출은 가능하지만 당장 재무제표 반영이 불가한 경우를 포함한다. '준재무성과'는 재무제표 반영 가능성을 염두에 두어 '준(準)'이란 접두어를 붙였다.

'효과'와 '성과'에 대한 개념이 정립됐으면 이제 '효과'를 높이기 위한 '과제 선정법'에 대해 알아보자. '효과 평가'를 위해선 그 대상인 '과제'가 필요한데, 이후 내용은 「Be the Solver_과제 선정법」편에서 자세히 다루고 있으므로 그

---

5) (논문) 성수경, 윤태홍, 변재현(2008), "수주 산업의 6시그마 성과 평가 체계와 사례", 품질경영학회지, 제 36권, 제3호/45, p.3에선 성과 반영 시점을 기준으로 '재무성과'와 '비재무성과'를 별도 구분하고 있다. 즉 '재무성과'를 과제 완료 후 1년 이내의 경우 '직접 재무성과'로, 1년 후~5년 이내의 경우 '잠재 재무성과'로 구분한다. 또 5년 이후의 경우는 '비재무성과'로 구분하고 있다.

들의 핵심만을 다음에 요약해 옮겨놓았다. 내용의 골자는 '과제 선정 단계'에서 이미 '효과 평가'까지 고려하는 것이다. 이 같은 '과제 선정'과 '효과 평가'의 관계가 정립되면 이후 '재무 과제와 비재무 과제의 선정 방법' 학습을 통해 각 효과의 평가에 대해 좀 더 자세히 알아볼 것이다.

[그림 Ⅰ-1] '과제 선정-효과 평가-효과'의 관계도

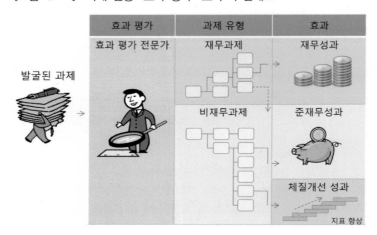

[그림 Ⅰ-1]의 내용을 요약하면, 회사의 전략과 연계된 과제가 발굴되면 효과 평가를 담당할 '효과 평가 전문가'에 의해 '재무 과제'와 '비재무 과제'로 구분되며, 동시에 '효과'에 있어 '재무 과제'는 '재무성과'로, '비재무 과제'는 '비재무성과'인 '준재무성과'와 '체질 개선 성과'로 각각 평가된다. 참고로 '준재무성과'는 당장 재무제표에 반영은 어렵지만 과제 완료 후 1년이 초과된 어느 시점에 '재무성과'화 할 수 있다는 의미로 [그림 Ⅰ-1]에 '돼지 저금통'을 통해 형상화하였다. 이들의 관계에 대해 좀 더 알아보자.

1.1. '과제 선정'과 '효과 평가'와의 관계

기업에 있어 해결해야 할 문제, 즉 '과제'를 선정하는 일은 기본 가이드라인이 있음에도 불구하고 역설적으로 늘 그 자체가 '해결해야 할 문제'로 남아있다. 참고로 경영 혁신에서의 과제 선정을 위한 일반적인 가이드라인을 요약하면 다음과 같다.

[표 Ⅰ-1] 과제 선정을 위한 일반적 가이드라인

과제 선정 가이드	예
□ 고질적이고 만성적인 문제	▷ 고질 불량, 수차례 개선을 시도했지만 여전히 프로세스에 존재하는 유형 등
□ 영향도가 큰 문제	▷ 큰 재무성과, 큰 고객 만족 유형 등
□ 잠재적 위험도가 큰 문제	▷ 향후 수익의 급감이 예상되거나 기업 또는 사업부 존속에 악영향이 예상되는 유형 등
□ 긴급하게 해결해야 할 문제	▷ 급작스럽게 발생한 불량(재발 가능성 있음), 인체에 악영향이 우려되는 유형 등
...	...

[표 Ⅰ-1]에 언급한 기준은 말 그대로 가이드라인일 뿐 실제 현업에서 과제를 선정하는 활동에 100% 활용하기엔 역부족이다. 따라서 십수 년 동안 다양한 '과제 선정 방법론'이 개발되었거나 기존 것들끼리의 조합이 이루어져 왔는데 이들을 요약하면 다음 [표 Ⅰ-2]와 같다.[6]

---

6) 표 내용은 「Be the Solver_과제 선정법」편에 수록된 '기존 방법론'들 내용을 요약해 옮겨놓은 것이다. 상세 내용이 필요한 경우 「과제 선정법」편을 참고하기 바란다.

[표 Ⅰ-2] 기존의 '과제 선정 방법론' 요약

방법론 명칭[7]	접근 단계
□ Big Y 전개형	① 'Big Y'의 발굴 → ② CTQs 하향 전개 → ③ 잠재 과제 발굴 → ④ 과제 우선순위 판정 → ⑤ 방법론, 과제 구분, 리더 결정
□ BSC(Balanced Scorecard) 접목형	① 회사 경영 목표 및 방침 설정 → ② 사업부 Object & Goal 전개(BSC 기반) → ③ 상관관계를 통한 우선순위화 → ④ 사업부 CTQ Flow-down → ⑤ 사업부 핵심 과제 목록화 → ⑥ 과제 기술서 작성
□ '목표 전개'와 '역량 강화성 전개' 혼합형	◎ 'X-Y Matrix'를 이용한 'Big Y' 선별 → ① 'QFD'를 이용한 'Top Strategy' 찾음 → ② 'Issue Tree'를 이용한 '하위 활동' 발굴 → ③ 'SIPOC'를 이용한 'Core Process' 발굴 → ④ '설문, 브레인스토밍, 2차 자료 등'을 통한 'CCR' 수집 → ⑤ 'X-Y Matrix'를 통한 '과제 후보' 발굴 → ⑥ 'Multi-voting 등'을 통한 최종 과제 선정
□ COPQ 접목형	① 'COPQ' 발굴 → ② 연계된 'CTQ' 확인 또는 새롭게 정립 → ③ 산출 식 정립 → ④ 금액 산정 → ⑤ 결과 도식화 → ⑥ 과제 선정
□ 사업부 과제 전개형	① Define Phase: 사업부 KPI(or CTQ) 선정 및 목표 설정 → ② Measure Phase: 사업부 KPI(or CTQ) 세분화 및 우선순위화 → ③ Analyze Phase: 선정된 'CTQ'들의 목표 달성을 위한 하위 과제 선정
□ 부문 이슈 할당형	① 부문의 이슈 발굴 → ② 발굴된 이슈의 인과/상하관계 정립 → ③ 회사 전략 방향과 연계 → ④ 우선순위 파악 → ⑤ '핵심 이슈' 정의 → ⑥ '요약 과제 기술서' 작성

[표 Ⅰ-2]의 '과제 선정 방법론'들은 필자가 직접 컨설팅 중 활용했던 유형들로 너무 이론적이거나 모호한 것들은 배제하였다. 물론 이외에 'QFD (Quality Function Deployment) 방법론', 단기간에 아이디어 발굴과 차별된 접근을 통해 높은 목표 재무성과를 달성하는 'TOP(Total Operational Performance)', 또 '종합 생산성 혁신(TP, Total Productivity)'[8])에서 기업의 '종합 목표'를 설

---

7) '과제 선정 방법론'들의 명칭은 필자가 내용 파악에 도움이 되도록 적절하게 작명하였다.
8) '종합 생산성 혁신'의 영문은 네이버 지식사전에 'Total Productivity'와 'Total Productivity Innovation' 둘 다로 쓰이고 있으며, 본문은 전자를 사용하였다.

정해 '추정 손익 계산서'를 중심으로 해야 할 '활동'들을 세분화하는 '목표 전개 방법론' 등이 있다. 이들은 각각의 독립된 영역을 확보하고 있으므로 좀 더 관심 있는 독자라면 해당 자료를 찾아 학습하기 바란다. 그렇다면 이들 '과제 선정 방법론'들과 '효과 평가'는 서로 어떤 관계에 놓여 있는 걸까?

[표 Ⅰ-2]에 설명된 방법론들로부터 과제가 발굴되면 대부분 '재무 과제'와 '비재무 과제' 모두가 포함되는 특징이 있다([그림 Ⅰ-1] 참조). 앞서 소개된 방법론들이 여럿 되지만 과제 발굴을 위한 이들의 공통점을 보면 전략상 중요한 지표가 하달될 시 그 자체로는 규모가 커서 당장 처리가 어려우며, 따라서 수행 가능한 수준까지 계속 세분화(CTQ Flow-down)한다. 이어 문제 해결 활동의 주체인 담당자(리더)를 정하는데, 이 단계에 이르러서야 비로소 최상위 목표를 달성하기 위해 어디에 선택과 집중을 할 것인지 과제의 실체가 드러난다. 따라서 세분화 과정에 재무/비재무의 다양한 과제들이 발굴되며 이는 좋게 얘기하면 서로 보완 관계에 있는 과제 모두가 선정되는 꼴이지만 안 좋게 얘기하면 뒤죽박죽 뒤섞여 재무 또는 비재무의 구분 작업을 과제 발굴 후 별도로 수행해야 한다. 기존 '과제 선정 방법론'에 대한 효과 평가의 특징을 표로 정리하면 다음과 같다.

[표 Ⅰ-3] 기존 '과제 선정 방법론'에 대한 효과 평가의 특징

기존 과제 선정 방법론	효과 평가의 특징
☐ Big Y 전개형 ☐ BSC(Balanced Scorecard) 접목형 ☐ COPQ 접목형 ☐ 사업부 과제 전개형 ☐ 부문 이슈 할당형	☞ 첫 번째: 재무 과제와 비재무 과제가 뒤섞여 발굴됨에 따라 과제 수행 초기 또는 완료 후 둘의 구분을 위한 과제 전체의 검토가 필요하다. ☞ 두 번째: 통상 'CTQ Flow-down'이 수반되나 누락되거나 중복되지 않는, 즉 'MECE' 여부를 객관적으로 판단하기엔 역부족이다.
※ 「'목표 전개'와 '역량 강화성 전개' 혼합형」은 재무, 비재무 구분이 가능해서 제외	

[표 Ⅰ-3]의 효과 평가에 대한 <u>첫 번째 특징</u>을 보충하면, '재무 과제'와 '비재무 과제' 일부가 다행히 구분돼 발굴될 수도 있지만 서로 뒤섞여 있을 경우 '효과 평가 전문가'는 과제 하나하나에 대해 재무성과 존재 유무나 규모를 확인해야 할뿐더러 '손익 계산서' 내 어떤 계정 과목에 포함되는지도 찾아야 한다. 그래야 항목에 맞는 정확한 금액 산정이 가능하기 때문이다. 또 발굴된 모든 과제들의 재무성과 전체를 합산해 회사의 목표에 부합되는지 여부도 최종 판단해야 하는데 이때 미달될 경우 어느 부서에 얼마만큼의 금액을 할당해야 하는지 결정에 어려움이 따른다. 사전에 조직별 목표 설정에 대한 명확한 분배가 이루어져 있지 않은 경우가 대부분이기 때문이다. 결과적으로 '효과 평가 전문가'는 발굴된 과제 모두를 평가한 이후에나 재무성과 규모를 확인하게 됨으로써 효과 평가 활동은 사후 관리의 성격을 띠게 된다. 이어 [표 Ⅰ-3]의 <u>두 번째 특징</u>에 대해선, 기업 혁신 활동에 필요한 과제들은 기본적으로 'CTQ Flow-down'의 공통된 전개를 추구하는데, 이것은 기업 경영 활동의 향방을 가늠할 '전략'과의 연계성을 고려한 때문이다. 그러나 이 같은 하향 전개를 경험해본 독자면 중복되거나 누락되지 않는 기본 전제 조건을 만족하기란 그리 쉽지 않음을 잘 알고 있다.[9] 하향 전개의 원칙이 정량적이 아닌 정성적 접근으로 이루어져 있기 때문이다. 하향 전개상 이런 'MECE'의 고려는 통상 재무성과 여부를 중시하는 과제 발굴 활동보다 우선하기 때문에 과제가 최종 발굴된 다음에나 '효과 평가 전문가'가 개입할 수 있다. 또 하위 항목과 상위 항목 간 정합의 관계 규명이 어려워 최악의 경우 전개 따로 과제 발굴 따로 등 불일치를 초래하기 십상이다. 이와 같은 결과는 첫 번째 특징과 동일하게 '효과 평가 전문가'로 하여금 회사 목표와의 연계성 미흡, 그리고 달성 가

---

9) 주로 'Logic Tree' 도구를 사용하며, 이때 전개를 위한 전제 조건이 MECE(Mutually Exclusive Collectively Exhaustive), 즉 '중복되지 않고 누락되지 않는' 구조를 요구한다. 우리말로 '미시'라고 발음한다.

능성이 낮을 시 사업부 간 할당과 재분배에 어려움을 초래하는 원인이 된다. 지금까지의 '과제 선정 – 효과 평가 – 효과(재무성과, 비재무성과)'의 설명을 [그림 Ⅰ – 1]의 개요도에 덧붙여 이미지로 재구성하면 다음 [그림 Ⅰ – 2]와 같다.

[그림 Ⅰ – 2] '과제 선정 – 효과 평가 – 효과'의 관계도 재구성

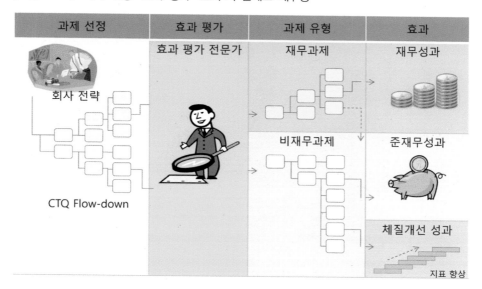

[그림 Ⅰ – 2]에서 '과제 선정'은 일반적으로 회사 전략과 연계된 'CTQ Flow – down' 형태로 하향 전개된 뒤 '효과 평가 전문가'를 거쳐 '재무 과제'와 '비재무 과제'로 나뉘며, 최종 '효과(재무성과, 비재무성과)'가 확정된다. 그렇다면 기업이 요구하는 재무성과 극대화를 위한 과제 선정 활동과 이를 평가할 '효과 평가 전문가' 활동과의 최적의 결합은 어떤 모양새를 갖추는 게 좋을까? 이 물음에 대한 답은 실현 가능성을 약간 접어두는 조건이면 매우 단순

하고 간결하다. 즉 '과제 선정' 단계에서 '재무 과제'와 '비재무 과제'를 구분할 수 있고, 기 수립된 회사의 재무성과 목표 달성 유무를 역시 과제 선정 과정에서 어림잡아 파악이 가능하도록 일의 순서를 재정립하는 것이다. 개선된 모습의 '과제 선정 활동'과 '효과 평가 전문가 활동'의 관계 개요도는 다음 [그림 Ⅰ-3]과 같다.

[그림 Ⅰ-3] 개선된 '과제 선정-효과 평가-효과'의 관계도

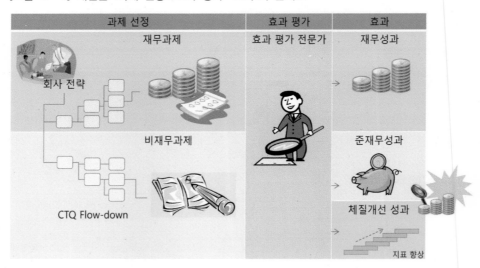

[그림 Ⅰ-3]을 보면 '과제 선정' 단계에서 이미 '재무 과제'와 '비재무 과제'의 구분이 명료하며, 발굴 과정 중 이미 조직별 성과 규모가 잡힘에 따라 목표의 할당과 재분배가 자연스럽게 이루어진다. '효과 평가 전문가'는 과제 선정 단계에서 어림 정해진 효과를 최종 확정하는 일에만 관여함으로써 전체 과제를 대상으로 한 재무/비재무 구분과 그 효과 규모를 파악하는 작업에서

자유롭고, 그로부터 생겨난 여유(?)는 [그림 Ⅰ-3]의 맨 오른쪽에 표현(동전과 돋보기 그림)한 바와 같이 '비재무 과제'에 대해 '재무성과'를 찾고 발굴해내는 능동적 활동에 투입될 수 있다.

'비재무 과제'는 1년 안에 재무제표 반영이 어려운 '준재무성과'와 지표만의 향상을 꾀하는 '체질 개선 성과'를 포함한다. 그러나 결국 이들의 존재는 프로세스 효율을 향상시키는 데 공통으로 기여하고, 프로세스 효율은 어떤 식으로든 기업의 이윤을 높이는 데 제 역할을 하게 되므로 이들의 인과 관계를 잘 이해하고 파악한다면 당해 연도 이익을 발라(?)낼 수 있는 여지는 얼마든지 존재한다. 따라서 이런 기본 개념을 '효과 평가 전문가'들이 깊이 있게 이해하는 것이 매우 중요하다. 즉 '효과 평가 전문가'는 최종 발굴된 과제들의 재무성과를 산정하는 수동적 역할에서 추가 재무성과를 낼 수 있는 활동에 투입됨으로써 전문성을 높임과 동시에 이미 정해진 회사 목표 이상의 성과를 창출하는 데 기여한다. 말로는 그럴싸한데 정말 가능한 일일까? 시작도 안 했는데 미리 부정할 필요는 없지 않을까?(^^)! 긍정적인 면만 보면 한 번 시도해볼 만도 한데 이 작업을 위해 과제 선정 과정을 재조명해볼 필요가 있다. 물론 이어지는 내용 역시 「Be the Solver_과제 선정법」편에 수록된 것들을 요약해놓은 것이다. 이 외의 좀 더 자세한 내용을 원하는 독자는 해당 시리즈 편을 참고하기 바란다.

이제 우선적으로 '재무 과제'와 '비재무 과제'의 기본 개념에 대해 알아보자. 사실 현업에서는 '재무 과제'와 '비재무 과제'를 별개로 보는 경향이 종종 있으며, 과제 발굴 때도 서로 다른 접근법을 통해 독립적으로 다루어지곤 한다. 이 같은 이유로 효과 평가도 별개의 평가 기준을 마련해 대응하는 게 일상이다. 둘 간의 관계를 명확하게 이해하기 위해 다음 [그림 Ⅰ-4]의 개요도를 작성해보았다

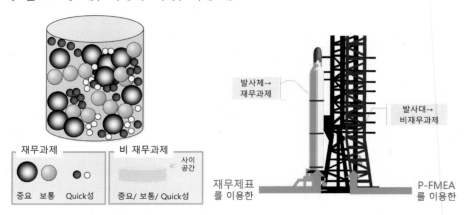

[그림 Ⅰ-4] '재무 과제'와 '비재무 과제' 개요도

　　[그림 Ⅰ-4]의 왼쪽 그림은 '재무 과제'가 프로세스에서 꼭 해야 할 눈에 보이는 개선 대상인 반면, '비재무 과제'는 눈에 보이지 않고 잠재돼 있지만 전체 틀(원기둥)을 유지하는 데 없어선 안 될 중요한 요소임을 표현한다. 일반적으로 '과제'는 대부분 '재무 과제'의 것들을 지칭하므로 '비재무 과제'는 상대적으로 위축되고 관심에서 멀어져 보이기 일쑤다. 그러나 과제를 완료한 이후 생기는 문제나 완료 자체를 더디게 하는 요소가 대부분 눈에 보이지 않는 잠재된 문제들에 기인하므로 이들의 발굴과 개선에도 '재무 과제'만큼 관리가 이루어져야 한다. [그림 Ⅰ-4]의 오른쪽은 '재무 과제'와 '비재무 과제'를 거의 동등한 중요도로 봤을 때 위성의 '발사체'와 '발사대'에 비유한 그림이다. 전자가 실제 우주로 쏘아 올리고 싶은 대상(즉 우리가 해결하고 싶은 눈에 보이는 문제)이라면, 후자는 '발사체'를 정상적으로 발사하도록 돕는 없어선 안 될 대상(잘 인지되진 않지만 없으면 전체 프로세스가 정상으로 작동하지 않음)임을 나타낸다. 추가로 '발사체' 같은 눈에 보이는 중요한 개선 대상은 '재무제표를 이용한 방법'으로, '발사대' 같은 눈에 보이지 않는 잠재된 개선 대

상은 'P-FMEA를 이용한 방법'을 통해 발굴됨을 시각적으로 표현하고 있다. 이와 같은 접근법을 각각 「재무제표 접근법」과 「P-FMEA 접근법」으로 명명할 것이다. 물론 '효과 평가 전문가'의 주요 평가 대상은 「재무제표 접근법」을 통해 발굴된 '재무 과제'임엔 틀림없다. 그러나 앞서 강조한 바와 같이 '효과 평가 전문가' 활동을 훨씬 능동적이고 전문화시키기 위해선 「P-FMEA 접근법」에서 발굴된 '비재무 과제'로부터 재무성과를 발려내는(또는 유도하는) 시도가 새로운 활동 영역이 돼야 함을 주문한 바 있다. 지금까지 설명된 내용을 토대로 '과제 선정과 효과 평가와의 관계'를 표로 정리하면 다음과 같다.

[표 Ⅰ-4] '과제 선정'과 '효과 평가'와의 관계 요약(최종)

구분	기존	향후
최초 평가 시점	☐ 주로 과제 선정 완료 후	☐ 과제 선정 과정 중
대상 과제 유형	☐ 주로 재무 과제	☐ 재무 과제 ☐ 비재무 과제
'효과 평가 전문가' 역할	주로 수동적 활동 ☐ 재무 과제/비재무 과제 구분 ☐ 재무성과 평가	능동적이고 전문적 활동 ☐ 과제 선정 중 재무 과제 발굴 가이드 ☐ 비재무 과제로부터의 재무성과 발굴 ☐ 조직별 재무성과 할당 및 분배/조정

1.2. 재무 과제 선정

「재무제표 접근법」을 이용해 순수 재무 과제를 발굴해내기 위해선 몇 가지 단계를 거쳐야 하는데 쉽게 이해할 수 있도록 '흐름도'를 작성하였다. 본 책의 주제가 '과제 선정'이 아니므로 '효과 평가'와의 관계를 확인하는 수준에서 설명을 마무리할 것이다. 다음 [그림 Ⅰ-5]는 상세 흐름도를 보여준다(단계 ①~단계 ⑤).

[그림 Ⅰ-5] 「재무제표 접근법」 흐름도

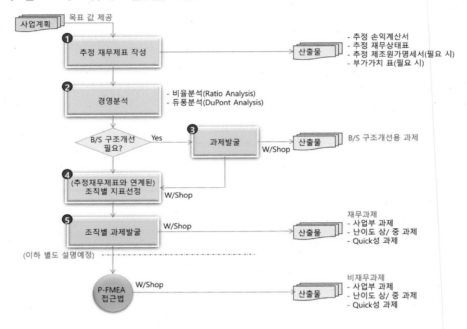

[그림 Ⅰ-5]에서 '사업 계획'으로부터 당해 연도 '목표'가 제공되면 그를
이용한 '추정 재무제표'가 작성되고, 이를 바탕으로 '경영 분석'을 통해 'B/S
구조 개선용 과제'가 탄생한다(해당 사항 없으면 생략한다). 이어 '추정 재무제
표'와 연계된 '조직별 지표'가 확정되면 이들을 근거로 '조직별 재무 과제'가
각 조직별 워크숍을 통해 발굴된다. 이후 '비재무 과제' 발굴을 위한 「P-
FMEA 접근법」이 이어진다.

'추정 재무제표 접근법'은 'TPI(Total Productivity Innovation)'에서의 '목표
전개'와 유사하나 본문에선 할당된 재무성과를 달성하기 위해 최하부 영역까지
전개하지 않는 차이점이 있다. '효과 평가 전문가'가 재무성과를 평가할 가장

주요한 단계는 [그림 Ⅰ-5] 내 '단계 ④'이다. 예를 들어 '사업 계획'에서 확정된 차년도 '영업 이익' 또는 '경상 이익'의 달성은 '단계 ①'에서 얻은 '추정 재무제표'와 연계된 '조직별 지표'의 선정 활동을 통해 이루어진다. 이때 '조직별 지표'는 재무제표, 특히 '손익 계산서' 내 계정 과목들의 조합을 통해 얻어진 지표(주로 비율)들이 대부분이다. '사업 계획서'상 재무성과와 직접 또는 간접적으로 연계된 조직에서 해당 지표들을 먼저 선정한 뒤, 그를 향상시킬 과제를 발굴함으로써 전략과의 연계성을 실현한다. 다음 [그림 Ⅰ-6]은 '단계 ④'를 중심으로 한 개요도이다.

[그림 Ⅰ-6] '단계 ④' 개요도

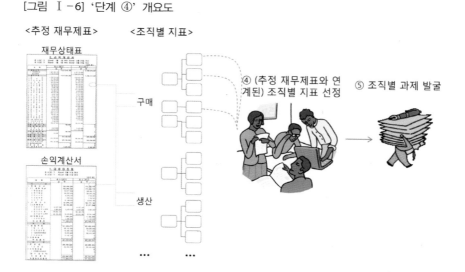

[그림 Ⅰ-6]은 '추정 재무제표'의 목표를 달성하기 위해 미리 조사된(또는 지표 선정 과정 중 만들어진) 조직별 지표를 선정하고(단계 ④), 이어 이 지표를 향상시킬 과제 발굴(단계 ⑤)을 수행한다. 이 과정을 통해 'B/S 구조 개선

용 과제'나 '재무 과제'가 최종 산출물로 얻어진다. '효과 평가 전문가'는 효과 평가를 위해 조직별 지표 선정이나 과제 선정 중 재무성과가 극대화되도록 안내하는 역할을 하거나 적정성 등을 판단해준다. 다음 [표 Ⅰ-5]는 '조직별 지표'들 중 '구매 부문'의 예이다.

[표 Ⅰ-5] '조직별 지표' 목록 예(구매 부문)

관련 조직	구분	지표 명	산식
구매관리	재고 적정성	실 재고량 비율	(실 재고량÷경제(이론)적 재고량)×100
		유형 자산 회전율	(매출액÷유형자산)×100
	구입량 적정성	실 구입량 비율	(실 구입량÷경제(이론)적 구입량)×100
		실 구입비 비율	(실 구입비÷경제적 구입비)×100
		적정 구입 시기 판단비율	(실 재고량÷안전 재고량)×100
	구매의 효율성	과부족률	[(경제적 구입량 -실 구입량)÷경제적 구입량]×100
		감모율	(감모량÷실 구입량)×100
		파손율	(파손량÷실 구입량)×100
	외주생산 판단지표	외주 생산율	(외주 생산÷자가 생산)×100
		외주 생산 불량률	(외주 생산 불량률÷자가 생산 불량률)×100

1.3. 비재무 과제 선정

앞으로 돌아가 [그림 Ⅰ-5]에서 보였던 '재무제표 접근법 흐름도'를 상기해보자. 「재무제표 접근법」 수행을 위해 단계별로 번호를 붙였으며, 흐름도 맨 끝에 「P-FMEA 접근법」으로 바로 연결될 것이란 표식을 해두었는데, 다음 [그림 Ⅰ-7]은 '과제 선정을 위한 전체 흐름도'의 완성된 모습이다.

[그림 Ⅰ-7] 과제 선정을 위한 전체 흐름도

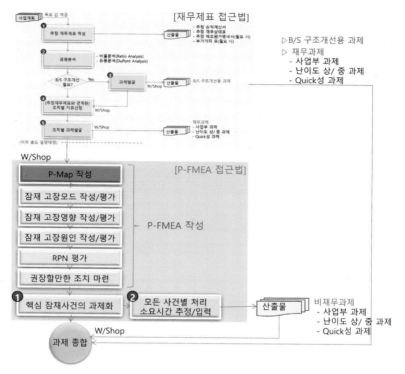

[그림 Ⅰ-7] 중 「재무제표 접근법」은 이미 설명했으므로 그림을 작게 축소
해 표현하였다. 그 아래 「P-FMEA 접근법」에 대해서는 'P-FMEA' 자체 용
법과 과제 선정용으로서의 적합성 등에 대해 사전 설명이 있어야 하나 범위를
너무 벗어나므로 관심 있는 독자는 「Be the Solver_과제 선정법」편을 참고하
기 바란다. 본 단원에서는 [그림 Ⅰ-7] 중 '① 핵심 잠재 사건의 과제화' 및
'② 모든 사건별 처리 소요 시간 추정/입력'까지의 결과 예를 통해 효과 평가와
의 관련성에 대해서만 언급하고 넘어갈 것이다. 다음은 예를 옮겨놓은 것이다.

[표 Ⅰ-6] 각 사건별 처리 소요 시간 추정 예

No	…	Potential Failure Modes	Potential Failure Effects(Y's)	SEV	Potential Causes of Failures(X's)	OCC	…	RPN	Recommended Actions	추정 소요 시간 (hr)
1	…	관리부서 일반관리비 추정 부정확	추정 손익 변동	9	수집정보 활용 미숙	2	…	54	‒	20
2	…	관리부서 일반관리비 추정 부정확	추정 손익 변동	9	주먹구구식 추정	9	…	567	일반관리비 추정방법 표준화	1,440
3	…	관리부서 일반관리비 추정 부정확	회기기간 중 보정 작업 과다발생	7	수집정보 활용 미숙	3	…	63	‒	12
4	…	관리부서 일반관리비 추정 부정확	회기기간 중 보정 작업 과다발생	7	주먹구구식 추정	3	…	147	'No. 2'에 통합	0.5
…	…	…	…	…	…	…	…	…	‒	…
33	…	각 사업부별 전망수준의 차이	원료수급에 악영향	8	전망 추정 방법이 제각각으로 이루어짐	4	…	288	전망 방법 가이드라인 마련	480
34	…	각 사업부별 전망수준의 차이	원료수급에 악영향	8	급하게 작성됨	7	…	336	적정 시간 협의 후 결정	240
35	…	각 사업부별 전망수준의 차이	추정 손익 변동	9	전망 추정 방법이 제각각으로 이루어짐	5	…	360	'No. 33'에 통합	0.5
36	…	각 사업부별 전망수준의 차이	추정 손익 변동	9	급하게 작성됨	2	…	90	‒	18
…	…	…	…	…	…	…	…	…	…	…

[표 Ⅰ-6]에서 'RPN(Risk Priority Number)'이 높아 빨강으로 표기한 'No 2', 'No 33', 'No 34'가 주요 해결해야 할 문제들임을 알 수 있다('No 35'는 중복된 경우로 'No 33'에 통합한 것으로 가정). 이때 해결하는 데 소요될 각 추정 시간이 맨 끝 열에 기입돼 있다. 다음 [표 Ⅰ-7]은 [표 Ⅰ-6]의 'RPN'

이 높은 문제들을 최종 과제로 구체화한 예이다.

[표 Ⅰ-7] 비재무 과제 선정 예

구분(출처)	과제 명	과제 유형	리더	일정
프로세스 개선 (P-FMEA)	전망 방법 개발을 통한 부문별 전망 정확도 40% 향상	프로세스 개선 방법론	이전망	~xx.xx
	…	…	…	…
	매출/생산량 전망을 위한 적정 소요 시간 결정	Quick 방법론	경영관리	~xx.xx
	양식 간소화 및 통합화	Quick 방법론	경영관리	~xx.xx
	…	…	…	…

설명의 많은 부분을 생략하고 넘어왔다. 그러나 '효과 평가' 관점에선 기본적으로 [표 Ⅰ-6]의 '추정 소요 시간(hr)' 열에 각 문제들을 해결하는 데 필요한 '추정 소요 시간'을 워크숍을 통해 정한 뒤, 그 값에 '단위 시간당 인건비'와 문제의 중요도에 따른 '가중치(Weight)'를 곱해 금액 단위로 환산한다. '손익 계산서'의 계정 과목은 아니지만 일단 '금전적 단위'로 전환해 문제의 심각도를 표현하는 데 의의가 있다. 이후 '효과 평가 전문가'들은 본 문제들의 본질 또는 연계된 문제들을 파악해 일부라도 재무성과가 나올 수 있도록 활동을 펴나간다. 얼마나 많은 재무적 성과를 발굴해내는가에 따라 '효과 평가 전문가'의 능력 평가가 결정되는 점도 강조하고 싶다. 이 부분에 대해선 'Ⅱ. 본론'의 '1. 금전적 효과 평가의 개요'를 설명할 때 다시 언급할 것이다. 이제 '과제 선정과 효과 평가와의 관계'를 최종 요약한다는 생각으로 [표 Ⅰ-4]로 되돌아가 그 안에 정리된 예를 다시 한 번 참조하기 바란다. 다음 단원에선 기존에 수행되었던 '효과 평가'에 대해 좀 더 깊이 있게 학습할 것이다.

2. 기존의 효과 평가 개요

회사에 다니던 때가 문득 생각난다. 삼성SDI 의 연구소 연구원이었던 1997년 당시 'Chart – Solve – Implement'라는 로드맵 으로 문제 해결 과정에 입문한 필자는 개발 중인 디스플레이 신제품에 대해 '가속 수명법 개발' 과제를 연이어 완료해 1999년 문제 해결 전문가 자격을 얻었다.[10] 그러나 당시 인사 기록 카드(개인의 인사 기록 연람이 가능한 시스 템)에 남보다 훨씬 빠르게 사내 자격증(?)을 하나 확보했다는 기록, 그래서 업 무 역량이 다소 높아졌다는 느낌 외에 다른 물리적 혜택이나 향후에라도 얻을 수 있는 잠재적 수혜에 대해 따로 고려해본 적은 없었다. 그냥 인사 카드 '자 격 인증'란의 공백을 메우고 있다는 만족감이 더 컸던 것 같다(빈 공간 공황 장애! 아무튼 회사에서 하자고 한 건 바로 바로 해버리던 시절이었다^^). 그런 데 "준비하는 자에게 뭔가가 있다"고 했던가? 남보다 빠른 인증 이력 때문인 지 미국 SBTI社에서 운영하던 6개월 기간의 '제품 설계 방법론' 과정에 사업 부 대표로 참여하도록 임원의 추천을 받았고, 70여 명이 수행한 과제의 최종 평가 결과 당당히 상위권에 랭크되었다.[11] 대부분이 낙하산인데 비해 필자는 이미 지난 2년여 간 준비된 자(?)로 참여했기 때문이다. 수십억의 컨설팅 비용 으로 볼 때 당시 회사 입장에서 매우 큰 투자를 시도했던 트레이닝이었고, 따 라서 교육 과정에 참여한 인력들은 사내에서도 내로라하는 인재들이었으므로 스스로를 돌아볼 수 있는 매우 뜻깊은 성과이기도 했다. 서울 그룹 본사의 대 형 홀에서 내외 인사들이 대거 참석한 중에 단 2개 과제가 발표되었고, 그중 첫 번째가 필자의 수행 과제였다. 인센티브도 역대 최고였는데 재무성과가 크 다는 이유로 그에 준한 600만 원과 처음이라는 의미가 부여된 탓인지 수년

---

10) 정식 자격 명칭은 '블랙 벨트(Black Belt)'이다.
11) 과정 명은 'DFSS(Design for Six Sigma)'라고 한다.

전 삼성그룹 2인자(?)였던 당시 김순택 사장(실명 여기다 밝혀도 되는지 모르겠다!^^)이 2백만 원을 추가로 지급토록 지시해 총 800만 원을 현금으로 받았다. 시상식에서 받았던 '800만 원'이라고 적힌 종이 현금은 아직도 가보로 보관 중이다. 그런데 무슨 근거로 필자한테 이 같은 특전을 제공한 것일까?

당시로선 국내에서 처음으로 시도되는 해외로부터의 경영 혁신 컨설팅이었고, 따라서 ① 회사 대표의 관심이 집중되었던 점, 또 70여 명의 규모 있는 참가자들이 그들 각각의 ② 사업부를 대표할 중요 과제를 들고 나왔으며, 기간도 6개월로 짧아 ③ 결과를 확인할 수 있는 기간이 한정되었던 점, 특히 각 사업부 대표로 구성된 교육생들은 그들 의사와 관계없이 ④ 사업부(엄밀히 얘기하면 사업부 또는 해당 조직의 임원들) 간 경쟁을 유발하는 데 충분한 환경을 제공하고 있었다. 따라서 과정을 운영하고 있는 전사 조직 담당자들은 자연스럽게 70여 개 과제들의 우열을 가려 과제 효과에 대한 인센티브는 물론 향후 전사 확대를 위한 홍보의 수단으로 활용할 가치를 충분히 느끼고 있었다. 담당자들이 개별 과제들을 어떻게 평가해야 할지 컨설팅 초기부터 심각하게 고민하지 않을 수 없었던 대목이다.

이렇게 시작된 효과 평가의 체계는 크게 '과정 평가'와 '완료 평가'로 구분했는데, 전자는 과제 수행 기간 중 문제 해결 로드맵에서 요구하는 세부 항목들을 제대로 수행했는지 확인하는 수단으로, 후자는 현 수준 대비 목표의 비교를 통해 달성 수준을 평가하는 수단으로 활용되었다. '달성 수준'은 다시 그 대상을 '지표'와 '재무성과'로 구분할 수 있으며, '지표'는 '비재무 과제'에서, '재무성과'는 '재무 과제'에서의 주요 평가 대상이 되었다. [표 Ⅰ-8]은 설명된 내용을 요약한 표이다.

평가 유형	내용	방법
과정 평가	문제 해결 로드맵의 각 Phase별 요구 사항들을 제대로 수행했는지 평가	Check Sheet 활용
완료 평가	과제 완료 후 목표 달성도를 평가. '지표(Y)' 또는 '재무성과'에 대해 수행되며, 전자는 '비재무 과제'에, 후자는 '재무 과제'에 해당	사전 제정된 표준 적용
평가 체계	'과정 평가' 40%, '완료 평가' 60% 등. '완료 평가'는 세분화해서 평가	

[표 Ⅰ-8]의 내용을 보충하면, 경영 혁신 프로그램의 국내 유입 초창기(물론 이후로도 큰 차이는 없지만) 때 과제 평가는 '과정 평가=40%', '완료 평가=60%'로 반영되었으며, 이들 중 '완료 평가'는 주로 '목표 달성도'에 무게를 두고 있어 '효과 평가 전문가'의 직접적 참여가 요구되었다. 당시 '지표(Y)' 향상과 '재무성과' 달성이 과제 수행을 통해 얼마나 개선되었는지 수치화가 절실했으므로 초창기 때 이미 현재 쓰고 있는 대부분의 평가 기준이 마련되는 계기가 되었다.

2.1. 재무 분석의 필요성

앞서 '개요'에서 개별 과제들에 대한 평가의 필요성을 그렇게 될 수밖에 없는 당위성 관점에서 경험을 통해 피력하였다. 이때 관심 사항인 '재무성과 분석'에 집중하기 위해 예로 든 '과정 평가'와 '완료 평가' 중 후자에 대해 알아보자. 평가 유형별 개요와 인사 체계화의 연계성, 세부 전개 등에 대해선 「Be the Solver_혁신 운영법」편을 참고하기 바란다.

경영 혁신이 한창 무르익던 2000년대 초반, 모 기업의 임직원이 모여 과제 효과를 공유하기 위한 연말 페스티벌에서 대표 이사의 축제 마무리 연설 중

"…(중략) 에~ 오늘 보고된 과제들의 재무성과를 모두 합쳐보니 우리 회사 세전 이익에 근접하는군요. 거품이 들은 건지 산정 방식에 문제가 있는 건지 확인이 필요할 것 같은데…(중략)"라는 평가가 있었다. 1년 동안의 노고를 치하하는 자리인 만큼 꾸짖는 분위기로 보이진 않았지만 왠지 씁쓸한 여운을 남겼다. 확실한 것은 재무성과 평가의 현실을 우회적으로 비판하거나 문제점의 개선을 당장 요구하는 메시지쯤으로 보는 게 올바르단 판단이다. 당시 주변에서 회자되던 재무성과 평가에 대한 의문점을 정리하면 다음과 같다.

1) 경영 혁신을 추진하지 않았다면 재무성과는 그만큼 줄어드는 것인가?
2) 경영 혁신을 하지 않았을 때도 재무성과는 늘 있어 왔는데 굳이 경영 혁신 도입의 효과로 간주하는 이유는 무엇인가?
3) 평가된 재무성과는 재무제표의 손익 계산서에 포함된 것인가?
4) 과제 수를 기하급수적으로 늘리면 재무성과도 기하급수적으로 증가하는가?
5) '과제'의 범위를 어디까지 봐야 하는가? '즉 실천(Quick Fix)'된 경우도 금전적 효과가 있다면 재무성과로 인정해야 하는가?
6) 현 수준을 어디다 맞추어야 하는가? 기간이나 대푯값 설정에 따라 재무성과 평가의 결과가 기복이 심해 신뢰할 수 없지 않은가?

앞서 기술된 의문점들 중 일부는 소위 경영 혁신 활동에 불만이 많은 저항 세력들에게서 나온 것도 있고, 평가 주체들에 의해 산정상 어려움을 호소하는 자리에서 취합된 것도 포함돼 있다. 일반적으로 기업은 조직에서 짧게는 6개월에서 길게는 1년 동안 주어진 업무를 하도록 되어 있고, 반기 또는 매년마다 업적 평가나 능력 평가를 받도록 되어 있다. 그렇지 않으면 모든 임직원들에게 똑같은 급여와 똑같은 혜택을 주어야 하는데 이런 밋밋한 운영은 조직 체질을 나태하게 만들어 회사 관점에선 정상적인 운영에 실패하고, 개인 관점

에선 열정을 보일 이유가 없는 지루한 환경만 양산될 뿐이다. 결국 조직 내에
서의 활동은 평가를 통해 자극과 동기를 유발할 수 있으므로 과제 수행 역시
'평가 체계'가 절대적으로 필요하다. 그런데 차이점도 있다. 평가의 딜레마가
늘 존재하는 인사 평가와 달리 과제란 분명 존재하는 문제의 개선을 전제하므
로 과제 수행 후 문제가 사라졌다면 인사 평가보다 훨씬 더 객관적이고 정량
화된 판단을 할 수 있다. 그러나 막상 성과 평가에 임하면 산정 과정에 많은
모호함이 있다는 것과 한편으론 쉽게 답을 주지 못하는 현실도 받아들이기 어
렵다. 수행 과제들에 대해 '재무 분석', 즉 'Analysis'가 필요한 이유가 바로
여기에 있다.

　　우리가 하려는 작업은 명백하다. 임직원은 프로세스에 존재하는 문제들을
해결하고 그 결과로 얻어진 효과를 회사 이익에 반영시켜 성장을 이끈다. 또
회사는 그에 기여한 임직원들에게 결과에 준한 보상을 해줌으로써 더 잘해 나
갈 수 있는 토대 마련과 동기를 부여한다. 즉 기업 입장에선 내실화와 성장이
란 두 마리 토끼를 동시에 잡는 일거양득을 누리게 된다. 이쯤 되면 기업과 임
직원 간 선순환이 형성된다. 물론 이 같은 선순환의 기저엔 누구나 인정하고
순응할 객관적이고 정량화된 '재무 분석'이 자리해야 한다. 다음 [그림 I-8]
은 '재무 분석'의 주체와 필요한 시점을 설명한 개요도이다.

　　[그림 I-8]에서 재무 분석의
주체는 익히 잘 알고 있는 '효
과 평가 전문가(Financial Effect
Analyst)'이며, 분석 시점은 그
림에 나타낸 바와 같이 '과제
선정', '과제 수행', '사후 관리'
모두에 필요하나 각 영역에서의
분석 목적이나 활동 내용 등에

[그림 I-8] 재무 분석 '주체'와 '분석 시점' 개요도

과제 선정

Audit - 평가 전문가

사후 관리　　　　　　　과제 수행

는 약간씩 차이가 있다. 삼각형 안에 쓰인 'Audit'는 주로 '과제 수행' 기간 중에 이루어지며, 최초 목표대로 잘 진행되고 있는지를 확인하는 활동이다. 이들에 대해선 이어지는 주제에서 자세히 다루어진다.

2.2. '효과 평가 전문가'의 탄생과 주요 이력

   기업 임직원을 대상으로 한 문제 해결 입문 교육 중에 '효과 평가 전문가'와 그들의 활동, 임무들에 대해 간단히 설명하고 어디서 유래되었는지를 물으면 십중팔구 "미국 아닌가요?"란 답변이 돌아온다. 틀린 말도 아니다. 경영 혁신 체계가 통째로 미국으로부터 넘어온 것들이니 '효과 평가 전문가' 역시 그들 체계 중 일부로 인식하는 것은 자연스런 현상이다. 그러나 이와 같은 선입견은 여지없이 깨진다. 정답은 "미국이 아닌 순수 우리나라의 작품!"이다.
   필자는 '개요' 단계에서 2000년도 삼성SDI 재직 시절 미국 SBTI社의 '제품 설계 방법론' 과정에 입문했었음을 밝힌 바 있다. 당시엔 연구 개발 분야뿐만 아니라 제조, 비제조로 구성된 세 개 조직별 핵심 인력 70여 명이 선발되었는데, 비제조 분야 참가자들 중 효과 평가를 어떻게 해야 할지 토대를 마련할 목적으로 본사의 한 관리팀 과장이 투입되었다. 교육 내용이 '로드맵'과 '도구'들에 치우쳐 있던 점을 감안하면 '평가 체계 정립'은 교육과 공통분모가 별로 없어 보였다. 그러나 교육 기간 동안 업무로부터 벗어나 '과제 효과(재무성과, 비재무성과)'를 어느 방식과 절차로 규격화할지 충분한 연구와 고민을 할 시간이 주어진 점, 그리고 SBTI社의 전문 컨설턴트로부터 필요 정보를 요구하고 의견을 수렴할 기회가 주어진 점은 의미 있는 결과를 도출할 충분한 환경이 되었다. 이에 당시 상황을 정확히 알아볼 목적으로 해당 과장을 수소문해보았으나 여의치 않아 본문엔 포함시키지 못했다. 국내 대다수 기업들의 과제 효과를 평가하는 데 모태가 되었던 핵심 인력임을 감안하면 안타까운 일이지만 기본 골격이 만들어졌던 당시에 필자가 주변에 함께 있었던 것만으로 만족해야 할 것 같다.

과제 평가 체계를 정립하는 일은 당시 전사 경영 혁신을 기획하고 주관하던 담당 부서 입장에선 매우 중요한 이슈였는데 그것은 이미 70여 개 과제들의 효과를 명확하게 평가해야 할 절체절명한 상황에 처했기 때문이다. '효과 평가 전문가의 탄생'에 대해 약간의 자료와 당시 주변 담당자 수소문 및 기억을 토대로 완성 과정을 시간대별로 추적해 보았다(거의 명탐정 셜록 홈즈 수준이었음을 밝혀 둔다).

SBTI社로부터 트레이닝을 받기 전 약 2주간의 사전 교육을 위해 1999년 12월 중순 용인에 있는 그룹 연수원에 들어갔다. 눈이 어찌나 많이 왔던지 차량 왕래도 힘들어 거의 고립된 상태였는데 역설적으로 공부에 전념하기엔 안성맞춤이었다. 과제 효과를 평가하기 위한 SBTI社의 가이드라인인 「Six Sigma Savings」가 연수원 입교 약 2개월 전인'99년 10월 중순에 마련됐다고 하니 이미 계약 단계에서 과제 효과를 평가하기 위한 방안을 직접 요청했던 것으로 보인다. 또 이 내용은 사업부장들을 대상으로 한 교육 교재로도 자주 사용되었는데, 경영 혁신이 이익(돈)을 가져다준다는 취지를 임원들에게 전달하는 데 효과적이라고 판단했던 것 같다. 평가 체계를 전담한 담당 과장이 한 달 뒤인 2000년 1월 말 이 가이드라인을 기반으로 과제 효과를 평가할 「과제 효과 측정 및 재무성과 연계 기준 정립」을 마련했는데 SBTI社의 가이드라인에 들어 있는 '일반 원칙(General Rules)'들이 대부분 그대로 포함되었다. 그러나 똑같이 전개되었거나 내용만을 옮겨놓았다면 담당 과장이 과제로 수행한 의미가 퇴색되었을 것이고, 이후 활용도도 급격히 떨어졌을 것이다. 담당 과장의 과제 수행으로부터 새롭게 정립된 특징을 모아보면 다음과 같다.

1) 재무제표의 손익 계산서 계정 과목을 중심으로 정립(SBTI社 가이드라인 따름)

2) 용어 정의, 기본 원칙 등 전사 적용이 가능하도록 표준화 모색

3) 과제 효과를 '재무성과'와 '체질 개선 효과'[12]로 구분

4) '재무성과'와 '체질 개선 효과'의 하위 항목 규정([그림 I-9] 참조)

5) 하위 항목별 산출 식의 규정과 상세한 산정 예시 포함

6) 과제 등록부터 사후 관리까지 '효과 평가' 시점 규정 및 담당 부서 지정

[그림 I-9] 과제 '효과 평가'의 최초 유형 구분 예

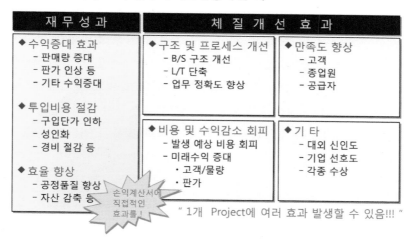

표준화의 필요성은 담당 과장이 지원팀 소속이었으므로 전사 규정으로 등록하기 위해선 당시 경영 혁신 추진팀과의 합의가 필수였다. 따라서 두 부서가 참여하는 합동 워크숍이 병행되었으며, 내용의 적합성에 대한 검증은 매달 전

---

12) 당시엔 '비재무성과'와 동의어로 사용.

사 리더들이 모이는 SBTI社 정례 교육 중, 수행 과제들을 대상으로 데모 수행과 교육생들의 의견을 수집하면서 이루어졌다. 그러나 모든 내용이 완벽히 처리된 것은 아니었는데 그때까지만 해도 산정이 모호한 내용들을 중심으로 '효과 측정이 어려운 몇 가지 사례'들이 거론되고 심도 있게 연구되었으며, 특히 '보완이 필요한 사항'으로 다음과 같은 내용을 언급하였다.

1) 영업 부문의 매출 증대 관련 항목
2) R&D 부문의 기초 기술 및 미래 제품 관련 항목

'1) 영업 부문의 매출 증대'는 영업 부서 고유 업무인 매출 증대에 대해 어떤 상황을 '매출의 증대 효과'로 봐야 하는지부터 최종 소비재가 아닌 중간재 특성의 처리(당시 삼성SDI의 경우), '한계 이익'과 '세전 이익'의 선택, 환율 등과 같은 제어가 불가한 대외적인 영향들의 반영 등이 고려되었다. 사실 그동안 매출 달성이란 총체적 관점에 묻혀 있던 유형들이 목표 달성이란 과제 단위의 개별적 관점으로 전환됨에 따라 그 해석과 적용에 커다란 장애 요소가 되었다. 또 '2) 기술/개발 부문'의 경우 현재가 아닌 미래의 수익 가능성을 예측해 평가해야 하므로 어떤 잣대를 들이대야 하는가는 당시는 물론 지금까지도 매우 어려운 과제임에 틀림없다. 한 예로 제품의 특정 기능을 향상시켰을 때 당장 제품에 반영되지 않았을 뿐더러 향후에도 될지 안 될지 모르는 상황이라면 과제의 효과는 없다고 봐야 하는가, 그렇지 않고 있다면 뭐라고 표현해야 하는가 등이다. 특히 제품 기능 향상이 아닌 새로운 이론을 발견한 경우는 평가의 난이도가 급격히 증가한다. 그러나 이후 몇 달간 과제 효과를 객관적으로 평가할 기준들이 구체화돼 가면서 제도나 절차, 관리 규정 등도 함께 정립돼 갔는데 이들은 '사내 표준 시스템'에서 규정한 절차에 따라 체계화가 이루어졌다.

SBTI社로부터의 반년에 걸친 경영 혁신 학습이 2000년 7월 말 일단락되면서 과제 효과를 평가할 기준도 완성됐으며, 이런 성공 모델은 그룹 내 타 계열사로 확산되면서 효과 평가 역시 각 계열사 업의 특성에 맞게 조정되고 발전돼 갔다. 그러나 계열사별로 마련된 효과 평가가 '손익 계산서' 수용이라는 공통된 잣대를 가져야 함에도 각개 전투(?)로 나갈 수 있다는 우려 때문에 그룹 차원의 기본 규칙을 정할 필요성이 대두되었고, '06년 11월 초에 재무 평가 접근 원칙, 산정 방법, '효과 평가 전문가' 제도 운영, 관리 방식 등 과제 효과 평가 전반에 걸친 표준화를 이뤄냈는데 아마 이 시기가 '효과 평가 전문가'를 통한 효과 평가 체계가 완성된 시점이 아닌가 싶다. 당시 표준화는 '12구분 - 34유형 - 36산정 식'으로 정립되었다.

물론 2000년대 초반부터 중반까지 국내 대기업의 약 70%가 넘는 수가 경영 혁신을 도입했다고 알려져 있으므로 효과를 평가하는 방법에 있어 업의 특성에 맞게 더욱 다양화되고 구체화됐을 것으로 추정된다. 특히 김쌍수 LG전자 전 부회장님의 "나 SS Kim이야(이름의 영문화 첫 단어 S, S가 Six Sigma의 첫 영문과 일치한데서 유래된 일화)!"처럼 90년대 말 일찌감치 6시그마 경영 혁신의 상당한 내재화를 이룬 LG전자의 경우 역시 효과 평가 부문에서 많은 진전이 있었을 것으로 예상된다. 이와 같은 평가의 정립은 각 기업들에 속했던 문제 해결 전문가들이 2000년대 중반 이후 퇴사와 더불어 컨설턴트로 활약하면서 평가에 관한한 국내 전반적인 상향평준화를 이루는 데 크게 기여하였다.

한 가지 짚고 넘어갈 사항은 '효과 평가 전문가(Financial Effect Analyst)'란 호칭이 어떻게 만들어졌는가인데 이 부분에 대해선 명확하지 않지만 SBTI社에서 제작된 「Six Sigma Savings」에 'Project's Effect'란 표현과 'Financial Analysis' 등이 포함된 점으로 미루어 이들을 조합해 만들어진 것이 아닐까 추정된다. 조사에 의하면 2000년 8월쯤에 이미 공공연하게 '효과 평가 전문가'란 단어가 등장하고 있던 것으로 보아 아마도 효과 평가에 대한 기본 틀이 갖춰진 2000년 2월 초부터 7월 말 사이에 평가 담당자들의 호칭이 필요했고, 따라서 자연스럽게 '효과 평가 전문가(Financial Effect Analyst, 줄여서 'FEA')'란 명칭이 탄생했을 것으로 생각된다. 혹자는 삼성전기에서 이와 유사한 용어가 이미 사용되었던 것을 시기적절하게 '효과 평가 전문가'란 명칭으로 확정했다는 설도 있다. 우리말로는 '재무 효과 분석 전문가'가 일반적이다. 지금까지의 '효과 평가 전문가' 관련 이력을 정리하면 다음과 같다.

[표 Ⅰ-9] '효과 평가 전문가'의 탄생 이력 요약

시기	내용
'99. 10월	SBTi社가 효과 평가 기본 교육 자료인 『Six Sigma Savings』제작
'99. 12~'00. 06	삼성SDI의 SBTi社 최초 컨설팅 중 비제조 분야에서 '효과 평가 정립'과 관련된 과제가 수행됨. 이로부터 효과 평가에 대한 기본 틀이 마련됨
'00. 05월 전후	효과를 평가할 담당자 호칭인 '효과 평가 전문가(Financial Effect Analyst)' 탄생
'00년도 후반~	삼성그룹 계열사와, LG전자를 포함한 국내 대기업 70% 이상으로 경영 혁신이 확산되면서 효과 평가(특지 재무성과)에 대한 다양화, 체계화의 전기마련
'06. 11월 초	삼성그룹 차원에서 전 계열사가 공유할 수 있는 재무효과 산정 표준체계 마련(12구분-34유형-36 산정 식). 이로부터 '효과 평가 전문가' 관련 평가 체계가 한층 업그레이드되는 계기가 됨

2.3. '효과 평가 전문가' 제도

개별 과제들의 효과를 재무적 관점에서 객관적이고 명확하게 산정할 목적으로 '효과 평가 전문가'란 담당자가 자연스럽게 태동했다면, 이들을 어떻게 양성하고 자격을 유지시키며 어떤 일을 어느 단계에서 수행해야 하는지를 규정짓는 일 또한 반드시 마련돼야 할 사항이다. 개인적이고 돌발적인 업무는 조직에서 타인과 공유하거나 지속시키기 어렵기 때문이다. 일반적으로 '효과 평가 전문가'는 과제가 등록된 시점, 과제 수행이 완료된 시점, 사후 관리가 종료된 시점에 효과를 평가하는 것으로 알려져 있다. 이 같은 기본 틀은 유지하면서 기업이 처한 상황에 따라 '효과 평가 전문가' 투입에 대한 '시점'을 약간씩 변형하는 것이 일반적이다. 다음 [그림 Ⅰ-10]은 '효과 평가 전문가' 활동과 관련된 주변 요소(리더, 사업부장, 전사 사무국, 심의 위원회 등의 인적 요소와 과제 등록, 과제 수행 등의 활동 요소)들을 모두 표현한 개요도로, 이어질 [그림 Ⅰ-11]의 '효과 평가 운영 프로세스'와 연계해서 보면 학습에 도움이 된다.

[그림 Ⅰ-10] '효과 평가 전문가' 활동 개요도

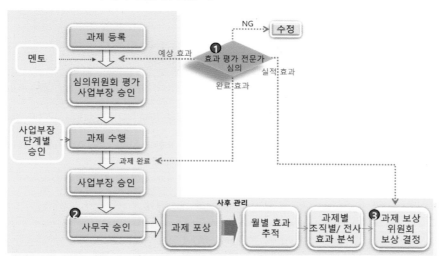

2.3.1. 평가를 위한 '주체' 및 '운영 프로세스'

우선 [그림 Ⅰ-10]에 포함된 원 번호(①, ②, ③)들은 '효과 평가'[13]와 관련해 고유한 역할을 수행할 핵심 주체들임을 표기한 것이다. 이들은 과제 수행 중이나 과제 완료 후 또는 사후 관리가 종료된 시점에 이르기까지 직간접적으로 평가에 관여하며 효과에 대한 완성도를 높이는 데 기여한다. 주체별 역할을 정리하면 [표 Ⅰ-10]과 같다.

[표 Ⅰ-10] '효과 평가' 관련 주체별 역할

No	주체	역할
❶	'효과 평가 전문가'	☐ 수행 과제의 효과 검증 ☐ '과제 효과' 평가 기준 마련에 참여 ☐ Define Phase에서 '예상 효과' 산출 ☐ Control Phase에서 '완료 효과' 산출 ☐ '사후 관리' 종료 후 '실적 효과' 산출 ☐ Audit 참여 ※ Control Phase의 '완료 효과'를 일반적으로 '추정 효과'로도 지칭하나 Define Phase에서의 '예상 효과'와 의미상 상충하므로 '추정 효과' 대신 '완료 효과'라 정의함 ※ '사후 관리 기간'은 과제가 종료된 월을 제외한 그 다음달부터 12개월 동안을 원칙으로 함 ※ '효과 평가 전문가'는 양성 과정과 역할에 따라 여러 호칭으로 구분하기도 하지만 본문에선 공통의 역할 중심으로 기술함
❷	전사 사무국	☐ '효과 평가 전문가' 제도 관리 및 운영(평가 시 멘토 지원 등) ☐ '과제 효과' 평가 기준 제정, 개정 ☐ '과제 효과'에 대한 포상, 보상 예산 편성 ☐ '과제 보상 위원회' 운영 규정 마련
❸	과제 보상 위원회	☐ '과제 보상 위원회' 운영 규정 마련에 참여 ☐ Define 또는 Measure Phase 완료 후, Control Phase 완료 후, 사후 관리 종료 후 과제 효과 심의, 운영 규정에 따라 보상(또는 포상)액 결정

---

13) '재무성과'와 '비재무성과' 모두를 포함한 평가이므로 모두를 아우르는 '효과'란 표현을 지속적으로 사용하고 있다(「서론」 초반에 설명된 용어 정의 참조).

    각 주체별 역할은 기업 상황에 따라 조금씩 차이를 보이는데, 예를 들어 '효과 평가 전문가'는 명칭 그대로 '재무(Financial)'적 평가에만 관여하고, 따라서 '비재무', 특히 금전적 성과와 관련 없는 '체질 개선 성과'의 경우는 '전사 사무국'에서 담당할 수 있다. 또 '전사 사무국'의 역할에 포함된 '포상, 보상 예산 편성'을 '과제 보상 위원회(또는 효과 평가 위원회)'에서 담당할 수 있다. 그러나 경험적으로 '과제 보상 위원회'는 반기나 연말에 대표이사를 포함한 임원급 평가단을 한시적으로 조직해 운영하는 경우가 많아 예산 편성과 같은 실무는 '전사 사무국'에서 수행하는 게 일반적이다. 그 외 과제 완료 후 이어지는 '사후 관리 기간'은 일반적으로 12개월이 원칙이나 상황에 따라 '6개월' 또는 '6개월 12개월 병행' 등이 적용된다. 이들 평가 주체들 간 역할을 프로세스로 나타내면 [그림 Ⅰ-11]과 같다.

[그림 Ⅰ-11] '효과 평가' 운영 프로세스 예

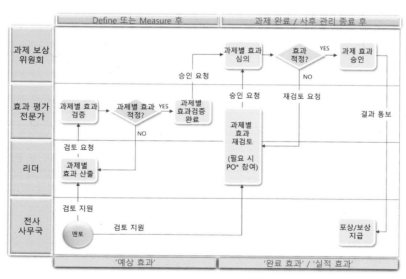

[그림 Ⅰ-11]의 과정을 간단히 설명하면 과제 수행 주체인 리더가 1차로 과제 효과를 산정해 '효과 평가 전문가'에게 검증을 요청한다. 이때 사무국 소속(또는 사무국 요청을 받은 현업) 멘토가 과제 내용 파악과 함께 산정 작업을 지원한다. 요청받은 '효과 평가 전문가'는 정해진 표준에 의거 과제 효과를 검증하는데, 이 활동을 거쳐 나온 산출물을 '**예상 효과**'라 한다. 문제 해결 로드맵 관점에서는 Define 또는 Measure Phase 완료 시점이다. 이후 리더에 의해 과제가 수행된 후 Control Phase가 완료되면(과제 완료), 리더는 '효과 평가 전문가'에게 효과 검증을 재요청하며 이어 '효과 평가 전문가'에 의해 검증된 효과는 '과제 보상 위원회(또는 효과 평가 위원회)'에 승인을 요청한다. '과제 보상 위원회'에서 최종 승인된 결과를 '**완료 효과**'라 한다. 승인된 '완료 효과'는 '전사 사무국'에 보내 효과 규모에 따라 리더에게 '포상'이 주어진다. 다음에 사후 관리가 이루어지며 통상 12개월 동안의 추적이 종료되면 이때 역시 '효과 평가 전문가' 검증 후 '과제 보상 위원회'의 승인을 거쳐 그 규모에 따라 '보상(또는 인센티브)'이 주어진다. 이때의 결과를 '**실적 효과**'라고 한다. 다음은 앞서 설명된 '효과'들의 용어 정의를 모아놓은 것이다.

- **예상 효과** Define Phase 또는 Measure Phase 완료 후 '효과 평가 전문가'가 검증한 효과. 기업에 따라 과제 선정 단계나 핵심 과제를 뽑기 위한 우선순위 과정, 또는 리더가 최초 산정한 효과를 '기대 효과'로 부르거나, Measure Phase 완료 후 산정한 효과를 별도로 '목표 효과'라 명명하기도 한다. 본문에선 혼선을 피하기 위해 '과제 선정 단계~Measure Phase' 사이에서 평가된 효과를 모두 '예상 효과'로 통일할 것이다. 필요하다면 '예상 효과-1', '예상 효과-2' 등으로의 구분도 허용한다.
- **완료 효과** Control Phase 완료 후 '효과 평가 전문가(또는 효과 평가 위원회)'가 검증한 효과. 회사에 따라 '예상(또는 추정) 효과'로 불리기도 하지만 용어 자체만으로 단계와 시점을 인지할 수 있도록 '완료 효과'라 명명하였다.
- **실적 효과** 사후 관리(12개월) 완료 후 실질적인 결과를 '효과 평가 전문가'가 검증한 효과이다.

'효과 평가'의 운영 프로세스에 대한 기본 이해가 섰으면 다음으론 '효과 평가 전문가 자격 관리'에 대해 알아보자.

2.3.2. '효과 평가 전문가' 자격 관리

'효과 평가 전문가', 즉 '재무 효과 분석 전문가'를 관리하기 위해서는 기본 적으로 자격 요건의 규정, 자격 인증제도 운영, 자격 유지 조건 정립, 인사 인 센티브 부여 등의 항목들이 필요하다. 경영 혁신 국내 도입 초창기 때는 경영 관리나 재무 관리 부서에 속한 과장급 직원을 효과 검증에 투입하였으나 과제 수가 기하급수적으로 늘어나 한두 명이 감당할 수 없는 지경에 이르렀고, 또 산정의 편차가 심하게 발행했는데, 일례로 몇 개의 표본 과제를 '효과 평가 전문가'들에게 배부한 뒤 산정 금액을 비교한 결과 적게는 수백에서 많게는 수천만 원까지 차이가 나기도 했다. 동일한 표준을 제공했음에도 다른 결과가 나왔다는 것은 접근 방식에 나름 차이가 있었기 때문이며, 이와 같은 갭을 줄 이는 가장 효과적인 방법이 교육을 통한 학습이므로 양성 프로그램의 개발과 운영 등이 자연스럽게 거론되었다.

2000년대 초에서 중반까지는 국내 기업 경영 혁신이 한창 무르익던 시기이 다. 이 당시 많은 기업들이 Top-down식 과제들을 발굴하여 효과를 내기 위 해 노력했는데 안타까운 것은 과제 수행을 위한 방법론이나 도구 학습에 치우 쳐 정작 효과를 올바르게 평가하고 관리하는 일엔 소홀했던 점이다. 과제를 얼마나 뽑았고, 교육은 몇 명이 받았으며, 과제 완료 수는 몇 개인지가 주 관 심 사항이 된 데는 성급하고 섣부르게 도입한 기업에도 문제가 있었지만 요구 하는 대로 자문을 해준 컨설턴트에게 더 큰 문제가 있었다고 봐야 할 것이다. 기업 성장에 꼭 필요한 것은 '이익'이다. '이익'이 부족한데 직원을 위한 복지

수준이 높아질 리 없고, 고용이 보장될 리 만무하다. 기업의 경영 혁신 도입 목적은 내부 비효율을 제거하고 건실해진 체질을 토대로 이익 확보에 기여해 보겠다는 의지가 반영된 것이다. 따라서 과제를 발굴하고, 수행하며, 벨트를 육성하기보다 사실 가장 최우선적으로 관심을 가져야 할 대상이 바로 '효과 평가 전문가'를 확보하고 운영하는 데 있었어야 했다. 효과에 대한 객관성과 신뢰성이 확보되고 그로부터 손익 계산서의 이익이 개선돼 간다면 활동의 수단인 과제 발굴과 수행, 리더 양성 등의 존재 이유가 훨씬 더 크게 부각될 수 있었을 것이다. 그러나 일부를 제외한 대부분의 기업에선 '효과 평가 전문가 자격 관리'의 체계화에 관심을 덜 갖거나 실패함으로써 혁신 활동의 경영 기여에 의문을 갖게 한 배경이 되곤 하였다. "기업 경영 혁신의 도입은 3년 간 다"란 말이 있다. 도입 첫 해는 새로운 것을 받아들이고 학습하는 데 정신없어 하고, 두 번째 해는 받아들인 내용을 확대하는 데 부산하며, 세 번째 해에 이르러 어느 정도 익숙해질 즈음 지나간 두 해의 미흡한 효과를 되새기며 임직원 모두가 실망할 때에 쇠퇴기에 접어듦을 비꼰 말이다. 그러나 이 시기에 '효과 평가 전문가 자격 관리'가 혁신 활동을 전파한 몇몇 기업들에 의해 상당한 수준으로 체계화가 이루어졌음은 매우 다행스러운 일이 아닐 수 없다.

그렇다면 2000년대 후반부터 최근에까지 '효과 평가 전문가 자격 관리'에 대한 인식 수준은 어느 정도일까? 안타깝게도 한마디로 "여전하다!"이다. 오히려 더 악화일로에 섰다고 봐야 할 것 같다. 2000년대 중반기까지는 그래도 기업 경영 혁신의 중추에 있던 대기업 위주로 효과를 평가할 기준 정립과 모호성 제거를 위한 깊이 있는 연구 또는 체계화가 나름 지속됐다면 그 이후 닥친 무관심은 '효과 평가 전문가'들의 몰락을 가져왔다. 리더 교육은 존재하되 '효과 평가 전문가' 육성 프로그램은 유명무실해졌으며, 필요에 의해 지명은 하되 큰 관심을 가져주지 못하는 지경에 이르렀다. 기업의 제품(상품)이나 서비스에 맞는 산정 기준의 연구가 지속적으로 이루어지는 일은 그만두고라도 명맥만 유지되는 상황에서 '손익 계산서'에 개별 과제들의 기여가 얼마나 되는지, 과제 수행 전체의 기여는 얼마나 되는지 알아내기란 무척 힘겨워 보인다. 결국 기업 경영 혁신을 위한 과제 수행 따로, 경영 관리 부서의 재무제표 마련을 위한 '영업 이익' 산출 따로 하는 별개의 관리가 이루어지고 있다. 현실을 너무 비관적으로 평가한 것일까? 이 글을 읽고 있을 독자들의 몫에 맡기도록 하겠다.

우리가 해야 할 일은 명백하다. 과제의 효과를 있는 그대로 평가할 '전문가'가 필요하다. 일시적이 아닌 '지속적'이어야 하며, 아무나가 아닌 '전문가'가 필요하다. 또 그들을 뒤받쳐줄 '제도적 장치'가 명백하게 마련돼 있어야 한다. 그래야 과제 효과를 모두가 신뢰하고, 혁신 활동을 통한 경영 기여의 과실에 모두가 공감하며 만족해 할 수 있다. 이를 위해 다음과 같은 '자격 관리 기준'의 체계화와 정착이 요구된다.

[표 Ⅰ-11] '효과 평가 전문가'의 자격 관리 기준 예

항 목	내용
지원 자격	☐ 회계(재무, 원가 관리) 관련 업무 2(또는 3)년 이상 ※ 이외 기능 부서 경우 해당 부서 경력 5년 이상 등 ☐ 대리 또는 과장급 이상
인증 기준	☐ 문제 해결 전문가 교육 과정 수료 ☐ '효과 평가 전문가 교육 프로그램' 이수(교육시간, 교육점수 기준 만족) ☐ 수행 과제 효과 검증 5건 이상(CFO 등이 확인)
소속	☐ 전사 사무국 소속(전담) → 사업부 '효과 평가 전문가' 회의체 운영, 양성, 산정 기준 제/개정, 사업부장 과제 효과 검증 및 전사 효과 관리, Audit 관리 등 ※ '총괄 효과 평가 전문가', '마스터 효과 평가 전문가' 등으로 호칭 ※ 재무팀 또는 원가 기획팀 등에 소속될 수도 있음 ☐ 사업부 소속(비상근) → 사업부 과제 검증, Audit 참여, 매뉴얼 작성 등
유지 기준	☐ 수행 과제 연간 20(또는 30)건 이상 검증 ☐ 연 1(또는 2)회 보수 교육 이수
인사 인센티브	☐ 인증 후 문제 해결 전문가로 인정 ☐ 승격 시 가점 부여나 고과 B$^{(-)}$ 이상 등

물론 [표 Ⅰ-11]은 일반적인 예로써 기업 상황에 따라 항목이나 내용, 기준들은 천차만별이다. 그러나 앞서 강조한 바와 같이 '효과 평가 전문가'는 공통적으로 '전문성' 확보가 필수이다. 따라서 [표 Ⅰ-11]의 '인증 기준'에 포함된 '효과 평가 전문가 교육 프로그램'을 내실 있고 실무 경험을 쌓을 수 있도록 마련하는 것이 매우 중요하다. '전문성'은 다음의 '효과 검증의 4대 방향' 중 '공정성'에 직접적 영향을 주기 때문이다.

[그림 Ⅰ-12] 효과 검증의 4대 방향

공정성	전문가 집단에 의한 효과 검증 수행 → '효과 평가 전문가' 자격 관리
객관성	객관적 기준에 의한 정량화 → 효과 산정 표준화
투명성	과제 수행과 효과 검증의 분리 → 과제 보상 위원회(또는 효과 평가 위원회) 운영
신뢰성	과제 진행 초기부터 검증 참여 → Define부터 사후 관리까지 FEA 참여

'효과 평가 전문가'는 기업의 재무성과 규모를 판단할 매우 중요한 역할을 하는 전문가다. '프로'라는 얘기다. 따라서 자격 관리 역시 일시적으로 운영되는 것은 바람직하지 않다. 이에 보다 특화된 전문성을 확보해나가기 위해서는 다음이 전제돼야 한다.

1. '효과 평가 전문가' 운용을 위한 중장기 마스터플랜 수립 → 필요에 의한 일시적 활용만으론 전문성을 확보하기 어렵다. 자격 관리, 인증 기준, 활동 범위, 양성 방법, 양성 목표 등 중장기 계획을 수립하고 실천에 옮김으로써 '효과 평가 전문가' 활동이 회사의 중요한 관리 대상이며 기본 정책임을 임직원 모두와 공유하고 그 역할에 공감을 갖게 할 필요가 있다. 중장기 마스터플

랜 없이는 '효과 평가 전문가'를 필요한 순간만 활용되는 파트타임 업무로 간주할 가능성이 높고, 활동에 대한 사업부장의 평가에서도 등한시될 게 불 보듯 뻔하다. 이와 같이 주변에서 관심 밖의 역할을 하는 담당자라면 핵심 인력을 내놓으려 하지도 않을 뿐더러 검증 활동에 대한 신뢰도 역시 만족할 수준에 이르지 못할 것이다. 한마디로 유야무야(有耶無耶)의 존재가 될 수 있으며, 무늬만 경영 혁신, 모양만 '효과 평가 전문가'란 오명에서 벗어나지 못할 것이다.

2. 인사 정책(MBO 등)과 연계된 자격 공인 → 앞서 설명된 중장기 마스터 플랜의 수립이 '효과 평가 전문가'를 제외한 주변 임직원의 공감대를 형성하고, '효과 평가 전문가'의 전문성을 확보하기 위한 접근이라면, 인사 정책에서의 접근은 '효과 평가 전문가' 본인들의 참여 의식을 높이고 전문화를 꾀하기 위해 스스로 노력할 것을 주문하는 데 중요한 역할을 한다. "열심히 하면 뭐하나?" 하고 말할 정도의 냉대 의식이 팽배하면 아무도 전문성을 확보하기 위한 노력과 지원에 시간을 투자하지 않을 것이다. 스스로의 관심과 노력을 이끌어내기 위해서는 인사 정책의 지원 없이는 매우 힘들다는 것도 경험을 통해 잘 알려진 사실임을 명심해야 한다.

2.3.3. '효과 평가 전문가' 교육 프로그램

본문에서 설명할 '효과 평가 전문가 교육 프로그램'은 [표 Ⅰ-11]의 '인증 기준'에 포함된 한 항목이다(참고로 [표 Ⅰ-11]에 빨간색 글자로 표기해놓았다). 굳이 따로 소제목을 따서 공간을 할애한 이유는 리더 대상의 교육 프로그램이다 보니 일반화돼 있지 않기 때문에 한 번 짚고 넘어갈 필요가 있기 때문이다. 교육은 수행 과제의 효과를 평가 또는 검증하기 위해 선발된 '후보 효과 평가 전문가'와 현재 활동 중인 '인증된 효과 평가 전문가'들을 대상으로 하며, 일반적으로 3일에 걸친 집합 교육으로 이루어진다. 그 외에 리더들을 대상으로 한 '효과 평가 전문가' 관련 학습은 리더 교육 중 두어 시간을 할애하는 정도로 제공된다. 다음 [그림 Ⅰ-13]은 일반적으로 적용되는 '후보 효과 평가 전문가'를 위한 교육 프로그램 예이다.

[그림 Ⅰ-13] '후보 효과 평가 전문가'들을 위한 교육 프로그램 예

Time	1일차 강사 홍길동	2일차 강사 홍길동		3일차 강사 홍길동
08:30~09:00	상견례 및 취지설명		W/S	• 세부 효과 산정 기준 (1) - 판단 기준 - 산출 식 - 사례 연구
09:00~09:30	경영 혁신 Overview	세부 산출 기준 판단기준/ 계산식/ 예제		
09:30~10:00				
10:00~10:30		타사 사례		
10:30~11:00	COPQ의 이해			
11:00~11:30		세부 산출 기준 판단기준/ 계산식/ 예제		
11:30~12:00				
12:00~12:30		타사 사례		
12:30~13:30	중 식			
13:30~14:00	효과 평가 전문가 제도 (역할, 운영방안, Audit)	• 평가 제도 수립 - 역할 정립 - 운영 방안 - Audit 방안 • 재무성과 평가 - 기본 원칙 - 유형 분류	W/S	• 세부 효과 산정 기준 (2) - 판단 기준 - 산출 식 - 사례 연구
14:00~14:30				
14:30~15:00	타사 사례			
15:00~15:30	수행 과제 효과의 정의 / 효과 측정 기본 원칙	W/S		
15:30~16:00				
16:00~16:30				
16:30~17:00	타사 사례			
17:00~17:30	기본 유형별 산정 방법			결과 Review / 향후 계획
17:30~18:00				
18:00~18:30	타사 사례			

　　[그림 Ⅰ-13]에서 전체 교육 기간 3일 중 첫 1.5일은 COPQ(Cost of Poor Quality)의 이해, '효과 평가 전문가' 제도, 효과 측정 기본 원칙, 유형별 산정 방법 등 지금까지 알려진 이론과 사례에 대한 내용 위주의 학습인 반면, 후반

부 1.5일은 워크숍(Workshop)으로 진행된다. 워크숍은 소속 기업이 아직 산정 기준에 대한 표준화가 돼 있지 않으면 회사 내 재무 지식이 풍부한 인력이 모인 만큼 "가(假) 표준"을 만들기 위한 실습으로 대체되고, 그 결과는 정식 표준서의 기본 안(案)으로 활용된다. 그렇지 않고 표준이 정립돼 운영 중인 기업이면 워크숍은 이론 학습을 바탕으로 한 다양한 사례들의 실습 시간으로 활용된다. 보통 리더들을 대상으로 한 문제 해결 교육이 3~4주로 길게 설정되는데 반해 '효과 평가 전문가'를 대상으로 한 교육은 상대적으로 매우 짧은데 이것은 리더 후보들은 경영 혁신에 대한 이해가 대부분 전무한 상태로 입교하지만 '효과 평가 전문가'들은 현업에서 유사 업무를 상당 기간 경험했을 뿐더러 관련 지식 또한 일정 수준 이상인 준비된 교육생이기 때문이다.

그럼 '후보 효과 평가 전문가'들을 위한 교육은 그렇다 치고 '인증된 효과 평가 전문가'들을 위한 교육은 어떻게 진행될까? 다양한 프로그램이 가능하나 다음의 내용들이 가능하다.

1) 주로 상당 기간 평가를 하면서 경험했던 난해한 주제들을 모아 깊이 있는 토론의 장으로 삼거나,
2) 그동안의 산정 방법에 대해 좀 더 전문성을 부여하는 과정
3) '체질 개선 성과'들의 목록화 및 산정법(정량화) 개발을 위한 장
4) 타사 벤치마킹 사례 공유의 장

이와 같은 교육 프로그램의 운영과 그 안의 차별화된 콘텐츠는 단기간의 모방이나 관심으론 이루어질 수 없으므로 '효과 평가 전문가 제도'가 어느 정도 정착된 성숙 단계의 기업에서나 가능한 일이다. '효과 평가 전문가 제도'가 무르익었다는 것은 상당 기간에 걸쳐 '효과 평가 전문가'들의 역량 강화의 필요성과 재무성과의 중요성을 인식했다는 의미이며, 그로부터 많은 교육 프로그

램의 개발 노력이 존재해 왔다는 것을 시사한다. 이 시점에서 '인증된 효과 평가 전문가'들을 위한 필자가 경험했던 특징적인 교육 프로그램 중 하나를 소개하면 다음 [그림 I-14]와 같다.

[그림 I-14] '인증된 효과 평가 전문가'들을 위한 교육 프로그램 예

Time	1일차		2일차		3일차	
	강사 홍길동		강사 홍길동		강사 홍길동	
08:30~09:00	상견례 및 교육과정 소개		전반기 수행과제 효과 평가	W/S	부문별 평가결과 발표 및 Q&A	W/S
09:00~09:30	과제 수행 경과 보고 (전사 사무국)					
09:30~10:00						
10:00~10:30						
10:30~11:00		W/S				
11:00~11:30	효과 평가에 대한 특징 소개					
11:30~12:00			이슈 토론		평가 결과 조정	
12:00~12:30						
12:30~13:30	중 식					
13:30~14:00	전반기 수행과제 효과 평가	W/S	전반기 수행과제 효과 평가	W/S	부문별 평가결과 발표 및 Q&A	W/S
14:00~14:30						
14:30~15:00						
15:00~15:30						
15:30~16:00						
16:00~16:30						
16:30~17:00						
17:00~17:30						
17:30~18:00	이슈 토론		이슈 토론		평가 결과 조정	
18:00~18:30					과정 정리	

[그림 I-14]를 보면 [그림 I-13]의 경우와 많은 차이를 보인다. 예를 들어 전체 3일간의 교육 기간 중 2.5일이 모두 워크숍으로 할당돼 있으며, 내용도 학습이 아닌 전반기에 완료된 과제들의 직접적 평가에 맞춰져 있다. 이를 위해 교육 1일차 오전에 전반기 수행된 과제들에 대해 전사 사무국 담당자가 내용과 특징을 알리는 시간이 포함된다. 예를 들어 D 기업의 경우 매년 한두 차례 사업부 '효과 평가 전문가'들을 연수원에 집합시켜 기본 교육을 실시

한 뒤 전반기에 진행된 과제들을 배포해 그 자리에서 직접 산정해보도록 유도한다. 또 각자가 산정한 효과 검증 과정과 결과는 발표를 통해 모두가 공유하도록 프로그램화돼 있다. 실제 평가 시기에 맞춰 한자리에 모이기 때문에 각 사업부에 흩어져 따로 산정할 때의 오류를 줄이고 발표 시 질의응답을 통해 서로 간의 시각차를 좁힐 수 있어 매우 효과적이다. 물론 재무팀의 CFO가 참여해 결과에 대한 신뢰성을 확보해주는 점도 매우 수준 높은 운영이라 할 수 있다. 가끔 장소를 공기 좋은 휴양지 콘도 등에 잡아 은근히 참여도를 높이려는 전략도 좋은 반응을 얻고 있다(금년엔 언제 예정돼 있는지 전사 사무국에 문의가 오는 경우도 종종 있었다^^!).

교육 과정 중엔 대상자에 따라 COPQ를 강조하는 경우, '원가 또는 관리 회계'와 '재무 회계' 등을 포함시켜 참석자들의 평가에 대한 기본 이해를 함양하는 경우, 평가 시 오류를 범할 수 있거나 해석이 난해한 유형들을 모아 학습하는 경우 등 다양한 접근도 가능하다. 그러나 '효과 평가 전문가'를 대상으로 한 교육 과정이 리더 교육과 같이 일반화돼 있지 않은 관계로 국내에서의 공개 교육 빈도는 그리 높은 편은 아니다. 이런 이유로 교육 과정 또한 크게 발전돼지 않고 일정 수준에 머물러 있는 것이 현실이다. 아마 기업에서 리더들에 의해 수행된 과제의 효과를 객관적으로 파악하는 일이 얼마나 중요하고 필요한 활동인지 알게 된다면 지금보다 훨씬 더 깊이 있는 주제 토론과 프로그램 운영이 가능할 것이다. 그러나 필자가 바라보는 이 분야만큼은 급격히 성장하다 갑자기 멈춰버린 어정쩡한 나무 한 그루를 보는 듯해 안타깝기만 하다. 이런 상태에서 제도적 완성은 물론 모범 사례로 국내외 벤치마킹 대상 기업이 돼보는 것도 그리 나쁘진 않을 듯싶다. '효과 평가 전문가'가 분명 보배는 맞는데(이익을 확인시켜주므로) 실에 꿰어보려는 시도가 없어서야 되겠는가 말이다!

2.3.4. Audit 관리

본문에서 설명할 'Audit 관리'는 [표 Ⅰ-11]의 '소속'에 포함된 한 항목이다(빨간색 글자로 표기해놓았다). '효과 평가 전문가 제도' 중 고려해야 할 중요한 활동이기 때문에 별도로 떼어냈다. 'Audit'의 사전적 정의는 다음과 같다.

> - **Audit** (영어사전) 회계 감사, (품질, 수준)에 대한 검사
> - **Audit** (네이버 백과사전) 사무나 업무의 집행 또는 재산의 상황·회계의 진실성을 검사하여, 그 정당성 여부를 조사하는 일. <u>넓은 의미로는 경영 감사나 업무 감사를 포함하지만 일반적으로 회계 감사</u>를 가리키며, 검사 대상 기업의 회계 행위나 회계 사실에 관여하지 않은 독립된 제 3자로서 회계 전문가인 공인 회계사가 기업의 재정과 경영 상태를 분석적으로 검토하는 것이다. (중략)

'Audit'의 정의대로라면 '회계 감사'를 지칭하나 정의 중 밑줄 친 '넓은 의미'로 해석할 여지가 있으므로 여기서는 '회계 감사'보다 "연초 과제 발굴 시 설정된 목표를 향해 문제없이 잘 가고 있는지, 또 지원할 사항은 없는지를 확인하는 절차" 정도로 해석하면 무리가 없을 듯하다.

사실 'Audit'은 수행하는 주체뿐만 아니라 Audit을 당하는(?) 실무자들 모두에게 피곤하고 부담스런 활동임에 틀림없다. 현재의 활동 상태를 점검한다는 의미이므로 Audit 결과만 보면 사업부나 팀별 비교가 가능해지고 원하든 원치 않든 수행 주체는 잘하는 집단과 그렇지 못한 집단을 구분해내야 하기 때문이다. 그러려면 객관적이고 공정한 잣대를 들고 모두를 평가해야 하는데 사람이 하는 일이 어디 그렇게 명확하게만 돌아가겠는가 말이다. 항상 잡음이 끊이지 않는 게 예삿일이다. 따라서 수행 주체는 검사 항목과 점수 처리 방법의 결정, 현업 상황을 고려한 일정 수립 등 고민할 일이 한두 가지가 아니며 이런 것들

에 밤샘하느라 스트레스 지수가 극에 달하기도 한다. 또 Audit을 받는 입장에 선 Audit 내용을 미리 파악해 지적되지 않도록 대응해야 하므로 적어도 Audit 이 있기 직전 2주 정도는 밤샘하는 일에 지치고 매우 민감해지기 일쑤다. 만일 점검 항목 등이 Audit 일정 직전에 변경이라도 생기면 수행 주체의 사무실 전화통은 불이 난다. 심하면 고성도 오가니 가히 누구도 좋아할 상황이 아닌 건 확실하다. 그럼 임직원 누구도 원치 않는 Audit을 왜 군이 하려는 것일까 의문을 가질 법도 하다. 그러나 "왜 하지?"라는 질문은 사실 "왜 하는지 정말 모르겠다!"라는 의미보다 "준비하는데 지친다!"로 해석해야 맞을 것이다. 즉 "한다, 안 한다"의 선택을 위한 질문이 아닌, 하긴 하되 대응하는 데 지쳐서 나오는 푸념의 표현이란 얘기다.

조직 내 중요 활동에 대한 객관적인 중간 점검, 즉 'Audit'이 없으면 어떻게 될까? '객관적'이란 의미는 Audit이 회사 내 각 사업부나 팀에 소속되지 않은 독립된 조직에서 수행됨을 뜻한다. 만일 이런 독립된 조직이 없고, 또 중간 점검인 'Audit'이 없다면 각 사업부에서 마련된 보고 내용을 토대로 진척 상태를 확인하게 될 텐데, 공교롭게도 조직이란 '부서 이기주의'란 것이 늘 존재하게 마련이다. 같은 회사 안에서도 조직들 간 경쟁을 하기도 하고 그래서 각 사업부장은 잘못된 사항이나 치부(?)를 잘 드러내지 않고 포장해버리는 일이 참 많다. 믿으면 좋으련만 그렇다고 늘 각 사업부에서 올라온 보고 내용을 토대로 다음 활동과 지원에 대한 의사 결정을 하는 것은 뭔지 모르게 석연찮게 생각한다. 이런 입장을 과감히 "No Problem"이라고 한다면 'Audit'을 하지 않으면 된다. 간단하다. 그러나 조직을 관할하는 주체 입장에선 "신뢰한다, 그러나 한 번 보자"가 항상 우선순위 최상위에 있음을 부인할 수 없다. 누가 그 자리에 있더라도 결과는 동일할 것이다. Audit이 사라지지 않고 존재하는 이유다. 설명은 이와 같이 했지만 독자는 "그럼 관리자 한두 명의 필요를 충족시키기 위해 Audit이 진행되는가?"라고 오해를 해선 안 된다. 분명한 것은 순기능이 존재하는데 사실 이 부분이 준비하고 준비해대는 힘든 상황 속에 묻혀 논의될 기회가 별로 없거나 따로 고민해보지 않아 드러나 있지 않을 뿐이다. 혹 한두 명의 관리자를 위한 것으로 보일지라도 내면엔 바로 이 같은 '순기능'을 염두에 둬야 한다. 다음 [표 Ⅰ-12]는 일반적으로 논하는 'Audit의 순기능'을 정리한 예이다.

[표 Ⅰ-12] Audit의 순기능

'목적' 측면	□ 혁신 활동상의 제반 문제를 사전 감지(Early Warning) □ 올바른 방향 조정을 통해 혁신 활동의 질을 향상 □ 성과를 지속적으로 유지시킬 수 있는 환경 조성
'인식의 변화' 측면	□ 위기에 대한 이해 또는 인식 공유 □ 혁신 활동에 대한 관심 유도 □ 자극을 통해 적극적으로 참여할 수 있도록 유도

[표 Ⅰ-12]에서 강조될 단어(순기능)들을 빨간색으로 표시하였다. '목적' 측면은 추진 주체나 피점검자 둘 모두에게 부담스러운 Audit이 무엇을 위해 그 역할을 수행하는지에 대해, 또 '인식의 변화' 측면은 경영 혁신을 추진하는 데 있어 저항 세력들의 적극적 참여 유도와 공감대 형성을 위해 어떤 역할을 하는지에 대해 언급하고 있다. 그러나 'Audit 관리' 자체가 무엇보다 힘들고 지치더라도 그를 보상하고도 남을 만큼의 순기능이 존재한다는 것을 수행 주체나 피점검자 모두 확실하게 이해하는 일이 매우 중요하다. 왜냐하면 그로부터 나타난 결과 모두는 임직원에게 그대로 되돌아올 것이기 때문이다. 이런 토대가 마련된다면 Audit 활동은 회사를 살찌울 영양소로 충분히 기능할 것이다. 이제 주제에서 한 단계 더 들어가 '평가 항목'에 대해 알아보자.

다음 [그림 Ⅰ-15]는 기업 경영 혁신의 Audit 영역을 설명하는 개요도이다. '평가 항목'들은 먼저 이들 영역별로 구분한 후, 세분화를 통해 최종 확정된다.

[그림 Ⅰ-15] 'Audit 영역'에 대한 개요도

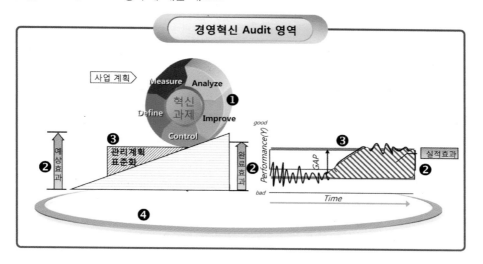

[그림 Ⅰ-15]를 보고 있으면 어떻게 이런 그림을 그려냈을까 하는 감탄이 절로 나온다. 사실 어떤 상황에 써먹었는지는 잘 알고 있지만 누가 그려냈는지는 정확히 알려져 있지 않다. 아마 있지만 필자가 모를 수도 있다. 여하간 기업 경영 혁신과 관련해 'Audit 영역'을 논하는 데는 이만한 개요도는 없었던 것 같다. 그림 내용을 간단히 설명하기 위해 우선 원 번호(❶, ❷, ❸, ❹)를 표시해놓았는데 각각의 영역을 정리하면 다음 [표 Ⅰ-13]과 같다(참고로 '예상 효과', '완료 효과', '실적 효과'들은 이들을 한데 묶어 설명하기 위해 그림에서 원 번호 '❷'를 세 번 표식하였다).

[표 Ⅰ-13] 각 'Audit 영역'의 설명과 관련 '점검 항목'

영역	영역 명	점검 항목
❶	과제 수행	바퀴 그림을 보면 중심엔 '혁신 과제'라 쓰여 있고, 둘레는 '로드맵 D - M - A - I - C'가 있다. 또 바퀴 왼쪽엔 '사업 계획'이 입력된다. 이들을 연결하면 "사업 계획에 준한 혁신 과제가 발굴되었고, 일정 기간 D - M - A - I - C 로드맵을 따라 힘든 경사, 즉 문제를 해결해가고 있음"을 나타낸다. 따라서 '과제 수행' 중에 실시되는 Audit인 만큼 수행 중 점검할 아래 항목들이 요구된다. ☐ 혁신 과제 목표의 도전성 ☐ 과제 수행 충실도 ☐ 개선 난이도 등
❷	과제 효과	원 번호가 세 개 있다. 가장 왼쪽의 '예상 효과'는 과제 수행 초인 Define/Measure 완료 후의 것을, 중간의 '완료 효과'는 Control이 완료된 후의 것을, 오른쪽의 '실적 효과'는 사후 관리가 완료된 후의 효과를 각각 나타낸다. 그들의 높이가 동일하지 않은 것은 각 시점별 나타난 효과에 차이가 존재할 수 있기 때문이다. 각 시점별 점검할 사항은 아래와 같다. ☐ '예상 효과' 산정 적정성/사업 계획 대비 목표 적절성 ☐ '완료 효과' 산정 적정성/ '예상 효과' 대비 달성도 ☐ '실적 효과' 산정 적정성/ '완료 효과' 대비 달성도 등
❸	사후 관리	그림상 삼각형 쐐기가 과제 수행을 통해 올라간 수직 높이(효과)를 유지하도록 받쳐주고 있다. 오른쪽 파형 그림에선 파형 높낮이, 즉 산포를 유지시키는 데도 관여하고 있음을 알 수 있다. 점검 항목은 아래와 같다. ☐ 완료 시점의 과제 경우, 사후 관리를 위한 준비 상태가 되었는지의 점검 항목 - 관리 계획 수립 상태, 표준화 상태, 모니터링 준비 상태 등 ☐ 사후 관리 중 또는 사후 관리 완료 시점의 과제 경우 점검 항목 - '완료 효과' 달성도 등
❹	변화 관리	그림상 바닥의 큰 타원으로 전체를 떠받친 형상을 띠고 있다. 변화 관리의 대상은 사람이며, 이들이 혁신 활동에 적극적으로 동참해야 성과를 극대화할 수 있다. 따라서 점검 항목은 다음의 것들이 포함된다. ☐ 사업부장 관심도 ☐ 변화 관리 추진 체계 수립 상태 ☐ 실행 상태 및 결과 모니터링 체계, F/back 현황 등

사실 이 시점에 본문의 관심 범위를 상기할 필요가 있는데 [표 Ⅰ-13]은 경영 혁신의 과제 수행 중 점검할 전체 항목을 규정한 것이다. 이에 대해선 「Be the Solver_혁신 운영법」편을 참조하기 바란다. 따라서 현재는 '효과 평

가 전문가'와 관련 있는 '과제 효과' 부분에만 관심이 있다. 일반적으로 기업에서는 '과제 효과'대신 '재무성과'란 표현이 더 일반적으로 쓰인다. 본문에선 '효과 평가 전문가'의 역할이 '재무성과'뿐만 아니라 '비재무성과'까지도 포함하도록 정의하고 있으므로 특별히 분리할 사안이 없는 한, 두 '성과' 모두를 포괄할 '과제 효과('과제 성과'나 '재무성과'란 표기가 아닌)'란 표현을 유지할 것이다. 이제 '과제 효과'를 점검할 세부 항목들에 대해 알아보자.

'Audit' 측면에서 과제에 대한 효과를 점검하기 위해선 '수행 중인 과제'와 '사후 관리 중인 과제'로 구분할 필요가 있다. Audit 시점엔 '당해 연도 수행 중' 과제도 점검 대상인 반면 이미 완료돼 '사후 관리 중'인 과제도 매우 중요하기 때문이다.

[그림 Ⅰ-16] 'Audit 영역' 중 '과제 효과' 점검 대상

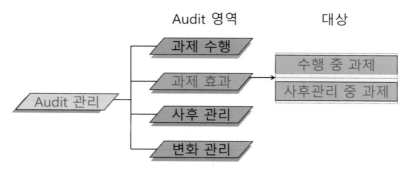

결국 [그림 Ⅰ-16]과 같이 '과제 효과'에 대한 Audit 대상은 '수행 중 과제'와 '사후 관리 중 과제'로 구분되며, 이들에 대해 로드맵 관점에서 세부적으로 점검할 항목들을 정리하면 다음 [그림 Ⅰ-17]과 같다.

[그림 Ⅰ-17] '과제 효과'에 대한 Phase별 Audit 세부 점검 항목

로드-맵	Define Measure	Analyze Improve	Control	사후관리
점검 항목	■ '예상 효과'의 전략 목표와 (금액) 일치 여부. ■ 'Baseline 검토서' 작성 및 등록 상태. ■ Baseline 설정의 적정성. ■ '효과 확인서' 작성 및 등록 상태. ■ 효과 산정 기준 준수 상태.		■ '완료 효과'의 '예상 효과' 달성 여부. ■ '효과 확인서' 작성 및 등록 상태. ■ 효과 산정 기준 준수 상태.	■ 근거 데이터 관리 상태. ■ '실적 효과'의 '완료 효과' 달성 여부. ■ '효과 확인서' 작성 및 등록 상태. ■ 효과 산정 기준 준수 상태.

우선 [그림 Ⅰ-17]의 항목들 중 빨간색 글자는 순수 '효과 평가 전문가' 활동을 대상으로 한 점검이며, 그 외의 것들은 과제 리더를 대상으로 한 점검들을 나타낸다. 예를 들어, Control Phase 경우 리더에겐 과제 완료 후의 '완료 효과'가 Define/Measure Phase에서의 '예상 효과'를 얼마나 노력해서 달성했는지가 중요한 반면, '효과 평가 전문가'에겐 평가를 제대로 했는지, 산정 기준을 준수해서 수행했는지 등이 점검의 주요 관심사다. 물론 기업이 처한 상황에 따라 항목들은 다소 차이가 있을 수 있으나 [그림 Ⅰ-17]의 점검 항목에서 크게 벗어나진 않는다.

다음 [그림 Ⅰ-18]은 Audit에서 활용 가능한 평가 시트의 예로써, 제목이 '재무성과/준재무성과~'처럼 '재무성과'와 '준재무성과'가 함께 쓰인 이유는 '준재무성과' 역시 미리 마련된 표준 산정 기준에 근거해서 평가될 수 있기 때문이다. 또 과제 수행 기간에 실시되는 만큼 이미 완료된 과제를 대상으로 한 '사후 관리 중'과, 현재 진행 중인 과제를 대상으로 한 '진행 중'으로 구분돼 있다.

재무성과/비재무성과 AUDIT 평가 Sheet

과제명								
사업부		소속팀			방법론		□ 개선 □ 설계 □ 수주 □ Quick	
과제구분	□난이도 상 □중 □Quick	사업부장			과제리더			
평가자		수행 기간	~		사후관리 기간		~	

사 후 관 리 중	1. Baseline은 신뢰할 만한 수준인가?	1	2	3	4	5
	2. System에 의한 관리를 하고 있는가?	1	2	3	4	5
	3. 제시된 근거데이터는 신뢰할 수 있는가?	1	2	3	4	5
	4. 사전 계획된 일정대로 재무성과가 발생하고 있는가?	1	2	3	4	5
	5. 목표 재무성과(완료 효과)를 달성하고 있는가?	1	2	3	4	5
	6. 재무성과/비재무성과 산정기준에 적합한가?	1	2	3	4	5
계						
진 행 중	1. Baseline은 신뢰할 만한 수준인가?	1	2	4	5	7
	2. System에 의한 관리를 하고 있는가?	1	2	3	4	5
	3. 제시된 근거데이터는 신뢰할 수 있는가?	1	2	3	5	6
	4. 평가 금액과 System 등록 금액이 일치하는가?	1	2	3	4	5
	5. 재무성과/비재무성과 산정기준에 적합한가?	1	2	4	5	7
계						

사후 실적(월)					완료(실적) 효과 (연간)	

■ 참고 사항

'체질 개선 성과'는 금전적으로 산정이 안 되거나 산정할 필요가 없는 경우로 지표의 완료 전후 상태를 비교해 개선 효과를 평가한다. 따라서 [표 Ⅰ-13]의 'Audit 영역' 중 '과제 수행'의 '점검 항목' 일부를 활용한다. 다음 [그림 Ⅰ-19], [그림 Ⅰ-20], [그림 Ⅰ-21]은 Define Phase, Measure Phase, Control Phase 각각에 대한 Audit 평가 시트를 보여준다. '체질 개선 성과'와 관련된 항목은 빨간색으로 표시하였다.

[그림 Ⅰ-19] '체질 개선 성과'의 Audit 평가 Sheet 예(Define Phase)

Define Phase Audit 평가 Sheet

과제명		평가점수	평가점수				
Process	Check Point		①	②	③	④	⑤
Define	1. 과제가 정해진 선정기준에 의해 등록되었는가?(전략가치,재무성과 등)		13	11	9	7	5
	2. 과제의 문제점 또는 기회가 정확히 기술 되었는가?		13	11	9	7	5
	3. 문제 및 기회가 내/외부 고객에게 주는 Impact가 기술되었는가? (ex,COPQ)		13	11	9	7	5
	4. CTQ와 CTP의 개선목표가 설정되고 그 수준은 혁신적인가?		13	11	9	7	5
	5. 개선목표는 사업부장 또는 담당 임원과 합의 되었는가?		9	7	5	3	1
	6. 과제 해결을 위해 DMAIC Phase별로 완료 기한이 적절하게 수립 되었는가?		13	11	9	7	5
	7. 과제 수행 범위가 정확히 정의 되었는가 ?		13	11	9	7	5
	8. 팀원이 구성되고 팀원간 역할 및 기여율이 정의 되었는가?		13	11	9	7	5
	합 계	0					
의 견							

지표(과제 'Y')에 대한 과제 수행 전후의 향상 정도를 평가해야 하므로 Define Phase에서는 목표 값의 혁신성이나 사업부장과의 합의(또는 승인) 상태가 기본 점검 항목에 들어간다. 다음은 Measure Phase의 예이다.

[그림 I-20] '체질 개선 성과'의 Audit 평가 Sheet 예(Measure Phase)

<table>
<thead>
<tr><th>과제명</th><th rowspan="2" colspan="1"></th><th rowspan="2">평가점수</th><th colspan="5">평가점수</th></tr>
<tr><th>Process</th><th>Check Point</th><th>①</th><th>②</th><th>③</th><th>④</th><th>⑤</th></tr>
</thead>
<tbody>
<tr><td rowspan="7">Measure</td><td>1. 과제 Y가 명확하고 이에 대한 Spec이 타당한가?</td><td></td><td>15</td><td>13</td><td>11</td><td>9</td><td>7</td></tr>
<tr><td>2. Process는 충실하게 조사되었는가? (Process Map-VA.NVA/RTY/DPU/규격)</td><td></td><td>15</td><td>13</td><td>11</td><td>9</td><td>7</td></tr>
<tr><td>3. 측정 시스템분석 및 평가가 제대로 수행 되었는가? (재현성,반복성등)</td><td></td><td>14</td><td>12</td><td>10</td><td>8</td><td>6</td></tr>
<tr><td>4. Data에 대한 정규성 검증이 수행되었는가?</td><td></td><td>14</td><td>12</td><td>10</td><td>8</td><td>6</td></tr>
<tr><td>5. Baseline(현수준)에 대한 조사가 적절하게 수행되었는가?</td><td></td><td>14</td><td>12</td><td>10</td><td>8</td><td>6</td></tr>
<tr><td>6. DPMO 및 시그마수준이 제대로 산출되었는가?</td><td></td><td>14</td><td>12</td><td>10</td><td>8</td><td>6</td></tr>
<tr><td>7. X,Y인자에 대한 Screening이 적절하게 되었는가?</td><td></td><td>14</td><td>12</td><td>10</td><td>8</td><td>6</td></tr>
<tr><td colspan="2" style="text-align:center">합 계</td><td></td><td></td><td></td><td></td><td></td></tr>
<tr><td>의 견</td><td colspan="8"></td></tr>
</tbody>
</table>

Measure Phase에서는 현 수준 측정을 위한 'Baseline 적절성'과 '프로세스 능력(시그마 수준 등)' 등이 성과 측면에서 주된 점검 항목에 해당한다.

[그림 I-21] '체질 개선 성과'의 Audit 평가 Sheet 예(Control Phase)

<table>
<thead>
<tr><th>과제명</th><th rowspan="2"></th><th rowspan="2">평가점수</th><th colspan="5">평가점수</th></tr>
<tr><th>Process</th><th>Check Point</th><th>①</th><th>②</th><th>③</th><th>④</th><th>⑤</th></tr>
</thead>
<tbody>
<tr><td rowspan="8">Control</td><td>1. 재발방지를 위한 Process Control Plan은 작성되었으며, 항목선정은 적절한가?</td><td></td><td>13</td><td>11</td><td>9</td><td>7</td><td>5</td></tr>
<tr><td>2. Control Plan은 실행/검증/보완되었는가?</td><td></td><td>13</td><td>11</td><td>9</td><td>7</td><td>5</td></tr>
<tr><td>3. Control 결과는 표준화 되었는가?</td><td></td><td>13</td><td>11</td><td>9</td><td>7</td><td>5</td></tr>
<tr><td>4. 개선후 Process Capability는 합리적으로 산출되었는가? (합리적 추정)</td><td></td><td>13</td><td>11</td><td>9</td><td>7</td><td>5</td></tr>
<tr><td>5. 개선후 재무적인 성과와 비용은 합리적으로 산출되고 문서화되었는가? (COPQ 적절성)</td><td></td><td>13</td><td>11</td><td>9</td><td>7</td><td>5</td></tr>
<tr><td>6. 과제의 목표 달성을 증명할 수 있는가 ? (성과지표 검증)</td><td></td><td>13</td><td>11</td><td>9</td><td>7</td><td>5</td></tr>
<tr><td>7. 목표달성 또는 유지를 위해 지속적인 개선계획이 수립되고 정기적으로 평가될 수 있는가?</td><td></td><td>13</td><td>11</td><td>9</td><td>7</td><td>5</td></tr>
<tr><td>8. 과제를 통해 얻은 교훈이 기술되어 있는가?</td><td></td><td>9</td><td>7</td><td>5</td><td>3</td><td>1</td></tr>
<tr><td colspan="2" style="text-align:center">합 계</td><td>0</td><td></td><td></td><td></td><td></td><td></td></tr>
<tr><td>의 견</td><td></td><td>목표
달성도</td><td colspan="5"></td></tr>
</tbody>
</table>

Analyze Phase는 유의성 검정을 위한 'X'들에, Improve Phase는 개선을 위한 프로세스에 관심이 있으므로 '지표(Y)'에 대한 Audit 평가는 주로 Control Phase에서 이루어진다. 이에는 목표 달성도('예상 효과' 대비 '완료 효과')뿐만 아니라 사후 관리를 위한 준비 상태도 점검 대상에 포함된다. D, M, C Phase 의 점검 항목이 일정 수준에 이르면 '체질 개선 성과'는 [그림 Ⅰ-21]의 오른쪽 맨 아래에 위치한 '목표 달성도(노란색 셀)' 산정 결과를 통해 최종 평가된다. '재무성과/준재무성과'가 정해진 산정 기준(표준)에 적정하게 부합돼서 이루어졌는지가 주요 점검 대상이듯, '체질 개선 성과' 역시 '목표 달성도'를 만들어낸 기준(D, M, C Phase 해당 항목)의 적정성에 초점이 맞춰져 있음을 알 수 있다.

지금까지 '1. 효과 평가를 고려한 과제 선정', '2. 기존의 효과 평가 개요' 등 실질적인 '과제 효과'를 논하기에 앞서 알아둬야 할 기존 활동 위주의 '서론'에 대해 알아보았다. 다음 장은 본 책의 '본론'으로 '과제 효과'를 산출하기 위한 모형과 기본 원칙, 산정 방법 등에 대해 상세히 알아볼 것이다.

본론

이 단원에선 실제 과제 효과를 어떻게 산정하는지 그 구체적인 방법에 대해 알아본다. 이를 위해 먼저 '금전적 효과 평가'의 개념에 대해 논한 뒤 효과 평가를 위한 모형 제시, 효과 산정을 위한 기본 원칙, 산정 방법 등에 대해 상세히 설명할 것이다. 또 초반부에는 금전적 평가를 활용한 바람직한 과제 수행과 '효과 평가 전문가'의 역할도 제안한다. 따라서 이 글을 읽고 있을 독자는 본 장에서 설명할 내용이 핵심임을 인식하고 가급적 정독해주기 바란다.

1. '금전적 효과 평가'의 개요

제목에 쓰인 '금전적 효과 평가'의 의미에 익숙한 독자는 그냥 읽고 지나쳐버릴 수 있으나 혹자는 약간 낯선 느낌을 받을 수 있다. 무심코 지나쳤다면 단어 '금전적'과 '재무적' 간 차이가 없다고 생각했을 가능성이 높고, 낯선 느낌의 독자는 '재무적'이란 용어가 있는데 왜 또 굳이 '금전적'이란 표현을 썼을까 하고 의아해할 수 있다. 사실 '금전적'이란 수식어는 앞으로 설명할 내용의 핵심을 이해시키기 위해 의도적으로 도입하였다. 지금부터 '금전적 효과 평가'는 다음과 같이 정의하고 이후 지속적으로 사용할 것이다.

> · **금전적 효과 평가** (필자) "모든 과제의 효과를 '돈'의 단위로 산정"함을 의미한다. 즉 '재무적'은 실제 손익 계산에 반영해야 하지만 '금전적'은 '돈'의 단위로 산정은 하되 손익 계산에 반영되지 않는 경우까지를 포함한다. 과제 효과를 구분하면 '재무성과'와 '비재무성과'가 있으며, 후자의 경우는 다시 '준재무성과'와 '체질 개선 성과'로 나뉜다고 정의한 바 있다. 이때 기본적으로 '돈'의 단위로 산정되는 '재무성과' 및 '준재무성과'는 물론 '지표(Y)'의 향상 정도로 성과를 평가하는 '체질 개선 성과' 역시 '돈'의 단위로 산출한다는 것을 의미한다. 이렇게 되면 수행되는 모든 과제의 효과는 공통적으로 '돈'의 단위로 산정되고 관리될 수 있다.

기업은 그동안 다양한 방법으로 과제 효과를 '돈'의 단위로 환산하는 방법에 대해 연구하고 적용해왔다. 그 대표적인 예가 'COPQ(Cost of Poor Quality)'이다. 그러나 기업에서 수행되는 다양한 유형의 과제 모두를 대상으로 금전적 표현의 기본 원칙과 산출 식을 만들어내는 일은, 재무성과와 연계된 산식을 규정하는 일도 어려운 현실에서 꽤나 힘겨운 작업이 될 수 있다. 따라서 만일 이런 문제점을 희석시킬 적절한 방법이 있다면 한번쯤 기대해봄 직하다.

‘과제’란 잘 알다시피 ‘해결할 문제’이며, 문제가 해결되면 수혜가 따른다. 기업에서의 ‘수혜’는 ‘돈’이다. ‘돈’이 안 되는 과제들은 ‘프로세스 효율화’에 기여하지만 ‘프로세스 효율화’는 곧 기업의 이윤을 극대화하는 데 작용한다. 다시 말해 당장 ‘돈’은 안 되더라도 한 다리 건너면 ‘돈’이 되는 데 중요한 가교 역할을 한다. 따라서 과제에서 이룬 ‘프로세스 효율화’의 크기(주로 ‘체질 개선 성과’가 될 것이다)를 ‘돈’의 단위로 표현하는 일은 실제 재무성과와의 인과성을 설명하고 해석하는 데 매우 유용한 정보로 활용된다. 따라서 이후 설명할 전체 내용을 쉽게 이해하기 위해 이어질 소제목들에 ‘금전적 효과 평가’에 대한 장점과 일부 특징들을 ‘경영 혁신’ 관점, ‘과제 수행’ 관점, ‘효과 평가 전문가의 역할’ 관점으로 구분하여 정리해보았다.[14] ‘재무 과제’와 ‘비재무 과제’의 효과를 금전적으로 평가하는 수리적 접근에 대해서는 ‘3. 금전적 효과 평가를 위한 산출 모형’에서 별도의 설명이 있을 것이다.

1.1. ‘경영 혁신’ 관점 → ‘Post Sigma’의 핵심 항목

요즘같이 기업의 6시그마 경영 혁신 활동이 한 풀 꺾였다고 보는 대부분의 시각 하에서 6시그마가 향후에 어떤 형태로 발전돼갈 것인가를 논하는 것 자체가 혹 비웃음을 살는지도 모르겠다. 그러나 한번쯤 들어봤거나 경험했던 기존 방법론(Methodology)인 ‘CEDAC(Cause & Effect Diagram with the Addition of Cards)’, ‘KT Technique’, ‘RCA(Root Cause Analysis) Techniques’, ‘Risk Management’, ‘TOC(Theory of Constraints)’, ‘TQC/TQM’, ‘Value Engineering

---

14) 본 내용은 「Be the Solver_과제 선정법」편에 포함된 내용을 ‘금전적 효과 평가’의 시각에서 재해석한 것이다. 만일 ‘과제 선정’의 시각에서 ‘금전적 효과 평가’를 이해하고자 한다면 「과제 선정법」편을 참고하기 바란다.

Methodology' 등의 '문제 해결 방법론'에 비해 '6시그마 방법론'에서 알려주는 접근법이 훨씬 더 명확하고 구체적이며 포용성도 매우 뛰어나다는 점을 익히 잘 알고 있다. 한마디로 6시그마에 대해서는 기업인들 대부분이 기본 지식이나 정보를 어느 정도 갖고 있는 데 반해, 앞서 열거한 방법론들은 인터넷이나 관련 자료를 이리저리 찾아보지 않는 한 당장 떠오르는 게 별로 없다. 그만큼 우리로부터 멀리 떨어져 있다는 방증이며, 역으로 해석하면 6시그마가 '접근성'이 뛰어난 방법론임을 쉽게 알 수 있다. 또 한 가지 분명하게 짚고 넘어갈 사항은 여러 방법론들에 특화된 핵심 도구들이 6시그마 방법론에서는 로드맵 여기저기에 독립적으로 붙어 필요에 따라 유용하게 활용되고 있는 점이다. 예를 들어 'CEDAC'의 'Window Analysis'나, 'TOC'의 'CRT(Current Reality Tree)', 'TQC'의 'QC 7가지 도구' 등 셀 수 없이 많은 도구들이 부지불식 중 문제 해결 과정 중에 사용된다. 즉 '도구(Tools)'에 관한한 '6시그마 방법론'은 모든 도구들을 흡수하고 있으며, 따라서 '문제 해결 방법론' 중 위계가 가장 높다고 볼 수 있다.

문제 해결을 위한 '6시그마 방법론'의 뛰어난 접근성과 높은 위계가 맞는다면 언제가 될지는 정확히 알 수 없지만 설사 다른 명칭으로 불리더라도 '6시그마 방법론'의 본질적 속성은 적어도 지금까지의 기간보다 훨씬 더 오래 지속될 것이란 추정을 낳는다. 만일 예상대로 '6시그마 방법론(또는 속성)'이 앞으로 훨씬 더 오래 간다면 지금보다 좀 더 발전적인 형태로 진화할 필요가 있는데 이를 표현할 적절한 용어를 굳이 찾자면 'Post Sigma'가 되지 않을까 싶다.

'Post Sigma?' 인터넷에서 검색해보니 'Post Sigma' 또는 'Sigma Post'라는 단어가 조금 있긴 한데 그게 '6시그마'와 연관된 것인지는 좀 더 두고 봐야 할 것 같다.[15] 사실 의미만 통하면 큰 상관은 없다. 'Post'는 '~ 후의' 뜻이므

---

15) 일반적으로 'Post Six Sigma'가 적정한 표현이며, 이와 관련해서는 국내 컨퍼런스나 일부 기업 또는 컨설팅 회사에서 자주 사용된다.

로 'Post Sigma'는 '이후 시그마' 정도로 해석된다. 'Post Sigma'는 국내에선 상당한 의미를 갖는데, 왜냐하면 국내 기업의 대부분이 6시그마를 접해보았고, 그래서 해당 전문가들이 상당수 양산돼 있다. 이런 현실을 감안할 때 이후 혁신 활동의 방향은 어느 정도 추정이 가능하다. 물론 6시그마라는 틀을 완전히 벗어난 새로운 뭔가가 창출된다면 모르지만 요즘의 6시그마 방법론과의 융합화 또는 기업 성향에 맞는 내재화 과정을 바라보면 선뜻 이후의 혁신 활동이 어떤 모습이 될 것인지 눈에 밟힐 것도 같다. 그래서 이번 기회에 향후 전개될 'Post Sigma'가 어떤 모습이 될 것인지 약간 고민해자. 다음의 글은 필자가 개설한 카페[16]에서 'Post Sigma'에 대해 의견을 개진한 내용이다. 글의 핵심이 '금전적 효과 평가'와 연계되므로 그대로 옮겨보았다.

　6시그마가 여러 규모 있는 회사들의 정책 등 전략과 연계된 Top‒down 방식의 과제를 도출하고 또 실행하는 데 있어, 그 기간을 보면 대체로 1년 정도에서 마무리되고 이후 동일한 과정이 반복된다. 통상 한 과제의 수행 기간은 약 4개월 내외고, 설계 과제는 10~12개월 정도를 보는 게 일반적인데, 이런 이유로 6시그마의 성향은 대체로 단기적 성과에 치중돼 있다. 기업은 단기적 성과도 중요하지만 성장을 위한 장기적 전망과 그에 따른 준비도 필요하다. 이 부분에 대해 6시그마는 답을 주기 참 어렵다. 물론 개념을 확장하면 설명은 가능하다. 그러나 지금껏 해온 모습에서 범위를 확장하는 일엔 많은 노력이 필요할 것으로 보인다. 이런저런 이유로 6시그마보다 한 수 위의 경영 혁신이 나온다면 아마도 기존 6시그마에 미래의 성장성을 덧붙인 'Something New'가 필요하다. 대략 그림으로 표현하면 다음과 같다.

---

16) http://cafe.naver.com/oversigma

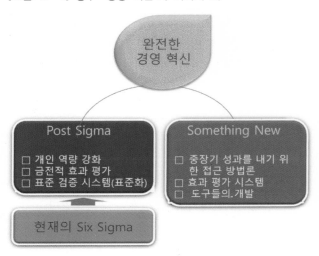

[그림 Ⅱ-1] 향후 '경영 혁신'의 이미지 예

아직 개념 정도 수준이므로 'Something New'의 명칭, 또 전체를 아우른 실체인 '완전한 경영 혁신'의 호칭, 그들과 관련된 세부 내용 등은 앞으로 구체화가 이루어져야 할 것 같다. 이에 대해 누군가가 "이런 개념 어디어디에 있던데…" 할 수도 있다. 그럼 가장 손쉬운 답변은 "뭐 기존에 없었던 건 없죠?"가 될 수 있다. 누군가 쓸모 있게 다듬어놓고 다른 사람들로 하여금 잘 쓰게 하면 되는 것 아닐까(^^). 사실 [그림 Ⅱ-1] 중 '완전한 경영 혁신'의 실체는 토종, 즉 순수 태극마크가 붙은 국내에서 창조된 경영 혁신이 돼야 한다는 게 필자의 신념이며, 그 속에 포함된 구체적인 내용들은 '고려 대장경'에서 찾아보려 한다. 내용에서 벗어난 머나먼 이후의 얘기이므로 다시 우리의 주제로 돌아와 [그림 Ⅱ-1]의 'Post Sigma' 내 3가지 특징들 각각에 대해 보충 설명하면 다음과 같다. 독자는 '② 금전적 효과 평가'에 초점을 맞추면 될 것 같다.

① 개인의 역량 강화

언젠가도 언급했던 기억이 나는데 지금까지의 6시그마는 사실 기업의 것이지 개인의 것은 아니란 생각이 든다. 회사의 혁신 활동은 회사 관점에서의 비즈니스이므로 재무 또는 효율을 극대화하기 위해 과제를 뽑고, 그에 맞는 적절한 인력을 양성해 결국 목표를 달성하는 분명한 방향성을 갖고 있다. 맞는 얘기다. 이걸 아니라고 했다간 바로 쇄도하는(?) 반대 의견에 내몰릴지 모른다. 그런데 이런 해석은 개인의 시각에선 그리 탐탁지 않게 여기는 분위기가 만연해 있음도 부인할 수 없다. 왜일까? 늘 하는 얘기다. "바빠 죽겠는데 뭐해라!", "어찌돼 가고 있나?", "했나? 안 했나?" 등등. 개개인은 분명 끌려가는 듯한 환경에 입들이 삐죽이 나오는, 주변에서 쉽게 관측되는 모습이다. 이런 직원들은 소수가 될 수 있지만 '저항 세력'으로 분류되기도 하니 분명 관심을 둬야 할 대상임에 틀림없다. 그런데 보는 시각을 조금 바꿔 기업 관점이 아니라 개인 관점에서 혁신 활동을 바라보면 어떨까! 회사의 재무성과와 효율을 극대화시킬 목적이 아니라 개인의 역량을 높이고 그 높인 개인의 Value는 그대로 본인의 이력에 추가되도록 한다면 말이다. A기업 임원이 직원들에게 한 말이 생각난다. "이 활동이 여러분에 의해 회사를 위한다는 생각으로 추진되면 모양만 갖춰 보이려는 부가적이고 불필요한 활동 등의 느낌으로 다가올 수 있지만, 본인 각자를 위한 것으로 생각하는 순간 정말 필요하고 열정을 쏟아야 할 대상으로 다가올 수 있음을 인식해야 한다." 다행히 문제 해결 전문가 인증 자격은 명함에도 새기고(토익은 안 새긴다!^^), 개인 이력서에도 한 줄 명시하는 타이틀 아니던가! 이런 취지라면 본인 스스로 "필요하겠다"라고 생각하는 직원들이 생겨나고 이들은 또 자발적으로 배우려는 욕구를 드러내지 않을까? 아주 긍정적으로 해석하면 시켜서 한다는 그런 생각들은 사라질 거란 뭐 그런 설명인데, 정리하면 'Post Sigma'는 「현재 양성된 직원들을 훨씬 더 강하고 경쟁력 있는 인력으로 유도하는 체계의 확보」로 요약된다. 그동안 회사 관점의 전략과 연계된 하향 흐름인 'Top-down'의 기조에, 개개인이 놓쳤던 부족함을 메워주는 역량 강화 차원의 'Bottom-up' 기조가 덧붙여져 상호 보완의 시너지를 내는 형태가 필요하다. 이를 토대로 회사는 훨씬 더 어렵고 성과가 큰 이슈에 능력 있고 공인된 인력들의 도움을 받을 수 있다.

② 금전적 효과 평가

'재무성과'가 아닌 '금전적 효과'라고 표현해보았다. 뭐가 다를까? 분명히 다르다. '재무적'은 실제 '손익 계산'에 반영해야 하지만 '금전적'은 그렇지도 또 그렇지 않을 수도 있다. 물론 필자가 정의한 용어이니 마음대로 활용한들 누가 뭐라 할 순 없다~! 익히 잘 알고 있는 내용이지만 과제 효과엔 '재무성과'와 '비재무성과(=준재무성과+체질 개선 성과)'가 있다. 그런데 후자는 금액으로 명시하는 경우(COPQ)도 있지만 그렇지 않은 경우도 있다. 그래서 "왜 재무 과제만 우선시하고 비재무 과제는 포상 대상에서 제외하느냐?" 등등의 논쟁이 많은 것도 사실이다. 현실적으로 모든 과제의 효과를 '돈'의 단위로 만들어내는 것은 불필요하거나 난제들이 산재한다. 그렇지만 여러 출처에서 그런 효과에 대한 표현법을 연구한 사례가 종종 있다. 'Post Sigma'에선 모든 과제는 '돈'의 단위로 그 효과를 판단하는 체계가 필요하다. 이때의 장점은 무엇일까? 과제의 효과를 서로 손쉽게 비교하고 이해할 수 있지 않을까? 경험적으로 현상의 계량화란 늘 단점보다는 장점이 훨씬 더 많다. 그렇게 되면 과제로 말미암아 이룩된 성과가 어느 정도인지에 대해 궁극적으로 커뮤니케이션의 효율이 높아지고, 과제의 진정성 여부(정말 해야만 했던 과제인지, 진정 고민한 과제인지 등)도 지속적으로 확인이 가능하다. 향후 과제 선정과 결과에 대한 평가에 있어 객관성을 확보하는 데 분명 크게 기여할 것이다.

③ 표준 검증 시스템(표준화)

모든 과제를 '금전적'으로 표현하려면 명확한 원리적 근거가 마련돼야 한다. 국내 삼성그룹에서 마련된 '효과 평가 전문가 제도'는 실로 많은 고민과 시행착오를 거쳐 완성된 것인데(좀 더 보완될 사항이 있긴 하지만) 유야무야되는 듯한 현실이 아쉽기만 하다. 이어진 연구가 미진하다는 얘기다. 그런데 이런 재무적 평가 체계(표준화)뿐만 아니라 비재무적 활동도 '소요 시간'을 토대로 공인된 투입 인력의 시간당 인건비를 곱해 '돈'으로 환산하려면 표준 체계가 있어야 한다. 이 부분은 '금전적 성과 평가'를 도입하려는 '의사 결정'과는 좀 다른 얘기가 될 수 있다. 이 분야에 대한 심도 있는 기업별 연구가 필요하다. 그것도 아주 많이~. 대부분의 기업이 '효과 평가 전문가 제도'를 도입해 운영하고 있지만 사실 현실과 동떨어지거나 기업 특성을 반영한 연구가 미진해 잘 진행되는지에 대한 의문을 완전히 떨쳐버릴 수가 없다. 이에 덧붙여 비재무 성과까지 금전적으로 처리하는 일은 분명 남겨진 숙제임에 틀림없다. 동일한 잣대로 현상과 결과를 측정해야 개인의 성과에 대한 불만이나 노력에 대한 포상의 의구심을 불식시킬 수 있다. 재무든 비재무든 '표준 검증 시스템(표준화)'의 마련은 '금전적 효과 평가'의 토대가 될 것이며, 이런 '금전적 평가'는 '개인 역량 강화'의 의지를 북돋게 한다. 앞서 논술한 3가지 특징들의 연관성을 요약하면 다음의 전개가 가능하다.

「표준 검증 시스템(표준화) 마련 → 이를 통한 재무·비재무 과제의 금전적 효과 평가화 → 이를 통한 개개인의 역량 강화 기틀 마련 → 이를 통한 회사의 궁극적 성장」

크고 복잡한 얘기는 아니다. 작지만 의미 있는 얘기가 될 수도 있다. 약간 더 고민해보면 말이다.

현재의 '경영 혁신'은 기업 전략의 실현에 있어 모든 해석과 활동을 'Top-down 체계' 하에서 이루어왔다. 그러나 양성된 문제 해결 전문가들의 역량을 더욱 강화시킬 'Bottom-up 체계'를 덧붙임으로써 시너지를 극대화할 수 있다. 'Post Sigma'가 이미 양성된 인력들에 초점을 맞춤으로써 기존의 경영 혁신과 단절되지 않고 연결되어 있음도 주목할 만한 대목이다. 지금까지 '금전적 효과 평가'가 필자가 생각하는 'Post Sigma' 안에서 어떤 역할을 하는지를 이해했다면 다음은 '과제 수행' 관점에서의 그 역할에 대해 알아보자.

1.2. '과제 수행' 관점 → '능동적 과제 수행'의 기반

이 단원에선 '금전적 효과 평가'가 과제 수행 중 어떻게 역할하고 또 어떻게 부가가치를 높이는지에 대해 알아볼 것이다.[17] 과제 선정이 완료되면 이어 정해진 일정에 따라 과제가 수행된다. '과제 수행'에 대해서는 「Be the Solver_혁신 운영법」편에서 제도적 관점으로 잘 소개하고 있다. 그러나 본문에선 과제 수행을 정해진 목표를 잘 달성시키는 통상의 역할 외에 재무성과를 극대화하는 기회의 과정으로써 소개하고자 한다. 이어지는 내용들은 「Be the Solver_과제 선정법」편에 이미 기본적 이론을 제시한 바 있으며, 따라서 그에 포함된 일부를 편집해 옮겨놓은 것이다.

과제 수행 중 2008년도와 같은 금융 위기가 전 세계를 강타해 시장 환경이 나락으로 떨어지는 상황에 직면하거나 수출 기업같이 환율의 급 변동에 따른 매출액 변화, 또는 앞서 기술한 외부적 영향뿐 아니라 해당 기업의 내적 변동 등 현실은 과제 선정 단계의 환경과는 확연히 다른 모습이 될 수 있다. 이 경

---

17) 본 내용은 「Be the Solver_과제 선정법」편에 포함된 글을 편집해 옮겨놓은 것이다.

우 시장 환경 급변 전에 정해진 일부 과제들의 변경은 불가피하다. 따라서 과제 수행 중엔 현 상황을 고려한 실적과 초기의 목표 값간 갭이 얼마나 벌어졌는지 상시 모니터링이 필요하다. 통상 이런 모니터링 활동을 'Audit'라 한다.

'Audit'는 주로 경영 혁신의 전반적 활동을 점검하는 용도로 쓰이며 본 책의 '2.3.4. Audit 관리'에 그 내용이 포함돼 있다. 그러나 Audit 대상인 '과제 수행', '과제 효과 평가', '사후 관리', '변화 관리' 중 주로 '과제 효과 평가'에만 집중하고 있다. 그러나 여기서는 초두에 언급한 바와 같이 '과제 수행' 중 '금전적 효과 평가'가 어떤 역할을 하는지에 초점을 맞추고자 하며, 이를 기존의 '과제 수행'과 구분하기 위해 별도로 '능동적 과제 수행'으로 명명하였다. 그 내용을 요약하면 다음과 같다.

· **능동적 과제 수행** (필자) 과제 수행 전에 결정된 목표를 과제 수행을 통해 달성하려는 기존 접근에서 한 발짝 더 나아가, 수행 중 급변하는 시장 변동에 따라 목표 미달이 예견되는 일부 과제들의 내용 변경, 과제 추가, 과제 중단 등은 물론 미리 설정된 목표를 추가 달성할 수 있는 적극적 활동의 총칭.

다음 [그림 Ⅱ-2]는 '능동적 과제 수행'의 기본적 이해를 돕기 위한 개요도이다.

[그림 Ⅱ-2] '능동적 과제 수행' 개요도

과제 선정 　　 과제 수행 　　 사후 관리

[그림 Ⅱ-2]에서 원기둥 내 공간은 과정이 진척돼가면서 점점 채워지고 있음을 알 수 있다. 첫 원기둥인 '과제 선정' 단계에서는 과제 수행 전 마련된 재무적 추정 액이 파란색으로 표시돼 있고, '과제 수행' 단계인 가운데 원기둥엔 연두색이 추가돼 있다. 이것은 수행 중 생겨날 '부가가치'를 표현한 것이다. '부가가치'는 재무성과뿐만 아니라 비재무성과도 포함된다. 만일 과제 선정 시점에 정해진 목표만을 달성하려면 파란색만큼의 양이 '사후 관리'까지 이어지겠지만 '과제 수행'이나 '사후 관리'에서 소위 '능동적' 접근을 가미한다면 초기 설정된 목표보다 훨씬 더 높은 성과를 기대할 수 있다. '능동적' 접근을 위한 전제 조건은 시장 상황의 급변으로 애초 설정된 목표의 미달 사태는 없어야 하므로 이에 대한 보정이 먼저 이뤄져야 하는데, 다음 [그림 Ⅱ-3]은 최초 설정된 목표의 미달 사태를 막고 추가 재무성과를 창출하는 두 마리 토끼를 잡는 접근에 대한 개요도이다.

[그림 Ⅱ-3] 부가가치 향상을 위한 중간 점검
활동(Audit)

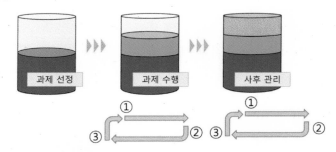

① 과제 ↔ 환경 간 갭 분석, ② 과제 보완(추가, 변경, 중단), ③ 목표 수정

[그림 Ⅱ-3]에 보인 바와 같이 '과제 수행'과 '사후 관리' 내에 '① 과제/환경 간 갭 분석 → ② 과제 보완(추가, 변경, 중단) → ③ 목표 수정'의 사이

클로 '중간 점검 활동(Audit)'이 이루어짐을 알 수 있다. 즉 초기에 정해진 과제는 확고히 고정돼 있다기보다 목표 미달성을 우려한 '위험 관리(Risk Management)'[18]와 목표 추가 달성을 위한 '과정 관리'를 통해 중간 점검 중 끊임없이 연구되고 관찰돼야 한다. 물론 '중간 점검 활동(Audit)'을 목표 추가 달성의 기회로 활용하기 위해서는 몇몇 조건들이 갖추어져야 한다. 그중 가장 중요한 요건이 전문적인 '효과 평가 전문가(Financial Effect Analyst)'를 양성하는 일이다.

'효과 평가 전문가'에 대해서는 '과제 선정' 단계뿐 아니라 '2. 기존의 효과 평가 개요'에서 D−M−A−I−C 각 Phase별 역할과 교육 프로그램, 제도, Audit 등에서도 언급한 바 있다. 그러나 특히 '과제 수행'에서 그 진가를 발휘해야 한다. 사실 국내 기업에 소속된 '효과 평가 전문가'들은 전문성이 다소 떨어지고 과제 평가에 대한 업무 배분율도 매우 낮은 게 현실이다. '전문성'은 회계 업무를 장기간 수행해온 직원을 영입하면 되지 않을까 생각할지 모르나 프로세스의 흐름을 이해하지 못하면 다양한 유형에 대응하기란 쉽지 않다. 재무성과를 철저히 평가하고 판단하기 위해 모 기업에서 내로라하는 회계 전문가를 대동해 과제 파악에 나섰지만 과연 이 과제가 재무성과가 있는지 여부부터 기준(Baseline)을 어떤 값으로 정하고 시작할지, 기간 내 딱 떨어지지 않는 과제의 성과는 얼마로 해야 할지, 또 실적은 있는데 금액으로 전환되는 시기가 불분명한 경우, 다른 변동의 영향으로 과연 이 과제의 성과를 어디까지 정해야 하는지 등 회계 논리 속에 들어 있지 않은 프로세스와 얽히고설킨 다양한 유형들이 산재하다. 이에 매번 리더와 언성을 높이거나 적합한 논리를 찾기 위해 애쓰는 모습들이 눈에 선하다. 이런 실태는 '효과 평가 전문가'를 전업이 아닌 부업으로 역할을 주는 현실도 한몫한다. 예를 들어 한 기업의 손익

---

18) 시장 상황이 변해 초기 설정된 목표 달성이 어렵게 된 경우, 과정 관리를 통해 최소한 목표가 미달되지 않도록 관리가 이루어진 경우도 '추가 목표 달성'의 범주로 보고, 이 역시 '능동적 과제 수행'으로 간주한다.

을 감당할 주요 과제의 성과를 평가하고 확인하는 매우 중요한 업무에 평소엔 본업(?)을 하다 필요한 시점이 되면 '효과 평가 전문가' 역할을 하도록 운영하는 것은 매우 불합리하다. 단순한 회계의 논리로 따지기엔 규정되지 않은 너무도 많은 변수가 존재하기 때문에 임기응변적 대응에는 분명 한계가 있다. 또 회사의 손익을 평가할 중요한 전문가 집단이란 인식을 갖는다면 경험을 통한 노하우 축적과 평가의 수준을 올려 주기 위해서라도 '효과 평가 전문가'를 본업으로 정례화하는 제도적 접근이 시급하다. 이런 조건이라면 "능동적 과제 수행의 기본 환경은 마련됐다"라고 판단할 수 있다.

　'효과 평가 전문가'가 충분한 전문성이 확보되고 다양한 과제들을 평가할 폭넓은 시야를 갖춘다면 과제 수행 중 '중간 점검 활동(Audit)'에 이들을 적극 투입해 리더나 사업부장에 부가가치를 높일 수 있는 방안을 가이드(또는 컨설팅)하도록 역할을 부여한다. 평가 시점의 상황으로 판단컨대 과제를 지속해도 좋은 것인지, 수정을 해야 하는데 어떤 방식과 수준에서 조정하는 것이 좋은지, 적합한 대안은 무엇인지, 재무성과를 추가하기 위해 검토해 볼만한 영역은 어디인지, 과제 수행내용으로 파악컨대 좀 더 파고들어 예상치 못한 이득을 볼 수 있는 여지는 없는지 등등 성과를 극대화하기 위한 전문가 입장에서의 자문을 톡톡히 해내는 역할이 매우 중요하다. '효과 평가 전문가'의 전문성이 확보되면 리더와 사업부장들이 '효과 평가 전문가'의 조언을 신뢰하고 과제 방향이나 내용을 변경할 수 있는 유연성과 결단력도 보일 수 있어 '중간 점검 활동(Audit)'은 과제 수행에 대한 기업의 고유한 체계로 자리 잡게 된다. '효과 평가 전문가'의 컨설팅 역할을 좀 더 인정해주는 기업이라면 굳이 정해진 일정으로 추진되는 Audit 기간만 이들을 활용하는 대신 수시로 자문을 얻는 운영의 묘를 살리는 것도 매우 의미 있다. **「'능동적 과제 수행'이란 기존의 정해진 대로의 과제 수행 활동을 영위토록 관리하는 것이 아니라 부가 수익을 올리기 위한 적극적 활동의 임무 수행」**임을 다시 한 번 강조하는 바이다.

지금까지 '능동적 과제 수행'의 기본 콘셉트는 '효과 평가 전문가'를 '중간 점검 활동(Audit)'에 적극 참여시키거나 일상적인 자문 주체로 인정함으로써 시장 상황에 따른 유연한 대응(목표 미달사태를 막기 위한)과 추가적인 재무성과 기회를 발굴하는 데 역점을 두는 것으로 설명하였다. 물론 '효과 평가 전문가'들의 이 같은 적극적 개입이 가능한 데는 모든 과제의 효과를 '금전적'으로 산정한다는 기반이 저변에 자리하고 있어야 함은 물론이다.

1.3. '효과 평가 전문가의 역할' 관점 → '능동형 효과 평가 전문가'의 구분

앞서 수행 과제들의 '금전적 효과 평가'는 첫째로 'Post Sigma'를 구성할 핵심 항목이라는 것과, 둘째로 전문화된 '효과 평가 전문가'들이 '능동적 과제 수행'을 지원할 매우 중요한 기반 요소임을 강조하였다. 여기서는 세 번째로 '금전적 효과 평가'가 순수 '효과 평가 전문가의 역할'과 관련해 그 활동 수준을 어떻게 가늠해줄지에 초점을 맞출 것이다. '능동적 과제 수행'에 투입돼 활동한 '효과 평가 전문가'를 특히 '능동형 효과 평가 전문가'라 칭하고 다음과 같이 정의한다.

> · **능동형 효과 평가 전문가** (필자) '능동적 과제 수행'에 투입돼 활동한 '효과 평가 전문가'를 지칭한다. 이때 '효과 평가 전문가'들은 추가 재무성과를 달성하기 위해 노력을 경주하게 된다. 즉 과제의 재무성과 산정과 관리 역할이 아닌 추가 효과를 내기 위한 자문(컨설팅) 역할로의 변신을 꾀하게 된다. 따라서 그 활동 결과에 따라 이뤄낸 업적에 대한 평가를 달리 받게 된다.

이 책의 「Ⅰ. 서론」에서 효과 평가를 고려한 과제 선정으로 '재무제표 접근법'과 'P-FMEA 접근법'을 소개한 바 있다. 과제 수행 중 '능동형 효과 평가 전문가'의 역할 정의에 따르면 '재무제표 접근법'은 목표 재무성과를 더 높이기 위한 적극적 활동이, 'P-FMEA 접근법'은 비재무성과로부터 재무성과를 발굴해내려는 발군의 노력이 필요하다. 특히 '능동형 효과 평가 전문가'는 「P-FMEA 접근법」으로 출발해 '비재무 과제'가 발굴되었더라도 과제 수행 기간 동안 FMEA(Failure Mode and Effect Analysis) 내 각 사건들을 깊이 있게 검토해 재무 과제로 전환시킬 수는 없는지, 또는 일부라도 재무성과를 이끌어낼 수 없는지 깊이 있게 탐구하고 가이드하는 데 집중한다. 애초 비재무 과제로 시작했음에도 수행 활동을 관찰해 그 속에서 재무성과화할 수 있는 아이디어를 얻으려는 노력은 분명 기존 '효과 평가 전문가' 활동과는 차별화된 접근이라 할 수 있다.

[그림 Ⅱ-4] 과제 수행 기간 동안의 '능동형 효과 평가 전문가'의 역할

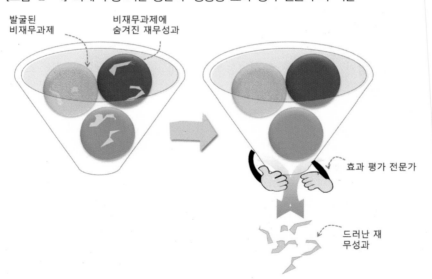

[그림 Ⅱ-4]의 왼쪽 그림은 「P-FMEA 접근법」으로 발굴된 비재무 과제에 눈에 잘 보이지 않는 '재무성과'가 숨어 있음을 나타내며, 오른쪽 그림은 이를 과제 수행 기간 동안 '효과 평가 전문가'의 능동적인 역할로 '재무성과'화함으로써 추가적인 개선 기회로 삼을 수 있음을 보여준다. 따라서 과제 수행 기간 동안 '효과 평가 전문가'의 능동적인 역할을 평가하기 위한 지표로 '효과 평가 전문가 역동성 지표'를 다음과 같이 정의하고 현업에서 실제 '효과 평가 전문가' 업적 평가에 반영토록 한다.

$$효과\ 평가\ 전문가\ 역동성\ 지표 = \frac{발굴된\ 재무성과}{부문\ 재무성과 + 발굴된\ 재무성과} \times 100 \qquad (Ⅱ.1)$$

'기존 효과 평가 전문가'들의 역할은 과제의 효과에 대한 사전 합의 및 검증, 산정 기준 정립, 과제 목표 달성과 실적에 대한 정기 점검 및 관리, 산정 기준 보완 및 활용 매뉴얼 작성 등과 같이 주로 수동적 업무에 치우쳐 있었다. 이에 반해 '능동형 효과 평가 전문가'는 과제별 정해진 목표 수준을 넘어설 추가 달성에 대한 탐색과 아이디어 발굴, 비재무 과제로부터의 재무성과 실현 연구와 같은 전문적이면서 능동적인 활동을 통해 '효과 평가 전문가' 활동 자체에 대한 사고의 전환을 꾀하는 핵심 인력으로 자리매김하게 된다. 이때 '효과 평가 전문가 역동성 지표'가 그들의 활동 수준을 가늠할 주요 평가 지표로 작용한다.

과제 수행 중 이와 같은 반복적이고 지속적인 활동으로 프로세스의 효율이 조금씩 높아짐에 따라 재무 과제의 효과 역시 조금씩 증대된다. 과제 발굴 단계에서 미리 정해진 성과를 단지 과제 수행만으로 이루려는 접근이 아닌, 수행 과정 중에 추가로 재무성과를 낼 수 있다는 논리가 성립한다. 지금까지 제안한 접근과 실현을 통해 그동안의 경영 혁신이 한 단계 업그레이드되고 또 한

국형으로 내재화를 이루는 좋은 기회가 될 수 있기를 간절히 기원하는 바이다.

　'금전적 효과 평가'라는 관점에서 그 정의와 효용성, 또 그를 기반으로 이룩할 수 있는 효과들을 설명하였다. 본 내용의 이론적 토대는 「Be the Solver_과제 선정법」편에 포함돼 있으며, 본문은 그 내용을 좀 더 구체화하는 형태로 정리되었다. 즉 '과제 선정'과 '과제 수행'에 걸쳐 '효과 평가 전문가의 역할'과 '금전적 효과 평가' 간에는 뗄 내야 뗄 수 없는 관계로 엮이어 있으며, 앞서 기술된 내용들은 주로 이들의 연관성 속에서 좀 더 효과를 높일 수 있는 방안에 대한 것이었다. 또 논의된 대부분이 특별하거나 없던 것을 새롭게 탄생시켰다기보다 기존 활동 속에서 관찰된 일부 장점을 수면 위로 드러내 체계화한 것이 특징이다. 따라서 현실과 전혀 동떨어져 있지 않다는 점도 현업 적용에 긍정적으로 작용한다.

2. '금전적 효과 평가'를 위한 기초 회계 원리

　　　　　　　　　2000년도 5월 전후 시점에 '효과 평가 전문가'라는 용어가 처음 등장하고 그들의 역할로 과제 효과, 특히 '재무성과'를 평가한다고 했을 때 당시 임직원들은 '회계'라는 단어를 동시에 떠올렸다. 왜냐하면 기업의 실적이란 '손익 계산서'상에 표현되는 게 일상이고, '손익 계산서'는 전적으로 회계 업무를 보는 담당자들의 관할이었기 때문이다. 따라서 당시 '효과 평가 전문가'들의 선발 기준도 관련 업무를 최소 3년 이상 지속했던 관리 직군에 한정했으며 이 기조는 현재까지 유지되고 있다. 이와 같은 현실은 '회계'가 무엇이고, '효과 평가 전문가'의 효과 평가와 어떤 관계가 있을지 한번쯤 짚어볼 필요성을 느끼게 한다.

　내용 전개에 앞서 본 단원에서는 이 책을 읽을 독자들이 기본 소양을 일정 요건 갖추고 있다고 가정할 것이다. 여기서 말하는 '기본 소양'이란 문제 해결 과정을 이미 거쳤거나 현재 '효과 평가 전문가'로서 활동 중인 독자 또는 현재 '효과 평가 전문가' 후보거나 가까운 미래에 '효과 평가 전문가' 후보가 될 독자들을 지칭한다. 과제 효과를 평가하는 데 있어 관련 업무나 지식에 전혀 경험이 없는 사람을 대상으로 한다면 아마 회계 관련 전문 서적이 돼야 할 것이다. 또 순수 '효과 평가 전문가'의 효과 평가에 초점을 맞추기 위해 기본적으로 이해해야 할 기초적이고 개념적 설명에 집중하면서 회계 분야에 너무 치우치지 않도록 그 수위를 적절히 조절할 것이다. 따라서 내용 중 설명이 미진하다고 판단되거나 회계 분야에 좀 더 깊이 있는 탐구가 필요한 독자는 시중에 있는 회계 관련 도서를 참고하기 바란다.

2.1. 회계(會計, Accounting)와 '금전적 효과 평가'

어떤 분야에 처음 입문하거나 조사를 시작할 때 가장 먼저 해야 할 일은 무엇일까? 사람마다 다르겠지만 필자는 항상 용어부터 확인한다. 왜냐하면 컨설팅을 하면서 리더들이 가장 등한시하는 것이 바로 용어들이기 때문이다. 그러나 더 큰 문제는 용어 정의에 대해 리더에게 묻거나 별도로 설명해주지 않는한 관련 용어들에 대해 별로 신경 쓰지 않는다는 점이다. 그렇다면 용어에 대해 꼭 알아둬야 할 뭐 특별한 이유라도 있는 것일까?

우리가 일상에서 쓰는 다양한 용어들은 그 정의를 몰라도 활동에 불편함이 없다. 그러나 한 분야를 이해하기 위해서는 그 정도의 활용만으론 수박 겉핥기가 되기 십상이다. 가장 대표적인 예가 통계 용어들이다. '유의 수준(有意水準, Significance Level)', 'P-value', '검정력(檢定力, Power of Test)', 'α 오류', 'β 오류' 뭐 이런 것들은 문제 해결 방법론 전개 중 Analyze Phase를 수행하면서 한번쯤 사용해보지 않은 리더는 없을 것이다. 그러나 실상 "유의 수준이 뭐죠?" 하고 용어에 대한 이해 수준을 물으면 십중팔구 대답이 잘 안 나온다. 쓰기는 자주 쓰는데 뭔지 설명은 잘 안 된다? 간단히 표현하면 "모르는 거다(^^)." 이런 용어가 무엇인지 잘 모르면 생기는 또 다른 부작용은 뭘까? 바로 응용력이 생기지 않는다는 점이다. '유의 수준'의 내용을 알고 있으면 '검정력'을 높이기 위해 '단측 검정'이 좋은지 아니면 '양측 검정'이 좋은지 상황에 따라 적절한 판단을 함으로써 검정의 효율을 높일 수 있다. 물론 검정이 잘 되면 현상에 대한 의사 결정의 신뢰도는 당연히 높아질 것이다. 그렇다고 앞서 설명한 통계 용어들을 왜 아직도 나는 모르는가 하고 자책하거나(^^) 이해할 목적으로 온 정렬을 쏟으려 한다면 현 시점에선 그 논제가 아니니(그럴 독자는 없으리라 본다!!) 총 정리해서 "용어는 반드시 알아둬야 한다!" 정도로 정리하자. 다음은 가장 기본적인 '회계'의 사전적 정의를 옮겨놓은 것이다. 재미있는 내용이 없고 딱딱하지만 한번쯤 읽고 넘어가도록 하자.

- **회계(會計, Accounting)** (국어사전) 나가고 들어오는 돈을 따져서 셈을 함.
- **회계(會計, Accounting)** (백과사전) 특정의 경제적 실체(economic entity)에 관하여
  이해관계를 가진 사람들에게 합리적인 경제적 의사결정을 하는 데 유용한 재무적 정
  보(financial information)를 제공하기 위한 일련의 과정 또는 체계…(중략) 이해관계자
  들은 자기 이익을 보호하기 위한 의사결정을 해야 하며…(중략) 실체와 관련된 현상
  이 매우 중요한 부분이 될 수 있으며, 회계는 이러한 현상을 화폐액으로써 나타내주
  는 것…(중략)…화폐액으로 나타낼 수 없는 현상은 회계대상에서 제외된다. 회계정보
  가 나타내주는 현상은 실제로 존재하거나 발생하였던 것에 한정된다. 미래에 존재하게
  되거나 발생할 것으로 기대되는 것은 원칙적으로 회계대상에서 제외되며…(중략).
  회계가 회계실체에 있어서 실제로 존재하거나 발생한 현상을 화폐액으로 나타내 주는
  과정에서 수행되는 기능에는 식별(identification), 측정(measurement) 및 전달
  (communication) 등이 있다. 식별이란 회계가 나타내주어야 할 현상을 관찰하여 인지
  하는 기능이다. 측정이란 대상 현상을 화폐 단위의 수로 나타내주는 기능이며, 전달이
  란 정보를 기호로써 일정한 보고서 양식에 따라 작성하여 공개하는 기능을 뜻한다.
  (중략)

'회계'의 백과사전적 정의만 보더라도 우리가 수행한 과제 효과(현상)를 '화폐액'으로 표현하는 점, 또 그 과정이 '식별 → 측정 → 전달'의 단계를 거치는 점 등이 앞으로 설명하고자 하는 내용과 정확히 일치한다. 즉 '효과 평가 전문가'가 하려는 활동은 명확하게 "화폐액으로 셈" 하는 활동인 '회계'임에 틀림없다. 그러나 한편으로 정의 중(파란색 문장) "화폐액으로 나타낼 수 없는 현상은 회계 대상에서 제외"라든가, "미래에 존재하거나 발생할 것으로 기대되는 것은 원칙적으로 회계 대상에서 제외" 등은 '비재무성과'인 '체질 개선 성과(프로세스 효율화 과제)'와 '준재무성과(R&D성, COPQ성 과제)'의 경우에 각각 해당하며, 따라서 '회계'에 포함되지 않는 두 유형들은 분명 '금전적 효

과 평가'와는 거리가 있는 듯하다. '금전적 효과 평가'란 모든 과제의 효과를 '돈', 즉 '화폐의 단위'로 표현한다고 정의한 바 있기 때문이다. 따라서 '금전적 효과 평가'의 영역이 '회계'에서 제외된 영역까지를 포함하므로 훨씬 넓은 의미로 해석되는 대목이다. 앞으로의 전개에 있어 용어의 혼선을 피하고 새로운 개념 도입을 원활하게 하기 위해 이 시점에 단어 '화폐'와 '금전'의 정의를 명확히 잡아야 할 것 같다.

- **화폐(貨幣, money)**
  (국어사전) 상품 교환 가치의 척도가 되며 그것의 교환을 매개하는 일반화된 수단. 주화, 지폐, 은행권 따위가 있다.
  (네이버 카페, nataraja) 주로 구체적인 대상 자체를 가리키며, 추상적인 상태를 가리키는 경우에는 어색하다.

- **금전(金錢)**
  (국어사전) '화폐'와 같은 말.
  (법률용어사전, 이병태, 2010, 법문북스) 재화의 교환의 매개물로서 국가가 정한 물건을 말하는 바, 국가에 의하여 강제통용력을 가지는 화폐는 물론, 거래상 화폐로 통용되는 자유통화까지도 포함시키기도 한다. (중략)
  (네이버 카페, nataraja) 주로 추상적인 대상을 가리키며, 구체적일 경우에는 어색하다. 또 일상적인 대화보다 글에 많이 쓰인다.

사실 '화폐'와 '금전'의 국어사전적 정의가 동일하므로 추가적인 검색은 불필요하다. 그러나 앞서 기술된 '법률 용어사전'이나 '네이버 카페'[19]를 참조하면 두 용어 사이에 어감적 차이가 존재하는데, '법률 용어사전'에서는 '금전'이 '화폐'를 포괄하는 개념으로, 또 '네이버 카페'는 '화폐'가 구체적 대상인 것에 반해 '금전'은 다소 추상적 의미를 내포한다. 이를 근거로 본문에서는 두

---

19) 인터넷 카페 정의를 출처로 사용하기에 부적절할 수 있으나, 본문에서 설명하려는 의도와 잘 맞아 인용하였다.

용어를 다음과 같은 상황에 적용할 것이다.

> - **화폐** (필자) 공식화된 명확한 산출 식이 있고, 그에 의해 과제 효과가 평가되는 경우에 활용. 이에는 '재무성과', 'R&D성 준재무성과', 'COPQ성 준재무성과'가 포함된다.
> - **금전** (필자) '화폐'의 활용 범위는 물론, 과제의 추상적인 효과까지 평가되는 경우에 활용. 즉 기존의 '효과 평가 전문가'의 효과 평가를 '화폐액 효과 평가(물론 기존 경우 순수 '재무성과'에만 초점이 맞춰져 있으므로 본문에서 정의된 'R&D성 준재무성과'와 'COPQ성 준재무성과'는 포함되지 않는다)'로 평한다면, 본문에서 제안하는 개념은 비화폐액 효과인 '체질 개선 성과'까지 포함한 모든 과제의 효과를 평가 대상으로 삼는다. 따라서 이 경우 모두를 아우를 포괄적이고 추상적인 용어인 '금전'을 삽입해 **'금전적 효과 평가'**로 지칭한다.

'화폐액 효과 평가'는 '금전적 효과 평가'의 일부이며, 부분 집합에 해당한다. 이들에 대한 활용과 명확한 이해는 이후에 전개될 효과 평가의 시각화를 위한 작업에서 자세히 다루어질 것이다. 지금은 이 정도로 정리하고 넘어간다.

다시 '회계'의 주제로 돌아와서 그럼 '회계'는 어떤 식으로 존재하는 것일까? 그냥 현상을 화폐액으로만 표현하면 되겠지만 일상이란 단순히 하나의 현상만을 제공하진 않는다. 화폐액으로 환산할 다양한 환경이 존재하며, 따라서 '회계' 역시 이들 환경에 맞게끔 유형 구분이 필요한데 이를 '회계의 종류'라고 한다.

> - **회계의 종류** (회계 세무 용어사전, 고성삼 법문출판사) 회계 자료의 사용 목적에 따라 외부 보고를 위한 '재무 회계'와 내부 보고를 위한 '관리 회계'로 나누고, 영리성 유무에 따라 '영리 회계'와 '비영리 회계', 경제 단위의 크기에 따라 '미시 회계'와 '거시 회계' 그리고 교과 과정에 따라 '재무 회계', '관리 회계', '세무 회계', '회계 감사', '특수 회계' 분야 등으로 나눈다.

'회계의 종류'의 사전적 설명을 보면 교과 과정에 따른 분류로 '재무 회계', '관리 회계', '세무 회계', '회계 감사', '특수 회계'가 있는데, 이들 중 '효과 평가 전문가'의 평가 활동이 세금 관련 업무나 기업 회계 처리 감사, 신용 분석 등과는 거리가 있으므로 '세무 회계'나 '회계 감사', '특수 회계'는 사실 관심 대상이 아니다. 이제 남아 있는 '재무 회계'와 '관리 회계'에 대해 한 번 더 사전적 정의를 검토해보자.

[표 Ⅱ-1] '재무 회계'와 '관리 회계' 정의

회계의 종류	사전적 정의(네이버 백과사전)
재무 회계(財務會計, Financial Accounting)	❑ 기업 회계 중에서 외부 보고를 목적으로 한 영역 ❑ '외부 회계 보고'라고도 하며, 기업 내부에 대한 보고를 목적으로 하는 '관리 회계'와 대비된다. 기업을 단위로 하는 계산체계이며, 기업 회계의 영역에서는 그 포괄성에서 가장 우수하다. (중략) 전달은 손익 계산서·대차대조표 등의 재무제표를 통해서… (중략)
관리 회계(管理會計, Managerial Accounting)	❑ 기업이 관리를 실천함에 있어 각 계층(Top·Middle·Low Line)의 관리자가 수행하는 경영 관리 활동에 대하여 회계적 방법을 통해 기하는 계수적 수단 ❑ (중략) 최근의 연구는 크게 '의사 결정 회계(意思決定會計)'와 '업적 평가 회계(業績評價會計)'로 나누어진다. (중략)

'재무 회계'는 정의에 쓰인 대로 투자자와 같은 외부 이해 관계자들을 위해 마련되는 화폐액의 평가로, 기업에 대한 전반적 사항은 '재무제표(財務諸表, Financial Statement)'를 통해 전달된다. '재무제표'의 '제(諸)'자가 '모든, 여러'의 뜻을 가지므로 "재무를 나타내는 모든 표들"로 해석된다. 재무와 관련된 '제표'로는 '재무상태표(구 대차대조표)', '재무상태 변동표', '손익 계산서', '제조 원가 명세서', '이익 잉여금 처분 계산서', '결손금 처리 계산서' 등이

포함된다.

‘관리 회계’의 사전적 내용을 좀 더 옮겨보면, 관리기능적인 관점에서 보통 ‘계획을 위한 회계’와 ‘통제를 위한 회계’로 대변하는데, 전자는 ‘설비 투자 계획·생산 계획’ 등의 ‘사업 계획’과 단기·장기의 이익 계획인 ‘기간 계획(期間計劃)’으로 구성된다. 후자는 ‘분과 제도(分課制度)’를 배경으로 업적 평가와 통제를 하는 것으로, ‘예산 통제·원가 관리’ 등이 대표적인 예이다. 그러나 최근의 연구는 크게 ‘의사 결정 회계’와 ‘업적 평가 회계’로 나누어진다. ‘의사 결정 회계’는 오퍼레이션 리서치(OR) 등 경영 과학의 수법과 연결하여 ‘회계 정보’에 의한 경영 의사 결정의 최적화를 목표로 삼고 있다. ‘업적 평가 회계’는 예산 통제와 표준 원가 계산 등에 의한 계획과 실적의 차이 분석을 중심으로 한다. ‘경영 과학·행동 과학’ 및 컴퓨터의 발달로 ‘관리 회계’는 회계 가운데 변화가 가장 많은 분야이다.

‘효과 평가 전문가’의 평가 활동과 관련이 있을 것으로 생각되는 ‘재무 회계’와 ‘관리 회계’에 대해 앞서 기술한 내용만으로 둘의 관계를 명확하게 파악하기 어려우므로 표로 요약해서 알아보자. 다음 [표 Ⅱ-2]는 두 ‘회계의 종류’를 비교한 결과이다.

[표 Ⅱ-2] ‘재무 회계’와 ‘관리 회계’의 비교

항 목	재무 회계	관리 회계
고객	☐ 투자자, 채권자, 정부 등	☐ 경영자, 중간 관리자, 관리자 등
목적	☐ 외부 보고용 ☐ 외부 이해관계자의 의사결정에 유용한 정보 제공	☐ 내부 보고용 ☐ 내부 이해 관계자의 관리적 의사 결정에 유용한 정보 제공
관심 사항	☐ 이익의 배분	☐ 이익의 획득 ☐ 경영, 업적 관리에 공헌

사용 자료(정보)	☐ 시점: 과거 ☐ 특징: 화폐적 자료(정보)	☐ 시점: 과거/현재/미래 ☐ 특징: 화폐, 비화폐적 정보(자료)
산출물 및 주기	☐ 산출물: 재무제표 ☐ 주기: 1년(또는 분기, 반기)	☐ 산출물: 원가/예산/성과 보고서, 추정 재무제표 등 ☐ 주기: 일/주/월/분기/연 등 선택
산출물의 특성	☐ 객관성 ☐ 정확성 ☐ 적법성 ☐ 기업 전체를 종합하여 요약	☐ 주관성 허용 ☐ 신속성, 유용성 ☐ 재무 자료+비재무 자료 ☐ 관리적 목적에 따라 부문별, 제품별로 구분 가능
강제성 여부	☐ 법적 강제가 있음. 회계 처리의 자유로운 선택에 제약	☐ 법적 강제가 없음
처리 기준(원칙)	☐ GAAP(일반적으로 인정된 회계 원칙)	☐ 내부 규정(통일적 기준이 없음)

[표 Ⅱ-2]의 비교를 보면 '재무 회계'는 회사 전체의 상태를 정해진 법적 규정에 따라 명확하게 마련해야 하는 반면, '관리 회계'는 상대적으로 내부 상황에 맞게 유연성과 자율성이 부여된 듯한 느낌을 받는다. 사실 이와 같이 대비되는 유형은 우리 주변에서 자주 관찰되는데, 예를 들어 제품의 사양(Spec.) 경우 고객과 거래를 위해 필요한 '규격 한계(Specification Limit)'와 내부 관리를 위한 '관리 한계(Control Limit)'가 공존한다. 좀 우스갯소리로 요즘 인터넷에 연예인의 민낯이 공개되면서 누리꾼들의 관심을 받기도 하는데 외부에 보여주는 얼굴과 집안에서 편하게 지낼 때의 얼굴이 따로 존재하는 셈이다. 왜 두 부분으로 나뉘어야 하는지는 굳이 설명할 필요도 없다. 공식적인 것과 비공식적인 것, 공인으로서의 자격과 개인으로서의 자격, 객관적일 필요성과 주관적일 필요성, 보여줘야 하는 것과 간직하고 싶은 것 등등이 대비돼 존재하는 것처럼 '재무 회계'와 '관리 회계'의 존재 역시 같은 맥락에서 이해하면 좋을 듯하다. 둘의 존재 이유를 당위성을 갖고 바라보면 구분하기 위해 따로

노력할 필요가 없다는 뜻이다.

이 시점에 확인할 사항이 하나 있는데 "과연 '효과 평가 전문가'가 수행할 '금전적 효과 평가'는 둘 중 어느 쪽에 더 가까운가?" 하는 것이다. '1. 금전적 효과 평가의 개요'에서 필자는 모든 과제의 효과를 '돈의 단위'로 평가하도록 제안한 바 있다. 따라서 '효과 평가 전문가'들이 평가할 과제들의 효과는 모두 해당 기업의 재무성과와 비재무성과의 향상 정도를 대변한다. 이런 점에서 [표 Ⅱ-2]를 다시 관찰하면 '관리 회계'에 기술된 내용 대부분이 '효과 평가 전문가'의 '금전적 효과 평가'와 연계돼 있음을 알 수 있다(빨간색으로 처리된 표현들). 예를 들어 수행 과제들의 효과는 "이익의 획득과 경영 및 업적 관리와 관계하고, 내부 보고용이며, 성과 보고서를 통해 전달된다. 또 이에는 재무+비재무자료가 포함된다." **정리하면 '효과 평가 전문가'의 '금전적 효과 평가'는 '회계의 종류' 중 '관리 회계'와 관계하고 있음**을 알 수 있다.

시야를 조금 넓혀서 '원가 회계'라는 영역을 떠올려보자. 기업 내부의 정해진 원칙과 규정에 따라 작성하고 또 내부 경영자에게 보고할 목적으로 마련되는 '관리 회계' 성격상 '원가'를 관리하는 영역도 '관리 회계'의 범주에 포함시킬 수 있다. 이를 따로 '원가 회계'로 부르지만 '원가 관리 회계'로 총칭해서 부르기도 한다.

그러나 '원가'가 기업 경영 성과를 평가하는 데 매우 중요한 기본 단위이므로 내부뿐만 아니라 외부 보고용으로도 중요하며, 따라서 내부에서 마련된 규정에 따라 작성되는 순수 '관리 회계'와 달리 철저한 회계 원칙에 따라 작성되는 차이점이 있다. 물론 '관리 회계'와의 연계성이 크므로 산정 과정에 법적인 제약이 따르지는 않는다. 역사적 관점에선 '원가 계산 → 원가 회계 → 원가 관리 → 원가 기획'의 순으로 발전돼왔다고 보는 견해가 있다. 다음은 '원가 회계'의 사전적 정의이다.

> - **원가 회계**(原價會計, cost accounting) (위키백과 한글판) 제품의 정확한 원가 정보를 생성하는 과정이다. 원가 회계에서 생성된 원가 정보는 '재무 회계'와 '관리 회계'에서 제품 원가 정보로 사용된다.
> - **원가 회계**(Cost Accounting) (네이버 지식사전) 일반적으로 '원가 회계'란 회계의 한 분야로서 제품의 원가를 계산하는 기술이며, 원가 계산을 재무 회계에 결부시킨 것으로 원가의 개념, 원가 계산, 원가 보고서의 작성 등 원가 계산에 필요한 초급적 내용을 다루며, 재무 회계 범위 내의 제품 원가 계산이 중심이 되고 있다. 나아가 원가의 관리적 이용도 다루고 수학적, 계량적 기법을 이용한 원가 배분, 원가추 정의 문제도 다룬다.

그럼 '관리 회계'의 한 영역[20]으로 이해될 수 있는 '원가 회계'가 '효과 평가 전문가'의 '금전적 효과 평가'와 어떤 관계에 있을까? 느낌상으론 과제 효과를 평가할 때 '원가 회계'의 논리와 원칙이 '관리 회계'보다 훨씬 더 긴밀하게 작용하고 또 산출 식에도 직접적으로 영향을 줄 것만 같다. 그 이유는 재무성과 측면에선 이익이 생겨나야 하고, 그 방법엔 판매 제품에 마진을 덧붙이거나, 또는 들어가는 원가를 낮추려는 두 개의 명확한 방향성이 존재하기 때문이다. 따라서 '효과 평가 전문가'의 '금전적 효과 평가'에 대한 관심은 '관리 회계'뿐만 아니라 '원가 회계'를 포함해 종합적으로 고려할 필요가 있다. 다음 [그림 Ⅱ-5]는 이해를 돕기 위한 개요도이다.

---

20) '네이버 지식사전'의 '원가 회계' 기술에서 '원가 회계'를 '재무 회계'의 범위 내의 것으로 설명하고 있으나, 이는 '원가 관리'를 통한 성과가 '재무제표'에 반영되는 점을 염두에 둔 것이다.

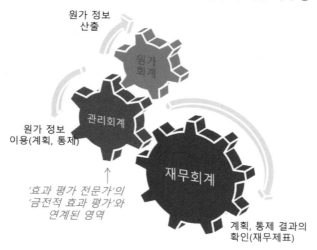

시중 서점에서 판매되는 회계 관련 서적을 보면 일반적으로 '원가 회계'는 '관리 회계'와 '재무 회계'에 공통으로 물려 있는 구조로 해석한다. 즉 '원가 회계'의 고유 영역이 '원가 정보의 산출'에 있고, '관리 회계'가 그 산출된 원가 정보를 기업 경영에 필요한 주요 사항들의 계획이나 통제에 이용하므로 '원가 회계'는 '관리 회계'와 맞물려 있는 구조임에 틀림없다. 또 '원가 회계'에서 나온 정보는 재무제표를 생산하는 '재무 회계'에서 직접 사용되는데, '재무상태표(구 대차대조표)'에선 '재고 자산의 취득가액'이나 좀 거리는 있지만 '이익 잉여금(원가 정보를 이용한 결과로부터 옴)' 등이, '손익 계산서'에선 '매출 원가' 산정에 직접적 영향을 미친다. 그러나 방금 설명된 '원가 회계'의 '관리 회계'와 '재무 회계'에 공통으로 물려 있는 구조 대신 본문에선 기업 경영 혁신 활동과 연계해 약간 자의적으로 그들의 관계를 모색해보고자 한다. 재해석에 대한 개요도를 [그림 Ⅱ-5]에 나타내었다.

[그림 Ⅱ-5]를 보충 설명하면, '원가 회계'는 원가 정보를 생성하는 역할을 하며, 구체적으론 주어진 생산이나 서비스 활동에서 정확하고 쓰임새 있는 원가 산정 방식을 결정하고, 결과물로 관련 제품이나 서비스의 '원가(정보)'를 산출한다. 또 '관리 회계'는 얻어진 원가(정보)를 이용해 기업이 성장해나가기 위한 사업 계획 및 전략 수립과 비용을 줄이기 위한 원가 혁신 활동 추진, 제품 포트폴리오 구상 등의 의사 결정에 활용한다. 즉 '원가 회계'와 '관리 회계'는 '일의 순차적 관계'로 엮여 있으며, [그림 Ⅱ-5]에서 둘 간 톱니바퀴로 연결돼 작동되는 구조이다. 한편 기업의 이익 창출과 성장을 위해 이루어지는 모든 활동의 금전적 평가와 보고가 경영자로 하여금 사업 계획 수립이나 자산, 자금 통제를 위한 의사 결정 수단에 활용되며(관리 회계), 이들의 효과는 최종 기업의 한 해 성적표인 재무제표에 녹아난다(재무 회계). 따라서 '관리 회계'와 '재무 회계'는 '인과적이면서 순차적인 관계'에 놓여 있다고 볼 수 있으며, [그림 Ⅱ-5]에서 둘의 관계 역시 톱니바퀴로 묶어 표현하였다. 결과적으로 '원가 회계 → 관리 회계 → 재무 회계'로의 기업 활동의 회계적 흐름을 규정해볼 수 있다. 셋 간의 관계를 100% 완벽하게 표현한 것은 아닐지라도 연계성을 이해하는 데는 어느 정도 성공적이라 판단된다.

[그림 Ⅱ-5]의 개요도에서 '회계의 종류' 간 관계를 도식화한 것 외에 현재 우리가 설명하려는 '효과 평가 전문가'의 '금전적 효과 평가'가 '원가 회계'까지를 포함해 회계의 어느 종류에 속하는지도 명확히 하고 있는데, [그림 Ⅱ-5]의 개요도와 [표 Ⅱ-2]의 '관리 회계'에 포함된 핵심 내용(빨간색 표현)을 비교하면 쉽게 답을 얻을 수 있다. 즉 [표 Ⅱ-2]의 핵심 내용(빨간색 표현)은 경영 혁신 중 일련의 활동(과제 선정, 과제 수행, 과제 평가 등)과 해석상 차이가 없으며, 따라서 '회계'적 관점(화폐액으로 대상을 바라봄)으로 보면, '효과 평가 전문가'의 '금전적 효과 평가'는 전적으로 '관리 회계' 영역과 그 맥락을 같이한다고 볼 수 있다. 이것은 대부분의 사람들이 '원가 회계'에 보다

더 직접적 연관이 있을 것이란 관측에서 좀 벗어난 판단이다. 잠시 머리를 들고 곰곰이 생각해보자. 과제를 수행한 후 그 효과를 평가하는 데 있어 매번 제품이나 서비스의 원가를 산정해야 한다면 현실적으로 너무 많은 부하가 걸릴 뿐만 아니라 불필요한 작업이 될 수 있다. 왜냐하면 '원가'란 정해진 규칙과 방식으로 산정하며 기업별로 이미 실용적 수준까지의 원가 정보를 보유하고 활용하고 있기 때문이다. 개별 과제마다 효과 평가를 하는데 '원가'가 매번 바뀔 이유도 없거니와 매번 재산정할 필요도 없다는 뜻이다. 새로운 기업이 막 탄생해 그에 맞는 '원가'를 산정해야 할 상황이 아니라면 기업별 '원가 정보'는 필요에 따라 보완은 이루어질지언정 고유한 측면이 있다고 봐야 옳다. 따라서 '효과 평가 전문가'의 과제에 대한 효과 평가는 매번 원가의 재산정이 아닌 기존의 '원가(정보)'를 그대로 가져다 쓰는 것만으로도 충분하다. 너무 주관적 해석이 아니었으면 하는데, 기업 경영 혁신에 몸담은 독자들이 보기에 '회계'와 '효과 평가 전문가의 효과 평가' 간 관련성을 이해하는 데 보다 많은 도움을 주었으면 하는 바람으로 지금까지의 해석을 넓은 아량으로 받아들였으면 한다(^^).

2.2. 재무제표와 '금전적 효과 평가'

'금전적 효과 평가'는 '재무성과'뿐만 아니라 '비재무성과(=준재무성과+체질 개선 성과)' 모두를 포함한 접근이라 하였다. 그러나 화폐액 관점에서 성과를 파악하는 것이 전반적인 이해에 도움이 될 것이므로 본 소단원에선 화폐액 관점에서 '금전적 효과 평가'를 관찰해볼 것이다. '화폐액 관점'에서 바라본 효과는 '재무성과'에 해당되며, '재무성과'를 관찰할 대표적 실체는 경영 혁신 활동의 결과가 그대로 녹아들을 '재무제표(특히 손익 계산서)'이다. 따라서 재무제표의 계정 과목을 관찰함으로써 앞으로 설명될 '효과 평가 전문가' 평가 항목들의 윤곽을 잡아나갈 수 있다. 다음 [그림 Ⅱ-6]은 이해를 돕기 위한 개요도이다.

[그림 Ⅱ-6] 재무제표와 '금전적 효과 평가(재무성과)' 간 개요도

[그림 Ⅱ-6]은 '회계의 종류'에 경영 혁신 활동을 빗대어 놓은 개요도이다. '효과 평가 전문가'의 효과 평가를 포함한 경영 혁신 활동의 대부분은 '관리 회계'에 대응하고, 그 결과가 '재무 회계'의 산출물인 재무제표, 특히 '손익 계산서'에 반영된다. 결국 '비재무성과(=준재무성과+체질 개선 성과)'를 제외한 순수 '재무성과'의 산정과 해석을 위해선 '손익 계산서'를 중심으로 내용 파악이 이루어져야 함을 암시한다. 이에 대해 「서론」에서 이미 '[그림 Ⅰ-5] 재무제표 접근법 흐름도'를 통해 '재무 과제'의 발굴에 '손익 계산서'로부터 유도된 지표들의 활용을 언급한 바 있다. '손익 계산서'를 중심으로 한 과제 발굴은 십중팔구 '재무 과제'가 될 가능성이 높고, 따라서 '효과 평가 전문가'의 효과 평가 역시 '재무성과'에 치중된다. 다음 [그림 Ⅱ-7]은 설명을 좀 더 구체화하기 위한 재무제표 관계도이다.

[그림 Ⅱ-7]을 보면 '효과 평가 전문가'에 의한 '재무성과' 평가가 어느 영역에서 집중적으로 이루어져야 하는가를 쉽게 파악할 수 있다. 예를 들어, 전

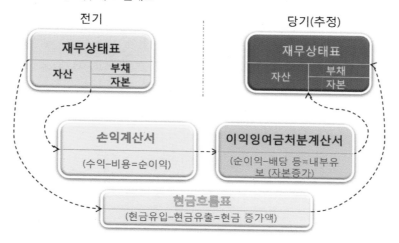

기(前期) 동안 임직원에 의해 수행된 다양한 활동(예로 과제 수행 등) 결과 '손익 계산서'에 변화가 생기는데, '순이익'이 높아지기 위해서는 '수익'이 커지거나 '비용'이 줄어들어야 한다([그림 Ⅱ-7] 내 '손익 계산서' 아래 수식 참조). 영업 활동 결과 생겨난 '순이익'은 '배당' 등을 제외한 후 '이익 잉여금', 즉 '남는 돈'이 되는데 이와 같은 '내부 유보(또는 사내 유보)'는 재무상태표(구 대차대조표) 내 '자본'의 증가를 초래하므로 과제 수행의 결과로 '자본'이 증가되었는지가 매우 중요하다. 설명된 바와 같이 '돈'의 선순환을 고려할 때, 과제의 수행이 주로 기업의 이익 증대에 집중돼 있으므로 결국 '순이익'을 키우기 위해선 '수익'이 높아졌는지, 또는 '비용'이 줄어들었는지가 주요 관심사이다. 따라서 '재무 과제'로부터 생겨난 '재무성과'는 '효과 평가 전문가'에 의해 '수익 증대 여부'와 '비용 감소 여부'에 평가의 초점이 맞춰진다. '손익 계산서' 외에 빈도는 매우 낮지만 '재무상태표' 자체의 변화 여부에 대해서도 평가의 여지가 존재하는데, 예를 들어 '부채 비율'이 높을 경우 이를

타개하는 방안('과제'가 될 것이다)을 물색 중이라면 이때는 'B/S 구조 개선 여부'가 평가의 대상이 된다. 그러나 '부채 비율'의 축소 등은 이익을 많이 내서 차입금을 상환하는 조건이 아니라면 '출자 전환'이나 '신주 발행' 등이 대안이 될 수 있는데 이런 유형의 과제는 빈도가 낮으므로 크게 고려할 사항은 아니다.

[그림 Ⅱ-8] '효과 평가 전문가'의 평가 대상

[그림 Ⅱ-8]은 '재무제표'와 관련해 '효과 평가 전문가'가 효과를 평가할 때, '손익 계산서'를 중심으로 한 '재무성과'가 주가 되며, 요지는 '수익의 증대 여부'와 '비용의 감소 여부'가 핵심임을 보여준다. [그림 Ⅱ-9]는 '요약 재무 제표'를 통해 '효과 평가 전문가'가 평가해야 할 항목들을 표시한 것이다.

[그림 Ⅱ-9]에 보인 바와 같이 '손익 계산서'의 '당기 순이익'이 '재무상태표'의 '이익 잉여금'으로 들어온다. 통상 과제가 '수익'을 높이거나 '비용'을 줄이는 쪽에 맞춰져 있으므로 '효과 평가 전문가' 역시 이와 관련된 항목인 '재무상태표'의 '재고 자산'이나 '손익 계산서'의 '매출액', '매출 원가', '판매비와 관리비' 등의 계정 과목을 평가하는 데 관심이 있다. 물론 과제 선정 시 우선순위는 밀리지만 '손익 계산서'의 '영업외 수익(비용)', '법인세' 같은 세

금 등이나, '재무상태표'의 '부채', '자산', '자본'의 구조 개선 활동도 평가 대상에 포함시킬 수 있다. 한 단계 더 나아가 [그림 Ⅱ-9]의 계정 과목들을 더하위 항목들로 세분화하면 평가 대상이 좀 더 명확해지는데, 예를 들어 '판매비와 관리비' 경우, '급여/복리후생비/여비 교통비/통신비/전력 수도료/연료 유지비 등'의 다양한 비용 항목들로 분류하면 개별 과제들의 '재무성과' 평가 시어느 계정 과목과 연계되는지 쉽게 파악할 수 있다.

[그림 Ⅱ-9] 재무제표상 '효과 평가 전문가'의 '금전적 효과 평가' 대상

요약 재무상태표			요약 손익계산서		
과목	2007	2006	과목	2007	2006
자산			매출액	8,490,912	8,168,036
1.유동자산	2,703,804	2,763,552	매출원가	6,897,265	6,624,328
(1)당좌자산	2,210,227	2,327,671	매출총이익(손실)	1,593,647	1,543,708
(2)재고자산	493,577	435,881	판매비와 관리비	769,125	727,073
2.비유동자산	4,073,815	3,447,448	영업이익(손실)	824,522	816,635
(1)투자자산	2,801,259	2,346,997	영업외수익	397,780	385,935
(2)유형자산	1,088,416	923,472	영업외비용	174,696	179,729
(3)무형자산	115,329	106,920	법인세비용차감전 순이익(손실)	1,047,606	1,022,841
(4)기타	68,811	70,059	법인세비용	270,931	336,091
자산총계	6,777,619	6,211,000	당기순이익(손실)	776,675	686,750
부채					
1.유동부채	1,766,160	2,010,798			
1.비유동부채	760,599	661,127			
부채총계	2,526,759	2,671,925			
자본					
1.자본금	441,770	433,437			
2.자본잉여금	306,968	261,889			
3.이익잉여금	3,572,720	3,007,218			
4.자본조정	- 113,427	- 19,303			
5.기타 포괄손익	42,791	44,166			
자본총계	4,250,860	3,539,075			
부채와 자본총계	6,777,619	6,211,000			

■ 제품/상품/부산물/반제품/재공품/원재료/저장품/미착품 등의 단가를 통해 과제수행 전/후 재고 규모를 화폐 액으로 평가

■ 과제 수행을 통해 너무 많아도 너무 적어도 안 되는 최적의 상태가 되도록 유도해야 함.

■ '매출액'은 과제 수행 전후 영업활동을 통해 증대되었는지가 평가 대상임.

■ '매출원가' 및 '판매비와 관리비'는 과제 수행 전후 줄어들었는지가 평가 대상임

지금까지 '금전적 효과 평가'와 기존에 연관이 깊다고 생각해왔던 '회계'와의 관련성에 대해 알아보았다. 단 '회계'가 화폐액으로의 표현에 기반하고 있는 만큼 '금전적 효과 평가'의 대상 중 '비재무성과'를 제외한 '재무성과'와의 관련성에 대해서만 자세히 언급하였다. 그러나 개념을 확대하면 '비재무성과'

에 속한 '준재무성과'나 '체질 개선 성과'의 설명에도 요긴하게 활용할 수 있을 것이라 판단된다.

전체 내용을 간단히 요약하면 앞으로 전개할 '금전적 효과 평가'는 '회계의 종류' 중 '관리 회계'와 맥락을 같이하고 있고, 재무제표 관점의 구체적 항목으론 '수익'과 '비용(원가 포함)' 관련 세부 계정 과목들이 포함된다는 것을 확인하였다. 세부 계정 과목들이 무엇이며, 과제 효과로부터 어떻게 산정되는지 등에 대해서는 이후 해당 단원에서 자세한 설명이 있을 것이므로 여기서는 이 정도 선에서 마무리한다.

3. '금전적 효과 평가'를 위한 산출 모형

현재 국내에서 이루어지고 있는 '효과 평가 전문가'에 의한 과제 효과 평가에 있어 '비재무성과'에 대한 언급은 있지만, 그 핵심 대상은 분명 '재무성과'에 치중돼 있는 게 현실이다. 냉정하게 얘기하면 '수, 우, 미, 양, 가' 중 '수'인지 '양'인지 하는 기업 경영 활동에 영향을 줄 객관적 판단 요소가 매우 중요하지, "프로세스 질을 높였으므로 곧 '수'가 될 것"과 같은 주장 등은 지금 당장의 경우 효용 가치가 떨어진다. 결국 기존의 과제 완료 후 효과 평가는 '재무성과'에 치중돼야 했으며, 따라서 산출 모형 역시 '재무성과'의 유형을 구분하고 가장 합리적인 산출 식을 마련하는 단순한 설정에 근거하고 있다.

그러나 본문에선 '효과 평가 전문가'의 효과 평가 대상을 '재무성과'와 '비재무성과'의 구분 없이 모두를 '금전적'으로 표현한다고 하였다. 따라서 단순히 '재무성과' 측면의 하위 유형들을 구분하는 기존의 접근에서 '재무성과'는 물론 '비재무성과'인 '준재무성과'와 '체질 개선 성과'까지 아우를 새로운 체계 마련이 요구된다. 앞으로 이어질 소단원에선 새롭게 정립될 개념과 그를 설명할 용어들의 정의, 활용 예들에 대해 자세히 다룰 것이다.

3.1. 시각화를 위한 '성과 공간'의 정의

이야기 전개에 앞서 「서론」의 '2.2. 효과 평가 전문가의 탄생과 주요 이력'에 포함된 내용 중 '효과 평가' 초창기에 마련된 유형 구분을 [그림 Ⅱ - 10]에 다시 옮겨놓았다.

[그림 Ⅱ-10] 과제 효과 평가의 최초 유형 구분 예

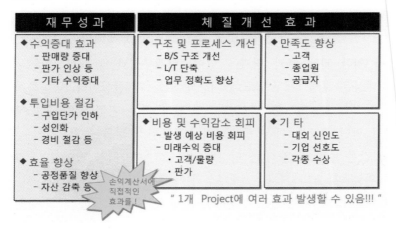

[그림 Ⅱ-10]을 보면 '손익 계산서'에 과제 성과가 명확하게 반영되는 '재무성과'와, '손익 계산서'에 반영되지 않는 그 밖의 유형들을 '체질 개선 효과'로 묶어 이원화하고 있다. 그러나 '금전적 효과 평가'의 관점에선 [그림 Ⅱ-10]의 기본 골격 변화가 불가피한데 그 이유를 정리하면 다음과 같다.

1) '화폐'의 단위로 환산이 가능한 'B/S 구조 개선', '발생 예상 비용 회피', 또 영업이나 R&D 과제처럼 앞으로 발생 가능한 '미래 수익 증대' 같은 '준재무성과'와, 그 외에 화폐액으로 표현이 어려운 다양한 유형들인 '체질 개선 성과'들이 뒤섞여 있으므로 이들의 명확한 구분이 필요하다. 화폐의 단위로 표현할 수 있는 유형과 그렇지 못한 유형의 구분은 과제의 성과를 계량적으로 전달하고 성과의 규모를 이해시키는 데 큰 차이를 보일 것이기 때문이다.

2) [그림 Ⅱ-10]에 나열된 항목들은 현업에서 발생되는 모든 유형들을 담아내기엔 'MECE(Mutually Exclusive and Collectively Exhaustive, '미시'로 발음한다)' 하지 않다. 이것은 'COPQ(Cost of Poor Quality)' 설명에서 자주 등장하는 빙산 그림을 통해 설명할 수 있다.

[그림 Ⅱ-11] 'Q-Cost'와 'COPQ' 개념도

[그림 Ⅱ-11]의 빙산 그림에서 수면 아래쪽의 규정짓기 힘든 수많은 항목들이 존재하는 바, 이들을 [그림 Ⅱ-10]의 '체질 개선 효과' 하위 항목들에 모두 대응시킬 수 있는지 우선 의문이 간다. 설사 대응되더라도 현재의 분류보다 훨씬 더 많은 하위 항목들이 추가돼야 한다. 빙산 아래 모든 유형들을 포괄하면서 금전적 평가도 가능한 새로운 방안이 존재한다면 '효과 평가 전문가' 평가가 한층 더 발전하는 계기가 될 수 있다.

3) 하나의 과제 속에 다양한 유형이 뒤섞여 있을 때 그들을 [그림 Ⅱ-10]에 정해놓은 유형대로 분류한 뒤 성과를 평가하는 일은 쉽지 않다. 예를 들어 R&D 과제 효과가 제품의 판매량 등으로 연결되지 못할 경우 얼마만큼의 금액적 성과로 표현해야 할지 매우 난감하다. 또 '재무성과'와 '준재무성과'가 중첩된 형태라든가, 개발성 과제의 성과와 '체질 개선 성과'가 섞여 있는 모습 등 수행될 과제 수만큼이나 그 조합 수도 무궁무진하다. 사실 이들을 모두 구분해내야 하는지조차 불명확한 상황에서 평가 때마다 또 '효과 평가 전문가'에 따라 결과가 달라질 가능성이 늘 존재한다. 과연 이들을 모두 분류하는 것이 옳은 일일까? 아니면 어떤 정해진 방법으로 처리토록 유도하는 것이 옳은 일일까?

물론 상기에 지적한 문제점 내지 개선점들이 현재 '효과 평가 전문가'들의 평가에 있어 큰 난제로 작용하지 않을 수도 있다. 그러나 효과 평가 시 모든 발생 유형을 포괄할 모형이 정립되고 개별 과제 효과를 그에 맞춰 구분할 수 있으며 금전적으로 전환해나갈 수 있다면 현재의 성과를 논하고 보다 나은 모습으로 발전시켜나가는 데 긍정적 영향을 미칠 수 있다.

기존의 분류 체계를 아우르며 앞서 지적된 문제점을 포괄할 새로운 모형 정립 필요성과 함께 또 한 가지 염두에 둬야 할 대목이 바로 모형의 '시각화'이다. '시각화'란 모든 조직에서 행해지는 활동들을 구구절절 말이나 글로써 표현하기보다 표나 그림, 차트 등으로 이미지화함으로써 내용의 압축이나 전달 효과를 배가시키는 접근이다. 과제 수행 때도 시각화가 여기저기서 이루어지는데, 예를 들어 Define Phase 중 '과제 선정 배경 기술'이나 '문제 기술' 등에서 추이 그래프나 차트 등이 쓰이는 경우이다. '시각화'는 보는 이로 하여금 상황 판단을 쉽게 하도록 도와주고, 의견을 개진하는 데 긍정적 영향을 미친다. 이런 장점들을 모두 고려할 때, '금전적 효과 평가'의 산출 모형을 정립하는 일 역시 반드시 시각적 도구가 제시돼야만 한다. 다음 [그림 Ⅱ-12]는 '금전적 효과 평가 산출 모형'에 대한 시각화 예이다.

[그림 Ⅱ-12] 금전적 효과 평가를 위한 '성과 공간'

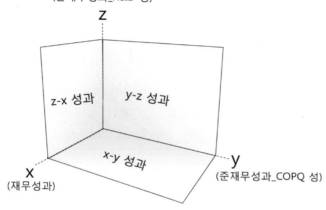

'금전적 효과 평가 산출 모형'을 시각화시킨 [그림 Ⅱ-12]를 '성과 공간'이라 명명할 것이다. 우선 'X-축'은 재무제표의 '손익 계산서'와 직접 연관되는 '재무성과'를 나타내고, 'Y-축'은 'COPQ(Cost of Poor Quality)' 중 '손익 계산서'에 포함되지 않으면서 '금액' 단위로 산정될 수 있는 '비재무성과'인 '준재무성과'를 나타낸다. 통상 'COPQ' 속엔 'F-Cost'와 같이 '재무성과'로 평가되는 항목들이 존재하므로 'COPQ' 모두가 '비재무성과'로 고려되는 것은 옳지 않다. '손익 계산서'에 오르지 않으면서 COPQ성으로 분류될 수 있는 유형은 '총 자원법(Total Resource Method)'[21]이나 '단위 원가법(Unit Cost Method)'[22] 같은 방식으로 산정된 항목들이 포함된다. 또 과거 삼성 SDI에서

---

21) 투입되는 모든 자원(시간, 임금 등)의 총 비용을 기준으로 'COPQ'를 결정하는 방법(예: 고객 불만을 처리하는 활동 등). 「일반식=총 비용×저품질 업무 비율(%)」.

'재무성과'와 별개로 빙산 아래, 즉 '금액'으로 표현하되 '손익 계산서'에 반영되지 않는 유형을 'H－Cost(Hidden Cost)'로 규정짓고 그에 걸맞은 분류와 정의를 설정해 관리한 바 있는데, 이 역시 'Y－축'에 포함된다. 'Z－축'은 R&D 같은 연구개발성 과제들의 성과 평가를 나타내는데, 연구 개발 결과가 바로 상품으로 연결돼 수년 내 판매량 예측이 가능할 수도 있지만 '기술 개발'처럼 그 성과를 '금액'으로 표현하기 매우 어려운 유형도 존재한다. 이들을 규정짓는 일 또한 없어서는 안 될 중요한 활동 중의 하나이기 때문에 한 개 축을 형성한다. R&D성 효과 중 '개발비 절감'과 관련된 항목들은 '손익 계산서' 반영이 가능함에 따라 'X－축'의 유형으로 분류된다. 그러나 개발 효과가 1년을 초과해서 나타나는 경우부터 특허와 같이 순수 지적 재산권만을 확보한 과제까지 다양한 유형들이 존재하므로 세 개의 축 성분 중 평가의 난이도가 가장 높은 특징을 갖는다.

'성과 공간'을 해석할 때 '재무성과 여부 관점'에서 바라보는 대신 '시제(時制) 관점'으로도 재해석해볼 수 있는데, 예를 들어 '재무성과' 축인 'X－축'은 과제를 통해 지금 얼마를 벌어들이고 있는지에 관심이 높으므로 시제상 '현재'를, COPQ성 '준재무성과'인 'Y－축'은 관리하고 있는 프로세스의 비효율적 상황, 즉 운영 중인 프로세스에서 발생된 바람직하지 못한 상황을 직전 자료를 이용해 금전적으로 평가하므로 시제상 '과거'를, 끝으로 R&D성 '준재무성과'인 'Z－축'은 개발 과제를 통한 향후의 성과를 예측하므로 시제상 '미래'를 각각 대비시킬 수 있다. 이와 같이 세 개 축을 설명하는데 재무성과 여부뿐만 아니라 시제로도 구분함으로써 한 기업의 과제 성향을 파악하는 데 더 많은 자유도를 확보할 수 있다. 예를 들어, 재무성과 여부 관점에서는 세 개축 각각의 금전적 규모를 산정함으로써 더 늘리거나 줄이기 위한 과제 조정의

---

22) 결점/오류/불량당 비용을 산출해서 연간 발생 건수를 곱하는 등의 산출 방법(예: 업무 중 오류가 발생되는 상황 등). 「일반식＝결점/오류/불량당 평균 비용×빈도 수」.

단서를 제공받을 수 있고, 시제(時制) 관점에서는 진행 중인 과제 성향이 과거－현재－미래 중 어디에 집중돼 있는지를 파악함으로써 회사 전략에서 논한 지향점과의 일치성을 확인할 수 있다. 다음 [그림 Ⅱ－13]은 각 축 성분을 기존 '재무성과 여부'의 분류에 '시제'의 분류를 추가한 '성과 공간'을 나타낸다.

[그림 Ⅱ－13] '성과 공간'의 시제(時制) 관점 분류

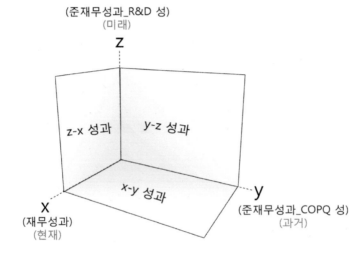

'성과 공간'을 표현한 최초의 [그림 Ⅱ－12]로 돌아가 보자. 그동안 설명된 'X－축', 'Y－축', 'Z－축' 외에 각 좌표축을 변으로 하는 세 개의 평면들이 존재하는데, 과제 효과 측면에서 이들을 각각 'X－Y 성과', 'Y－Z 성과', 'Z－X 성과'로 명명하고 세 개 전체를 묶어 '체질 개선 성과'로 분류한다. 세 개의 평면 성과들은 독립된 축 성분에 명확히 포함되지 않으면서 서로 다른 성과들이 섞여 있거나 분류가 어려운 유형들 모두를 포괄한다. 예를 들면 기존에 금전적으로 표현이 어려운 '만족도 향상'이나 회사의 '신인도 증대', 고

객 대응 '처리 시간의 단축', 또는 제품 개발로 판매량이 기대되는 동시에 프로세스 효율이 증대되는 혼합형 성과 등이다.

또 [그림 Ⅱ-11]의 빙산 그림에서 수면 아래의 유형들 중 금전적 산출이 어려운 항목들 전체를 평면 성과에 대응시킬 수 있다. 그러나 평가할 특정 과제의 성과가 분류상 '성과 평면'에 속했지만, 평가 과정에서 독립된 축에 포함되는 것으로 최종 확인된다면, 이것은 '능동형 효과 평가 전문가'의 '능동적 과제 수행'의 결과, 즉 '효과 평가 전문가'의 아이디어 창출 노력을 통해 '체질 개선 성과'를 '재무성과'로 전환한 예로 해석할 수 있다. 지금까지의 '성과 공간' 내 구분된 유형을 요약하면 [표 Ⅱ-3]과 같다.

[표 Ⅱ-3] '성과 공간' 주요 성분 요약

공간상 성분		성과 유형	시제	속성	산정 방법
성과 축	x - 축	재무성과	현재	□ 1년 이내, 재무제표 직접 반영 가능	□ 손익 계산서의 계정 과목 산정법에 준함
	y - 축	준재무성과_ COPQ성	과거	□ 1년 초과돼서 반영, 또는 □ 재무제표 직접 반영 불가	□ 총 자원법 □ 단위 원가법 □ 사내 합의된 산정법 　(예: Hidden Cost 등)
성과 평면 / 공간	z - 축	준재무성과_ R&D성	미래		□ 사내 합의된 산정법 → 선형 계획법 등 선택된 　수리적 방법 → 내부에서 고안된 산정법
	x - y 평면	체질 개선 성과	구분 없음	□ 재무제표 직접 반영 불가 □ '재무성과'로의 전환 시도해 　볼 수 있음 □ 금전적으로 평가할 새로운 　방법 모색돼야 함	□ FMEA 가중치법 　(본문에서 새롭게 제안)
	y - z 평면				
	z - x 평면				
	xyz 공간				

[표 Ⅱ-3]을 보면 지금까지의 '효과 평가 전문가' 평가는 주로 'X-축' 성분에 대해서만 이루어져 왔음을 알 수 있다. 물론 그 외의 성분들 일부가 평가되기는 했어도 재무성과만큼 관심을 집중시키진 못했으며 이런 여파는 비재무성과의 산정 방법 개발과 관리에 있어 체계성을 갖추지 못한 요인이 되었다. 'Y-축' 성분은 COPQ성 '준재무성과'로 금전적 산출은 가능하지만 '손익 계산서'에 직접적 반영이 안 되는 유형들이 포함된다. 통상 COPQ의 범위 안에 '비용' 산정이 가능한 'Q-Cost(품질 비용)'가 들어 있으므로 이들을 'X-축' 성분으로 돌리고 나면 남는 것이 '총 자원법'이나 '단위 원가법'을 통해 산정된 추정 금액들이 주를 이룬다. 이 금액들은 말 그대로 결점이나 오류의 규모를 추정을 통해 산정하므로 '손익 계산서'의 계정 과목들과는 거리가 있다. 그 외에 사내에서 프로세스의 비효율을 금액화한 'H-Cost(Hidden Cost)' 등이 있는데 이들에 대해선 별도로 자세한 설명이 따를 것이다.

'Z-축' 성분은 R&D성 '준재무성과'로 연구 개발 중 '비용'과 관련된 경우만 '손익 계산서'에 포함되므로 순수 연구 성과 경우 어떻게 금전적으로 산정해야 하는지 사실 난감한 영역이다. 분류가 어려운 몇몇 연구 성과 유형들의 평가 방법들에 대해선 본문에서도 역시 연구테마로 남겨둘 생각이다. 끝으로 남아 있는 성과 평면('X-Y 성과', 'Y-Z 성과', 'Z-X 성과')과 공간(X-Y-Z 성과)에 분포한 유형들은 '체질 개선 성과'로 분류하고 금전적 산정은 특별히 고안된 'FMEA 가중치법'을 적용할 것이다. 이 방법은 주어진 문제 해결을 위해 쏟아 부어야 할 자원의 규모를 화폐적 가치로 평가하는 접근인데 필자가 새롭게 도입한 개념이다.

'성과 공간'의 기본적 개념에 대해 실무자인 '효과 평가 전문가'들의 호기심 자극과 함께 긍정적인 수용과 그 유용성에 대한 공감대가 절실히 요구되는 시점이다. 기본 이해가 섰으면 이제 그 활용법에 대해 자세히 알아보자.

　과제 수행 시 '성과 공간'을 잘 활용하려면 과제 효과가 '성과 공간'의 어느 좌표 점에 위치하는지를 알아낸 후 '금전적 평가'와 '시각화'를 동시에 얻는 것이다. 다음 [그림 Ⅱ-14]를 보자.

[그림 Ⅱ-14] 임의 과제의 '성과 공간'상 위치 예

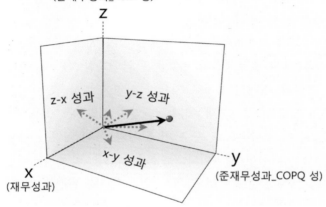

　[그림 Ⅱ-14]의 '성과 공간'에 표시한 좌표 점은 'Y-Z 성과' 평면에 존재하며, COPQ성 '준재무성과' 쪽으로 약간 치우친 경향을 보인다. 모든 임의 과제의 해당 성과를 이 같은 3차원 좌표 공간에 표기할 수 있고, 그에 대한 금액을 산출할 방안이 있다면(연구테마이긴 하지만) 성과를 규격화하고 시각화하는 일은 매우 의미 있다. '성과 공간'은 수학의 3차원 좌표 공간과 동일하므로 과제 수행의 암묵적 활동들을 계량화하는 일이 가능하다. 활동의 계량화는 다음과 같은 유형들이 포함된다.

첫째, 개별 과제들의 효과를 '성과 공간'에 타점함으로써 전체 과제 효과의 '분포'를 확인할 수 있다.

[그림 Ⅱ-15] 과제 효과 분포도 예

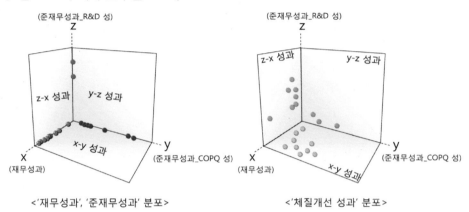

<'재무성과', '준재무성과' 분포>   <'체질개선 성과' 분포>

[그림 Ⅱ-15]의 왼쪽은 수행 과제 중 '화폐액 효과'인 '재무성과'와 '준재무성과(R&D성, COPQ성)'의 분포를 나타낸다. 순수 '손익 계산서'에 반영될 성과들이 다수를 점유하고 있고(X-축), 프로세스 효율화 과제인 COPQ성도 금액 차이를 보이며 분포한다(Y-축). 반면에 R&D성 준재무성과는 상대적으로 낮은 빈도를 보인다. [그림 Ⅱ-15]의 오른쪽은 '비화폐적 효과'를 나타내며, 'Y-Z 성과' 평면의 빈도가 가장 낮음을 알 수 있다. 또 한 가지 'X-Y 성과' 평면을 보면 타점들이 'X-축'에 치우쳐 분포하는데, 비록 현재는 '체질 개선 성과'로 분류돼 있지만 아이디어 발굴이나 점진적 변화를 통해 '재무성과'로의 전환이 가능한 예로 해석된다. 유사한 해석이 'Z-X 성과' 평면에서도 가능한데, 타점들의 분포가 'Z-축'에 치우쳐 있는 것으로부터 현재

수행 과제들은 제품이나 프로세스의 개발, 투자, 의도적 변화 등 R&D성 접근을 통해 '체질 개선 성과'를 '준재무성과_R&D성'으로 전환시킬 가능성이 높아 보인다. 과제 효과의 분포도를 통해 연도별 기업의 과제 성향과 집중도 경향 등을 파악하고 비교함으로써 전체 효과의 조정과 기획에 십분 활용할 수 있다.

둘째, '성과 공간'에 타점된 효과들의 전체 '크기'를 산정할 수 있다. 보통 수학에서 '벡터(Vector)'는 '크기(Magnitude)'와 '방향(Direction)'을 갖는데, 이 중 '크기'는 '성과 공간'이 '3차원'이므로 다음과 같이 얻어진다.

$$|E| = \sqrt{e_x^2 + e_y^2 + e_z^2} \qquad (\mathrm{II}.2)$$

식 (Ⅱ.2)에서 알파벳 'E(또는 e)'는 우리말 '효과'의 영문 'Effect(또는 Effectiveness)'의 첫 자를 의미한다. 과제 효과가 'X - 축(재무성과)'이나 'Y - 축(COPQ성 준재무성과)' 또는 'Z - 축(R&D성 준재무성과)'만으로 이루어진다면 식 (Ⅱ.2)는 한 성분 값으로 결정된다. 예를 들어 한 과제의 효과가 '재무성과=1,200만 원'이라면,

$$|E_x| = \sqrt{e_x^2} = \sqrt{1,200^2} = 1,200 \text{만원} \qquad (\mathrm{II}.3)$$

이다. 따라서 동일한 축 상에 존재하는 다양한 효과는 축 성분별로 모두 합하면 '총합'을 얻는다. 또 'X - Y 성과' 평면, 'Y - Z 성과' 평면, 'Z - X 성과' 평면, 'X - Y - Z 성과 공간' 경우의 효과도 식 (Ⅱ.2)를 이용해 그 '크기'를 구할 수 있다. 예를 들어, 'X - Y 성과' 평면의 벡터가 '7X+3Y'라면, 그 크기는,

$$|E_{xy}| = \sqrt{e_x^2 + e_y^2} = \sqrt{7^2 + 3^2} = \sqrt{58} \fallingdotseq 7.62 \qquad (\text{II}.4)$$

이다. 그러나 식 (II.4)의 결과 값은 금액이 아니므로 '체질 개선 성과'처럼 화폐액으로 환산하기 위해 하나의 '가중치(Weight)'로 활용한다. 이에 대해서는 '체질 개선 성과'를 설명할 이후 단원에서 상세히 기술할 것이다.

앞에서 설명한 '크기'는 모두 개별 성과들에 대한 것이다. 이때 '벡터의 합' 정의를 따르면 그들 전체의 효과 규모도 산정할 수 있다. 다음은 전체 효과를 산정할 일반식을 나타낸다.

$$\begin{aligned}
\overrightarrow{E_{total}} &= \overrightarrow{A} + \overrightarrow{B} + \overrightarrow{C}... \qquad (\text{II}.5) \\
&= (a_x, a_y, a_z) + (b_x, b_y, b_z) + (c_x, c_y, c_z) + ... \\
&= (a_x + b_x + c_x + ..., \ a_y + b_y + c_y + ..., \ a_z + b_z + c_z + ...)
\end{aligned}$$

따라서, $\overrightarrow{E_{total}}$ 의 크기 $|\overrightarrow{E_{total}}|$ 는,

$$|\overrightarrow{E_{total}}| = \sqrt{(a_x + b_x + c_x + ...)^2 + (a_y + b_y + c_y + ...)^2 + (a_z + b_z + c_z + ...)^2}$$

이전까지는 그런 대로 꾹 참아오던 독자가 식 (II.5)를 보고 "이크~ 이게 웬 복잡 수학!!" 하고 책을 덮어버리는 일은 없었으면 한다(^^)! 만일 식 (II.5)의 전체 효과가 예상대로 별 문제없이 산정된다면 그 속엔 '재무성과'와 '비재무성과' 및 '체질 개선 성과' 모두가 포함되므로 해당 기업(또는 조직)이 낼 수 있는 최대 효과, 즉 '잠재 효과(Potential Effect)'로서 의미를 부여할 수 있다. 다음은 새롭게 등장한 용어의 정의이다.

> · **잠재 효과**(潛在效果, Potential Effect) (필자) 과제 수행을 통해 드러난 실질적 성과
> 는 '재무성과'이다. '잠재 효과'는 밝혀진 '재무성과'에 앞으로 '재무성과'화할 수 있
> 는 잠재적 효과까지 화폐액으로 모두 합산한 효과이다. 즉
>
> 잠재 효과=재무성과+비재무성과+체질 개선 성과
>
> '잠재 효과'는 선정된 과제들의 수행 결과로부터 재무성과화할 수 있는 최대 잠정금액을
> 의미한다. '능동형 효과 평가 전문가'는 예상되는 '잠재 효과'를 얻어내기 위해 '능동적
> 과제 수행'을 추진한다.

<u>셋째</u>, '성과 공간'에서 전체 과제 효과의 '방향'을 확인할 수 있다.

[그림 Ⅱ-16] 전체 과제 효과의 '방향'

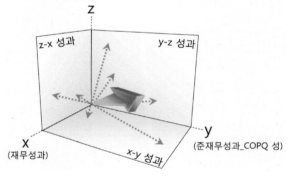

[그림 Ⅱ-16]을 보면 수많은 개별 과제들의 방향이 존재하고 그들을 통합한 '방향'이 존재한다(큰 화살표). '방향'을 '효과 지향점'이라 정의하고, 얻어내는 방법은 식 (Ⅱ.5)에 의하며, 다음과 같은 정의 및 용도로 활용한다.

· **효과 지향점** (필자) 개별 과제의 효과를 '성과 공간'에 시각화했을 때, 그들의 벡터 합 과정을 통해 얻어진 대표 벡터의 방향을 지칭한다. 다음과 같이 표기한다.

$$\overrightarrow{E_{total}} = (a, b, c)$$

활용은 '과제 선정~Measure Phase' 사이에 평가된 '예상 효과'의 '효과 지향점'과 과제 완료 후 '효과 지향점'을 비교함으로써 식 (Ⅱ.1)인 '효과 평가 전문가 역동성 지표'와 함께 과제 리더와 '능동형 효과 평가 전문가'들의 투입 노력을 평가할 잣대로 활용한다.

　아무튼 지금까지 몇 번의 반복적이고 세심한 개념 설명을 통해 모든 기업 과제의 '금전적 효과 평가'를 이루려는 당초 목표가 기업 실무자들에게 헛된 메아리가 되지 않기를 진심으로 바라는 바이다. 따라서 이후부터는 실무적 차원에서 이들의 활용에 애로 사항이 없도록 내용 전개하는 데 있어 세심한 배려를 아끼지 않을 생각이다.

4. 재무성과(X-축) 산출

'재무성과'는 "재무산정이 가능하고, 과제 완료 후 1년 이내 재무제표 직접 반영이 가능한 성과"로 정의한 바 있다. 또 '재무성과'를 시각화시키면 [그림 Ⅱ-12]에 소개된 '성과 공간' 내 'X-축'에 대응한다. 즉 다음과 같다.

[그림 Ⅱ-17] '성과 공간' 내 '재무성과(X-축)'

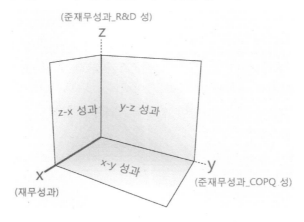

경영 혁신이 기업에 도입된 이래 과제가 이룩한 성과의 객관적 판단과 회사에의 기여 수준, 보상과 포상을 결정짓는 잣대로 '효과 평가 전문가'의 재무성과 검증(또는 평가)은 매우 중요한 역할을 해왔다. 그러나 기업이 경영 혁신을 도입한 기본 목적이 경영 성과를 극대화하려는 데 있으며, 수행 과제의 성과가 미치는 다양한 긍정적 요소들 중 도대체 경영 목표에 얼마를 기여했는가가 가장 큰 관심사임은 부인하기 어렵다.

경영 혁신 도입 초창기엔 단순히 재무성과 규모가 어느 정도 되는지 아는 수준에서 모두가 만족해하고, 또 과제 수행에 따른 노고를 치하하는 선에서 한 웨이브가 마감되기도 했다. 하지만 도입 목적인 경영 성과의 극대화를 이루기 위해선 뭔가 분명한 객관적 자료가 필요했는데, 가장 확실한 방안으로 기업 성적표인 '손익 계산서'에 변화가 생겼는지 여부를 확인하는 일이었다. 아마 누가 되더라도 동일한 생각을 했을 것이다. 이런 이유로 경영 혁신을 주도적으로 추진했던 국내 대기업을 중심으로 과제의 정확한 재무성과의 파악은 중요 과제를 선정하고 잘 수행하는 일만큼이나 커다란 관심 속에 추진되고 정립되었다. 따라서 본 단원은 이전과 이후 전체를 통틀어서 가장 핵심적인 내용을 담고 있다.

만일 회사에서 '효과 평가 전문가' 업무를 수행 중인 독자라면 바로 이 단원부터 정독하는 것도 본 책을 잘 활용하는 방법이다. 차근차근 읽어 나가면서 본인이 속한 회사의 경우와 비교하고, 또 추가로 보완할 부분이 없는지 관찰해나가기 바란다.

4.1. '손익 계산서'와 '현금 흐름표' 중 중점 개선 대상은?

과제 수행을 통해 가장 객관적이고 모두가 공감할 수 있는 확실한 성과 측정 방법은 아마 '현금성 자산'이 얼마나 생겼는지를 확인하는 일일 것이다. '현금성 자산(現金性 資産, Cashable Assets)'은 주로 3개월 이내 현금으로 전환할 수 있는 단기 금융 상품이나 채권 등을 의미하므로 만일 과제 성과가 이들에 속한다면 그보다 더 확실하고 분명한 경영에의 기여는 없을 것이다. 이와 같이 과제의 성과를 '현금성 자산'이냐 그렇지 않느냐로 따진다면 우리는 재무제표 중에서 '현금 흐름표'의 변화에 관심을 가져야 한다. 그러나 과제 성과를 단지 '현금성 자산'을 키우는 데만 목적을 두면 과제 선정 단계에 많은 제약이 따를 수밖에 없다. 예를 들어, 시간을 단축해 생산성을 높이려는 의도는 현금의 유·출입과 거리가 있으므로 경영성과 기여 측면에서 후순위로 밀려날 수 있다. 당장 '현금'의 흐름이 발생하지 않기 때문이다.

쉬운 예를 들어보자. 음식점에서의 식재료 원가 산정을 통해 '현금성 자산' 만의 성과 평가가 과제 발굴에 얼마나 제약이 따르는지 알아보자. 한 음식점에서 식재료를 마련하기 위해서는 현금이나 외상으로 매입이 가능하며, 이때 식재료 재고의 가치가 고려돼야 한다. 월 기준으로 보면 주방으로 들어오는 부족한 식재료를 추가하기 위해 월초 재고의 가치 파악이 요구된다. 또 음식을 만든 후 남은 식재료의 재고 가치는 공제돼야 한다. 설명된 내용을 회계에서 쓰이는 용어와 수식으로 표현하면 다음과 같다.

$$음식원가=기초\ 재고액+현금매입액+외상매입액 - 기말\ 재고액 \qquad (\text{II}.6)$$

식 (II.6)은 원가를 계산하는 단순한 예이다. 이 원가는 재무제표 중 '손익 계산서'에 포함돼 '당기 순이익'을 얻을 때 활용되는데, 잘 알려져 있다시피 '손익 계산서'는 '발생 주의(發生主義, Accrual Basis)'에 입각해 작성된다. '발생 주의'는 말 그대로 현금의 수수보다는 현금을 발생시키는 거래나 사건을 중시하는 방법으로, 수익과 비용은 당해 거래나 사건이 발생한 기간 안에서 인식되는 특징이 있다. 식 (II.6)의 '기초'나 '기말'은 바로 정해진 기간의 초기와 말기를 의미한다. 이에 반해 '현금 주의(現金主義, Cash Basis)'가 있다. 이것은 현금을 수취한 시점에서 수익을 인식하고, 현금을 지출하는 시점에서 비용을 인식하는 방법이다. '발생 주의'의 '손익 계산서'와 달리, '현금 주의’는 ‘현금 흐름표’를 작성하는 데 쓰인다. 설명한 내용을 액면 그대로 참고하면, 과제 발굴 시 ‘현금성 자산’을 증대시키기 위해선 ‘음식 원가(현금 주의)’를 줄여야 하고, 이때 식 (Ⅱ.6)의 ‘현금 매입액’ 저감만이 유일한 대안[23]이다(‘현금’의 흐름이므로). 그러나 ‘음식 원가(발생 주의)’는 ‘외상 매입, 현금 매입, 재고액’ 등 개선 대상의 자유도가 상대적으로 증가한다. 개선을 위한 선택의 여지가 ‘현금 주의’에 비해 크다는 뜻이다. 참고로 ‘음식 원가(현금 주의)’는 ‘현금 흐름표’에, ‘음식 원가(발생 주의)’는 ‘손익 계산서’에 포함돼 ‘당기 순이익(현금 주의)’과 ‘당기 순이익(발생 주의)’을 얻는데 각각 활용된다.

회계 처리 원칙 중 ‘현금 주의’와 ‘발생 주의’ 두 개가 공존한다는 사실에서 앞서 기술한 ‘과제 선정’의 장단점 외에 또 다른 고려 점은 없는지 알아보자. 이 논점은 지금껏 설명해온 ‘효과 평가 전문가’의 과제 성과 평가가 ‘손익 계산서’를 중심으로 할지 아니면 ‘현금 흐름표’를 중심으로 할지의 판단에 좋은 이정표가 될 것이다. 우선 ‘현금성 자산’만을 강조하는 ‘현금 주의’는 첫째, 현금의 유입과 유출이라는 사실을 기초로 하여 손익이 계산되기 때문에 회계 측정의 신뢰성을 명백하게 증대시킨다. 상대적으로 ‘발생 주의’ 회계는 미래 추정의 불확실성 존재, 회계 처리 기법의 선택에 따른 회계 측정의 왜곡 현상 등이 발생할 수 있다. ‘효과 평가 전문가’의 성과 검증과 기업 입장에선 ‘현금 주의’가 유리할 수 있다는 논리다. 둘째로, ‘현금 주의’는 ‘발생 주의’와 달리 특정 기간 동안 산정한 손익이 현금의 크기와 일치하기 때문에 투자자 및 채권자가 그들에게 유입될 미래의 현금 흐름을 평가하는 데 매우 유용한 정보를 제공한다. 이 역시 경영자 입장에서 회사 운영의 신뢰성을 담보하는 데 긍정적 영향을 줄 수 있다. 셋째로, ‘현금 주의’에 입각한 손익 계산은 기업의 지급 능력을 평가하는 데 유용한 정보를 제공한다. 일반적으로 기업의 지급 능

---

23) ‘현금 흐름표’를 작성하는 ‘간접법’ 기준에선 식 (Ⅱ.6) 모두가 고려돼야 한다. 여기선 ‘현금흐름’이란 원론적 관점에서 ‘직접법’ 기준을 언급하고 있다.

력은 '유동성'으로 평가하는데, 이러한 '유동성'은 기업이 소유하고 있는 재고 자산과 수취 채권의 질에 따라 많은 영향을 받는다. 그러나 재고 자산의 회전 율이 느리고, 수취 채권의 대손 위험이 높을 때에는 '유동성'이 크다고 해서 지급 능력이 큰 것이 아니기 때문에 '현금성 자산'의 정보는 지급능력을 평가 하는 데 매우 중요한 요소로 작용한다. 따라서 지금껏 설명된 '현금 주의'적 접근이 '효과 평가 전문가'의 과제 성과 평가의 주를 이룰 경우 회사를 운영 할 경영자 입장에선 그 성과의 명확성으로 인해 매우 유리한 입지를 확보할 수 있다. 과제 성과가 '현금'이므로 다양한 의사 결정 시 애로 사항이 거의 없 다는 뜻이다. 그러나 '현금 주의'로 처리하는 회계 경우 꼭 장점만 갖는 것은 아니다.

'효과 평가 전문가'의 과제 성과 평가에 있어 '현금 주의', 즉 '현금 흐름표' 를 중심으로 과제 성과의 변동을 측정할 때 지적될 수 있는 문제점은 '현금 주의'는 기간 중심의 회계가 아니고 현금의 수입과 지출이라는 사실을 기초로 하기 때문에 기업의 경영 성과를 정확하게 파악할 수 없다. 예를 들어 당기에 상품을 매출하고 그 대금을 차기에 받기로 했을 경우 '현금 주의'에 의한 수 익은 차기로 연기돼 인식된다. 이것은 당기의 경영 성과를 차기로 이월하는 것이 되며, 거꾸로 차기에 상품을 인도하기로 하고 대금을 선수하였을 때에는 차기에 인식돼야 할 수익이 당기에 인식됨으로써 차기 경영 성과가 당기에 반 영되는 문제점을 갖는다. 이와 같은 문제점은 '효과 평가 전문가'에 의해 이루 어진 '재무성과'가 과제 완료 후 1년 이내의 성과를 산정하도록 명시돼 있으 므로 '현금 주의' 입장과 우리가 정한 입장에 혼선이 야기될 수 있다. '현금' 이 발생해야 '재무성과'로 인정받을 수 있기 때문에 경영 혁신을 추진해온 대 부분의 기업에서 성과로써 인정해줄 새로운 기준의 정립이 필요할는지 모른 다. 그러나 과연 그렇게 해야 할 일인지는 신중하게 검토돼야 한다.

'현금 주의'로 작성되는 '현금 흐름표'를 변동시키기 위해 그를 중심으로 과제 선정과 개선이 이루어지면 분명 과제 발굴의 자유도가 줄어들고, 또 지금 껏 운영해온 '효과 평가 전문가'의 평가 체계 변경이 불가피해질 수 있다. 당 장의 '현금'은 아니지만 '재고', '시간', '수주 확보 여부' 등의 개선으로도 가 까운 미래에 '현금'이 될 수 있는 여지는 충분히 있기 때문에 이들의 개선 노 력도 중요한 성과로 인정받아 마땅하다. '발생 주의'의 '손익 계산서'를 중심 으로 '효과 평가 전문가'의 성과 평가가 이루어질 수밖에 없는 중요한 이유가 여기에 있다고 볼 수 있다.

4.2. 과제별 손익의 실체

　지금은 '재무성과' 관점에서 논하고 있고, 또 재무제표 중 '손익 계산서'의 긍정적 변화에 목표를 두고 있으므로 과제별 손익을 명확하게 산정해낼 수 있 는지가 매우 중요한 관심사이다.

　과거 연구원으로 재직 당시 전처리를 하기 위해 드라이버나 니퍼 등 자잘한 공구들이 자주 쓰이곤 했는데, 모두 퇴근한 야밤에 철을 주식으로 하는 불가 사리가 기어 나와 모조리 먹어치우는지 항상 제 위치에서 사라지는 일이 수없 이 반복되곤 하였다. 사실은 옆 방 연구원들이 필요하면 누가 있든 없든 수시 로 드나들며 가져다 쓰곤 했던 게 일상이라 요상한 사건도 아니었다. 해서 가 끔 이들 공구나 소모성 자재를 구입할 목적으로 판매 업체에 연락해 납품을 요청하기도 했지만 청계천 상가를 방문해 직접 구매하는 일을 더 선호했었다. 외식도 하면서 남들 열심히 회사 내에 얽매어(?) 있을 때 자유를 만끽(^^)하는 재미가 쏠쏠했기 때문이다. 그런데 당시 직접 구매할 때마다 제약이 있었는데, 바로 금액이 10만 원을 넘는 것은 허용되지 않은 것이다. 청계천 방문이 자주 가능했던 것도 아니었고 나갔을 때 필요한 물품을 모두 사가지고 와야 헀으므로 몇 개를 고르다 보면 10만 원을 금방 넘어서기 일쑤였다. 그래서 해결 방법으로 '간이 영수증'을 두어 개로 나눠 10만 원 이하의 금액으로 떼어달라고 공구상에 요청하곤 했었다. 한 번은 타 연구팀의 요구로 그들 자재들까지 구매하는 바람에 액수가 커졌고 이를 여러 '간이 영수증'에 나눴다가 다음 날 구매팀 임원께 불려가 한소리 크게 들은 적도 있었다. '간이 영수증' 모두 10만 원에 조금 못 미치는 금액으로 돼 있어 뭔가 미심쩍다는 의심을 받은 것이다. 공구상에 10만 원이 안 되게 나누어 기재해달라고 했더니 '99,800원', '99,750원' 뭐 이런 식으로 적혀 있었던 것이다(^^). 지금 생각하면 웃어넘길 수 있는 에피소드 같기도 한데 당시에는 불려 다니느라 꽤 마음 고생했던 기억이 난다. 그 이후론 청계천 갈 일이 별로 없었다. 쏠쏠한 재미가 사라진 슬픔도 만만치 않았다…. 이런 꼼수를 여기서 공개하는 이유는 당시의 에피소드를 알리려는 건 아니고, 조직 내에서 발생하는 비용은 반드시 그 근거가 남겨진다는 것이다. 그것이 작게는 '간이 영수증'이 될 수도 있지만 좀 더 큰 거래라면 '세금 계산서', 또는 거래 관련 '전표' 등이 항상 행위의 결과로 붙어다닌다. 따라서 거래 결과로 남겨진 기록을 통해 특정 기간 어느 계정 과목에 얼마만큼의 비용이 소요됐는지 알 수 있고, 이를 통해 '손익 계산서'를 작성하는 근거 자료로 활용하게 된다. 이에 반해 과제는 그 수행 결과로부터 '수익'도 생길 수 있고, '수익'을 창출하기 위해 쓴 '비용'도 포함된다. 과제의 수행 결과로 생겨난 '재무성과'는 '손익 계산서'에 반영한다고 했으므로 '수익'이나 '비용'의 정확한 규모를 확인할 증빙 서류가 있어야 재무성과 여부, 즉 손익 계산이 가능해진다. 이때 개별 과제의 재무적 기록은 과연 어떤 것들이 해당될까?

경영 혁신을 추진하면서 그에 따른 개별 과제들의 수행에는 사실 거래 행위가 아니므로 '간이 영수증'이나 '세금 계산서' 또는 '전표' 등이 발생할 리 만무하다. 과제 수행 결과의 재무적 규모인 손익이 얼마나 되는지 당장으로선 확인할 방법이 없다. 그렇다고 사업부장이나 리더의 의견을 수렴하는 것도 참고는 될지언정 대안은 될 수 없다. '재무제표'라는 공식적 문서에 이해 관계자들의 사적 의견을 반영할 수는 없기 때문이다. 그러나 분명 '성과'는 존재한다. 프로세스가 변했고, 단가가 떨어졌으며, 재고가 줄고, 생산량이 증가했기 때문이다. 개별 과제 수행 결과로부터 분명 재무성과는 있는데 얼마인지 모른다니 정녕 앞뒤가 맞지 않는다. 무엇이 설명되지 않았고, 우리가 어떤 것을 놓치고 있는 것일까? 이에 대한 해답은 과제 수행 결과로 나타난 실질적인 성과와 그를 표현할 수치 사이를 매개할 '산출 식'의 존재 유무이다. 경영 혁신이 새롭게 도입되면서 그동안 한번도 해보지 않았던 회계 처리 방식의 탄생을 예고한 것이다.

또 하나 짚고 넘어갈 사항이 있다. 경영 혁신이 기업에 도입되기 전에도 프로세스 개선 과제나 제품/서비스의 개발 과제가 추진되었을 터이고, 따라서 그 성과에 대한 평가도 존재했을 것이다. 새로운 경영 혁신이 도입되는 상황이라고 해서 굳이 별도의 성과 산출 식을 마련할 필요가 있을까? 과제 수행 측면에선 사실 경영 혁신 도입 전과 후를 나눌 하등의 이유가 없다. 과거에 어떤 방식으로 성과를 산정했든 현재의 경영 혁신 상태에서 모두에게 동일하고 객관적 잣대로 그 성과를 평가할 표준화된 산출 식만이 필요할 뿐이다. 결국 어떤 행위의 결과를 평가하는 일은 '하나의 과제 관점'에서 그 성과를 논해야 하며, 따라서 그 '과제'의 "시작 시 상태와 완료 시 상태의 격차"가 얼마인지를 측정해내는 일이 가장 중요하고 현실적인 해법이 될 수 있다. 만일 그 격차를 합리적이고 공식화된 회계의 논리로 설명할 수 있다면, '재무성과'로 '손익 계산서'에 반영하는 일은 매우 수월하게 이루어질 수 있다.

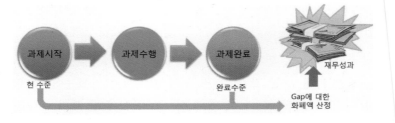

[그림 Ⅱ - 18]은 과제 수행 결과 얻어질 성과가 기본적으로 '개선 전 수준과 개선 후 수준 간 Gap의 화폐액 산정'으로 평가됨을 나타낸다. 결론적으로 과제별 손익의 실체는 다음과 같이 정의할 수 있다.

> **· 과제별 손익의 실체** (필자) 개별 수행 과제 추진 전후의 증감 액

4.3. '산출 식' 마련의 기본 원칙

경영 혁신의 도입으로 추진 과제의 성과 평가 체계 또한 새롭게 구성돼야 했으며, 2000년 6월 초창기 버전을 적용한 이래 지금까지 긴 경험 축적 기간을 거치게 되었다. 이 기간 동안 국내 대기업을 중심으로 마련된 '산출 식'들에 공통적이며 절대적으로 준수해야 할 '원칙'들이 생겨났는데, '산출 식' 각각을 논하기에 앞서 이들 '원칙'에 어떤 것들이 있는지 먼저 확실하게 명기하고 넘어갈 필요가 있다.

앞서 소단원에서 과제 수행 결과로 나타난 실질적인 성과와 그를 표현할 성

과 액 사이를 매개할 '산출 식'이 필요하며, '산출 식'은 "과제 수행 전후의 증감 액을 확인함으로써 과제별 손익의 실체를 파악할 수 있게 해준다"고 하였다. 설명된 바와 같이 '과제별 손익의 실체' 정의를 통해 '산출 식' 마련의 가장 기초적이고 원론적인 기본 원칙 하나가 탄생하는데 이를 앞으로 전개될 '산출 식' 마련의 '제 1원칙'으로 정의한다.

> · **'산출 식' 마련의 '**제 1원칙**'** (필자) 개별 수행 과제의 손익은 과제 수행 전후의 증감을 화폐액으로 평가한다.

'산출 식' 마련을 위한 '제 1원칙'은 시사하는 바가 매우 큰데, 정의 안에 "과제 수행 전후"라는 어구로부터 매우 중요한 사항 하나가 유추되기 때문이다. 과제를 수행한다는 의미는 문제 해결을 통해 성과를 낸다는 뜻이므로 개별 과제 하나로부터 발생된 성과가 과연 얼마나 되는지 파악하기 위해선 수행 전의 수준이 얼마였는지가 객관적이고 명료하게 확인돼야 한다. 수행 전의 수준이 불분명하다면 수행 후의 성과 역시 신뢰가 떨어질 게 불 보듯 뻔하고 그런 상황이면 재무성과가 기업의 '손익 계산서'에 포함될지 여부도 불분명해진다. 만일 수행 전 수준이 실제 사실보다 너무 낮게 설정되는 바람에 성과가 부풀려 평가될 수도 있고, 그 반대의 효과도 나타날 수 있다. 어느 경우든 일관되고 신뢰할 수 있는 잣대가 마련되지 않는다면 수개월간 투입된 자원의 노력과 소요된 시간의 보상은 고스란히 기업이 떠안을 수밖에 없다. 얻은 게 없다면 잃거나 현상 유지인데 적어도 후자는 될 수 없다. 핵심 인력들이 투입돼 성과를 내려는 노력이 허사가 된다고 했을 때 금전적 손실은 고사하고 혁신에 대한 불만이 고조돼 분위기를 다시 추스르는 데 매우 오랜 시간이 걸릴는지도 모른다. 한마디로 좋아지려는 혁신의 전파가 역풍으로 응대해준 결과를 낳을 수 있다.

혹자는 "수행 전의 수준은 기본 데이터로부터 확인하면 될 일이지 뭐 큰 어려움이 있을까?" 하고 쉽게 생각할지 모르지만 프로세스는 항상 변동하므로 어느 시점이 진정한 현재 수준인지 정하는 일은 그리 만만치 않다. 따라서 대부분의 기업 내 '효과 평가 전문가'의 평가에 있어 정확하고 객관적이며 일관된 수행 전 수준을 정하는 방법이 매우 중요한 논점으로 등장한다. 과제 수행 전 결정하게 될 현 수준을 통상 '기준치(Baseline)'라고 한다. 사전적 정의 역시 '(비교의) 기준치'로 돼 있어 앞으로 과제 수행 전 현 수준을 '기준치(Baseline)'로 명명할 것이다. 그럼 기존 '효과 평가 전문가'의 평가에 있어 '기준치'를 정하는 방법엔 어떤 것들이 있었을까? 다음은 두드러진 기존의 예들이다.

[표 Ⅱ-4] 기존 '기준치(Baseline)' 설정 방법 예

| 일반적 설정 원칙 | ☐ 기준치는 보수적으로 설정
☐ 기준치는 과제 수행 전 '안정된 상태'에서 설정
☐ 데이터의 추세(상향/ 하향)를 고려해서 설정
☐ 리더와 멘토가 협의해서 결정하고, '효과 평가 전문가'가 승인 | – |
| 구체적 설정 원칙 | ☐ 과제 수행 직전 1년 중 3개월 이상 안정화 기간 동안의 최대/최소/평균에서 선택
☐ 직전 1년 중 연간/연평균/분기/반기/과거 수개월/전월/특정 기간/일 등에서 선택 | ☐ '기준치 검토서' 必 제출 |

[표 Ⅱ-4]에서 '일반적 설정 원칙'은 내용이 불명확하여 추가 기준을 제시해야 하는 것들이고, '구체적 설정 원칙'은 기술한 대로 바로 적용이 가능한 상태의 것들이다. 그러나 여전히 모호한 표현들이 있는데 바로 '안정', '추세'와 같은 단어([표 Ⅱ-4] 내 빨간 색 단어)들이다. 용어의 모호함은 다수의

'효과 평가 전문가'가 활동하는 환경 하에서 평가 신뢰도에 치명적 타격을 준다. 이에 기업에 따라서는 '기준치'를 명확하게 설정하기 위해 경험했던 발생 가능 유형들을 그래프화해 표준 문서로 제공한다. 하지만 프로세스를 논할 때 일반적으로 쓰이는 '안정'이란 단어의 의미를 이해하면 [표 Ⅱ-4]의 원칙보다 훨씬 더 명확한 근거를 마련할 수 있다. '안정'을 이해하기 위해서는 통계에서 많이 들던 'SPC(Statistical Process Control)'를 활용할 필요가 있다. 본 책이 통계를 논할 공간은 아니므로 거두절미하고 프로세스의 상태를 진단함에 있어 '안정'이냐 '불안정'이냐 또는 같은 표현으로 '관리 상태(In Control)'인가 아니면 '관리 이탈(Out of Control)'인가를 판정하는 유일한 통계적 수단이 '관리도(Control Chart)'라는 것만 알아두자. 당연히 '연속형 관리도'와 '이산형 관리도'가 있으므로 과제 수행 중 발생되는 대부분의 데이터(Y)들이 두 유형의 관리도로 해석될 수 있다. 사실 안정화 여부를 판단하는 기준은 관리도를 그릴 때 이미 '연속형 관리도'는 '8개', '이산형 관리도'는 '4개'로 정해져 있

[그림 Ⅱ-19] '연속형 관리도'의 안정성 판단을 위한 '검정 항목'

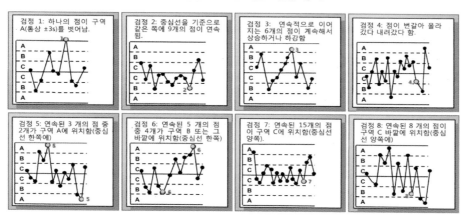

다. 이들 중 한 개라도 발생하면 '불안정(또는 관리 이탈)'이라고 판단한다. [그림 Ⅱ-19]는 '연속 자료(Y)'의 안정 여부를 판단할 항목들이다(보통 SPC 에서는 '검정 항목'이라고 한다).

[그림 Ⅱ-19]에서 'A', 'B', 'C'를 가르는 선은 통상 데이터로부터 산정된 '1×표준 편차', '2×표준 편차', '3×표준 편차' 값을 나타내며, '검정 1' 경우 타점이 '±3×표준 편차(A영역)' 선을 넘어서면 프로세스상에서 어떤 요인에 의해 정상을 벗어난 변동이 발생했음을 알린다. '검정 2'는 '중심선을 기준으로 같은 쪽에 9개의 점이 연속되는 경우'로 표시 점(노란색으로 강조된 점)을 포함해 앞쪽으로 9개를 세어나가면 중심선 아래로만 9점 모두가 모여 있음을 알 수 있다. 즉 프로세스상에서 어떤 원인에 의해 치우침 현상이 발생하고 있음을 감지할 수 있다. 또 '검정 3'은 데이터의 '추세'를 반영하므로 [표 Ⅱ-4] 에 빨간색으로 쓰인 '추세'를 설명한다. 다음 [그림 Ⅱ-20]은 '연속 자료'와 '이산 자료'의 '관리 이탈(불안정)' 예를 각각 나타낸다.

[그림 Ⅱ-20] '연속 자료'와 '이산 자료'의 관리 이탈 예

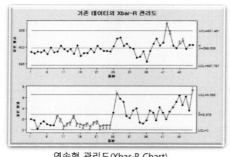

연속형 관리도(Xbar-R Chart)

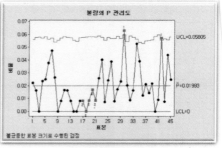

이산형 관리도(P Chart)

지금까지의 설명은 과제 수행 전 설정해야 할 '기준치(Baseline)' 마련에 초점을 두고 있다. 즉 특정 기간의 데이터를 수집하여 적합한 관리도를 그렸을 때 [그림 Ⅱ-20]과 같은 프로세스의 '관리 이탈(불안정)'이 확인될 경우 [표 Ⅱ-4]에서 '기준치(Baseline)' 설정의 전제인 '안정한 상태'가 아니며, 따라서 '기준치'를 설정하기엔 부적절하다는 것을 알 수 있다. 그럼 '기준치'를 마련하지 못하므로 여기서 멈추고 과제 수행을 포기해야 할까? 물론 그렇지 않다. 관리도의 '관리 이탈'을 처리하는 방법이 있는데 다음과 같다.

1) 문제의 근본 원인(Root Cause)을 찾아내서,
2) 그 원인을 제거(문제를 해결)한 후,
3) 재발 방지책을 마련

이 경우 '관리 이탈' 요소들을 제거하고 관리도를 다시 작성할 수 있다. 이 때 관리도는 '관리 상태(안정)'이므로 '기준치'를 설정하는 전제 조건이 만족된다. [그림 Ⅱ-21]은 안정된 '연속형 관리도'와 '이산형 관리도'의 예를 각각 나타낸다.

[그림 Ⅱ-21] 안정된 '연속형 관리도'와 '이산형 관리도' 예

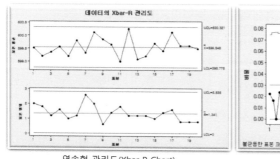

연속형 관리도(Xbar-R Chart)

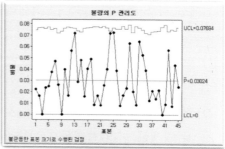

이산형 관리도(P Chart)

[그림 Ⅱ-21]의 왼쪽은 '안정화 상태(또는 관리 상태)'의 '$\overline{X}-R$ 관리도'를, 오른쪽도 '안정화 상태'의 '$p-$관리도'를 각각 나타낸다. 'Y'의 현 수준을 측정할 데이터가 '안정된 상태(즉 프로세스가 '관리 상태'에 있다는 의미)'로 판단되므로 '기준치'를 마련할 전제 조건이 충족된다. 만일 [그림 Ⅱ-21]의 '연속형 관리도'가 '판매량, 리드 타임, 재고량, 온도, 밀도 등'과 같은 '연속 자료'로부터 작성된 것이면 이 경우 '기준치(Baseline)'는 '연속형 관리도'의 '평균(중심선 값)'인 '599.548'이 된다. 물론 '오류율, 불량률, 수익률, 수리율 등'과 같은 '이산형 자료'로부터 작성된 것이면 '기준치(Baseline)'는 '이산형 관리도'의 '평균(중심선 값)'인 '0.03024'이다.

다시 [표 Ⅱ-4]로 돌아가 '일반적 설정 원칙'에서 '보수적(파란색 글자)'의 의미를 되새겨보자. 단어 '보수(保守)'는 "보전하여 지킴"의 의미인데, '기준치' 설정의 예에서는 '좀 더 불리한 값을 선택'하라는 것으로 해석할 수 있다. 예를 들어 '강도(Strength)'는 클수록 좋은 '망대 특성'인데 수집된 데이터가 '98, 100, 115'라면 목표가 '120'일 때, '기준치'로 '98'을 정하면 값의 증감은 '+22(=120－98)'이지만, 만일 '기준치=115'이면 과제 완료 후 값의 증감은 '+5(=120－115)'가 된다. 리더에겐 '기준치=98'이 평가에 유리하지만 '보수적' 관점에선 다소 불리한 '115'를 선택하라는 뜻이다. 이와 같은 접근은

1) 한 기업의 모든 성과를 합해 손익 계산서에 올릴 때, 존재할지 모를 수치 내 거품을 최소화하는 데 유리하고,
2) 최소 이 액수보다 성과가 클 것이란 기대를 가질 수 있어 낙관적 접근 시 발생할 여러 불편함으로부터 심적으로 자유로울 수 있다.

'보수적' 관점에서 '기준치'를 설정하기 위해 [그림 Ⅱ-21]의 '연속형 관리도'를 다시 가져와보자.

[그림 Ⅱ-22] '연속형 관리도'에서 보수적 '기준치' 설정 예

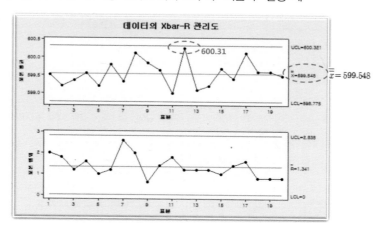

[그림 Ⅱ-22]를 보면 검정 항목 8개 중 한 개라도 관찰되지 않으므로 특정 기간의 데이터(또는 프로세스)가 '안정된 상태'이며, 이때 '기준치'는 전체 평균인 '599.548'이 될 수 있음을 설명한 바 있다. 이제 '보수적' 관점에서 '기준치'를 보면, '망대 특성'일 경우 '안정된 상태'에서의 최댓값인 '600.31 (그림의 빨간 점선의 값)'이 선택될 수 있어 '평균'보다 약 '0.762'만큼 더 높아짐을 알 수 있다. 결론적으로 리더 입장에선 '보수적' 관점의 접근이 훨씬 더 불리하고 악조건이 될 수 있지만 과제 성과의 명확한 손익을 판단하는 입장에선 거품을 최소화하는 데 분명 기여한다고 볼 수 있다. 앞서 설명된 내용을 토대로 다음과 같은 '산출 식' 마련의 '제 2원칙'을 결정할 수 있다.

- **'산출 식' 마련**의 '**제 2원칙**' (필자) '기준치(Baseline)' 설정은 과제 수행 직전 1년 중 장기 데이터를 선택했을 때, 안정된 상태에서 (보수적으로) 평균/최대/최솟값으로 결정한다. 이외의 다양한 상황은 본 원칙의 한 개 이상의 부분(아래 표 참조)이 만족 되는 상황에서 '효과 평가 전문가'와 협의하에 결정한다.

제 2원칙 부분	보조 설명
과제 수행 직전 1년 중	당해 연도 과제 수행 시 '기준치' 설정을 위해 필요한 최대 기간은 1년임
장기 데이터를 선택했을 때	'장기 데이터'는 주어진 상황에 따라 달라질 것임. 'Y'가 계절적 변동이 있다면 1년간 데이터를, 변동이 적다면 3~6개월, 거의 없다면 수주~1달 등 다양한 선택이 가능할 것임
안정된 상태에서	관리도를 작성했을 때, 검정 항목이 한 개라도 관찰되지 않은 경우며, 있다면 1) 원인 규명, 2) 개선, 3) 재발 방지책 마련 후 이상 데이터를 제거하고 다시 작성해야 함
(보수적으로)	'기준치' 설정 시 강화된 조건으로 작용. 괄호는 기업 상황에 따라 선택 여부를 결정한다는 의미임
평균/	'기준치' 결정 시 일반적으로 선택하는 값임
최대/최솟값	'(보수적으로)'로 결정할 시 일반적으로 선택하는 강화된 값임. '망대 특성'이면 최댓값이, '망소 특성'이면 최솟값이 해당됨

지금까지 설명된 '제 2원칙'은 '제 1원칙'의 "과제 수행 전후"라는 어구 중 '전(前)'의 값인 '기준치(baseline)'를 객관적이고 명료하게 설정해야 하는 데서 비롯되었다. 그러나 이것 외에 '제 1원칙'으로부터 또 다른 한 가지가 결정될 필요가 있는데, 원칙 중 일부인 "과제 수행 전후의 증감을 화폐액으로 평가"한 다는 것이다. [그림 Ⅱ-18]에 그 개요가 잘 나타나 있다. 즉 "현 수준('기준 치'가 될 것임)과 완료 수준의 갭을 화폐액으로 평가한 것"이 '재무성과'이다. 그러나 이때 '재무성과'를 평가하기 위해서는 중요한 변수가 고려돼야 한다.

수행해야 할 과제가 두 개 있다고 가정하자. 하나는 수행 기간이 4개월이고, 다른 하나는 6개월이다. 만일 재무성과를 "과제 수행 전후의 증감을 화폐액으로 평가"한다고 했을 때 수행 기간이 긴 과제가 성과 측정에 유리한 경우도 발생한다. 왜냐하면 지표(Y)의 월별 관리가 이루어지면 기간이 길어질수록 덧붙여지는 양도 그만큼 늘어날 것이기 때문이다(과제 수행 중 성과가 발생하는 경우 등). 그런데 어차피 재무성과는 '손익 계산서'에 반영되는 것이므로 기업 입장에선 회계 기간에 따른 성과만 고려하면 충분하다고 할지 모르지만 과제란 리더의 열정과 노력을 통해 결과가 좌지우지하므로 그들의 노고를 평가하기 위해선 손익을 따질 기업 입장만 고려할 순 없다. 다시 말해 과제별 공정하고 정당한 평가가 이뤄지기 위해선 수행 기간의 길고 짧음에 관계없이 일정한 기간의 잣대로 성과를 평가할 필요가 있는데 이로부터 탄생한 기존의 '대상 기간'에는 다음과 같은 것들이 있다.

[표 Ⅱ - 5] 기존 '평가 대상 기간' 설정 예

평가 대상 기간	☐ 성과 추적 기간은 성과 발생 후 12(또는 24)개월을 기준으로 함 ☐ 과제가 완료된 직후 월부터 12개월 동안 산정 ☐ 과제 완료 월에 실적 효과가 100% 난 경우(이후 실적이 날 가능성 없음) 이후 12개월 동안 관리만 수행 ☐ 개선안 실행 후 3개월 이내 성과가 발생하고, 최소 6개월 이상 개선 성과가 지속되는 프로젝트에 대해 최초 효과 발생일로부터 12개월을 한도로 하되, 회계 기간별로 구분해서 산출 ☐ R&D 과제는 '손익 분기점 분석' 등을 포함한 최대 5년간을 기준으로 평가. 순수 연구성 과제인지(장기 과제), 양산을 위한 개발성 과제인지에 따라 평가 대상 기간이 변동

[표 Ⅱ - 5]에서 R&D 과제를 제외하면 기본 틀이 "과제가 완료된 다음 달부터 12개월을 평가 대상 기간으로 한다"로 요약할 수 있다. '평가 대상 기간'을 '12개월'로 설정한 데는 많은 고민이 있었을 것으로 보인다. 그러나 '회계

기간', 즉 기업의 실적이 1년을 단위로 종합되기 때문에 12개월이란 의미는 기업 운영에 있어 실적을 논하는 데 절대적 단위가 아닌가 싶다. 그런데 과제 수행의 실무적 관점에선 일부 성과가 수행 중에도 발생하기도 한다. 매출이 월별로 조금씩 발생할 수도 있고, 여러 비용들의 절감 효과가 과제 수행 기간 동안 순차적으로 확정될 수도 있다. 특히 '1.2. 과제 수행 관점 → 능동적 과제 수행의 기반'에서 논한 '능동적 과제 수행'처럼 과제 수행 기간에 '잠재 효과'를 '재무성과'로 전환시키기 위한 활동이 일상화된다면 완료 직후 12개월 중에 발생한 성과는 포함되지 않아 처리에 혼란이 야기된다.

따라서 '평가 대상 기간'의 고려는 기업의 '회계 기간'을 염두에 둔 '12개월'을 기준으로 하되 '능동적 과제 수행'으로 생성된 재무성과를 병합하는 접근이 필요하다. '평가 대상 기간'에 대한 원칙을 정의하면 다음과 같다.

> · **'산출 식' 마련의 '**제 3원칙**'** (필자) '평가 대상 기간'은 과제 완료일 다음 월부터 12개월을 기준으로 하되, 과제 수행 기간 동안의 '재무성과' 발생 기간을 별도 포함 시킨다.

'제 3원칙'을 통해 '총 재무성과'는 과제 수행 기간 동안 발생된 '재무성과'에 과제 완료 후 평가될 이후 12개월 동안의 '완료 효과'가 더해져 산정된다. 이렇게 될 경우 과제 수행 기간 동안 발생되는 실적의 처리가 용이하고, 또 '능동형 효과 평가 전문가'와 리더들의 '능동적 과제 수행'이 활성화되는 계기가 될 수 있다.

완성된 '제 1원칙~제 3원칙'을 모두 적용하면 '제 4원칙'이 탄생하는데 네 번째 원칙은 다음의 실질적 '재무성과'를 얻어내는 일반식에 해당한다.

- **'산출 식' 마련**의 **'제 4원칙'** (필자) '재무성과 산정 일반식'은 다음과 같다. 즉

순 재무성과=재무성과 - 추가 투입 비용 - 역효과

단.
▷ '추가 투입 비용'은
 - '인건비', '경비', '투자비' 등 추가 발생된 직접비를 대상으로 하되,
 - 다시 '투자비'는 회계상의 '감가상각비'로 나타냄
 - 단, '투자 비용'이 일정 한도(기업 상황에 따라 결정)를 넘어서는 대규모이거나 투자 자산의 유휴 또는 부실화 우려가 있는 경우 '순 현재 가치(NPV, Net Present Value)'와 '내부 수익률(IRR, Internal Rate of Return)'을 분석에 포함시킴
 - 대규모 '투자 비용' 소요와 관련된 과제는 일반적으로 기업에서 정한 '표준 투자 프로세스'에 준해 실행되는 것을 원칙으로 함('투자비 절감' '산출 식' 참조)
▷ '역효과'는 과제 수행 중 발생된 수익 감소, 비용 증가 등 음의 재무성과가 생기는 경우를 지칭함. 이때 실제 발생 금액이 산출될 수 있는 경우에만 직접 차감함

'제 1원칙~제 4원칙'에 대한 관계도를 그리면 [그림 Ⅱ-23]과 같다.

[그림 Ⅱ-23] '산출 식' 마련을 위한 기본 원칙 관계도

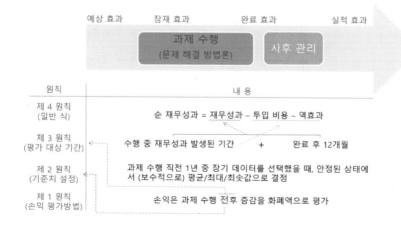

[그림 Ⅱ-23]이 좀 복잡해 보이지만 '제1원칙~제4원칙'들 간 관계를 설명하기에 적절할 것 같아 도입하였다. 우선 맨 아래 '제1원칙'은 개별 과제의 수행에 따른 '손익'이 어떻게 결정되는지를 정의하며, 내용 중 '전후'의 '전(前)'으로부터 '제2원칙'인 '기준치(Baseline)' 설정 원칙이 탄생함을, 또 '전후(前後)'로부터 '제3원칙'인 '평가 대상 기간'의 정의가 유도되었다. 특히 '제3원칙'의 '평가 대상 기간'은 기존 과제 완료일 이후 월부터 12개월을 따르던 데서, 과제 수행 중 '재무성과'가 발생한 기간(α)도 포함시킴으로써 '능동형 효과 평가 전문가'와 리더로 하여금 '능동적 과제 수행'의 여지를 남겨두었다. 과제 수행 중 발생된 '투입 비용'과 '역효과'를 '12개월+α(수행 중 재무성과 발생 기간)' 동안 발생된 '재무성과'로부터 차감함으로써 '순 재무성과'가 얻어지며, 이와 같은 일반식 정의를 '제4원칙'으로 설정하였다.

가장 필요하고 중요한 기본 원칙들은 정리된 것 같다. 이제 앞서 완성된 '제4원칙'의 '순 재무성과' 관점에서 추가로 2개의 원칙이 필요한데, 하나는 제어가 불가한 외적 영향에 따른 '순 재무성과' 변동성의 처리와, 다른 하나는 '순 재무성과'를 내기 위한 '과제의 유형'을 규정짓는 일이다.

우선 제어가 불가한 가장 대표적인 외적 영향으로 '환율'을 들 수 있다. 2008년 9월 15일 미국 투자은행 리먼브러더스 파산에서 시작된 글로벌 금융위기 때, 필자는 공교롭게도 모 기업 본사에서 구매와 영업/마케팅 부문 과제를 동시에 지도하고 있었다. 당시 상황을 부연하면 미국의 IT버블 붕괴와 9·11테러로 인한 경기침체를 해결하기 위해 FRB가 장기 저금리 대책을 내놔 부동산 시장의 거품이 발생했고, 이후 부동산 거래 감소와 대출 금리의 상승으로 버블 속에 감춰진 부실의 실체가 드러났다. 이에 따라 상환 능력이 없는 서브프라임의 부실 및 파산에 따라 미국을 포함한 주변 국가들의 금융 시장이 연쇄적으로 침체 및 파산하게 되었는데, 이것이 미국의 서브프라임 사태이고, 전 세계적으로 확산된 것을 글로벌 금융위기라고 한다. 이때 미국은 금융 위기를 해결하기 위해 해외 투자분에 대한 디레버리지(투자액 회수)를 발생시켰고, 이에 따라 우리나라 금융 시장의 외국인 유가 증권 매도가 발생하였으며, 매도로 인한 외화가 국외로 빠져나가 국내 금융 기관의 '외화 유동성' 부족 사태를 낳았다. 이로 말미암아 원·달러 환율이 급속하게 상승하였으며, 다시 환율 상승은 수입 물가 상승으로 이어져 국제 수지를 악화(수출 상품에 대한 가격 경쟁력이 상승되나, 미국의 경기 침체로 인한 수출 증가는 나타나지 않음)시켰고, 이것이 국가 전체의 부를 감소시켰다. 결국 글로벌 금융 위기로 인해 우리나라의 금융 시장 및 국가 경제 전체의 침체를 가져오게 되었다. 우리가 잘 아는 '미네르바'도 이때 탄생했었다.

사실 리먼브러더스 파산이 발생한 2008년 9월 15일부터 G20 정상들의 공조가 논의되고('08년 10월) 실제 공조를 위해 한자리에 모인 11월 15일까지 심리적 공포를 이기지 못한 국내 금융가는 요동을 쳐댔는데, 당시 환율 상승은 과제를 멘토링하던 어떤 날 하루 동안 몇 십 원이 왔다 갔다 할 정도의 변동성을 주었고,[24] 따라서 원자재를 수입하고 있는 구매팀 리더와는 부여된 시간을 채우지도 못했다. 담당자가 앉아 있지 못할 정도의 원재료 수입액이 증가하고 있었으므로 대응 방안 마련이 무엇보다 시급했기 때문이다. 이에 반해 해외 수출팀 담당자는 환율 증가로 인한 반사 이익이 커짐에 따라 내수와 수

---

24) 2008년 4분기 원/달러 환율의 하루 변동 폭은 평균 45.30원(3.32%)로 97년 4분기~98년 1분기 때의 환율 변동 폭과 거의 맞먹는 수준이다. 환율의 하루 변동 폭이 10원만 돼도 매우 큰 폭의 변동을 보인 셈인데, 40~50원이면 패닉 상태나 다름없다.

출 물량의 비중을 조절해야 했고 따라서 시시각각 처리해야 할 일에 매진해야 하는 등 희비가 엇갈리는 상황이 한동안 지속되었다. 참 급박하고 긴장된 상황이 아니었나 싶다. 예시한 구매팀 과제의 핵심은 당연히 수입 단가 절감이었고, 해외 영업팀은 물량 확대를 통한 '영업 이익' 향상에 맞춰져 있었다. 그럼 이런 상황을 겪은 후 한 달 뒤인 12월 말 구매팀 수입 단가 절감 과제와 해외 영업팀 '영업 이익' 향상 과제의 성과는 어떤 모습으로 마무리되었을까? 예상하지 않아도 불 보듯 뻔한 일이 발생했을 것이다. 구매팀 과제는 성과는 고사하고 분명 역효과가 났을 것이고, 해외 영업팀 과제는 예상외의 큰 이익을 맛보았다. 우리의 문제로 돌아와서 '효과 평가 전문가'가 두 과제의 재무성과를 평가할 때, 구매팀 과제는 '역효과'가 났으므로 '음의 재무성과'를, 해외 영업팀 과제는 목표인 '재무성과'에 환율 상승으로 인한 '+α'의 추가 성과를 올렸으므로 이들 모두를 있는 그대로 인정하는 것이 올바른 접근일까?

모든 재무적 성과는 기업 재무제표인 '손익 계산서'에 반영된다. 당장 현금은 아니더라도 손익 계산서가 '발생 주의'에 입각해 작성되므로 과제 수행 결과가 '역효과'로 나타났든, 아니면 추가 재무성과를 냈든 그 규모는 그대로 재무제표에 반영된다. 그러나 과제를 수행한 리더 입장에선 억울하기 그지없다. 애초 예정된 목표를 달성했지만 환율이라는 제어 불가한 지진 해일에 휩쓸려 엄청난 실을 경험했을 뿐만 아니라, 반대로 득을 본 리더 측에서도 노력의 대가로 얻어진 것이 아니므로 좋은 평을 얻는데 낯 뜨겁긴 마찬가지다. 양측 모두 불만이라면 분명 평가의 잣대를 조정해야 하지 않을까? 답은 당연히 조정해야 한다. 개별 과제의 성과를 논하는 데 있어 제어 불가한 외부 영향을 배제해야만 순수한 리더만의 노력이 걸러질 수 있기 때문이다. 객관적이고 공정한 평가만이 혁신의 지속성을 담보한다. 따라서 '순 재무성과'를 얻기 위한 '제 5원칙'을 다음과 같이 정의한다.

> · **'산출 식' 마련의 '제 5원칙'** (필자) 제어가 불가한 외부 영향은 재무성과 산정 시
> 배제한다(단 결재 통화 변경 등의 접근은 협의 사항). 외부 영향으로는 '환율', '금리',
> '유가', '시장가', '구매가' 등 대외적 환경 변수들이 포함된다. 이때,
>
> ▷ '환율'은
>   – 주관 부서(경영기획팀 등)에서 정한 '기준 환율'을 적용. '기준 환율'은 경영 계획이
>   나 한 해 손익 전망 시 사용되는 환율이며, 과제 수행 전후 같은 값을 적용
> ▷ '금리'는
>   – 주관 부서(재무기획팀 등)에서 정한 '이자율'을 적용
> ▷ 그 외의 변수도 상기와 같은 유사한 방법으로 설정해서 적용

끝으로, 재무성과 평가를 위한 '대상 과제'들이 정의돼야 한다. "과제면 과제지 재무성과를 평가할 별도의 과제를 왜 구별합니까?" 하고 의문을 가질는지 모른다. 회사 내에서 문제를 해결하는 데 핵심 역할을 했고, 그를 통해 문제가 해결되었으며, 금전적으로 이득을 보았다면 모두 재무성과로 판정하는 것은 당연한 일이다. 그러나 "과제면 과제지~"와 같이 모든 과제를 평가 대상으로 둔다면 무지하게 복잡한 문제에 바로 직면한다. "어디까지를 과제로 봐야 하는가?"와 같은 철학적(?) 물음 말이다. 생산 경우, 작게는 공구를 손봐서 비용을 절감한 과제부터 크게는 설비의 수명을 두 배로 연장시켜 생산성을 크게 늘린 과제, 영업 경우는 현 거래처에 전화 한 통화로 판매량을 조금 늘린 과제부터 맨 땅에 헤딩(?)해서 얻은 신규 고객에게 대량의 판매를 한 과제 등 경우 수를 따지면 무한대에 가까운 과제들이 산재해 있다. 조직에선 개인

별 한 해 활동을 마무리하고 노고를 치하하기 위해 고과를 매기는 게 일상인데, 이 시점 즈음해서 너도나도 고과 잘 받겠다고(물론 고과를 마치 떨어져 나간 무 꽁뎅이처럼 여기는 순수파들도 있지만…) 저마다 과제란 미명 아래 평가 요청이 쇄도한다면 회사가 아니라 도떼기시장이 되기 십상이다. 분명 이건 되고 그건 안 된다는 합의된 대상 과제의 범위가 사전에 공유돼야 한다. 그렇지 않으면 일상적인 업무도 과제가 될 수 있고 이래서는 평가의 잣대를 들이대기가 너무 힘들다.

과거 삼성그룹에서는 전체 재무성과액의 상위 80%에 속한 과제들 중 건 수 기준 상위 20%에 들어 있는 과제들의 평균 성과 액이 약 5천만 원인 점을 감안해 그 미만의 성과를 낸 과제는 '효과 평가 전문가' 평가에서 제외하기도 하였다. 이것은 '효과 평가 전문가'들이 대부분 상근이 아닌 비상근이기 때문에 업무 부담을 최소화하는 차원에서 마련된 조처였다. 또 일부 기업에서는 자잘한 활동으로 간주되는 '즉 실천(Quick Fix)성 과제'들의 성과도 '효과 평가 전문가'의 평가 대상에서 제외하는 경우가 종종 있다. 그러나 '즉 실천성 과제'도 분명 '일하는 방법'들 중 한 '방법론'으로 수행된 것이며, 바로 처리해서 효과를 본다는 이유로 대상에서 제외해버리는 것은 그리 좋은 접근은 아니다. 예를 들어 하나의 사업부장 과제를 수행함에 있어 수많은 '즉 실천성 과제'들이 속하게 되며, 사실 이런 유형들을 발굴해 재빨리 처리하는 것만으로도 매우 큰 효과를 보는 사례는 주변에서 비일비재하다. '즉 실천성 과제'의 수를 늘림으로써 회전율을 높여 작은 장애 요소들을 제거해주면 매우 어려운 문제 해결에 핵심 자원을 집중할 수 있으며, 또 과제 수 역시 대폭 줄일 수 있는 효과를 낼 수 있다. '효과 평가 전문가'의 평가 시 '즉 실천성 과제'도 구분할 필요가 있다는 논리다.

　다른 한편 '효과 평가 전문가'의 업무량을 줄이기 위해 금액 한도를 설정하는 것도 설정 한도 미만에서 성과를 낸 리더들의 볼멘소리를 잠재우기엔 어딘가 모르게 부적절하다. 또 상한선 마련의 근거는 일종의 '평균'을 사용한 것이므로 그 값이 지속적으로 유지되리란 보장은 어디에도 없다. 그렇다고 매번 갱신하는 것도 부하가 걸리긴 마찬가지다. 그러나 무엇보다 수행 과제는 회사가 이익을 내고 성장하기 위해 마련된 전략과 일치돼야 하므로 'Top － down'의 기조를 유지해야 한다. 그래서 보통 사업부장 과제로 전략과의 연계성을 확보한 뒤, 그 사업부장 과제 내 하위 과제들을 발굴하는 형국을 취한다. 또 사업부장 수준의 규모 있는 문제를 해결하려면 소소한 장애 요소들이 산재하게 되며, 이들은 모두 '즉 실천성 과제'들이 되고, 몇몇 큰 문제점들에만 중요도 높은 과제들로 결정된다. 과제 수행이 완료되면 전체 효과는 '즉 실천성 과제'를 포함한 하위 과제 전체의 성과를 합하게 되므로 성과 금액의 상한선 설정은 현실과 동떨어진 결과를 낳는다. '즉 실천성 과제'들은 물론 중요도 낮은 과제 등에서도 상한선을 넘지 못하는 성과 금액이 존재할 텐데 이들을 제외해버리면 당장 사업부장 과제의 성과는 축소될 것이기 때문이다.

　'즉 실천성 과제'들의 처리 문제와 성과 금액의 상한선 설정 등은 개별적이고 일상적인 업무를 구별해내는 용도로는 매우 유용하다. 즉 사업부장 과제의 하위 과제에 속하거나 또는 개별 과제라도 어느 정도 규모가 있어 문제 해결에 다수의 '즉 실천'이 필요하다면 이때는 일상적으로 이루어지는 '즉 실천'과 구별해주는 것이 합당하다. 다음은 '대상 과제'에 대한 '제 6원칙'을 정의한 것이다.

- **'산출 식' 마련**의 **'제 6원칙'** (필자) '평가 대상'을 이루는 과제는 문제 해결 방법론을 따르고 공식화된 경우에 한정한다. 단, 'Quick 방법론'은 사업부장 과제나 개별 과제의 하위 과제로 소속된 경우만 대상으로 하며, 그 외의 경우는 관련 부서와 협의를 통해 판단한다. 이때,

  ▷ '문제 해결 방법론'은
  – 프로세스 개선 방법론, 제품(또는 프로세스) 설계 방법론, Quick 방법론, 영업 수주 방법론
  – Quick 방법론(빠른 해결 방법론, 원가 절감 방법론, 단순 분석 방법론, 즉 실천(개선) 방법론)
  ▷ '공식화된 경우'란
  – 사내 PMS(Project Management System)에 등록된 경우
  – 회사의 공식화된 절차에 따라 수행되는 과제(전략 과제, 혁신 과제 등)

- **'제 6원칙'**의 **보조 원칙** (필자) '사업부장 과제'와 '개별 과제'를 '주 과제', 그에 포함된 과제를 '하위 과제'로 명명할 경우,
  – '주 과제'와 '하위 과제'의 성과가 혼합돼 있을 경우 둘 모두를 대상으로 한다.
  – '하위 과제'가 없는 경우, '주 과제'만 대상으로 한다.
  – '하위 과제'만 있는 경우, '하위 과제' 모두를 대상으로 한다.
  – '하위 과제'들 간의 성과가 중복되는 경우 중복 성과만큼 차감한다.

참고로 '제 6원칙' 중 '빠른 해결 방법론'은 필자가 구성한 방법론으로 '21 - 세부 로드맵'으로 구성된다. 팀원이나 관련 담당자들이 모여 '문제(X)'를 이끌어내고, 다시 이들에 의해 '개선 방향'까지 도출하는 한마디로 사람들에 의해 분석과 개선이 통합돼서 진행되는 단순 로드맵이다. 'W Phase'에 'Plan – Do – Check – Act'를 포함하고 있어 'TQC(Total Quality Control)'를 모델로 한 로드맵이며 주로 난이도가 낮은 문제 해결에 적합하다. 보통 3개월 이내의 기간

이 소요된다. 또 '단순 분석 방법론'도 필자가 명명한 방법론인데 'D-M-A-I-C' Phase를 각 1장씩만 사용하며, 1달 정도의 소요 기간이 필요한 과제에 적합하다. '즉 실천(개선) 방법론'은 잘 알다시피 장표 1장으로 처리하는 '바로 실천' 과제를 일컫는다. '보조 원칙'은 과제들 간의 상호 관계를 규정한다.

'제 6원칙의 보조 원칙'은 '주 과제'와 '하위 과제' 간 재무성과를 어떻게 구별해 평가하는지를 규정한다. 따라서 본 원칙에 포함되지 않는 과제 유형, 예를 들어 한 과제에서 마련된 개선 내용을 단지 자원만 추가 투입하여 동일 업무로 확산한 과제(Replication), 또는 다른 업무로 확산한 과제(Standardization) 등은 재무성과 산정에 포함시키지 않는다.

'원칙'은 잘 알다시피 가장 객관적이고 합리적인 판단하에 다수가 합의한 꼭 지켜야 할 기본 요건이다. 또 이들 역시 주어진 환경이나 조건에 따라 보정하거나 가감할 수 있다. 변하지 않는 환경은 존재하지 않기 때문이다. 더 유용하고 손익반영에 적합한 기준과 원칙이 있다면 언제든 변경이 이루어져야 한다. 그러나 그 전제 조건엔 반드시 '합의를 거친다'가 자리해야 한다. 이 부분만 지켜지면 '원칙'은 안정되고 유지되며, '효과 평가 전문가'의 평가 수준 역시 성숙기에 접어들 것이다.

4.4. 효과 평가를 위한 유형 분류

과제 리더가 회사의 전략과 연계된 중요 과제들을 수행해서 예정된 목표를 달성했다면 주어진 소임을 다한 것이다. 그러나 목표를 달성했더라도 '효과 평가 전문가'의 과제 효과 평가, 특히 '재무성과' 검증을 통해 '손익 계산서'에 긍정적 변화를 주지 못했다면 기업이나 리더 입장에선 씁쓸한 뒷맛을 남길 것이다. 임직원 개개인의 역량이 증대되고 프로세스 체질이 강화된 것만으론 기업이 살아남고 성장하는 데 분명 한계가 있기 때문이다. 기업은 임직원의 역량 발휘를 통해 체질이 강화되고 이로부터 수익이 극대화되길 기대하기보다 이것들이 동시에 일어나길 원한다. 그만큼 시장은 기다려주지 않는다는 것을 너무도 잘 알고 있다. 따라서 기업이 당해 연도에 '이익'이 만족할 만한 수준에 이르렀는지 측정하는 일은 임직원의 역량이 엄청나게 증대됐거나 기업 내 체질이 경쟁사보다 훨씬 강화됐다는 주장보다 오히려 더 중요한 관심사임에 틀림없다.

'이익'이 생겼는지 알 수 있는 확실한 정보 출처는 '손익 계산서'다. 공개 자료이므로 해당 기업의 홈페이지나 공공 기관 사이트에 들어가면 언제 어느 때고 열람이 가능하다. 한 기업의 연간 수익 구조가 그대로 노출되므로 기업을 운영하는 경영자 입장에선 '손익 계산서'의 '이익'을 극대화시키려는 유혹(?)만큼은 결코 멈출 수 없다. 만일 한 기업의 이익을 극대화시키려는 목적으로 새로운 경영 혁신을 도입했다고 가정하자. 이때 과제가 수행돼서 그 성과가 '손익 계산서'에 반영되는지 여부를 판단하는 활동이 '효과 평가 전문가'에 의해 이루어진다. 그렇다면 역으로 '손익 계산서'로부터 성과 유형들을 분류하고 그로부터 '산출 식'을 규정짓는 일도 가능하지 않을까? 따라서 이 시점에 필요한 정보는 바로 '손익 계산서'를 명확하게 이해하는 일이다. 다음 [표 Ⅱ-6]은 자주 쓰이는 '손익 계산서'의 계정 과목들을 모은 것이다.

[표 Ⅱ-6] 평가 유형 분류- '손익 계산서'순

계정 과목		내용
Ⅰ.	매출액	상품(도소매업), 제품(제조업)의 판매, 공사수입금(건설업), 기타(노역 제공에 의한 수입 등)
Ⅱ.	매출 원가	=기초제품(상품)+당기 제조 원가(상품 매입액) – 기말제품(상품)
	기초 제품(상품)	전기에 완성된 제품 중 전기 말까지 판매되지 않은 제품 원가
	당기 제조 원가	당기의 완성 제품에 소요된 배분원가. 상품 경우 당기 '상품 매입액'
	기말 제품(상품)	당기에 완성된 제품 중 당기 말까지 판매되지 않은 제품 원가
Ⅲ.	매출 총 손익	= Ⅰ – Ⅱ
Ⅳ.	판매비와 관리비	상품과 용역의 판매활동 또는 기업의 관리와 유지에서 발생하는 비용
	임직원 급여	당해 회사에 소속된 임원과 직원의 월 급여('제수당' 포함: 일정 급여액과 동시에 지급하는 각종 수당, 식대, 차량 유지비 등을 포함)
	상여금	정기적 또는 비정기적으로 지급되는 월 급여 외의 대가
	잡급	임시직, 일용 근로자, 아르바이트생 등 정직원 외의 자에게 지급하는 급여성 대가
	퇴직 급여	퇴직 급여
	복리 후생비	직원 복지를 위해 회사가 부담하는 비용–식대, 회식비, 피복비, 의료보험료 회사 부담분 등
	여비 교통비	시내/외 교통비, 출장 여비 등
	접대비	거래처를 접대하기 위한 식사대, 주류대, 선물비 등
	통신비	전화료, 우편료, 정보통신료, 팩스 사용료 등 유무선 통신관련 제 비용
	수도 광열비	상하수도 요금, 가스 대금, 난방용 유류대 등
	세금과공과	국민 연금 회사 부담분, 자동차세, 사업소세, 균등할주민세 등 사업과 관련하여 행정 관청에 납부하는 비용
	감가상각비	감가상각 자산(건물, 기계 장치 등 유형 자산)의 구입 원가 대비 해당연도 비용 배분액
	임차료	토지, 건물, 사무실, 공장 등 사용에 대한 대가
	수선비	사무실 수리비, 비품 수리비 등
	보험료	화재 보험료, 보증 보험료 등
	차량 유지비	유류대, 통행료, 주차료, 수리비 등 업무를 위한 차량 관련 제 비용
	연구 개발비	주로 제조 중 제품이나, 생산 방법, 제조 기술의 개선을 위해 정상적으로 지출한 비용. 장래 수익이 기대되거나 거액 경우는 이연처리

계정 과목	내용
운반비	제품 운송 비용, 택배, 퀵 서비스 등 물류 운반과 관련한 제 비용
교육 훈련비	업무 관련 교육/훈련(외부 교육/세미나/워크숍)에 지출되는 비용
도서 인쇄비	복사비, 제본비, 신문 구독비, 독서 구입대금, 명함 제작 비용 등
회의비	업무 회의와 관련하여 지출하는 각종 비용
포장비	제품(상품) 등의 포장과 관련한 지출 비용
소모품비	프린트 토너, 잉크, 소액의 소모자재, 송금, 각종 증명발급, 추심 등
사무용품비	필기구, 복사 용지비 등 사무 업무와 관련한 제 비용
지급 수수료	회계(세무, 법무) 관련 수수료, 금융 수수료, 특허 사용료, 로열티 등
보관료	물품 등의 보관과 관련하여 지출하는 비용
광고 선전비	광고물 제작비, 신문 광고비 등 회사를 선전하는 데 소요되는 제 비용
판매 촉진비	판매 촉진과 관련하여 지출하는 비용
대손 상각비	채무자의 상환 능력이 없거나 회수 불가능한 채권에서 발생한 손실
기밀비	판공비, 사례비 등
수출 제비용	수출과 관련된 제 비용
판매 수수료	판매와 관련하여 지급한 수수료
무형 자산 상각비	이연자산 상각
환가료	외국환 은행이 대고객 외국환 거래에 따르는 자금 부담을 보상받기 위하여 징수하는 여신금리적 성격의 수수료
견본비	견본물품 등의 구입과 관련한 비용
잡비	발생이 빈번하지는 않으나 영업 활동과 관련하여 발생하는 비용으로 상기 판관비에 포함되지 않는 비용
외주비	대행 회사에 지급하는 경우(단, 개인에게 직접 지급하면 '잡급')
건물 관리비	건물을 사용함으로 소요되는 청소비, 소독비, 관리비 등
Ⅴ. 영업 손익	= Ⅲ - Ⅳ
Ⅵ. 영업외 수익	일반적 상거래 이외에서 발생한 수익 중 특별 이익에 속하지 않는 것
이자 수익	예금/적금 관련 이자, 자금 대여로 인해 얻는 수익 등
유가 증권 이자	국채, 지방채, 공채, 사채 등의 이자
배당금 수익	주식 투자와 관련하여 소유 주식회사로부터 지급받는 배당금
임대료	부동산 임대 수입
유가 증권 처분 이익	유가 증권 처분 시 발생하는 이익
외환 차익	외화 예적금(차입금), 외화 외상 매출금(외화 외상 매입금) 등을 회수(상환)할 경우 환율 차이로 인해 얻게 되는 금전적 이익
대손 충당금 환입액	대손 충당금 잔액이 새로 설정되는 잔액보다 적을 경우 차액을 당기 수익으로 계상

계정 과목	내용
수입 수수료	부동산관계 수수료, 유가증권관계 수수료, 기타재산관리 수수료 등
외화 환산 이익	회사보유 외화예적금(차입금), 외화외상매출(입)금 등의 가치를 결산시점 재평가 시 환율차로 얻는 평가상 이익(환전은 아님)
유형 자산 처분 이익	비품, 차량, 건물, 기계장치, 시설물 등 회사 자산을 매각하면서 얻는 이익. A[당해자산을 처음 취득할 때의 구입가격에서 매각 일까지의 가치감소분(감가상각누계액)을 차감한 금액]가 B[매각(처분)을 통해 받게 되는 금액]보다 작은 경우 A와 B의 차액
투자 자산 처분 이익	투자 자산 처분 시 발생하는 이익
상각 채권 추심 이익	상각 처리된 채권에 대한 추심으로 인해 발생하는 이익
잡 이익	정상적 영업 활동(판매)과 관계없이 회사가 취하게 되는 이익
자산 수증 이익	현금이나 기타의 재산을 무상으로 제공받음으로써 생기는 이익
채무 면제 이익	채무를 면제받아 생긴 이익
보험 차익	가입한 보험의 만기 보험금 또는 해약 환급금이 납입한 보험료보다 많은 경우의 차액
투자 준비금 환입액	투자 준비금 환입액
기술 개발 준비금 환입액	기술 개발을 위해 적립하는 준비금. 손금에 산입됨
Ⅶ. 영업외 비용	일반적 상거래 이외에서 발생한 비용 중 특별 손실에 속하지 않는 것
이자 비용	금융 기관 및 사채관련 대출금 이자, 채권 및 어음 할인액 등 타인 지금 사용 관련 비용
외환 차손	외화예적금(외화차입금), 외화 외상매출금(외화외상 매입금) 등을 회수(상환)할 경우 환율 차이로 인해 잃게 되는 금전적 손실
기부금	불우 이웃 돕기 성금, 장학 재단 기부금, 수재 의연금 등
기타의 대손 상각비	매출 채권 이외의 채권, 즉 대여금, 미수금 등에서 발생하는 대손액을 처리
외화 환산 손실	회사보유 외화 예적금(차입금), 외화 외상 매출(입)금 등의 가치를 결산시점 재평가 시 환율차로 얻는 평가상 손실(환전을 시행한 것이 아니므로 금전적 손실이 실행된 것은 아님)
유가 증권 처분 손실	유가 증권의 처분 시 발생하는 손실
재고 자산 감모 손실	재고 자산의 실재고량이 장부상의 재고량보다 적은 경우의 차액. 원가성이 있으면 '매출 원가'로, 없으면 '영업외 비용'으로 처리. 단 '재고 자산 평가 손실'은 재고 자산의 하락으로 나타나는 손실로 '매출 원가'에 가산

계정 과목		내용
	회사채 이자	회사채 이자
	유형 자산 처분 손실	영업외 수익 중 '유형 자산 처분 이익'의 반대
	투자 자산 처분 손실	투자 자산의 처분 시 발생하는 손실
	잡 손실	범칙금, 가산세 등 법률 위반에 따른 비용과 같이 정상적 영업활동과 관계없이 발생한 비용
	재해 손실	재해 손실
Ⅷ.	경상 손익	$= Ⅴ + Ⅵ - Ⅶ$
Ⅸ.	특별 이익	고정자산 처분이익, 투자유가증권 처분이익, 상각채권 추심이익, 법인세 환수액, 대손충당금 환입액, 전기손의 수정이익 등
Ⅹ.	특별 손실	고정 자산 처분 손실, 투자 유가 증권 처분 손실, 재해 손실, 법인세 추납액, 전기 손익 수정 손실 등
	법인세 비용 차감 전 순 손익	$= Ⅷ + Ⅸ - Ⅹ$
	법인세 비용	법인(法人)의 각 사업 연도 소득, 적립금에 대해 과해지는 국세
	법인세 등	법인세, 법인세 주민세, 법인세 중간 예납 세액
	소득세 등	종합 소득세, 종합 소득세 주민세
ⅩⅢ.	당기 순 손익	$=$ 법인세 비용 차감 전 순 손익 - 법인세 비용

[표 Ⅱ-6]과 같이 '손익 계산서'를 구성하는 계정 과목과 세부 설명에 너무 많은 지면을 할애한 것이 아닌가 생각도 들지만 우선 숲을 보는 시각도 필요할 뿐더러 과제 수행을 통해 얻어질 '재무성과'가 이들 중 어느 하나에 속해야 한다는 점도 분명히 해둘 필요가 있다. 즉 [표 Ⅱ-6]을 이용해 '효과 평가 전문가'가 평가할 유형들을 미리 구분한 뒤 각각의 산출 식을 마련할 수 있다.

본 책의 「서론」 중 소단원인 '1.2. 재무 과제 선정'에서 재무성과를 낼 수 있는 과제 발굴을 위해 「재무제표 접근법」을 제시한 바 있다. 이때 「재무제표 접근법」의 근간을 이루는 명제가 "재무성과를 내려면 기업의 성적표인 '손익 계산서'를 중심으로 과제가 발굴돼야 한다"였다. 결국 과제란 이익을 극대화하도록 '손익 계산서'를 중심으로 집중 발굴되고, '효과 평가 전문가' 역시 '손익 계산서'로부터 유도된 '산출 식'을 이용함으로써 '과제 선정'과 '효과 평가 전문가의 평가'가 부드럽게 연결된다. 다음 [표 Ⅱ-7]은 [표 Ⅱ-6]에서 '순익'을 높이기 위해 조정돼야 할 '계정 과목'과 '개선 방향(기대 사항)'을 나타낸다.

[표 Ⅱ-7] 순익을 높이기 위해 조정돼야 할 계정 과목 및 방향

계정 과목	기대 사항	비고
매출액	↑	−
매출 원가	↓	제조업 경우 '제조 원가 명세서' 포함
판매비와 관리비	↓	−
영업외 수익	↑	−
영업외 비용	↓	−
특별 이익	↑	−
특별 손실	↓	−
법인세	↓	−

[표 Ⅱ-7]은 기업의 '이익'을 극대화하기 위해 '매출액', '영업외 수익', '특별 이익'은 높아지고, 나머지 과목들은 낮아져야 하며, 과제를 수행할 리더들 역시 재무성과를 높이기 위해 동일한 방향성을 유지한다. 따라서 '효과 평가 전문가'의 효과 평가는 [표 Ⅱ-7]의 기본 틀 속에서 유형 구분과 산출 식이 마련돼야 한다. 만일 대상 기업이 제조 업종인 경우 '매출 원가'의 세부 내역을 알기 위해 '제조 원가 명세서'가 필요하다. '매출 원가' 중 '제조 원가'의 출처가 '제조 원가 명세서'이기 때문이다.

'제조 원가 명세서(製造原價明細書)'는 '재무제표규칙' 제 11조에 의해 "제조업에 있어서는 당기 제품 제조 원가의 내용을 기재한 제조 원가 명세서를 작성한다"로 규정한다. 주주 등에 대한 외부 보고용은 기간 '손익 계산서'의 부속명세로서 작성되지만 내부 보고용은 관리 목적에 따라 내용이 달라질 수 있다. 다음은 사전적 정의이다.

> · **제조 원가 명세서** (네이버 백과사전) '제조 원가 보고서'라고도 한다. (중략) 그 기재는 당기 총 제조 비용을 재료비·노무비·경비 등으로 구분한 것에다 기초 재공품 원가를 더한 것에서 기말 재공품 원가를 공제하는 형식으로 행한다. 기간 손익 계산서의 매출 원가의 표시는 제조업의 경우, 기초 제품 재고액과 당기 제품 제조 원가의 합계에서 기말 제품 재고액을 공제하는 형식으로 기재하며, 당기 제품 제조 원가의 내역 기록은 제조 원가 명세서에 표시된다. (중략)

금융이나 공공서비스 업종과 같이 제조를 하지 않는 경우는 예외지만 '산출 식' 마련을 위해서는 애초 '제조 원가 명세서'를 포함시켜 고려하는 것이 바람직하다. 본문에서는 '손익 계산서'의 '계정 과목'을 '제조 원가 명세서'까지 포함시켜 고려할 것이다. 제조 업종을 중심으로 설명한다는 편협성 논란에 휩싸일 수 있으나 이를 빼고 간소하게 만들어놓은 후 업종별로 부족한 항목이 생길 때마다 새롭게 추가하기보다 가능한 유형을 모두 포함시킨 뒤 불필요한 부분을 빼는 활용이 더 편리하다. 다음 [표 Ⅱ-8]은 '제조 원가 명세서'의 예이다.

[표 Ⅱ-8] '제조 원가 명세서' 예

분류	계정 과목	내용
재료비	원 재료비	제조 및 공사 현장에 투입된 재료비
	매입 할인(원재료)	원재료 매입 할인
	부 재료비	부 재료비
노무비	급여	급여
	임금	생산 현장 또는 공사 현장 인건비
	상여금	설날, 추석, 휴가, 연말 상여금 등
	제수당	제수당(소기업의 경우 임금에 포함)
	잡급	일용 노무자 및 임시 직원의 임금
	퇴직 급여	퇴직금
경비	복리 후생비	식대, 차대, 4대 보험 회사부담금, 경조사비, 회식비, 피복비 등
	여비 교통비	생산 현장 직원의 출장비
	접대비	생산과 관련한 접대비
	통신비	현장 전화비, 팩스 요금 등
	가스 수도료	생산 현장의 수도 요금, 난방비 등
	전력비	생산 현장의 전기 요금
	세금과 공과금	공장 건물의 재산세, 토지의 종합 토지세 등
	감가상각비	기계 장치, 공장 건물 등의 감가상각비
	지급 임차료	공장 임차료, 기계 장치 리스료 등
	수선비	기계 장치 수선, 공장 수선 경비
	보험료	화물 자동차 자동차 보험료, 공장 화재 보험료 등
	차량 유지비	화물차 유류대, 수리비, 통행료, 계량비, 주차 요금 등
	연구 개발비	신기술 및 신제품 개발을 위하여 투입하는 비용
	운반비	제품의 운반과 관련한 운임
	교육 훈련비	생산직 근로자의 교육 훈련을 위하여 지출하는 비용
	도서 인쇄비	생산 현장의 신문대금, 도서 구입비, 복사비 등
	회의비	생산 현장 회의와 관련하여 지출하는 비용
	포장비	제품 포장 비용
	사무용품비	생산 현장의 사무용품비
	소모품비	생산 현장의 각종 소모품비
	지급 수수료	생산 현장의 측정 수수료 등
	보관료	제품 등의 보관과 관련하여 지출하는 비용
	외주 가공비	하청과 관련한 임가공료
	시험비	시험비
	기밀비	생산 현장 판공비 등
	잡비	기타 달리 분류되지 않는 비용
	하자 보수비	하자 보수와 관련하여 지출하는 비용
	장비 임차료	중기 등의 임차와 관련하여 지출하는 비용

참고로 '손익 계산서'와 '제조 원가 명세서'를 포함한 '재무제표'들의 연계성을 다음 [그림 Ⅱ-24]에 나타내었다.

[그림 Ⅱ-24] '손익 계산서'와 '제조 원가 명세서'를 포함한 재무제표 연계도

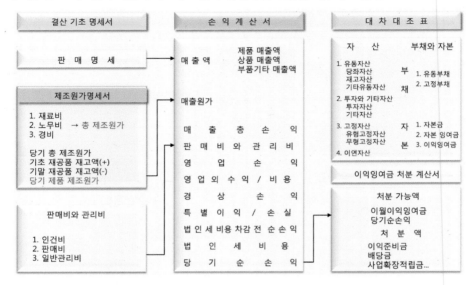

'재무성과'란 '손익 계산서'와 100% 연계돼야 하므로 '산출 식' 마련을 위해서는 [표 Ⅱ-6]과 [표 Ⅱ-8]의 '계정 과목'별로 식을 정립한다. 그러나 '손익 계산서'의 '매출액', '매출 원가', '판매비와 관리비' 등과, '제조 원가 명세서'의 '재료비', '노무비', '경비' 내역 모두에 대해 식을 마련하기보다 유형별로 묶어내는 것이 효율적이다. 예를 들어 '도서 인쇄비', '회의비' 등은 비용 성격만 다르지 '효과 평가 전문가'의 평가 관점에선 공통적으로 '비용 절감액(과제 수행 전후의 차액)'만 산정하면 그만이기 때문에 개별적 나열보다는 묶어 유형 구분해도 상관없다. 또 두 '계정 과목' 모두 '손익 계산서'의 '판매비

와 관리비'와 '제조 원가 명세서'의 '경비'에 동일하게 들어 있어 유형으로 묶은 뒤 공통의 '산출 식'을 마련하면 전체 '계정 과목'을 대상으로 마련된 '산출 식'보다 그 수를 대폭 줄일 수 있다. 유형 구분을 위한 접근은 다음의 세 가지로 나누어 고려해볼 수 있다.

1) '계정 과목' 한 개가 여러 유형을 포함하는 경우 → [표 Ⅱ-7]의 '매출액' 향상을 위해서는 단순히 제품/상품/서비스를 많이 판매하는 활동 외에 '단가'를 올리는 접근도 유효하다. 즉 계정 과목 한 개가 여러 유형을 포함할 수 있으므로 이들을 모두 정의한 뒤 산출 식을 마련해야 한다.

2) '계정 과목' 여럿이 한 개 유형으로 압축되는 경우 → [표 Ⅱ-7]의 '판매비와 관리비'의 세부 항목들은 '매출 원가'에 속한 [표 Ⅱ-8]의 '제조 원가 명세서' 내 '노무비', '경비'의 세부 항목들과 출처만 다를 뿐 명칭들이 대부분 동일하다. 따라서 '효과 평가 전문가'의 평가는 이들을 출처별로 나누기보다 동일한 유형들로 묶어 처리하는 접근이 필요하다.

3) '계정 과목' 간 기대하는 방향만 차이 나는 경우 → [표 Ⅱ-7]의 '영업외 수익'과 '영업외 비용', '특별 이익'과 '특별 손실'은 기대하는 방향(↑,↓)만 틀리지 산정하는 방식은 동일하다. 즉 '산출 식'은 동일하고 계산 결과가 '수익(또는 이익)'인지 '비용(손실)'인지로 결정될 뿐이다. 따라서 이들은 하나의 식으로 통합하는 것이 가능하다.

이제부터 [표 Ⅱ-7] 내 각 '계정 과목'별 '기대 사항(↑,↓)'을 고려해 '산출 식' 마련을 위한 유형 구분에 대해 알아보자.

4.4.1. 유형 분류 '매출액↑'

'매출액↑'은 '매출액 Up'으로 발음하며 순전히 영업 부문에 귀속된 유형으로 정의한다. 즉 리더에 의해 수행된 과제가 주로 '재무 과제'이면서 수익을 늘리는 쪽('기대 사항'이 '↑'인 경우)에 속한 경우다. 물론 '매출액'을 높이는 효과에는 '원가'를 낮추는 접근도 가능하나 여기선 순수 영업 활동을 통한 유형만 포함한다. '매출액↑'이 영업 내 어떤 활동 범위에 속할지 '문제 해결 방법론'과 연계해 설명하면 다음 [그림 Ⅱ - 25]25)와 같다.

[그림 Ⅱ - 25] 영업 활동의 세분화

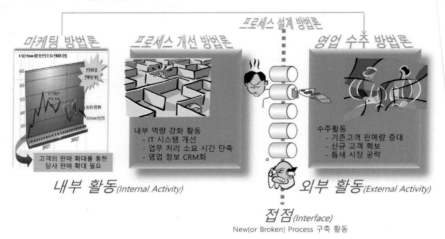

「Be the Solver_영업 수주 방법론」편의 내용을 토대로 영업 활동을 세분화한 [그림 Ⅱ - 25]를 설명하면, '내부 활동(<u>Internal Activity</u>)'26)은 한마디로 수

---

25) 이하 설명은 「Be the Solver_영업 수주 방법론」편에 수록된 내용을 옮겼다.
26) '용어' 및 그의 '정의'는 필자의 경험을 토대로 붙여진 것이다.

주를 지원하는 활동을 의미하며, '프로세스'가 존재한다. 예를 들어, 고객의 '견적 요청(RFQ)'이 들어오면, 개발 가능성에 대해 연구소로 자료가 넘어가 'BOM 작성'이 이루어지고, 다시 구매에선 '재료비 산출'을, 생산은 '투자비'를, 경영 관리는 이 자료들을 모아 간접비를 포함시키며, 물류는 '포장비, 운송비'를, 다시 영업에선 이들 결과에 '수출 경비와 이윤' 등을 덧붙인다. 이외에 고객 불만, 또는 클레임 처리에 대응해준다든지, 고객의 새로운 요구를 처리해주는 활동 등도 포함된다. 경우에 따라서는 고객 정보를 관리하고 그를 활용해 수주 활동을 원활히 하도록 지원하는 일도 한다. 이와 같이 외부 활동 중 발생된 다양한 고객으로부터의 요구 사항들을 얼마나 빠르고 정확히 대응해줘서 궁극적으로 고객 만족을 높여줄 수 있느냐가 바로 '내부 활동'의 존재 이유이며, 달성하려는 목표이다. 따라서 프로세스상 비효율적이거나 적절히 처리되지 못한 과거 사례 등을 조사하여 중요도가 높은 순부터 정리가 된다면 이것이 역량을 강화시키는 과제가 될 수 있다. 물론 재무성과는 없거나 크지 않을 수도 있다. 그러나 영업의 궁극적 목표인 수주를 확대해나가기 위해 다양한 요구들을 빠르고 정확하게 처리해줘야 그 결과를 들고 고객을 대면하는 외부 활동에 박차를 가할 수 있다. 이와 같은 '내부 활동'의 역량을 강화시키는 과제가 선정되면 프로세스가 존재하는 상태에서의 효율화를 꾀하는 것이므로 '문제 해결 방법론' 중 '빠른 해결 방법론', 또는 심도 있는 분석이 필요하면 '프로세스 개선 방법론'이 적용된다.

다음 '접점(Interface)'영역은 '프로세스'가 없거나 불완전한 경우이다. 개념은 간단하다. 즉 수주를 목적으로 영업 담당자가 '외부 활동'을 하다가 고객으로부터 기존에 받아보지 못했던 새로운 요구를 전해 들었다고 가정하자. 수주와 관련된 시급한 사항으로 영업 담당자는 그 내용을 들고 사내로 들어와 처리해줄 담당자를 찾았으나 없다는 것을 깨닫고 어찌해야 할지 몰라 난감한 처지에 놓인다. 담당자가 없다는 것은 프로세스가 없다는 것을 의미한다. 즉 처리가 필요한 내용을 가져왔을 때 넣어야 할 통(프로세스 최초 단계)이 없는 상황이다. 예를 들면, 제품을 만들어 팔기만 했던 상황에서, 수익 구조를 개선하기 위해 제품을 고객이 원하는 장소에 설치해주는 영역까지 확대했다면, 기존 중간 도매상들을 대상으로 영업 활동을 하던 데서 이제는 설치를 요청한 새로운 고객을 대면하게 될 것이고, 그런 상황이면 이전에 받아보지 못한 새로운 요구나 요청 사항들이 발생하기 마련이다. 이들 모두를 제품만 판매하던 프로세스 체계에서 수용하지 못하면 새로운 프로세스의 필요성을 느끼게 된다. 이와 같이 환경 변화로부터 새로운 프로세스 체계의 신설이 요구된다면 '문제 해결 방법론' 중 '프로세스 설계 방법론'이 적용된다.

'외부 활동(External Activity)'을 보자. '외부 활동'은 수주를 위한 순수 영업 활동을 의미한다. 즉 수주 활동은 하고 있으므로 '프로세스'가 있어야 하나, 면면을 보면 꼭 그렇지도 않다는 데 어려움이 있다(고객 대면은 예측 불허 상황이 많을 것이므로). 기존 고객에게 물량을 추가로 확대한다거나, 새로운 고객 또는 틈새시장(Niche Market)을 확보하는 등의 활동들이 포함된다. 이 활동은 '내부 활동'이나 '접점 활동'과는 근본적으로 차이가 있는데, 기업의 주 수익을 올리는 핵심 활동이자 외부 고객을 대면하는 절차가 지속적으로 일어나는 특징이 있다. 다시 말해 고객과의 '상호 관계' 속에서 주 활동이 이루어지므로 다양한 예측 불가 변수에 노출되며 이에 적합한 접근으로 '영업 수준 방법론'을 적용한다.

영업 내 활동들 중 '수주'를 위한 '외부 활동'에 범위를 한정하므로 영업 직원이 고객과 대면하면서 소속 기업에 수익을 가져다주는 경우만 고려한다. 업종별로 '매출액'을 산정하는 기본 산식을 [표 Ⅱ-9]에 모아놓았다.

[표 Ⅱ-9] 업종별 매출액 산정을 위한 기본 식들

매출액	판매량×제품 단가	제조업
	판매량×상품 단가	상업
	고객 수×고객 단가(고객당 매출)	서비스, 유통, 도/소매, 분양, 임대업 등
	판매원 수×1인당 매출액	
	매장 면적×면적당 매출액	
	영업 시간×시간당 매출액	
	상품 재고액×상품 회전율(판매 속도)	
	설비 보유액×설비 가동률	
	……	……

[표 Ⅱ-9]를 보면 작게는 치킨 집 운영에서 크게는 자동차, 보험과 같은 규모 있는 제품이나 서비스 상품까지 그 업종 수만큼이나 매출액을 산정하는 방법도 부지기수로 많다. 그러나 표의 산정 식들을 자세히 관찰하면 분명 공통점이 있는데 '판매 단위 수', 즉 '판매 수량'을 올리거나(판매량, 고객 수, 판매원 수, 영업 시간 등), '판매 단가'를 올리면(제품 단가, 상품 단가, 고객 단가 등) '매출액'이 늘어난다는 점이다. 이것은 과제가 수행될 때, 리더가 '목표 기업'의 '이해 관계자(구매 결정자 등)'와 대면을 통해 최적화(또는 최대화)할 대상이 '판매 수량'과 '판매 단가'라는 점을 시사한다. 만일 틈새시장을 공략하거나 신제품 개발, 신시장 개척, 판매 제품의 조합, 신규 고객 발굴 등과 같은 활동 또는 신선한 아이디어 발굴을 했더라도 결국은 제품(상품, 서비스)의 일정 양이 판매되거나 단가가 기존보다 높아져야 매출이 높아진다. 즉 영업 활동에서 이행된 모든 전략적 판단은 전부 매출을 높이기 위한 수단으로 간주한다. 따라서 영업의 '외부 활동(수주 활동)'을 통해 '매출액'이 높아지기 위한 요소는 다음과 같이 정리된다.

- **매출액↑** (필자) 영업의 수주 활동에 관계하며, '매출액'을 높이기 위해서는 '판매 수량'이나 '판매 단가' 또는 둘 다를 높여야 한다. 만일 리더가 수행한 과제의 결과가 수주 활동이라면 재무성과는 다음의 관계를 통해 산정돼야 한다.

☞ 유형 분류: 매출액↑ ∝ (판매 수량↑, 판매 단가↑)
※ 이후부터 용어는 '판매 수량'은 '판매량'과, '판매 단가'는 '판매가' 또는 '판가'와 동의어로 혼용해서 사용

4.4.2. 유형 분류 '매출 원가↓'

유형 분류를 위한 두 번째 고려 대상은 [표 Ⅱ-7]의 '매출 원가'이다. '손익 계산서'의 순익을 높이기 위해서는 '매출 원가' 경우 기대 사항이 낮아지도록(↓) 잡아야 한다. '매출 원가'의 사전적 정의를 다음에 옮겨놓았다.

- **매출 원가**(賣出原價, Cost of Sales) (네이버 백과사전) 기업의 영업 활동에서 영업 수익을 올리는 데 필요한 비용. '매출 원가'는 '영업 비용'의 대부분을 차지한다. 제조업에서는 '제조 원가'에 기초·기말의 '재고 자산' 잔액의 차액을 합하여 산출한다. 상사에서는 당기 '상품 매입액'에 기초·기말의 '재고 자산' 잔액의 차액을 가산하여 산출한다. 최근에는 제조업에서도 경영의 다각화 때문에 상사적 기능이 확대되어, '매출 원가'에는 제조 원가 외에도 '상품 매입액'의 비중이 증가하고 있다.

'매출 원가'를 좀 더 쉽게 이해하기 위해 원재료 투입부터 매출 발생까지의 과정을 [그림 Ⅱ-26]에 표현해놓았다.

[그림 Ⅱ-26] '매출액'의 형성 과정

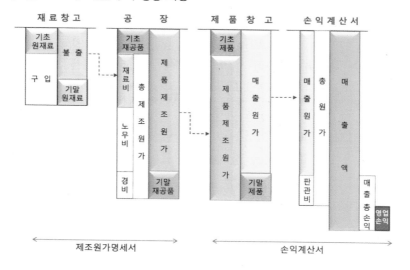

제조원가명세서　　　　　　　　　　손익계산서

　　[그림 Ⅱ-26]의 최초 '재료 창고'를 보면, 기초 재고로 남아 있던 원재료에 부족한 양만큼 '구매'가 이루어지며, 이 중 기말에 남은 원재료를 제하면 '재료비'를 얻는다. 다시 '재료비'만큼의 원재료가 공장에 투입돼 '노무비'와 '경비'가 덧붙여져 '총 제조 원가'가 되며, 이때 공정 내 남아 있는 '기초 재공품 금액'을 더한 뒤 다시 '기말 재공품 금액'을 빼면 당기 '제품 제조 원가'가 된다. '제품 창고'에서는 기초에 재고로 있던 제품 금액에 '제품 제조 원가'를 더한 후 '기말의 제품 금액'을 제하면 '매출 원가'가 되는데, '매출액'에서 '매출 원가'를 빼면 '매출 총 손익', 이어 '매출 총 손익'에서 '판매비와 관리비'를 제하면 '영업 이익'이 된다. '매출 원가'와 '판매비와 관리비'를 합하면 '총 원가'가 된다.

　　[그림 Ⅱ-26]에서 '재무성과'를 내려면 '매출액'을 기준으로 '판매비와 관리비'가 줄어들거나, '매출 원가'가 줄어야 한다. 또 '매출 원가'는 제품의 적

정 재고량과 함께 '제품 제조 원가'가 줄어야 하고, 이것은 다시 재공품의 적정 재고량과 더불어 '총 제조 원가'가 줄어야 한다. 끝으로 '총 제조 원가'는 '재료비', '노무비', '경비'가 일부 또는 모두 줄어야 하고, 이들 중 '재료비'는 원재료의 적정 재고량과 함께 '구입 단가'에 직접적 영향을 받는다. 따라서 '매출 원가↓' 관점에서의 '효과 평가 전문가'의 평가를 위한 '산출 식'은 이들의 관계와 속성을 고려해 마련돼야 한다.

참고로 비제조 기업(공기업, 금융·서비스 등)들의 '제조 원가'는 어떤 구조로 존재할까? [그림 Ⅱ-26]을 참고하면 만들어내는 '제품'이 빠지므로 '재료 창고', '공장', '제품 창고' 단계가 필요치 않다. 또 제품[27]은 다루되 제조는 하지 않는 상업의 경우 '제품 창고' 단계에서 비즈니스가 영위되므로 그 이전의 '재료 창고'나 '공장'의 단계는 제외된다. 경우에 따라서는 제조업과 상업 모두를 업종으로 갖는 기업도 존재할 수 있으나 [그림 Ⅱ-26]을 참고하면 업종에 따른 '매출 원가'를 구분하는 일은 그리 어렵지 않다. 다음 [표 Ⅱ-10] 은 업종별 '매출 원가'의 속성을 요약한 것이다.

[표 Ⅱ-10] 업종별 '매출 원가'의 속성

업종	매출 원가
제조업	기초 제품 재고 원가에 당기 제품 제조 원가를 가산하여 산출한 판매 가능 제품 원가에서 기말 제품 재고 원가를 차감하여 나온 금액이다.
도/소매업	기초 상품 재고 원가에 당기 상품 순매입 원가를 가산하여 상품 원가를 계산하고 기말 상품 재고액을 차감하여 상품 매출 원가를 계산한다. 당기 상품 순 매입액은 상품의 총 매입액에서 매입 할인, 매입 환출, 매입 에누리를 차감한 금액이다.
부동산 임대업	임대료를 받게 되는 경우 수익으로 인식한다. 부동산 임대업은 일반적으로 매출 원가가 발생하지 않으며, 부동산 임대 수익이 매출 총 이익이 된다.

27) ('제품'과 '상품'의 차이) 제조 과정을 거쳐 나온 것이 '제품'이다. '상품'은 화폐 또는 그에 상응하는 대가를 치러야 얻을 수 있는 것인데, 예를 들어 보험은 '상품'이지 제조 과정이 없기 때문에 '제품'은 아니다. 또 스마트 폰은 제조 과정을 거쳤으니 '제품'이면서, 화폐나 상응한 대가를 치러야 얻을 수 있으므로 '상품'도 된다.

건설업	'공사 진행 기준'에 의한 당기 실현된 공사 원가 또는 '공사 완성 기준'에 의한 공사 원가가 건설업 수익에 대응되는 매출 원가이다. 기업이 토지를 사고 건물을 지어 파는 '제조업 형태'와 남의 토지에 집을 지어 주는 '서비스업(용역) 형태'가 있다. '제조업 형태'는 제조업 회계와 유사하다. 단지 제조 과정이 길고, 제조 공정이 공장 내가 아닌 건설 현장에 있을 뿐이다. '서비스업 형태'의 경우가 건설업 회계의 독특한 부분인데, 건설 공사 용역의 경우 매출은 총 공사 계약 대금을 공사 진행의 정도에 비례해 산출하는 발생 주의로 인식한다. 이를 '공사 진행 기준'이라 한다. 이때 재고 자산은 거의 나타나지 않고 모두 매출 원가로 처리한다. 왜냐하면 나중에 받게 될 공사 대금이라도 원가의 투입 정도(진행률)에 따라 매출로 처리하기 때문이다.
서비스업	실체로서의 재화는 아니더라도 경제적 가치가 있는 서비스 등 용역을 제공함으로써 인식되는 수익이다. 인적 자원의 제공, 연구 개발 용역, 전산 용역 등이 있다. 서비스업은 일반적으로 매출 원가가 없으므로 서비스업의 매출액이 매출 총 이익이 된다.

'매출 원가' 인식에 대한 건설업의 특징(공사 진행률에 따른 처리)을 제외하면 제조업의 경우가 원재료, 재공품, 제품의 추가 고려가 필요하므로 범위가 가장 넓은 제조업을 기준으로 '산출 식' 마련을 위한 유형 구분이 이루어지는 게 옳다. 다음 [표 Ⅱ - 11]은 '매출 원가↓'를 중심으로 한 유형 발굴의 시작점을 나타낸다.

[표 Ⅱ - 11]은 '매출 원가'가 '원재료'부터 '제품'까지의 프로세스를 포괄하므로 [그림 Ⅱ - 26]을 참고하여 고려될 '총 제조 원가↓'와 '재고액↕'을 1차 분류로 선택하였다. 특히 '재고액'은 '원재료', '재공품', '제품'의 재고 관련 '산출 식'이 동일한 구조로 이루어져 있어 대상을 별도 구분하진 않았다.

2차 분류는 '총 제조 원가'가 '재료비', '노무비', '경비'로 나누어지며, 특히 '재료비'는 일반적으로 용어 '자재비'와 혼용돼 쓰이고 있어 함께 표현했다. 제품을 만드는 데 들어가는 모든 투입 요소를 포괄할 적절한 표기로 판단된다. '재료비(자재비)'는 공정 투입 전에 결정될 '구매량'이나 '구매 단가'뿐만 아니라 생산 중에 결정될 절감 요소들까지 포함시켜 놓았는데, 산식이 동일하다는 점을 감안한 것이다. '경비(판관비)'는 발생 공간이 제조 공정인지 그렇지 않은지에 따라 '경비'와 '판매비와 관리비'로 나뉠 수 있는데 하위 항목들이 대부분 중복되고 '산출 식' 마련을 위한 접근도 동일하므로 한데 묶어 표현하였다.

[표 Ⅱ-11] '매출 원가↓'에 대한 유형 발굴

유형 분류			관련 부서
1차	2차	3차	
매출 원가 ↓	총 제조 원가 ↓	재료비 (자재비)	▪ 구매 단가 인하	구매부서
			▪ 자재 소요량 감소 ▪ 구조 변경을 통한 절감	구매부서, 개발부서
			▪ 자재 손실률 감소 ▪ 자재 폐기량 감소 ▪ 자재 재활용량 증대	생산 부서
		노무비	▪ 인건비 절감 ▪ M/H 절감	생산 부서, 인사 부서 등
		경비 (판관비)	▪ 외주비 절감	생산부서, 개발부서
			▪ 물류비 절감(포장비 절감, 운반비 절감, 유지 관리비 절감)	영업부서, 구매부서
			▪ 연구 개발비 절감(개발 비용 절감, 시험 생산 비용 절감, 라인 교체 비용 절감 등)	연구/개발부서
			▪ 투자비 절감	생산부서, 투자기획
			▪ 기타 비용 절감	관련부서
	재 고 액 ↕	재고 최적화	▪ 재고 유지비 절감 ▪ 불용/악성 재고 발생 억제 ▪ 불용/악성 재고 활용 증대	생산/영업/구매부서
		생산성 증대	▪ 공수 절감(비가동시간 감축, 설비 가동률 향상) ▪ 가동 시간 효율 증대(S/T 단축, 단위 시간당 처리량 증대)	생산부서
		양품률 증대	▪ 수율 향상 ▪ 재작업률 감소 ▪ 폐품률 감소 ▪ 공정 내 품질 향상 ▪ 클레임 처리 비용 절감	생산부서, 품질부서

'효과 평가 전문가'의 평가 대상 중 문제가 되는 것이 '투자 비용'이다. 설비의 투자는 '손익 계산서'와 관계없으며, '재무상태표(구 대차대조표)'에 계상

된다. '손익 계산서'에는 구입한 설비의 '감가상각비'가 기록되는데, '감가상각비'는 차량, 비품, 건물 등과 같은 유형 자산을 해당 자산의 내용 연수에 걸쳐 '정액법'이나 '정률법' 등의 방법으로 계산해 반영한다. 설비의 '감가상각비'는 제조업이면 '제조 원가 명세서'상의 '감가상각비'에 계상하고 이는 다시 '손익 계산서'의 '매출 원가'에 반영된다. 즉 '손익 계산서'에 투자 규모가 직접적으로 표시되지는 않는다. 따라서 설비와 같은 큰 규모의 투자는 일반적으로 '예산 반납'과 같은 'Cash Return'을 원칙으로 적용된다. 그 외의 '효과 평가 전문가'의 평가는 주로 '투자비 절감액' 관점에서의 '절감액 상각비'와 '절감액 이자'의 합으로 산정한다.

1차 분류 중 '재고액⇕'엔 '재고'와 연계된 '재무성과'를 따로 떼어내기 위해 '재고 최적화'란 표현을 사용해 2차 분류에 포함시켰다. '재고'는 'JIT(Just in Time)'처럼 아예 보유하고 있지 않으면 최상이지만 위험 관리나 가격 정책 등을 고려해 일정량 확보하는 것이 일상화되어 있다. 즉 너무 많으면 여러 관리 비용이 증가하고, 너무 적으면 정작 필요할 때 재고 부족 사태를 맞을 수 있으므로 적정량 보유가 중요하다는 점을 감안했으며, 이에 '최적화'란 표현을 사용하였다. 또 '생산성 증대'와 '양품률 증대'는 '양'과 관계된 항목이지만 '생산성'이나 '양품률'의 수준에 따라 재고가 변동한다는 점을 가정하여 '재고 액⇕'의 2차 분류로 포함시켰다. [그림 Ⅱ-26]의 관계도로부터 '생산성'과 '양품률'이 '총 제조 원가' 전후의 어딘가에 포함돼야 한다는 점도 고려되었다.

'3차 분류'는 '2차 분류'로부터 예상되는 주요 세부 항목들을 나열한 것이며, 특히 '경비(판관비)' 경우 [표 Ⅱ-6]의 '손익 계산서'나 [표 Ⅱ-8]의 '제조 원가 명세서'에 보인 바와 같이 다양한 하위 항목들 중 과제화 빈도가 상대적으로 높은 대표성 있는 유형들로만 구성하였다. 여기에 포함되지 않은 항목들은 유사한 접근을 통해 '산출 식'이 마련될 것이다.

끝으로 [표 Ⅱ-11]의 최종 열에 '3차 유형'들을 이행할 예상 관련 부서들을 나열하였다. '관련 부서'란 재무성과를 내기 위해 과제가 수행되며, 해당 '3 차 유형'들을 주로 활용할 가능성이 높은 부서들이다. 지금까지의 설명을 토대로 기업의 내부 활동(생산 등)을 통해 '매출 원가'가 낮아지기 위한 요소를 정리하면 다음과 같다.

· **매출 원가↓** (필자) 기업의 내부 활동(생산 등)에 한정하며, '매출 원가'를 낮추기 위해서는 '총 제조 원가'가 낮아지거나 '재고액'의 최적화가 요구된다. 만일 리더가 수행한 과제의 결과가 생산 등 내부 활동이라면 재무성과는 다음의 관계를 통해 산정돼야 한다.

  ☞ 유형 분류: 매출 원가↓ ∝ (총 제조 원가↓, 재고액↑↓), 이후 2차, 3차 분류는 [표 Ⅱ-11] 참조
  ☞ '↑↓'는 '재고'가 너무 많아도, 적어도 안 되는 '최적화'의 요구를 표현한 것임

4.4.3. 유형 분류 '영업외 수익↑, 영업외 비용↓'

다시 [표 Ⅱ-7]로 돌아가 순이익을 높이기 위한 3번째 계정 과목인 '영업외 수익/비용'에 대해 알아보자. '영업외 수익'과 '영업외 비용'은 하위 항목이 대부분 동일하면서 입장만 서로 반대이므로 함께 고려해도 무방하다.

'영업외 수익/비용'에는 '기부금'과 같이 과제로 수행할 수 없어 '효과 평가 전문가'의 평가 대상과 애초부터 거리가 있거나, '외환차 손익'이나 '외화 환산 손익'과 같이 제어가 불가한 환경 변수 때문에 과제로서 부적합한 유형들은 역시 '효과 평가 전문가'의 평가 대상에서 제외된다(과제 수행 결과 단기적 성과는 가능하나 재현이 어려워 문제 해결을 통한 개선이라 보기에 무리가 있다). 그 외에 '금융 비용(특히 이자)'이나 '임대료', '유형 자산 처분 손익', '투자 자산 처분 손익' 등은 과제 수행이 가능한 것들로 빈도가 그리 높진 않으

나 '효과 평가 전문가'의 평가는 유효하다. 그러나 '영업외 수익/비용' 중 재무 성과로서 가장 입맛이 당기는 대표적인 항목이 주로 '금융 비용(특히 이자)'과 '기타 수익'에 치중돼 있어 이에 대한 고려가 효과 평가의 주를 이루는 편이다. 이들에 대해서는 '산출 식' 마련 단계에서 다시 언급할 것이다.

　참고로 과제 수행을 통한 평가 가능성은 매우 낮지만 의미상 혼선이 있는 항목 중에 '재고 자산 평가 손실'과 '재고 자산 감모 손실'이 있다. '재고 자산 평가 손실'은 재고 자산의 가격이 하락했을 때 그 하락된 가격으로 평가함으로써 나타나는 과목이다. 기말에 재고 자산의 재고 수량에는 문제가 없으나 재고 자산의 구입원가보다 기말 재고 자산의 가치가 하락하는 경우, 즉 시가가 취득 원가보다 하락한 경우 시가로 평가하게 되는데(저가법), 이 손실액을 '매출 원가'에 가산한다. 저가로 평가한 이후의 기간에 시가가 회복된 경우에는 최초의 장부가액을 초과하지 않는 범위 내에서 평가 손실을 환입하여야 한다. 반면에 '재고 자산 감모 손실'은 재고 자산의 실지 재고량이 장부상의 재고량보다 작은 경우의 차액을 말한다. 즉 분실, 도난, 파손, 증발 등에 의하여 장부상 수량이 실제 수량보다 부족한 경우 부족 수량에 대한 손실액으로서 기업 회계 기준에서는 정상적인 원인에 의한 감소 손실액은 원가성을 인정하여 '매출 원가'에 포함시키고, 비정상적인 원인에 의하여 발생한 감모 손실액은 원가성을 인정하지 않기 때문에 '영업외 비용'으로 처리하도록 규정한다. '영업외 수익↑/비용↓'에 대한 유형 분류는 다음으로 요약할 수 있다.

- **영업외 수익↑/영업외 비용↓** 　(필자) 대표적인 유형으로 '금융 비용 절감'과 '기타 수익 향상'으로 분류. 전자 경우 '절감 금액'에 '사내 이자율'을 곱하여 산정한다. 일부 기업 경우 1차 분류에 'Cash Flow 개선'을 두고 그 하위 항목에 '금융비용 절감'을 포함시키는 경우도 많다.
  - ☞ 유형 분류: 영업외 수익↑/영업외 비용↓ ∝ (금융 비용↓, 기타 수익↑)

[표 Ⅱ-7]의 '순익을 높이기 위해 조정돼야 할 계정 과목'에서 '특별 이익', '특별 손실', '법인세' 등은 주로 1회성으로 발생되거나 법적 제약이 따르는 항목으로 구성된다. '손익 계산서'의 이익을 높이기 위해 일시적 '즉 실천'의 접근은 가능하나 재현이 안 되고 불규칙적이므로 과제 대상으로는 부적절하다. 따라서 이들에 대한 유형 분류는 하지 않을 것이다. 다만 앞서 언급한 바와 같이 '이익'을 높이기 위한 충분한 여지가 있다면 신중히 검토한 후 사업부장의 결정에 따라 '즉 실천(개선) 방법론'이나 '빠른 해결 방법론' 등으로 수행하고, 그 결과에 대해 '효과 평가 전문가'의 평가를 받도록 한다.

　　다음은 지금까지의 유형 분류를 모아 정리한 결과이다.

[표 Ⅱ-12] 재무성과 평가를 위한 유형 분류

계정 과목	유형 분류
매출액↑	(필자) 영업의 수주 활동에 한정하며, '매출액'을 높이기 위해서는 '판매 수량'이나 '판매 단가' 또는 둘 다를 높여야 한다. 만일 리더가 수행한 과제의 결과가 수주 활동이면 재무성과는 다음의 관계를 통해 산정돼야 한다. ☞ 유형 분류: 매출액↑ ∝ (판매 수량↑, 판매 단가↑)
매출 원가↓	(필자) 기업의 내부 활동(생산 등)에 한정하며, '매출 원가'를 낮추기 위해서는 '총 제조 원가'가 낮아지거나 '재고액'의 최적화가 요구된다. 만일 리더가 수행한 과제의 결과가 생산 등 내부 활동이라면 재무성과는 다음의 관계를 통해 산정돼야 한다. ☞ 유형 분류: 매출 원가↓ ∝ (총 제조 원가↓, 재고액↑↓), 이후 2차, 3차 분류는 [표 Ⅱ-11] 참조
영업외 수익↑/비용↓	(필자) 대표적인 유형으로 '금융 비용 절감'과 '기타 수익'으로 분류. 전자 경우 '절감 금액'에 '사내 이자율'을 곱하여 산정한다. 일부 기업 경우 1차 분류에 'Cash Flow 개선'을 두고 그 하위 항목에 '금융 비용 절감'을 포함시키는 경우도 많다. ☞ 유형 분류: 영업외 수익↑/영업외 비용↓ ∝ (금융 비용↓, 기타 수익↑)

참고로 '손익 계산서'의 이익을 늘리기 위한 과제 활동 유형은 「매출액 향상」 경우 '판매 단가 인상', '판매 수량 증대', '상품의 조합을 통한 이익 증대', '신제품 개발', '신시장 개척' 등이, 「변동 비용 감축」의 경우 '계획적인 구매', '재고 비용 절감', '물류 비용 최적화', '신소재 대체', '상품 불량률 저감', '아웃소싱 활용', '작업 공정 축소' 등이, 「고정 비용 감축」의 경우 '능률급의 도입', '관리 조직 효율화', '간접 업무 효율화', '금융 비용 절감', '설비 가동률 향상', '파트 타임 활용', '납기 단축' 등이 주를 이룬다.

4.5. 효과 평가를 위한 '산출 식' 마련

'산출 식'의 마련은 과제의 재무성과가 기업의 손익과 연계되는 만큼 신중하고 조심스럽게 규정돼야 한다. '손익 계산서'는 반드시 지켜야 할 규범적 성격의 '회계 기준'에 맞춰 작성돼야 하고 또 '회계 감사'를 통해 적합성, 적법성 등을 확인하는 절차로 이루어진다. 반면 이론에 기반한 '산출 식'이 '손익 계산서'처럼 현실을 반영하는 실체와 100% 완벽하게 일치하리라 자신하긴 어렵다. 단적인 예로 앞서 정의한 '산출 식 마련의 제 1원칙~제 6원칙'은 재무제표 작성을 위한 '회계 기준'엔 포함돼 있지 않다. 즉 '회계 기준'이 기업 내에서 이루어질 과제 수행까지 염두에 두고 작성되거나 필요에 의해 개정되는 일은 없을 거란 얘기다. 그럼에도 불구하고 과제를 통해 이루어진 재무성과 산식은 여전히 손익의 관점에서 논해야 하는 부담을 안고 가야 하며, '손익 계산서' 관점에서 이해될 수 있도록 구체적이고 합리적일 것을 요구한다.

'산출 식'을 마련하기 전 또 한 가지 고려할 사항이 과제의 순수 성과를 인정해주는 일이다. 예를 들어, 한 리더가 '재료비 절감' 과제를 수행했다면 실질적인 성과는 회계 기간 동안의 손익과 직결되는지 '매출 실적'을 최종 확인해야 가능하다. 그래야 손익에 기여한 성과 규모가 명백해지고, 리더는 그 노력의 대가를 인정받게 된다. 그러나 '재료비 절감'의 영향을 항상 '매출 실적'으로 확인하는 일은 너무 복잡하거나 어쩌면 불가능할지도 모른다. 이럴 때 재무성과 과제임에도 그 성과 산정을 포기하거나 유야무야로 해버린다면 어떤 리더도 문제 해결에 선뜻 나서지 않을 것이다. '매출 실적'을 확인하지 못해 성과가 인정받지 못하는 상황에서 어떤 과제가 재무성과를 냈다고 자신할 것이며, 투입된 노력의 보상을 어떻게 인정받을 수 있겠는가 말이다. 따라서 모든 회계적 논리로 정확히 따지는 것도 중요하지만 한편으론 과제 수행 자체의 결과를 인정하기 위해 어느 정도 타협을 보는 유연함도 매우 중요하다. 재료비를 절감하는 과제 경우 '매출 실적'을 확인하는 대신에 공정에 '투입된 양' 등을 재무성과 산정 시 활용하는 방안도 유효하다.

본론에 들어가기 전 계산 과정을 일목요연하게 정리하고 서로에게 공유하기 쉽도록 '표준 양식'을 마련할 것이다. 일반적으로 재무성과를 산정하기 위해서는 제품이나 상품의 '단가', '수량', '환율' 등의 항목들이 공통적으로 포함되기 때문에 양식의 기본 틀을 만들어놓고 필요에 따라 추가 항목들을 가감하는 것이 효율적이다. 다음 [표 Ⅱ-13]은 '표준 양식'을 보여준다.

[표 Ⅱ-13] 재무성과 산정을 위한 '표준 양식'

항목	개선 전	개선 후	비고
계정 과목	산출 식		'산출 식'을 기입
수량			판매수량/구매수량/OO수량
단가			판매단가/구매단가/OO액
금액			매출액/구매액/재료비/OO액
추가 투입액			수행 중 투입된 비용
환율			기준 환율

※ 본 공간은 '상황' 설명이 필요한 경우 활용
※ '환율' 란은 시장가, 구매가, 금리 등 상황에 따라 환경 변수를 입력함

[표 Ⅱ - 13]에서 첫 행은 '손익 계산서'와 관계된 '계정 과목'과 정해진 '산출 식'을, 나머지 '수량', '단가', '금액' 등은 매출 관점이면 '판매량', '판가', '매출액'이, 원재료 관점이면 '구매량', '구매 단가', '구매액(또는 재료비)'이 올 수 있다. '추가 투입액'은 과제 수행 중 투입된 비용으로 재무성과 산정 시 차감해주어야 할 금액이다. 맨 끝 열의 '환율'은 개선 전과 후 '환율'을 적어 놓되, 과제 성격에 따라 '시장가', '구매가', '금리' 등을 기입하는 데 활용한다. 예로써 '금속/비철 금속' 등은 국제 시세에 따라 가격 변동이 생기므로 관련 업종에서는 필요한 항목이다. 이제 바로 앞 소단원에서 분류해놓은 유형([표 Ⅱ - 12])별 '산출 식'에 대해 알아보자.

4.5.1. 유형 분류 '매출액↑' → '판매 수량↑' 산출 식

우선 '매출액↑'의 유형 분류를 다시 상기하기 위해 다음에 옮겨놓았다.

> · **매출액↑** (필자) 영업의 수주 활동에 관계하며, '매출액'을 높이기 위해서는 '판매 수량'이나 '판매 단가' 또는 둘 다를 높여야 한다. 만일 리더가 수행한 과제의 결과가 수주 활동이면 재무성과는 다음의 관계를 통해 산정돼야 한다.
>
> ☞ 유형 분류: 매출액↑ ∝ (판매 수량↑, 판매 단가↑)

이 유형은 영업 부서에서 수행되는 과제가 대부분이며, '매출액'을 높이기 위해 '판매 수량'이나 '판매 단가', 또는 둘 다를 높이는 게 목적이다. 용어 '판매량'[28]이란 제품이나 상품, 서비스 등이 낱개로 이루어진 경우에 적합한 표현이다. 자동차 부품 제조 회사 경우 제품을 낱개로 묶어 일정 양을 판매하는 것이 아니라 앞으로 3~5년 뒤 신차에 들어갈 부품을 자동차 메이커로부터 한 번에 수주하는 영업('프로그램'이라고 한다)이며, 따라서 본문에서 설명할 '매출액↑'과는 영업 방식에 있어 약간 차이가 있다. 그러나 그 외의 대부분 기업 경우 업종에 관계없이 설명의 범위에 포함된다. 다음은 [표 Ⅱ-13]의 '표준 양식'을 적용해 작성된 '매출액↑'의 예이다.

[표 Ⅱ-14] '표준 양식'을 적용한 '매출액↑'

항목	개선 전		개선 후	비고
계정 과목	매출액	산출 식	–	–
판매량(개)	1,200		1,600	400개 증대
판매 단가($)	150		152	2달러 인상
매출액(백만)	180		231.04	51.04 증가
추가 투입액(백만)	–		–	없음
환율(원/1$)	1,000		950	기준 환율	–

[표 Ⅱ-14]는 리더에 의해 영업 수주 과제가 완료된 후 재무성과를 평가하기 위해 '효과 평가 전문가'가 확인한 기본 정보이다(로 가정한다). 본 예는 주요 변수인 '판매량', '판매 단가', '환율' 변동을 고려하기 위해 셋 모두를 포함시켰으며, 따라서 수행된 과제가 '판매량' 또는 '판매 단가'만 변동시켰거나 '환율'의 산정이 불필요한 경우, 이후 설명에서 해당 항목만 빼고 고려하면 된다. 표에서 '항목' 열의 내용은 [표 Ⅱ-13]의 '비고'란을 참고해 영업에서 쓰이는 용어로 바꾸었다. '산출 식'란은 아직 확정되지 않았으므로 잠시 빈 공간으로 두었고, 과제 수행 중 추가로 투입된 비용은 없는 것으로 가정하였다. 과제 수행 결과 '판매량'은 '400개(1,200 → 1,600)' 늘었으며, '판매 단가'도

---

28) 이후부터 '판매 수량'과 동의어로 사용할 것이다.

'2달러(150 → 152)' 인상되었음을 알 수 있다. 과제 수행 전후의 원/달러 '환율'은 '50원(1,000 → 950)' 떨어진 것으로 가정한다. 이어서 '판매량↑'과 '판매 단가↑'의 '산출 식'을 나누어 설명할 텐데 만일 과제 수행 결과가 '판매량'과 '판매 단가' 모두의 향상을 이룬 경우라면 이때는 각각을 분류하여 산정한 뒤 합을 구한다.

'판매량↑'의 '산출 식'에 대해 알아보자. 개선 후 '판매량'의 증대 효과를 정확하고 객관적으로 확인하기 위해서는 증대된 양만큼을 과제 수행 전의 기준(판가, 환율)으로 환산하는 것이 가장 합리적이다. 그렇지 않고 증대된 양에 대해 개선 후의 '판매 단가'와 '환율'을 적용해 성과 검증이 이루어진다면 '판매 단가'와 '환율'이 바뀔 경우 과연 순수 '판매량'의 효과인지 아니면 '판가' 또는 '환율'의 효과인지 확인할 길이 없다. 이와 같은 당위적인 개념과 '4.3. 산출 식 마련의 기본 원칙' 중 '제 1원칙'인 "과제 수행 전후의 증감을 화폐액으로 평가함"을 적용하면 다음과 같은 '산출 식'의 기본 틀을 마련할 수 있다.

(개선 후 '판매량' − 개선 전 '판매량')×개선 전 '판매단가×개선 전 '환율'   (Ⅱ.7)

그런데 식 (Ⅱ.7)에는 치명적 결함이 있다. 즉 산식은 순수 '판매량'의 증대 효과만 고려하는 데 반해, '판매량'을 구성하는 '제품들'의 제조 및 판매 활동에 들어간 다양한 비용의 효과는 제해주지 않고 있다. 이것은 '4.3. 산출 식 마련의 기본 원칙' 중 '순 재무성과' 경우 그에 들어간 '투입 비용'은 빼야 한다는 '제 4원칙'에 위배된다. 바로 이런 고민 해결이 산출 시 장애 요소로 작용하는데, 가장 합리적인 해법은 과제 수행 전 '손익 계산서'에 존재하는 '이익률'을 곱해주는 것이다. '이익률'이란 회사가 이룬 한 해 동안의 성과, 즉 모든 비용을 감안하고 나온 결과 값의 비율[29]이므로 개별 과제 성과에 대해 이 비율을 곱해줌으로써 중간 비용에 대한 처리를 간소화하고, 합리적인 기여액을 산출하는 데 도움을 준다. 그런데 '이익률'에는 '영업 이익률', '공헌 이익률(한계 이익률)', '경상 이익률', '세전 이익률(법인세 비용 차감 전 순이익률)', '당기 순이익률' 등 여러 종류가 있으며, 이들 중 어떤 것을 선택해야 할지가 또 하나의 고민거리다.

필자는 「본론」의 초반부인 '2.1. 회계(會計, Accounting)와 금전적 효과 평가'에서 '효과 평가 전문가'의 과제 평가는 내부 관리 목적의 '관리 회계'에 근접하다는 것을 피력한 바 있다. 과제 수행을 통한 성과 평가가 내부적 관리 목적의 성향을 띠므로 법인세 등과 같은 회사 외적 영향들까지 고려해 순 재무성과를 평가할 필요는 없을 것 같다('당기 순이익률' 제외). 만일 기업의 이익 성향이 '영업 이익 → 경상 이익 → 세전 이익 → 세후 이익' 순으로 줄어든다면 보수적으로 판단해 역으로 선택해오는 것도 한 방법이 될 수 있다. 예를 들어 외부 영향을 배제한 직접적 과제 성과를 가장 보수적으로 검증해내려면 '세전 이익률'을, '영업 이익'의 중요성을 강조한다면 '영업 이익률' 또는 'EBIT(Earnings before Interest and Taxes)율'을 선택하는 식이다. 국내 대부분 기업의 경우 '판매량'의 직접적 성과를 강조하는 차원에서 '세전 이익률'을 선호하는 편이다. 그러나 이 시점에 '공헌 이익률(Contribution Profit, 한계 이익률)'에 대해서도 심도 있게 검토해볼 필요가 있다.

'공헌 이익(한계 이익)'은 "매출액에서 비례적으로 자동 지출되는 변동비를 제외한 금액"이며, 손익 관리에서 매우 중요한 개념이다. "고정비를 회수하는 힘"이라고도 하며 '한계 이익>고정비'일 때 이익이 발생한다. 참고로 '변동비'와 '고정비'는 '원가 행태', 즉 조업도에 따른 원가의 분류 방식이며 다음 [표 II - 15]는 대표적인 '원가의 분류' 방식 예이다.

---

29) 사실 '비용'뿐만 아니라 다양한 '손익(영업외 손익, 특별 손익 등)'도 감안된 결과이다.

[표 Ⅱ-15] 원가의 분류

발생 형태에 따른 분류	원가 행태에 따른 분류	추적 가능성에 따른 분류
▪ 재료비 ▪ 노무비 ▪ 경비	▪ 변동비 ▪ 고정비 ▪ 준변동비 ▪ 준고정비	▪ 직접비 ▪ 간접비

'공헌 이익'에 대한 이해를 돕기 위해 [표 Ⅱ-14]에 '변동비'와 '고정비'를 포함시켜 각 '이익'을 간단히 산출해보았다. 다음 [표 Ⅱ-16]은 그 예이다.

[표 Ⅱ-16] '공헌 이익(한계 이익)' 산출 예

항목		개선 전		개선 후	비고
계정 과목		매출액	산출 식	-	-
판매량(개)		1,200		-	-
판매단가($)		150		-	-
매출액(백만)		180		-	-
변동비 (백만)	재료비	78		-	-
	노무비	12		-	-
	경비	19.2		-	-
	기타	4.8		-	-
	합계	114		-	-
공헌(한계) 이익		66백만(36.67%)		-	-
고정비(백만)		45		-	-
세전 이익(백만)		21(11.67%)		-	-
추가 투입액(백만)		-		-	-
환율(원/1$)		1,000		-	기준 환율	-

※ '변동비'와 '고정비' 외의 모든 손익(영업외 손익, 특별 손익 등)은 '0'으로 가정

'총 원가' 개념에서 개선 전 '세전 이익'은 '2천1백만 원'을 나타내고 있다. 만일 [표 Ⅱ-16]이 아닌, 경기가 너무 나빠져 판매가 거의 이루어지지 않는 상황에서 한 고객이 이전 단가 '150달러'를 '130달러'로 낮추고 수량은 동일한 개수만큼 판매해줄 것을 요청해왔다면 예상되는 결과는 다음 [표 Ⅱ-17]과 같다.

[표 Ⅱ-17] '공헌 이익(한계 이익)' 산출 예-판매 단가 인하

항목		개선 전		개선 후	비고	
계정 과목		매출액	산출 식	−	−	
판매량(개)		1,200		1,200	−	
판매단가($)		150		130	−	
매출액(백만)		180		156	−	
변동비 (백만)	재료비	78		78	−	
	노무비	12		12	−	
	경비	19.2		19.2	−	
	기타	4.8		4.8	−	
	합계	114		114	−	
공헌(한계) 이익(백만)		66(36.67%)		42(26.92%)	−	
고정비(백만)		45		45	−	
세전 이익(백만)		21(11.67%)		−3(−1.92%)	−	
추가 투입액(백만)		−		−	−	
환율(원/1$)		1,000		1,000	기준 환율	−

※ '변동비'와 '고정비' 외의 모든 손익(영업외 손익, 특별 손익 등)은 '0'으로 가정

[표 Ⅱ-17]을 보면 '총 원가('변동비'와 '고정비' 고려)' 개념에서 고객의 요청을 받아 판매가 이루어질 경우 '3백만 원'의 손실이 예상되지만 '공헌 이익' 관점에서는 '4천2백만 원'의 이익이 예상된다. 이 금액은 '고정비' 4천5백만 원 중 약 '93%'인 4천2백만 원을 회수할 수(건질 수) 있다는 의미다. 만일 '공헌 이익=고정비'이면 '손익 분기점', '공헌 이익<고정비'면 '적자', 그 반대

면 '흑자'이므로 '공헌 이익'이 기업 내 의사 결정을 하는 데 주요 지표로 활용됨은 두말할 나위도 없다. 즉 판매가 거의 발생하지 않는 불경기 속에서 저가 판매라도 해야 옳은지 여부를 판단하는 일 등에 유용하게 활용된다.

이제 주제인 '판매량 증대'의 [표 Ⅱ-14]로 다시 돌아가 보자. 당시 과제 수행 결과 '판매량'이 기존 '1,200개'에서 '1,600개'로 '400개' 증가했다고 가정하였고, 이에 대한 결과를 정리하면 다음 [표 Ⅱ-18]과 같다.

[표 Ⅱ-18] '판매량↑'에 대한 '표준 양식' 적용 예

항목		개선 전		개선 후	비고
계정 과목		매출액	산출 식	–	–
판매량(개)		1,200		1,600	–
판매단가($)		150		152	–
매출액(백만)		180		231.04	–
변동비 (백만)	재료비	78		104	–
	노무비	12		16	–
	경비	19.2		25.6	–
	기타	4.8		12	–
	합계	114		157.6	(단가)95,000→98,500원
공헌(한계) 이익(백만)		66백만(36.67%)		73백만(31.79%)	–
고정비(백만)		45		45	(단가)37,500→28,125원
세전 이익(백만)		21(11.67%)		28(12.31%)	–
추가 투입액(백만)		–		–	–
환율(원/1$)		1,000		950	기준 환율 –

※ '변동비'와 '고정비' 외의 모든 손익은 '0'으로 가정
※ 소수점 절삭 처리로 일부 수치에 약간의 오차 발생

[표 Ⅱ-18]에서 '변동비 합계'는 개선 전과 후의 '판매량↑'에 따른 증가가, '고정비'는 일정함을 알 수 있다(단, 수량 증대에 따른 '기타 변동비'의 추가 부담을 가정하였고, 이때 '고정비 단가'는 감소함). '공헌 이익'은 '판매량

↑' 영향으로 '고정비' 4천5백만 원을 회수하고도 남을 수준이므로 '세전 이익'의 증가로 이어진다. 특히 '세전 이익'이 '판매량↑'임에도 불구하고 '영업외 손익'이나 '특별 손익' 등으로 적자가 될 수 있어 '공헌 이익률(한계 이익률)'의 적용이 개선을 확인하는 데 매우 의미 있는 접근이라 할 수 있다. 지금까지 검토된 내용을 토대로 '판매량↑'을 위한 '산출 식'은 다음과 같이 설정한다.

· '판매량↑'을 위한 산출 식 →

(개선 후 판매량－개선 전 판매량)×개선 전 판매단가×개선 전 환율×개선 전()이익률

☞ '( )이익률'은 다음 중에서 기업 상황에 맞게 선택하되 가장 보수적 견지 유지
  ─ 공헌 이익률
  ─ 영업 이익률 or EBIT율(그 외에 EBITDA율)
  ─ 세전 이익률(법인세 비용 차감 전 순이익률)
☞ 만일 선택한 이익률이 '0' 이하일 때, '공헌 이익률'을 선택. 이 경우도 보수적 견지 유지하기 위해 적용될 '공헌 이익'에 20~50%까지의 할인율 적용
☞ '매출액'으로 평가된 경우 개선 전후 매출액 차액에 '() 이익률'을 곱해 산정
☞ '제 4원칙'에 의거 '추가 투입 비용'과 '역효과'가 있다면 차감. 예를 들어, 증대된 판매량으로 인해 타 제품 판매량이 명백히 줄어드는 것으로 확인되면 '역효과' 양만큼 차감. '추가 투입 비용' 예로는 '광고 판촉비', '장려금' 등이 있음

참고로 'EBIT'은 'Earnings before Interests and Taxes'의 첫 알파벳 문자를 모아 만든 회계 용어다. "이자 비용 및 법인세 전 이익"인데, 기존의 재무제표 작성은 '손익 계산서' 및 '대차대조표'의 표기 순서와 계정 과목이 '규정 중심 회계'인 'K‑GAAP'의 정해진 규칙에 따라 나열되었지만, 국제회계기준위원회(IASB)가 2007년 12월 제정하고 공표한 IFRS(국내는 2008년 10월에 공표

한 '원칙 중심 회계'인 'K-IFRS')를 2011년부터 모든 상장사들이 의무적으로 적용하도록 규정이 바뀌었다. 이때 'K-GAAP'와 'K-IFRS'의 가장 큰 차이가 '영업 이익' 작성인데 전자는 '영업 이익'을 '매출 총이익-판관비'로 얻지만, 후자는 '일반 관리비'와 '영업외 손익' 중 영업과 관련된 과목을 '영업 이익'으로 재분류할 수 있다. 좀 더 풀어쓰면 기존의 '손익 계산서'엔 '영업외 수익'과 '영업외 비용'이 포함돼 있지만, 새로운 방식엔 '영업외 손익'의 세부 항목들 중 영업과 관련된 '수익'과 '비용'은 모두 '영업 이익'에 가감해준다. 이렇게 탄생한 '영업 이익' 대응 계정 과목이 바로 'EBIT'이다. 일반적으로 "EBIT=이자비용+법인세+순이익"으로 나타낸다. 좀 더 관심 있는 '효과 평가 전문가' 또는 리더는 관련 자료를 참고하기 바란다.

최종 마련된 '판매량↑'의 '산출 식'을 토대로 [표 Ⅱ-14]의 판매량 증대 과제에 대한 재무성과 산정은 다음 [표 Ⅱ-19]와 같다.

[표 Ⅱ-19] '판매량↑'에 대한 재무성과 산정 예

항목	개선 전		개선 후	비고	
계정 과목	매출액	산출 식	(개선 후 판매량-개선 전 판매량)×개선 전 판매단가×개선 전 환율×개선 전()이익률		
판매량(개)	1,200		1,600	400개 중대	
판매단가($)	150		152	2달러 인상	
매출액(백만)	180		231.04	51.04 증가	
추가 투입액(백만)	-		-	없음	
환율(원/1$)	1,000		950	기준 환율	1,000
재무성과(원)	(1,600-1,200)×150×1,000×0.1167=7,002,000			금액(백만)	7,002

※ 이익률은 [표 Ⅱ-18]의 개선 전 '세전 이익률' 적용

[표 Ⅱ-19]에서 '판매량↑'에 따른 최종 '재무성과'는 약 '7백만 원'인 것으로 파악되었다. '제 3원칙'인 기간 '12개월'의 적용은 생략하였다.

'판매 단가'는 '판매가' 또는 '판가'로도 불리며 이후부터 편의상 '판가'로 기술하겠다. '판가'에 대한 재무성과를 논하기 위해 [표 Ⅱ-14]를 다시 옮겨 놓았다.

[표 Ⅱ-20] '표준 양식'을 적용한 '매출액↑'

항목	개선 전		개선 후	비고
계정 과목	매출액	산출 식	–	–
판매량(개)	1,200		1,600	400개 증대
판매단가($)	150		152	2달러 인상
매출액(백만)	180		231.04	51.04 증가
추가 투입액(백만)	–		–	없음
환율(원/1$)	1,000		950	기준 환율 –

[표 Ⅱ-20]은 '판가'가 '2달러' 높아졌으며, 과제 리더의 노력에 의해 나타난 명확한 성과로 인정된 경우이다(로 가정한다). 증액된 '판가'란 그 자체가 추가 '현금'의 유입[30]으로 볼 수 있다. 이것은 '판매량' 증대의 경우와 개념에 차이가 있는데, 순수 증대된 '판매량'은 바로 화폐액이 아니므로 환산 과정 중에 그에 속한 '비용'과 '수익'을 가감함으로써 최종 이익 규모를 얻어냈지만, 순수 증대된 '판가'는 그 자체가 화폐액이므로 최종 이익에도 그만큼의 규모가 부가되는 결과로 나타난다. '손익 계산서'의 어느 단계에서든 현금이 유입되면 그 양만큼은 그대로 이익에 반영되는 꼴이다. 따라서 '판가↑'에 대한 산출 식은 다음과 같이 정리할 수 있다.

---

30) 정확히는 매출 채권 등 '현금'과 거리가 있으나 여기서는 유입액을 강조하기 위해 '현금'이란 표현을 사용하고 있다.

```
· '판가↑'를 위한 산출 식 →

  (개선 후 판가－개선 전 판가)×개선 전 환율×개선 후 판매량±(  )

    ☞ '±(  )'는 개선 후 '판매량 제품'의 원가에 변동이 있었다면 반영(단, 회사 상황
       에 따라 결정토록 함)
    ☞ '판매량'이 과제 실적으로 확인되지 못할 경우, 사업 계획 상 '판매량' 적용
    ☞ '제 4원칙'에 의거 '추가 투입 비용'과 '역효과'가 있다면 차감
```

일부 기업에서는 수출품의 환율 변동을 고려한 전략적 판단도 과제 영역에 포함시키고 있어 '환차 손익' 역시 재무성과에 반영하는 경우도 있으나, 이것은 예외적인 상황으로 간주할 것이다. 본문에서는 '제 5원칙'을 그대로 반영한다.

최종 마련된 '판가↑'의 '산출 식'을 토대로 [표 Ⅱ－20]의 '판매 단가' 인상 과제에 대한 재무성과 산정은 다음 [표 Ⅱ－21]과 같다.

[표 Ⅱ－21] '판가↑'에 대한 재무성과 산정 예

항목	개선 전		개선 후	비고	
계정 과목	매출액	산출 식	(개선 후 판가－개선 전 판가)× 개선 전 환율×개선 후 판매량±()		
판매량(개)	1,200		1,600	400개 증대	
판매단가($)	150		152	2달러 인상	
매출액(백만)	180		231.04	51.04 증가	
추가 투입액(백만)	－		－	없음	
환율(원/1$)	1,000		950	기준 환율	1,000
재무성과(원)	(152－150)×1,000×1,600=3,200,000			금액(백만)	3.2

[표 Ⅱ－21]에서 '판가↑'에 따른 최종 '재무성과'는 약 '3.2백만 원'인 것으로 파악되었다. '제 3원칙'인 기간 '12개월'의 적용은 생략하였다.

4.5.3. 유형 분류 '매출 원가↓' → '총 제조 원가↓/재료비↓' 산출 식

본 소단원에서는 '매출 원가↓'에 대해 알아본다. '매출 원가↓'는 다시 '총 제조 원가↓'와 '재고액↕'으로 구분되며, '매출 원가↓'의 유형 분류를 상기하기 위해 접근법을 다음에 다시 옮겨놓았다.

· **매출 원가↓** (필자) 기업의 내부 활동(생산 등)에 한정하며, '매출 원가'를 낮추기 위해서는 '총 제조 원가'가 낮아지거나 '재고액'의 최적화가 요구된다. 만일 리더가 수행한 과제의 결과가 생산 등 내부 활동이면 재무성과는 다음의 관계를 통해 산정돼야 한다.

☞ 유형 분류: 매출 원가↓ ∝ (총 제조 원가↓, 재고액↕). 이후 2차, 3차 분류는 [표 Ⅱ-11] 참조
☞ '↕'는 '재고'가 너무 많아도, 적어도 안 되는 '최적화'의 요구를 표현한 것임

'총 제조 원가↓'와 '재고액↕' 각각의 하위 유형들에 대해서는 [표 Ⅱ-11]에 상세히 기술하였다. 우선 '총 제조 원가↓' 경우 이어지는 2차 분류로써 '재료비(자재비)', '노무비', '경비(판관비)'로 나뉘며, 참고로 '판관비'는 '총 제조 원가'의 '경비' 계정 과목과 일맥상통하므로 함께 묶어 고려하는 것으로 설명한 바 있다. '3차 분류'로 '재료비'는 5개의 유형이, '노무비'는 1개 유형, '경비(판관비)'는 5개 유형이 존재한다. 다음 [표 Ⅱ-22]는 [표 Ⅱ-11] 분류 중 '총 제조 원가↓' 부분만 떼어 옮겨놓은 것이다.

[표 Ⅱ-22] '매출 원가↓' 중 '총 제조 원가↓/재료비, 노무비, 경비'에 대한 유형

유형 분류			관련 부서
1차	2차	3차	
매출 원가 ↓	총 제조 원가 ↓	▪ 구매 단가 인하	구매부서
	재료비 (자재비)	▪ 자재 소요량 감소 ▪ 구조 변경을 통한 절감	구매부서, 개발부서
		▪ 자재 손실률 감소 ▪ 자재 폐기량 감소 ▪ 자재 재활용량 증대	생산부서
	노무비	▪ 인건비 절감 ▪ M/H 절감	생산부서, 인사부서 등
	경비 (판관비)	▪ 외주비 절감	생산부서, 개발부서 등
		▪ 물류비 절감(포장비 절감, 운반비 절감, 유지 관리비 절감)	영업부서, 구매부서
		▪ 연구 개발비 절감(개발 비용 절감, 시험생산 비용 절감, 라인 교체비용 절감 등)	연구/개발부서
		▪ 투자비 절감	생산부서, 투자기획
		▪ 기타 비용 절감	관련부서

'재료비(자재비)'에는 '3차 분류'로 '구매 단가 인하', '자재 소요량 감소', '구조 변경을 통한 절감', '자재 손실률 감소', '자재 폐기량 감소', '자재 재활용량 증대'가 있다. 이들의 '산출 식'에 대해 각각 알아보자.

◎ '**구매 단가 인하**'는 '원자재(Commodity)' 또는 '원재료(Raw Material)'의 구입 시 단위당 가격의 절감 효과를 의미한다. 통상 최종 소비자에게 인도되는 물품을 '제품(상품, 완제품)'이라 한다면 그에 도달하기까지 필요한 원천들은 '자원(지하 자원, 천연 자원) → 원자재(원재료) → 반제품(중간재) → 제

품' 과정을 거친다. 그러나 '구매 단가 인하'의 대상은 기업에서 필요한 모든 물품 구매에 동일한 잣대로 적용될 수 있으므로 굳이 제품 제작에 들어갈 원자재(원재료)나 소모성 자재의 경우를 따로 구분할 필요는 없다. 즉 기본적으로 기업에서 구매하는 모든 물품을 산정 대상에 포함시킨다. 단, 협력 업체 담당자와의 단순 인하 요구를 통해 단가가 절감되는 과제는 '제 6원칙'인 '효과 평가 전문가'의 평가 대상에 포함되지 않을 수 있으므로 애당초 제외하거나 관련 부서와 협의를 거치는 과정이 필요하다.

· '매출 원가↓/총 제조 원가↓/재료비↓' 중 '구매 단가 인하'를 위한
  산출 식(일반형) →

(개선 전 구매 단가－개선 후 구매 단가)×개선 전 환율×개선 후 (　)량－(　)

☞ '개선 후 (　)량' → 손익의 영향은 개선이 완료된 후 구매품이 반영된 제품(상품)의 '매출 수량' 적용이 원칙. 단 '매출 수량' 파악이 불가할 경우 '투입량'을, '투입량'도 불가할 경우 '입고량', 이도 어려울 경우 '생산량', '사업 계획 수량' 순으로 적용

☞ '제 4원칙'에 의거 '추가 투입 비용'과 '역효과'가 있다면 차감. 예로, 위의 산출 식 중 '－(　)'는 투자비가 수반될 경우 '[투자비×(1＋이자율)/내용연수]'만큼 차감

구매 단가, 구매량 등 구매 관련 IT 인프라가 잘 구축된 기업 경우 재료비 변동과 연동한 원가 절감 산출이 가능한데 만일 전사적으로 '재료비 결산 기준'을 마련하면 수작업으로 인한 원가 절감 허수를 방지하고 투명성 향상에 기여할 수 있다. '재료비 결산 기준'에는 '단가', '수량', '환율' 같은 기본 정보의 결정과 실적 단가 시점, 기준 단가 결정 방법 등이 포함되며 각 구매 대상들은 모두 시스템에서 관리되는 '자재 코드'의 변경 상태를 통해 원가 절감

수준을 가늠한다. 한마디로 객관성을 최대한 확보함으로써 재료비 절감의 경영 기여도를 분리해낼 수 있다. 물론 이 같은 접근은 사전 공론화와 기준 마련을 위한 TFT 활동이 요구된다. 다음은 IT 시스템을 통한 '기준 단가' 관리가 가능한 경우의 산출 식을 정리한 예이다.

· '매출 원가↓/총 제조 원가↓/재료비↓' 중 '구매 단가 인하'를 위한 산출 식
  (IT 시스템 운영을 통한 자재 코드 관리형) →

(기준 단가 – 실적 단가) × 기준 환율 × 수량

☞ 기준 단가 → 매년 특정 월의 입고 평균 단가 등으로 설정. 입고 실적이 없는 경우 직전 6개월 중 가장 최근 월 입고 단가. 만일 특정 월 이후 발생하는 신규 대상 경우 최초 월의 입고 평균 단가 적용. 단, 자재 코드 변경 시 그 이력이 IT 시스템 내에서 관리되는 경우만 '기준 단가'를 변경할 수 있으며, 그 외의 경우 '기준 단가'의 임의 변경은 불가
☞ 실적 단가 → 재무성과 산출 시점의 당월 입고 평균 단가를 적용. 단, 단가 변동이 심한 구매 대상의 경우 '수불 단가' 적용도 가능
☞ 수량 → 대상 품목의 당월 생산 입고 수량(제품 재공 제외)을 적용

또 해외로부터 품목을 구매하는 경우 환율 변동으로 인한 환차손을 줄이거나 환 Cover를 목적으로 결재 통화를 변경하는 등의 전략적 대응도 가능한데 만일 과제 요건인 「산출 식 마련의 제 6원칙」에 위배되지 않는 선에서 단순 의사 결정이나 정책적 수단으로 결재 통화를 바꾼 것이 아니라면 환차를 재무성과로 인정한다(과제 예로써 원가 절감을 수행하던 중 결재 통화 변경이 개선 항목들 중 하나로 포함되는 경우 등). 단, 제어 불가한 변수들의 정의인 「산출식 마련의 제 5원칙」에 저촉되는지 여부도 사전에 꼭 제고해볼 사항이니 참고하기 바란다. 다음은 '결재 통화 변경' 시 재무성과 산출 식을 요약한 것이다.

· '매출 원가↓/총 제조 원가↓/재료비↓' 중 '구매 단가 인하'를 위한 산출 식(결재 통화 변경형) →

[기준 단가－(실적 단가÷실적 환율)]×기준 환율×수량

☞ 당월 화폐 단위를 '기준 월'의 화폐 단위로 변경하며, 이때 환율은 당월 실적 환율을 적용함

'구매 단가 인하'의 또 다른 예가 해외로부터의 외자재를 내자 국내 업체 개발로 전환해 원가 절감을 이루려는 접근인데, 이와 같이 협력 업체 개발 노력은 구매부서의 과제로 자주 등장하는 유형 중 하나이다. 다음은 산출 식을 정리한 예이다.

· '매출 원가↓/총 제조 원가↓/재료비↓' 중 '구매 단가 인하'를 위한 산출 식(내자 업체 개발형) →

[국산화 전 단가×(1+(수입부대비율+관세율))×기준 환율－(국산화후 단가÷실적 환율)]×생산 수량

☞ 단, 외자 업체이나 국내 지점으로 전환하여 외화로 결재하는 경우는 '구매 단가 인하를 위한 산출 식'들 중 '일반형'에 준함

'구매 단가 인하'가 포함된 계정 과목은 [표 Ⅱ－6]의 '손익 계산서' 내 '판매비와 관리비/소모품비, 사무용품비 등' 일부와, [표 Ⅱ－8]의 '제조 원가 명세서' 내 '재료비/원재료비, 부재료비 등' 및 '경비/소모품비, 사무 용품비 등' 일부와 관계한다. '효과 평가 전문가'의 성과 평가 시 현재 산정하고 있는 대

상이 계정 과목 중 어느 항목에 관계하는지 늘 연계성을 따질 필요가 있는데 그래야 계산상의 오류도 줄이면서 과제 리더로 하여금 본인의 과제 수행이 회사 손익에 어느 정도 기여하는지 명확하게 인지시킬 수 있다. 이와 같은 의사소통은 '효과 평가 전문가'나 과제 수행 주체인 리더가 더 높은 재무성과를 창출하려는 노력에 긍정적인 활력소로 작용한다.

다음 [표 Ⅱ-23]은 [표 Ⅱ-13]의 '표준 양식'을 사용한 산정 예를 보여준다.

[표 Ⅱ-23] '구매 단가 인하'에 대한 재무성과 산정 예

항목	개선 전		개선 후	비고	
계정 과목/품명	재료비/AA	산출 식	(개선 전 단가-개선 후 단가)×개선 전 환율×개선 후 ( )량-( )		
입고량(개)	400		450	50개 증가	
구매 단가($)	148		145	3달러 인하	
구매액(백만)	59.2		63.945	4.745백만 증가	
추가 투입액(백만)	—		—	없음	
환율(원/1$)	1,000		950	기준 환율	1,000
재무성과(원)	(148−145)×1,000×450=1,350,000			금액(백만)	1.35

[표 Ⅱ-23]의 '계정 과목'은 핵심만 기술하였으나 공간을 추가해서 '품명'과 같은 상세 이력을 표기하는 것도 권장한다. 본 예는 '실제 판매량'의 정보 획득이 어렵다고 판단해 '실제 판매량' 대신 '입고량'을 사용하였다(고 가정한다). '기준 환율'은 '산출 식'에 있는 그대로 '개선 전 환율'을 적용하였으나 '사업 계획 환율' 등 사내에서 통용되는 기준 값을 사용할 수 있다. 물론 상황에 따라 변동하지 않도록 공론화는 기본이고 명확한 표준화도 전제돼야 한다. '제 3원칙'인 기간 '12개월'의 적용은 생략하였다.

◎ '**자재 소요량 감소**'는 비용을 줄이는 여러 전략적 접근 중 하나로 '소요량'을 줄인 결과는 구매 단가의 변동이 없더라도 단위당 양이 줄므로 전체 구매 비용이 줄어드는 긍정적 효과를 낳는다. 사용 중인 전력을 줄이든, 용수를 줄이든 또는 원자재 수를 줄이든 그 효과와 접근 방식엔 차이가 없지만 본문은 제품에 들어가는 원자재(원재료)의 경우만 대상으로 하고 유틸리티 등은 별도 공간을 마련할 것이다. 관련된 계정 과목은 '제조 원가 명세서' 내 '재료비/원재료비, 부재료비 등' 일부와 관계한다. '산출 식'은 다음과 같이 정의한다.

· '**매출 원가↓/총 제조 원가↓/재료비↓**' 중 '**자재 소요량 감소**'를 위한 산출 식 →

(개선 전 단위당 소요량－개선 후 단위당 소요량)×개선 전 단가×개선 전 환율×개선 후 (　)량－(　)

☞ '자재 소요량'의 대상은 단위당 '원/부자재 양', '부품 수' 등 구매 중인 원자재 대부분을 포괄함

☞ '개선 후 (　)량' → 손익의 영향은 개선이 완료된 후 구매품이 반영된 제품(상품)의 '매출 수량' 적용이 원칙. 단 '매출 수량' 파악이 불가할 경우 '투입량'을, '투입량'도 불가할 경우 '입고량', 이마저 어려울 경우 '생산량', '사업 계획 수량' 순으로 적용

☞ '제 4원칙'에 의거 '추가 투입 비용'과 '역효과'가 있다면 차감. 예로, 위의 산출 식 중 '(　)'는 투자비가 수반될 경우 '[투자비×(1+이자율)÷내용 연수]'만큼 차감

통상 '소요량'을 줄이기 위해서는 'VE(Value Engineering)'와 같은 '원가 절감 방법론'을 통한 직접적 감소나, 공정 관리에서 수입 검수의 확대, 유실률 감소 등을 통한 간접적 감소의 접근이 유효하다. 이들에 대한 재무성과 산정은 이후에 별도 설명이 있을 예정이다. 참고로 'VE'는 단위 제품에 들어가는 '보조 기능'의 부품들을 없애거나 대체함으로써 원가 절감 효과를 얻는 방법론이다. [표 Ⅱ-24]는 동일 부품의 수를 줄였을 때 얻을 효과의 산정 예이다.

[표 Ⅱ-24] '자재 소요량(부품 수) 감소'에 대한 재무성과 산정 예

항목	개선 전		개선 후	비고	
계정 과목/품명	재료비/A품	산출 식	(개선 전 단위당 소요량－개선 후 단위당 소요량)×개선 전 단가×개선 전 환율×개선 후 ()량－()		
부품 수(개)	6		4	2개 감소	
단가($)	10		10	변동 없음	
판매량(개)	1,700		1,810	110개 증가	
추가 투입액(백만)	－		0.1	10만 원 비용 발생	
환율(원/1$)	1,000		980	기준 환율	1,000
재무성과(원)	(6－4)×10×1,000×1,810－100,000=36,100,000			금액(백만)	36.1

'자재 소요량 감소'를 위한 과제 활동으로 기존 단위 제품당 6개 들어가던 부품이 개선 후 4개로 약 33%(2개) 줄었으며, 이로 인한 재무성과가 36.1백만 원 발생하였다. 투입 비용이 10만 원 들어간 것으로 가정하였으며, 연간 효과 산정(12개월 반영)은 생략하였다.

◎ '**구조 변경을 통한 절감**'은 제품의 기존 구조를 변경함으로써 원가 절감 효과를 내는 유형이다. 주로 'VE(Value Engineering)'와 같은 '원가 절감 방법론'을 통하는 경우가 대부분이지만 '효과 평가 전문가'의 평가 관점에선 결과론적으로 '부품 대체'로 나타난 '단가 하락'과 '부품 수량'을 줄여 나타난 '소요량 감소' 두 경우로 요약된다. 만일 구조 변경을 통한 결과가 현재 적용 중인 부품과 기능은 동일하면서 단가만 저렴한 부품으로 대체되었다면 앞서 설명한 '구매 단가 인하'의 '산출 식'을 적용한다. 또 구조 변경을 통한 결과가 '부품 수'를 줄인 결과로 나타났다면 '자재 소요량 감소'의 '산출 식'을 적용한다. 따라서 어느 경우든 [표 Ⅱ-23]과 [표 Ⅱ-24]의 과정을 거쳐 재무성과가 산정된다. '재료비 절감'은 '부품 수'를 줄이거나 '부품 단가'를 낮추는 접근밖에 없으므로 '구조 변경을 통한 절감'뿐만 아니라 이어서 설명될 '자재

손실률 감소', '자재 폐기량 감소', '자재 재활용량 증대'들의 활동들 역시 같은 맥락에서 고려된다. 만일 구조 변경이 '단가'뿐 아니라 '소요량'의 변경도 가져왔다면 앞서 정리된 「''구매 단가 인하'를 위한 산출 식(일반형)」에 줄어든 '소요량'만큼을 포함시켜 다음과 같이 정리한다.

· '매출 원가↓/총 제조 원가↓/재료비↓' 중 '구조 변경을 통한 절감'에 대한 산출 식 →

(개선 전 단가 - 변경 후 단가)×소요량×(생산)수량

☞ 대상 품목의 추가, 삭제, 소요량 변경의 경우 기준 BOM 대비 실적 BOM을 비교하여 산출
☞ 정책적 의사 결정으로 변동된 '재료비'는 대상에서 제외
☞ 신 모델 경우 BOM이 구성돼 있거나 생산 실적이 있을 경우 상기 산출 식 적용. 단, 신제품 등 기존 제품군이 없는 경우 '개선 전 단가'는 1) 상품 기획 시 단가, 2) 개발 목표 단가, 3) 구매 검토 단가 순으로 적용. 이때 '변경 후 단가'는 '실적 단가'가 됨

일반적으로 재료비 절감을 위한 방법과 산출 식은 다음과 같은 것들이 있다.

1) CR(Cost Reduction) → 동일 자재 또는 동일 자재 코드의 재료비 절감에 초점
2) VE(Value Engineering) → 규격 변경, 자재 추가, 삭제, 소요량 변경으로 인한 재료비 절감에 초점
3) CVE(Commodity VE) → 개발 단계에서의 개발 및 구매의 공동 원가 절감 활동에 초점(순수 CR, 순수 VE 금액은 제외): 산출 식=기준 재료비 - 실적 재료비 - (순수 CR+순수 VE)
4) GVE(Group VE) → 신제품 개발 단계에서 목표 재료비 달성을 위해 이루어지는 개발 및 구매 공동의 원가 절감 활동에 초점: 산출 식=기준 재료비 - 실적 재료비

◎ '**자재 손실률 감소, 자재 폐기량 감소, 자재 재활용량 증대**'는 모두 '원자재(원재료)'의 유실을 줄여 '원자재(원재료)'를 덜 구매토록 유도하는 접근이다. 즉 '자재 소요량 감소'의 효과를 얻는 방식인데 그 특징을 요약하면 다음 [그림 Ⅱ－27]과 같다.

[그림 Ⅱ－27] '재료비 절감'의 접근 방법들

[그림 Ⅱ－27]에서 '재료비 절감'과 같은 궁극적 목표를 달성하기 위해 '제품'과 '공정(Process)' 관점의 접근이 있고, 관리팀 입장으로 보면 전자는 '연구 개발팀/구매팀'에, 후자는 '공정 개선팀'에 각각 대응한다. 특히 최근의 '구매팀' 경우 과거 생산이나 연구 개발 부서에서 정해주는 원자재(원재료)를 구매 대행하는 수동적 업무에서 Nego뿐만 아니라 직접 '부품 수'를 줄이거나 구조 개선, 심지어 납품하는 협력 업체 공정에 투입돼 원가 절감까지 지원하는 '전략 구매화'가 대세를 이룬다. 직접 원가 절감 효과를 누리는 대안들 중 원자재 단가를 낮추는 일만큼 파급력이 큰 효과도 드물기 때문이다. [그림 Ⅱ－27]에서 실질적 개선 방법으로 각 영역별 '구매 단가 인하'부터 '자재 재활용량 증대' 등이 있으며, 특히 빨간색 글자들처럼 '자재 손실률 감소', '자재 폐기량 감소', '자재 재활용량 증대'들 모두는 '자재 소요량 감소'와 그 성격을 같이한다. 공정 관리에서의 '재료비 절감'도 유사하므로 '산출 식'은 다음과 같이 정리된다.

- '매출 원가↓/총 제조 원가↓/재료비↓' 중 '자재 손실률 감소'를 위한 산출 식 →

(개선 전 자재 손실률－개선 후 자재 손실률)×기간 재료비
  ☞ '기간 재료비'는 내부적으로 결정된 기간 동안의 '총 재료비'임. '제 3원칙'에서
     정의된 기간 동안의 '총 재료비' 등의 적용 가능

- '매출 원가↓/총 제조 원가↓/재료비↓' 중 '자재 폐기량 감소'를 위한 산출 식 →

(개선 전 폐기 수량－개선 후 폐기 수량)×원자재(원재료) 단가
  ☞ '원자재(원재료) 단가'는 일. 월. 연 등의 총 기간 단가 적용 가능

- '매출 원가↓/총 제조 원가↓/재료비↓' 중 '자재 재활용량 증대'를 위한 산출 식 →

[재활용 수량×원자재(원재료) 단가]－재활용 비용
  ☞ 재활용 대상은 불용 자재에 한함

만일 공정 개선 차원에서 '자재 손실률 감소', '자재 폐기량 감소', '자재 재활용량 증대'가 아닌 '자재 수율' 관점에서 관리가 이루어진다면 별도의 '산출식'을 마련할 수 있다. 주로 제품을 구성하는 핵심 '원자재(원재료)'가 있어 집중 관리 대상이거나 투입 자재 종류가 많지 않아 종합된 수율 관리가 이로운 경우 등이 해당된다.

- '매출 원가↓/총 제조 원가↓/재료비↓' 중 '자재 수율 향상'을 위한 산출 식 →

[개선 후 자재 (　)량－개선 전 자재 (　)량]×(　)단가

  ☞ '자재 (　)량'은 '자재 구매량'. '자재 투입량' 순으로 적용
  ☞ '(　)단가'는 '원자재(원재료) 구매 단가'. '평균 투입 단가' 순으로 적용

사실 '관리 회계' 측면에서 보면 과제를 통한 원자재(원재료) 감소 효과를 어떻게 측정할지에 대해 다양한 접근이 존재한다. 제시된 '산출 식'을 그대로 적용하기보다 기업에 맞는 모습으로 최적화시키는 노력이 관계된 담당자들의 주요 역할이다.

4.5.4. 유형 분류 '매출 원가↓' → '총 제조 원가↓/노무비↓' 산출 식

다시 [표 Ⅱ-22]로 되돌아가 '총 제조 원가↓'를 위한 두 번째 계정 과목인 '노무비↓'에 대해 알아보자. '노무'는 "임금을 받으려고 육체적 노력을 들여서 하는 일"을 뜻한다. 육체적 노력을 들이는 주체는 '사람'이므로 '노무비'의 핵심 항목은 '인건비'이며, 시간을 단축해 얻을 수 있는 'M/H 비용' 역시여기에 포함된다. 이외에 1회성으로 투입되는 인력들은 '경비'나 '판매비와 관리비' 차원에서 다루어지므로 제조업에선 공정에 투입되는 인력에, 서비스업에선 영업이나 관리직에 투입되는 인력에 한정하는 게 좋다.

언젠가 교육 중에 한 리더가 '성인화'가 무슨 뜻인지 질문한 적이 있다. '효과 평가 전문가'의 평가에도 자주 등장하는 용어다. 사전을 찾아봐도 나와 있지 않고 한자를 풀어쓰면 "사람(人)을 살핀다(省)"인데 문제 해결과 도대체 무슨 연관성이 있는 것인지 알 수 없다는 반응이었다. 이 용어는 2000년도 초 삼성SDI의 '산출 식' 표준 중 '인건비 절감'을 표현하는 용어로 처음 명시됐으며, 이후 지금까지 과제 효과 평가 때 종종 출몰하고(?) 있다. 그러나 사전에도 없는 낯선 용어를 직접 만들었을 리는 만무하고 어딘가에서 가져왔을 터인데 당시 삼성SDI는 일본 기업과의 교류가 많았고, 자연스레 한자어를 포함한 그들의 용어들이 제품이나 공정 관리에 혼용되기 일쑤였다(예로 '무라', 즉우리말 '얼룩' 등). 그러나 꼭 그렇지 않더라도 일본 자동차 제조사인 토요타의 제품 생산 방식, 'TPS(Toyota Production System)'는 국내 제조사라면 모르는 사람이 없을 정도로 유명한 관리 체계인데 사실 '성인화(省人化)'란 바로 'TPS'에서 쓰이는 용어 중 하나다. 이외에 유사하게 쓰이는 용어로 '성력화(省力化)', '소인화(少人化)' 등이 있다.

　'성력화(省力化)'는 네이버 지식 사전에 "…(중략)될 수 있는 한 작업을 기계화하고, 사람의 손을 필요로 하는 작업을 생략하는 것"으로 정의한다. 그러나 이것은 일부 공정을 자동화시킴으로써 예로, 공수를 기존 대비 '0.5'만큼 줄이는 효과는 있으나 사람이 그만큼 편해진다는 뜻이지 사람 수 자체가 줄어드는 개념은 아니다. 즉 자동화를 통한 긍정적 면모 뒤에 원가 절감 측면에선 별로 소득이 없다는 뜻이다. 70년대 초 이전엔 '합리화'란 용어를 쓰던 것이 자동화에 따른 잉여 인력의 감축을 우려한 노동조합 반발을 고려해 새롭게 탄생한 것으로 알려져 있다. TPS가 원가 절감 노력에 크게 이바지한데서 '성력화(省人化)' 대신 '성인화(省人化)'를 선호했음은 당연하다. '성인화(省人化)'는 자동화에 더해 사람까지 줄인다는 뜻이므로 확실한 원가 절감을 이루려는 의지의 표현이다. 이에 반해 '소인화(少人化)'는 인원을 정원화하지 않고 생산량에 따라 6명으로도 4명으로도 대응할 수 있게 만들어놓은 체계이다. '성인화(省人化)'가 현실에 맞게 사람을 정해놓고 운영하다 필요 없게 되자 줄여버리자는 뜻으로 해석될 수 있는 반면 '소인화(少人化)'는 애당초 소인수로 운영함으로써 효율과 인간미 넘치는 환경을 동시에 추구한다. 공정 내 여기저기에 한 명씩 배치돼 운영하는 모습이 마치 효율적인 것처럼 보이지만 이들 3~6명을 한데 모아 팀워크로 관리하면 훨씬 더 나아진다는 것이 바로 '소인화(少人化)' 방식이다.

　'효과 평가 전문가'의 평가에 맞는 용어를 고르라면 앞서 설명한 항목들 중 '성인화(省人化)'가 가장 적합하다. 그러나 '효과 평가 전문가' 제도가 국내에서 태동한 것을 감안하면 굳이 사전에도 없는 용어를 사용할 필요는 없을 것 같다. 따라서 본문에서는 앞으로 '성인화(省人化)' 대신 '노무비'로 통일하고, 하위 항목으로 '인건비 절감'과 'M/H 절감'이 있는 것으로 정의하겠다.

사실 '인건비 절감'이나 'M/H 절감'은 재무성과 평가 시 사용하기에 매우 조심스럽다. 'IMF'와 '금융 위기'란 커다란 파도(?)를 헤쳐 온 국내 대다수의 기업인으로선 '인건비 절감' 표현 자체가 "솎아낸다거나 책상을 치운다"의 의미로 받아들여질 수 있기 때문이다. 특히 노동조합이 발달한 기업 중에선 공정 내 '시간 단축'의 의미가 생산성 향상이란 긍정적 평가 이전에 줄여진 시간만큼 사람도 줄어들 것이란 막연한 우려를 떨쳐버리기 어렵게 만든다. 일본 역시 동일한 역사를 갖고 있다. 따라서 '노무비↓'의 재무성과적 '산출 식' 마련은 투명하고 명확한 정의를 통해 오해나 혼란의 소지를 미연에 방지하려는 노력도 필요하다.

◎ **'인건비 절감'**에 대한 '산출 식'은 다음과 같다.

· '매출 원가↓/총 제조 원가↓/노무비↓' 중 '인건비 절감'을 위한 산출 식 →

Σ_i [(개선 전 인원 수−개선 후 인원 수)$_i$×인당 유지비] − 추가 투입 비용

☞ '인당 유지비'는 급여, 상여, 성과급, 퇴직 급여, 복리 후생비를 포함하거나
☞ 또는, 경영 계획 기준 직급별 인건비를 적용
☞ 해당 인력이 퇴사한 경우만 인정하는 것이 원칙이나
☞ 단, T/O(Table of Organization)가 있는 부서로의 재배치도 재무성과로 인정
☞ 이때, 'T/O'는 인사과 등 담당 부서가 사업 계획 시 반영된 인력 충원 계획 등 공신력 있는 자료를 근거로 할 때만 인정
☞ 첨자 'i'는 직급이 다를 경우 각각의 인원에 맞는 유지비가 반영된다는 뜻임

조직에서 과제 수행을 통해 인건비를 절감한 경우로 '해당 인력이 퇴사한 경우'만 인정한다면 일대 혼란이 야기될 수 있다. 누군가 '인건비 절감' 과제를 수행한다고 알려진 순간 그 이후 재무성과가 난다면 곧 누군가 퇴사를 해야 한다는 논리가 성립하기 때문이다. 그러나 필자의 경험으론 '퇴사시킴'과 같은 극단적(^^) 결과가 나타난 적은 없고, 단지 재배치의 경우가 대부분이었다. 그러나 인사과에서 프로세스 혁신 과제를 통해 차년도 특정 부서의 'T/O'를 줄임으로써 예정된 신입 인력 입사를 줄인 경우는 있었다. 만일 "T/O를 줄이지 않았다면 신입 인력 두어 명이 들어올 수 있지 않았겠느냐?"라고 반문할지 모르지만 그렇게 되면 "부품 소요량이나 생산성 향상 등을 통해 줄어든 원자재 양만큼 협력 업체가 피해를 보는 것 아니냐?"는 좀 이상한 괴변으로 치닫게 되므로 정해지지 않은 인력의 사전 감축적 조치는 너그럽게 인정했으면 하는 바람이다. [표 Ⅱ-25]는 [표 Ⅱ-13]의 '재무성과 산정을 위한 표준 양식'을 이용한 '인건비 절감' 산정 예이다.

[표 Ⅱ-25] '인건비 절감'에 대한 재무성과 산정 예

항목	개선 전		개선 후	비고	
계정 과목	노무비	산출 식	Σ [(개선 전 인원 수-개선 후 인원 수)×인당 유지비]-추가 투입 비용		
인원 수(명)	8		5	3명 줄어듦	
인당 유지비 (만 원/월)	150		150	변동 없음	
추가 투입액 (만 원/월)	-		20	남아 있는 인원의 잔업 증가	
재무성과(원)	(8-5)×1,500,000-200,000=4,300,000			금액(백만)	4.3

(상황)
※ 임의 부서의 개선 전 총 인원 8명 중 과제 수행 결과 5명으로 감축되었으며,
※ 감축된 3명 중, 한 명은 퇴사, 또 한 명은 T/O 있는 부서로 재배치, 나머지 한 명은 업무 경력을 인정받아 T/O 없는 부서로 재배치된 것으로 가정
※ 편의상 직급과 임금은 동일하다고 가정

[표 Ⅱ-25]에서 줄어든 3명 중 퇴사의 경우와 T/O 인정인 2명만이 재무성과 평가 대상이며, 줄어든 인원으로 인한 부서 내 남아 있는 인력의 잔업 증가는 '추가 투입 비용'으로 차감한다. 재무성과는 총 4백3십만 원으로 계산되었다. 만일 산정 예에서 직원별 직급이 다르다면 각각을 고려한 합계를 얻어야 한다. 또 연간 재무성과는 고려되지 않았다('제 3원칙'이 반영되면 12개월 동안의 예상 재무성과를 얻어야 한다).

◎ **'M/H 절감'**에 대한 '산출 식'은 다음과 같이 정의한다.

　・'매출 원가↓/총 제조 원가↓/노무비↓' 중 'M/H 절감'을 위한 산출 식 →

$$\Sigma_i \, [해당 \ 인력의(개선 \ 전 \ 급여 - 개선 \ 후 \ 급여의 \ 개선 \ 전 \ 기준 \ 환산액)]_i - 추가 \ 투입 \ 비용$$

　☞ 경영 계획 기준 직급별 M/H 단가 적용 가능
　☞ 과제 수행의 결과가 공정 또는 포지션별 임금 시간 단축으로 나타날 경우와,
　☞ 적용 기간 내 전후 공정 제품(서비스)의 품질이나 생산량이 일정하거나 증가한 경우에 적용되는 것을 원칙으로 함
　☞ 시간 단축으로 인한 생산량 증가 효과는 '재고액⇑/생산성 증대/가동 시간 효율 향상'에서 별도로 다룰 예정임
　☞ 첨자 'i'는 직급이 다를 경우 각각의 인원에 맞는 급여가 반영된다는 뜻임

　예시된 '산출 식'은 주로 시급제 인력에 적용되는 경우로, 24시간 가동 체계의 공정은 수 명의 인원이 2~3교대로 정해진 시간만큼 업무를 본다. 이때 과제 수행을 통해 시간이 단축됐다면 'M/H 절감'과 '생산성 증대'의 두 가지 효과가 동시에 나타나는데 둘 모두가 발생할 경우 각각을 산정해 합산한 것이 총 재무성과이다. 즉 한 과제에 둘 이상의 성과가 날 수 있으므로 '효과 평가

전문가'의 평가 시 주의 깊게 관찰하는 노력이 필요하다. 다음 [표 Ⅱ-26]은 'M/H 절감'에 대한 산정 예이다.

[표 Ⅱ-26] 'M/H 절감'에 대한 재무성과 산정 예

항목	개선 전		개선 후	비고
계정 과목	노무비	산출 식	Σ [해당 인력의(개선 전 급여−개선 후 급여의 개선 전 기준 환산액)]−추가 투입 비용	
인원 수(명)	5명 2shift(총 10명)		5명 2shift(총 10명)	변동 없음
M/H 단가(원)	5,000		5,000	시급 변동 없음
생산량(개)	2,500		2,500	변동 없음
인원투입시간 (hrs)	16(8/shift)		12(6/shift)	2hrs/shift 줄어듦
할증률(배)	1.3		1.3	야간업무에 부여
추가 투입액 (만 원)	−		30	개선에 투입된 비용 발생
재무성과(원)	10명×5,000×2h×1.3×30일−300,000=3,600,000			금액(백만) 3.6

[표 Ⅱ-26]은 [표 Ⅱ-13]의 '재무성과 산정을 위한 표준 양식'에 '인원 투입 시간(hrs)', '할증률(배)' 행이 추가되었다(엷은 연두색 칸으로 표식). '생산량(개)' 행은 '표준 양식'의 '금액' 행에 대응한다. '생산량=2,500개'로 유지된 상태에서 Shift당 2시간이 줄어들었으며, 그에 대한 재무성과는 3백6십만 원으로 산정되었다. 만일 Shift당 줄어든 시간만큼 다른 업무를 수행하거나 자기 개발을 위한 학습 등에 참여했다면 단축 시간으로 간주하지 않고 따라서 재무성과 산정 대상에서 제외한다. 본 예 역시 연간 재무성과는 고려되지 않았다. [표 Ⅱ-26]이 1개월 동안의 성과를 반영한 것이므로 '제 3원칙'인 기간 설정에 대한 원칙을 반영할 경우 12개월 동안의 예상 재무성과를 얻어야 한다. 따라서 '3.6백만×12개월=43.2백만 원'이 완료 효과에 해당한다.

  제목이 '경비(판관비)'로 둘을 합쳐 표현하였다. '경비'는 '제조 원가 명세서'에 포함된 계정 과목이고, '판관비('판매비와 관리비'의 준말)'는 '손익 계산서'에 들어 있는 과목이다. 또 '제조 원가 명세서'는 '매출 원가'를 산정하는 데 필요한 정보인 반면 '판관비'는 영업 활동에 들어간 비용들의 기록이므로 서로 간 쓰임새나 발생 출처에 분명 차이가 있다. 그러나 [표 Ⅱ-6]의 '손익 계산서' 내 '판관비'와 [표 Ⅱ-8]의 '제조 원가 명세서' 내 '경비' 항목들을 비교하면 큰 차이가 없음을 알 수 있다. 예를 들어 '여비 교통비'가 '판관비'에 포함되든 '경비'에 포함되든 '효과 평가 전문가'의 과제 효과 평가 시 산정 잣대는 동일하다. 따라서 '산출 식' 마련을 위해서는 이들을 함께 묶어 정의해 나가는 것이 효율적이다.

  [표 Ⅱ-22]로 다시 돌아가면 '경비(판관비)'엔 '외주비 절감', '물류비 절감(포장비, 운반비, 유지 관리비)', '연구 개발비 절감(개발 비용, 시험 생산 비용, 라인 교체 비용 등)', '투자비 절감', '기타 비용 절감'으로 나눠져 있다. 사실 '경비(판관비)'의 수많은 내역들 중에서 대표적인 몇몇만을 골라 '산출 식'을 마련코자 하며 그 외의 것들은 유사성을 고려해 필요할 때마다 새롭게 구성하는 것으로 한다.

  ◎ '**외주비 절감**'은 말 그대로 "외부에 일을 맡긴 뒤 그 대가로 지급할 비용을 줄인다"는 뜻이다. '외주비'는 사전에 용어 정의가 없으나 일반적으로 인건비성 외주비인 '외주 용역비'와, 하도급 등과 관련한 외주비인 '외주 가공비'로 나뉜다. 또 '외주 용역비'는 일용직이나 아르바이트 고용 시 지급되는 '잡급'과는 구분된다. '외주비'는 '판매비와 관리비', '제조 원가 명세서'의 '경비' 모두에 포함돼 있는데 외주의 성격(직접 또는 간접)에 따라 제조 경비성 여부를 판단한다. 비용에 대한 절감이므로 '효과 평가 전문가'에 의한 과제 평

가는 개선 전후의 단가가 얼마나 줄어들었느냐의 검증으로 이루어진다. 다음은 '산출 식'을 정리한 것이다.

· '매출 원가↓/총 제조 원가↓/경비(판관비)↓' 중 '외주비 절감'을 위한 산출 식 →

(개선 전 단가-개선 후 단가)×개선 후 외주 수량(물량)

☞ 수량 증대를 통한 단가 인하 시 과제 수행으로 비롯된 것인지 여부 검증
☞ 협력 업체와 공동으로 발생한 이익은 당사 기여분만 인정
☞ 1회성 거래나 단순 Nego.를 통한 성과는 불인정이 원칙

다음 [표 Ⅱ-27]은 '표준 양식'을 이용한 '외주비 절감' 산정 예이다.

[표 Ⅱ-27] '외주비 절감'에 대한 재무성과 산정 예

항목	개선 전		개선 후	비고
계정 과목	경비	산출 식	(개선 전 단가-개선 후 단가)×개선 후 외주 수량	
물량(ton)	4.0		4.0	변동 없음
단가(원/ton)	60,000		52,000	8천 원 절감
금액(만 원)	240,000		208,000	32,000원 절감
추가 투입액	-		100,000	10만 원 투입비용발생
재무성과(원)	(60,000-52,000)×4.0-10,000=22,000			금액(천 원)	22

(상황)
※ 철판의 표면 처리를 위해 A 협력 업체와 주기적으로 거래
※ 과제 수행 결과 A 협력 업체 공정 최적화를 통해 단가 인하 요인 발생(으로 가정)
※ 1회성 평가만 수행(연간 효과를 위해 12개월을 곱하지 않은 결과임)

[표 Ⅱ-27]에서 재무성과는 거래 1회에 한해 산정한 것으로 원칙 적용 시 연간기준인 12개월을 곱해야 실질 성과가 된다. 개선이 1회성 거래로 종료되거나 단순 협상(전화나 이메일 등의 요청)으로 이뤄진 경우라면 평가 대상에

서 제외해야 한다. 과제 완료 후 12개월 동안 사후 관리가 진행되므로 '실적 효과'를 고려할 때 개선의 재현성과 주기성이 확보돼야 하기 때문이다.

◎ '**<u>물류비 절감</u>**'은 회사마다 담당 부서에 차이가 있는데, 해외 수출 또는 수입 시 해상을 거쳐 육로로 운송하는 등의 물류 비중이 큰 기업 경우 '물류 팀' 또는 '로지스틱팀'이 별개로 운영되기도 하고, 규모가 작은 경우 영업부서 의 일개 파트나 팀으로 운영되기도 한다.

경험적으로 원가나 비용 절감 목적의 과제가 집중 추진될 때 물류 쪽을 검 토하면 가히 노다지라 불릴 만도 한데, 가깝게는 포장 비용부터 멀게는 해외 저장 창고나 운송 방법 변경 등으로도 매우 큰 절감 효과를 누릴 수 있다. 모 기업 경우 만성 적자 아이템을 흑자 화하는 과제에서 물류 경로와 절차를 유 리하게 변경하는 것만으로도 흑자가 된 경우가 있으니 그 영향력이 얼마나 큰 지를 짐작하고도 남을 만하다. 늘 정해진 대로 무리 없이 원자재나 완성품이 들어오고 나간다고 해서 문제될 게 없다고 판단하면 큰 오산이다. 자고로 물 류 부문에서 제대로 된 성과를 얻으려면 다양하고 복잡한 계약 관계나 선적 조건, 포장 재료에 대한 이해, 운송 중 발생 가능한 사고 유형 파악, 제품의 특성/구조, 경로 분석 등 전반적 이해가 요구되므로 전체를 꿰뚫는 전문가의 확보는 필수이다. 필자가 연구원 시절 포장 신뢰성에 대해 연구를 수행한 적 이 있는데 컨테이너에 실은 제품이 해상을 통해 적도 근방을 지나면 컨테이너 내부에 결로현상으로 물방울이 모여 호수(좀 과장됐다!)가 만들어지고, 이에 대해 납품 업체는 컨테이너를 열면 폭포수가 쏟아지고 제품들은 녹이 슬거나 못 쓰게 된다고 불만을 토로하곤 했었다. '외부 실패 비용'으로 분류되겠지만 포장 재료 변경이나 컨테이너 내부의 다른 환경 설정, 운송 경로의 변경 등으 로 이런 문제점을 줄일 수 있었으면 물론이다. 제조업 경우 '물류비 절감'은 효과가 매우 클 수 있으므로 '효과 평가 전문가'의 평가에 있어서도 그 빈도가 높은 편이다. '물류비 절감'을 위한 하위 구분으로 통상 '포장비', '운송비', '유지 관리비'가 거론된다. '유지 관리비'는 저장, 보관에 필요한 비용으로 임차료나 금융 비용 등이 포함된다. 다음은 '포장비', '운송비', '유지 관리비'를 통합해 마련한 '산출 식' 예이다.

· '매출 원가↓/총 제조 원가↓/경비(판관비)↓' 중 '물류비', 즉 '포장비/운송비/유지 관리비 절감'을 위한 산출 식 →

[개선 전 (   )비용-개선 후 (   )비용]×개선 후 수량(물량)

☞ '(   )비용' 경우, '포장비'는 '단위당 포장비', '운반비'는 '단위당 운반비'를 적용
☞ '유지 관리비' 경우, 항목이 '임차료'라면 '개선 후 수량(물량)' 항은 제외
☞ 특히, '임차료 절감' 시 현 계약이 유지되는 상황은 계약 종료 후를 대상으로 함
☞ '경비'의 시장가 변동, 거래 업체의 할인 제도 등 환경적 영향은 배제

'물류비'에 대한 효과 평가 시 '효과 평가 전문가'는 포장, 운송, 유지 관리들이 서로 혼재될 수 있으므로 추가 재무성과의 가능성이 없는지 자세히 관찰하고, 아이디어 제공뿐만 아니라 자문도 할 수 있도록 항상 노력하는 자세를 취한다. 다음 [표 Ⅱ-28]은 '포장비 절감'에 대한 예를 보여준다.

[표 Ⅱ-28] '포장비 절감'에 대한 재무성과 산정 예

항목		개선 전	개선 후	비고	
계정 과목	경비	산출 식	[개선 전 ( )비용-개선 후 ( )비용]×개선 후 수량(물량)		
출고 수량(개/월)		1,600	1,750	150 증가	
포장비 단가(원)		1,200	990	개당 210원 절감	
포장비용(만 원)		192	173.25	187,500원 절감	
추가 투입액(원)		-	40,000	4만 원 발생	
재무성과(원)		(1,200-990)×1,750=367,500		금액(천 원)	367.5

(상황)
※ 특정 월 한 달 동안 제품 출고량이 1,750개 발생
※ 과제 수행 결과 포장비 단가 개당 210원 절감

‘운반비’도 ‘포장비’의 예제와 같이 ‘단위당 비용’으로 관리되면 [표 Ⅱ-28]과 차이가 없고, 만일 ‘연간 총 비용’으로 관리되면 개선 전후의 ‘총 비용 차’를 통해 재무성과를 산정한다. [표 Ⅱ-29]는 ‘유지 관리비 절감’에 대한 재무성과 예이다.

[표 Ⅱ-29] ‘유지 관리비 절감’에 대한 재무성과 산정 예

항목	개선 전		개선 후	비고
계정 과목	경비	산출 식	[개선 전 (　)비용－개선 후 (　)비용]	
면적(m²)	500(151.52평)		350(106.06평)	면적 150m² 줄임
단가(원/3.3m²/월)	2,000		2,000	-
보관비용(만 원/월)	30.3		21.2	월 약 9만 원 절감
추가 투입액(원)	-		-	없음
재무성과(원)	[(500－350)÷3.3]×2,000≒90,909.1			금액(원) 90,909

(상황)
※ 완제품 보관을 위해 특정 지역의 물류 창고 임차(가정)
※ 적재 방식과 유출입 방법 변경을 통해 임차 면적을 줄임
※ 기존 계약 기간은 종료되고 새롭게 계약하는 것으로 가정

[표 Ⅱ-29]에서 과제 수행을 통해 완제품 적재 면적을 150m² 줄인 것으로 가정했으며, 그에 따른 임차료(평당 산정)를 평가한 결과 월 약 9만 원의 효과가 난 것으로 확인되었다(고 가정한다). 단, 임차료 계약 기간은 종료되었고 새롭게 계약할 시점으로 가정하였다.

◎ **‘연구 개발비 절감’**은 선뜻 회계 처리 관점에서 보면 막연한 감이 드는데, 그 이유는 ‘연구’ 또는 ‘개발’이란 단어가 미래 추구형이기 때문에 현재를 기준으로 금액 처리하는 과정에 다소 괴리감이 느껴지기 때문이다. 그러나 재무상태표(구 대차대조표)나 손익 계산서, 제조 원가 명세서 등에 분명 ‘개발비’ 또는 ‘연구 개발비’란 계정 과목이 존재하므로 그 실체에 대한 명확한 이

해가 필요하다. 국내 '기업 회계 기준'에는 다음 [표 Ⅱ-30]과 같은 분류와
정의 및 회계 처리에 대한 정보가 포함돼 있다.

[표 Ⅱ-30] '기업 회계 기준'의 '개발비' 규정

단계	구분	기업 회계 기준 정보	계정 과목
연구 단계	연구비	연구와 관련하여 발생한 비용	손익 계산서/판관비 or 경비
개발 단계	경상개발비	시험, 실험을 위한 지출, 기존 제품의 정기적 설계 변경이나 연구 부서의 경상적 지출 또는 급여 → 개발비 중 자산 인식 요건을 충족치 못하는 경우. '당기 비용'으로 회계 처리	
	개발비	신제품, 신기술 등의 개발과 관련하여 발생한 비용(소프트웨어 개발과 관련된 비용 포함)으로써 개별적으로 식별 가능하고 미래의 경제적 효익을 확실하게 기대할 수 있는 것 → 자산 인식 요건이 충족되는 경우. '무형자산'으로 회계 처리	재무상태표/무형 자산

[표 Ⅱ-30]의 '연구 단계'는 미래의 경제적 효익을 창출할 수 있는가에 대
해 이를 입증하기가 어렵기 때문에 자산으로 처리할 수 없다. 여기서 말하는
'연구 단계'는 개발 착수 이전 단계로 보면 이해하기 쉽다. 따라서 '연구 단
계' 기간 동안의 지출은 '경비(또는 판관비)'인 '비용'으로 처리한다. 반면에
'개발 단계'에서 발생한 지출은 자산으로 인식할 수 있는 요건을 갖춘 경우에
한하여 '무형 자산'인 '개발비'로 처리하며, 만일 그렇지 못할 경우 '경상 개발
비'로 명명하고 '연구비'와 동일한 '비용'으로 계상한다. 그러나 내부 연구 프
로젝트에서 '연구 단계'와 '개발 단계'의 구분이 불분명할 경우 '연구 단계'에
서 모두 지출한 것으로 보아 당기의 '비용(연구비)'으로 처리한다.

조금 쉽게 풀어쓰면, 연구 개발 당시 당장 '돈(이익)'을 만들어내진 못하지
만 분명 미래에 현재 투입되는 지출을 보상하고도 남을 수익 창출이 있을 걸
로 자신한다면 현 지출은 보이지 않는 재산, 즉 '무형 자산'으로 잡아둔다는
뜻이다. 이 같은 자산은 '이연 처리(회계 처리 시 계속 자산으로 잡아둔다는

의미)' 대상이다. 그러나 관련 제품이 판매나 사용이 가능한 시점이 되면 이때부터 20년 이내의 기간 내에 연단위로 신고한 내용 연수에 따라 매 사업 연도별 경과 월수에 비례하여 상각을 해나간다. 즉, 연구 개발로 잡아둔 자산(마치 '설비'처럼)을 '비용'으로 떨어뜨리어 내는 것이다.

[표 Ⅱ-30]을 보면 '자산 인식 요건'이 강조(파란색 글자)돼 있다. '무형 자산' 여부를 판단할 기준을 말하는데, 다음 '①항'과 '②항'의 요건 모두를 충족하는 경우 '무형 자산'인 '개발비'로 처리하고 그렇지 않은 경우에는 발생한 연도의 '비용'인 '경상 개발비'로 처리한다.

① 아래와 같은 개발 단계에 속하는 활동일 것
· 생산 전 또는 사용 전의 시작품과 모형을 설계, 제작 및 시험하는 활동
· 새로운 기술과 관련된 공구, 금형, 주형 등을 설계하는 활동
· 상업적 생산 목적이 아닌 소규모의 시험 공장을 설계, 건설 및 가동하는 활동
· 새롭거나 개선된 재료, 장치, 제품, 공정, 시스템 및 용역 등에 대하여 최종적으로 선정된 안을 설계, 제작 및 시험하는 활동

② 개발 단계에서 발생한 지출이 다음의 조건을 모두 충족하는 경우
· 무형자산을 사용, 판매하기 위해 자산을 완성시킬 기술적 실현 가능성을 제시할 수 있다.
· 무형자산을 완성해 그것을 사용하거나 판매하려는 기업의 의도가 있다.
· 완성된 무형자산을 사용이나 판매할 수 있는 기업의 능력을 제시할 수 있다.
· 무형자산이 어떻게 미래 경제적 효익을 창출할 것인가를 보여줄 수 있다. 예를 들면, 무형자산의 산출물, 그 무형자산에 대한 시장의 존재 또는 무형자산이 내부적으로 사용될 것이라면 그 유용성을 제시하여야 한다.
· 무형자산의 개발을 완료하고 그것을 판매, 사용하는 데 필요한 기술적,

금전적 자원을 충분히 확보하고 있다는 사실을 제시할 수 있다.
· 개발 단계에서 발생한 무형자산 관련 지출을 신뢰성 있게 구분하여 측정
  할 수 있다.

만일 자동차 제조 회사에서 차기 모델의 엔진을 개발하기 위해 팀을 꾸린 뒤 투입된 모든 비용을 집계한다면 미래의 효익 창출이 예상되므로(자동차 판매를 통해 수익이 날 것이므로) 들어간 비용 모두는 '무형 자산'에 들어가지만 벤처 기업에서 일상적으로 행하고 있는 신제품이나 프로그램 개발의 경우 미래의 경제적 효익을 확실하게 입증할 만한 근거가 부족하므로 대부분 '비용'으로 계상한다.

이제 '연구 개발비 절감'의 예로 돌아와 보자. 우리는 현재 '총 제조 원가↓ /경비(판관비)↓'의 '산출 식'에 관심이 있으므로 분명 '개발비'인 '무형 자산'의 성격과는 거리가 있다. [표 Ⅱ-30]에 의하면 '산출 식' 마련의 대상이 '비용'처리가 가능한 '연구비'와 '경상 개발비'이며, 이들이 합쳐져 '연구 개발비'가 되었음도 짐작할 수 있다. '연구 개발비'의 '산출 식' 마련을 위한 하위 분류로 '개발 비용 절감', '시험 생산 비용 절감', '라인 교체 비용 절감' 등 기업의 제품이나 상품, 서비스에 따라 다양한 유형 구분이 가능하다. 다음은 함께 묶어 표현한 '산출 식' 예이다.

· '매출 원가↓/총 제조 원가↓/경비(판관비)↓' 중 '연구개발비 절감'을 위한 산출 식 →

[개선 전 '계획 ( )비용'–개선 후 '실적 ( )비용']–추가 투입 비용

☞ '( )비용'은 '(개발) 비용', '(시험 생산) 비용', '(금형) 비용', '(라인 교체) 비용',
  (시료 제작) 비용 등 개발 단계에서의 발생 가능한 항목이 올 수 있음
☞ 계획된 비용은 '사업 계획'과 같이 공신력 있는 출처에 근거해야 함
☞ '(개발) 비용' 경우 공신력 있는 출처에 기재된 납기 대비 단축된 경우에만 적용

사실 '연구 개발비'는 쓰기로 돼 있는 비용을 과제 수행으로 쓰지 않게 했다는 데 의의가 있다. 혹자는 예정된 비용의 회피처럼 느껴지고, '현금'처럼 실제 손에 잡히지 않아 재무성과로 인정할 것인지에 대해 이의를 제기하기도 한다. 상황에 따라 논란의 소지가 없는 것도 아니다. 그러나 만일 '사업 계획' 같은 사전 작성된 공신력 있는 출처에 '개발비' 명목의 '비용'이 책정돼 있다면 당시 '추정 재무제표'엔 분명 동일 액수만큼 비용이 상정된 채 '이익'이 계산돼 있을 것이다. 따라서 과제 수행을 통해 예정된 비용을 줄여줄 수 있다면 절약된 금액만큼 '추정 재무제표'의 비용을 삭감해줌으로써 실질적인 '이익의 증대 효과'를 누릴 수 있음은 명백하다. 이것이 공신력 있는 '사업 계획'과 '추정 재무제표'의 존재가 필요한 이유이다.

[표 Ⅱ-31]과 [표 Ⅱ-32]는 '개발 비용 절감'과 관련된 재무성과 산정 예를 보여준다.

[표 Ⅱ-31] '개발비(시험생산 비용) 절감'에 대한 재무성과 산정 예

항목	개선 전		개선 후	비고
계정 과목	연구개발비	산출 식	[개선 전 '계획 ( )비용'-개선 후 '실적 ( )비용']-추가 투입 비용	
수량(개)	20		10	10개 줄어듦
단가(천 원)	35		35	변동 없음
금액(만 원)	70		35	35만 원 절감
추가 투입액(원)	–		70,000	7만 원 추가 투입
재무성과(원)	(20×35,000-10×35,000)-70,000=280,000			금액(만 원) 28

(상황)
※ 신제품 개발 중 물성 평가 목적의 2단계 Scale-up 생산 계획에 20개 시제품 확보 예정
※ 과제에서 시제품 산포를 줄이기 위해 기존 공정 정보로부터 시제품 특성을 제어할 알고리즘 개발. 이로부터 시제품 계획 수 20개에서 10개로 50% 절감 효과 기여

[표 Ⅱ-32] '개발비(금형 비용) 절감'에 대한 재무성과 산정 예

항목	개선 전		개선 후	비고
계정 과목	연구개발비	산출 식	[개선 전 '계획 ( )비용'-개선 후 '실적 ( )비용']-추가 투입 비용	
생산량(천대)	60		60	변동 없음
단가(만)	150		150	금형 비용 고정
금형 수(벌)	3		1	수명연장 효과
총 비용(만)	450		150	300만 절감
추가 투입액(만)	–		160	수명연장 위해 160만 추가 투입
재무성과(원)	(3-1)×1,500,000원-1,600,000원=1,400,000			금액(백만) 1.4

(상황)
※ 기존 생산량 6만을 위해 회당 2만대 능력의 금형 사출기 사용(3벌 필요)
※ 과제 수행을 통해 기존 금형 사출 능력을 회당 6만대로 크게 향상시킴(1벌 필요)
※ 금형 수명 연장을 위해 구조 변경에 160만 원 지출

[표 Ⅱ-31] 경우 과제 수행을 통해 완성된 알고리즘이 향후 1년간 유사 신제품 개발에 재사용될 것으로 확신하나 그들에 대한 예산이 미확보된 상태 이므로 현재로선 '재무성과'와는 거리가 있다. 그러나 앞으로 추진될 개발 수 등을 유추하면 금액 산정이 가능하고 실제 발생한다면 곧바로 재무성과화할 수 있어 용어 정의에 따라 '준재무성과(금액 산정은 가능하나 당장 손익 반영 이 안 되는 경우에 쓰임)'로 분류할 수 있다. 예를 들어, 12개월 동안의 사후 관리가 종료되면 '실적 효과'가 반영되므로 그 시점에 '준재무성과'가 '재무성 과'로 전환됨으로써 금액이 현재보다 훨씬 더 늘어날 것으로 예상된다(고 가 정한다).

◎ '**투자비 절감**'의 '투자비'는 지금까지 설명된 유형과 여러 면에서 큰 차 이를 보인다. 우선 재무제표 중 포함된 위치가 다른데 앞서 설명된 유형들이 '손익 계산서(제조 원가 명세서 포함)'에 속해 있는 데 반해 '투자비'는 '비유

동 자산/투자 자산'에서 관리된다. 예를 들어 큰 규모의 설비를 도입했다면 그를 구매하는 데 들은 비용은 '경비'가 아닌 '자산'으로 남는다. '돈'에서 '설비'로 그 형체만 달라졌을 뿐 수익을 창출하는 데 그대로 사용되기 때문이다. 다른 하나는 '자산'으로서의 가치이다. 설비 등은 사용하면 할수록 초기 성능을 유지하기 어려워지며 따라서 자산으로서의 가치도 점점 줄어든다. 중고가 새 제품보다 가격이 싼 이유인데 이 같은 정도를 측정하는 지표가 '감가상각비'다. 「4.4.2. 유형 분류 '매출 원가↓'」에서 언급했던 바와 같이 '감가상각비'는 차량, 비품, 설비, 건물 등과 같은 유형 자산을 해당 자산의 내용 연수에 걸쳐 '정액법'이나 '정률법' 등의 방법으로 계산해 '손익 계산서'에 반영한다. 설비의 '감가상각비'는 제조업이면 '제조 원가 명세서'의 '감가상각비'에 계상하고 이는 다시 '손익 계산서'의 '매출 원가'에 반영한다. 즉 '손익 계산서'에 '투자 금액'이 직접적으로 표시되지는 않고, 따라서 설비와 같은 큰 규모의 투자는 일반적으로 '예산 반납'과 같은 'Cash Return'을 원칙으로 한다. 설명된 내용을 토대로 '산출 식'을 마련하면 다음과 같다.

· '매출 원가↓/총 제조 원가↓/경비(판관비)↓' 중 '투자비 절감'을 위한 산출 식 →

설비투자 감축액×[1÷(감가상각 내용 연수)+( ) 이자율]

☞ '( ) 이자율'은 '3년 만기 회사채 금리', '사내 차입금 이자율' 등의 적용
☞ 제조업 경우 생산량이 증가된 경우 재무성과로 인정
☞ 사업 계획에 반영된 투자비에 대해 절감이 이루어진 경우만 인정
☞ 단순한 가격 Nego. 등의 개선은 '제 6원칙'에 위배될 수 있으므로 판단 필요
☞ 설비 구매 시 옵션 부속물들의 제외 효과는 불인정

'내용 연수'는 설비나 건물 같은 고정 자산이 수익 획득 과정(제품 등을 생

산해서 수익을 얻는 과정)에 사용될 것으로 기대되는 기간을 말한다. 예를 들어 A설비를 구매했는데 이것이 수익 창출 용도로 향후 5년간 쓰임새가 있다고 판단되면 내용 연수는 '5년'이다. 만일 A설비를 100만 원에 구입했으면 단순 계산으로 연 20만 원(=100만÷5년)씩 A설비 자체의 성능 감퇴가 있는 것으로 간주되며('비용'으로 처리) 5년이 된 시점에 설비의 자산 가치는 '0원'이 되는 원리다. 이렇게 매년 A설비의 자산 가치를 줄어들게 할 금액 20만 원이 '감가상각비'이며 '제조 원가 명세서'에 기록된 뒤 손익 계산서 내 '매출 원가'에 반영된다. 이 경우 제품 만드는 데 들어간 비용, 즉 '원가'로서 작용한다. 결국 '내용 연수'가 제품 원가 산정에 중요한 역할을 담당하므로 업주마다 제각각 유리하게 활용한다면 재무제표의 신뢰도는 보장받기 어려워진다. 따라서 '법인세법 시행 규칙 별표'에 자산별, 업종별로 법정(법으로써 규정)되어 있다. 예로써 '별표 2'의 '시험 연구용 자산의 내용 연수 표'에 의하면 연구용 자산의 '범위'와 '자산 명', '내용 연수' 등이 기재돼 있는데 건물 부속 설비, 구축물, 기계 장치 등은 5년, 광학 기기, 시험 기기, 측정 기기, 공구, 기타 시험 연구용 설비 등은 3년 등이 그것이다.

'산출 식'을 보면 항이 두 개로 되어 있다. 하나는 '투자 감축액'을 '내용 연수'로 나눠준 항이고, 다른 하나는 '투자 감축액'에 '사내 이자율'을 곱한 항이다. 전자는 과제를 통해 줄여놓은 투자액이 실제 현업에 투자되었을 때 매년 원가 반영 분만큼 회피시킨 경우이므로 원가에서 빠진 개념(당해 '비용'에 쓰일 돈이 안 쓰이고 남았음), 즉 재무성과로 인정한다는 의미다. 후자는 과제로 줄여놓은 투자액이 은행 잔고에 남아 있는 개념이므로 이자 소득을 염두에 둔 재무성과다. 결국 투자비 절감으로부터 이 두 효과가 동시에 발생하므로 재무성과는 둘의 효과를 합산한 것으로 나타난다. 이제 간단한 적용 사례에 대해 알아보자.

[표 Ⅱ-33] '투자비 절감'에 대한 재무성과 산정 예

항목	개선 전		개선 후	비고	
계정 과목	투자자산	산출 식	설비투자 감축액×[1/(감가상각 내용연수)+사내 이자율]		
수량(대)	1		0	구매하지 않음	
단가(만)	25,000		0	투자 발생하지 않음	
추가 투입액(만)	-		2,800	보조설비 구매액	
내용연수(년)	5		-		
재무성과(원)	2억 5천×(1/5+0.06)-2천8백=37,000,000			금액(백만)	37

(상황)
※ 사업 계획에 반영된 당해 A설비 투자액 2.5억에 대해 과제 수행
※ 4,800만 원 보조 설비를 장착하여 투자 대체 효과 이룸
※ 사내 차입금 이자율은 6%, 설비의 내용 연수는 5년(으로 가정)

[표 Ⅱ-33]에서 '계정 과목'란에 '투자 자산'으로 표기했는데, 성격상 적절한지는 의문이 간다. 그러나 당해 연도 사업 계획을 기반으로 '추정 재무제표'의 '투자 자산'란에 예정 금액이 기입돼 있을 것이므로 틀린 분류는 아니다. 또 내용 연수인 당해 포함 5년에 걸쳐 비용 절감이 고려돼야 할 것이다. 예상되는 재무성과는 당해에만 총 3천7백만 원이다(로 가정한다).

◎ **'기타 비용 절감'**은 앞서 설명한 '외주비 절감', '물류비 절감(포장비, 운반비, 유지 관리비)', '연구 개발비 절감(개발 비용, 시험 생산 비용, 라인 교체 비용 등)', '투자비 절감' 외에 고려될 수 있는 '경비'나 '판관비'의 여타 계정 과목들을 총칭한 표기이다. 기업의 재무 상태나 처한 환경에 따라 어떤 항목을 대상으로 절감 노력이 이루어질지는 알 수 없다. 따라서 모든 계정 과목별 '산출 식'이 규정되면 좋겠으나 항목들 간 유사성이 크므로 필요에 따라 유추해서 쓰는 것도 한 방법이다. 다음은 '기타 비용 절감'들의 '산출 식' 작성 예이다.

> · '매출 원가↓ /총 제조 원가↓ /경비(판관비)↓' 중 '기타 비용 절감'을 위한 산출 식
> → 일반식: 개선 전 비용−개선 후 비용
>
> 1) 유틸리티 절감: [개선 전 사용량−개선 후 사용량]×개선 전 가동시간×개선 전 단가
> 2) 서비스비용 절감: [개선 전 시장불량률−개선 후 시장불량률]×개선 전 판매량× 서비스 단가
> 3) 기술/특허료 절감: 개선 전 로열티−개선 후 로열티
> 4) 임가공 단가 인하: [개선 전 임가공 단가−개선 후 임가공 단가]×개선 전 입고수량
> 5) 클레임 비용 절감: 개선 전 클레임 비용−개선 후 클레임 비용
> 6) 수선 소모품비 절감: 개선 전 소모품비−개선 후 소모품비

'유틸리티(Utility)' 중 전기로를 가동하는 제철소와 같이 전력을 상당한 규모로 사용하는 기업부터 단순히 사무 공간 실내 등 활용 수준까지 전기 사용에 대한 수많은 경우의 수가 존재한다. 따라서 그에 따른 사용 전력 산출법도 대규모 이용 업체 경우 '한국 전력'과의 계약 조건에 따라 천차만별일 수 있으나, 이들은 전력 사용에 대한 원가 산출 방식에 차별성이 있는 것이지, 과제 수행 전후 차에 대한 재무성과 산정과는 별개의 것들이다. 그러므로 본문은 재무성과 산정 '제 1원칙'인 "과제 수행 전후의 증감을 화폐액으로 표현"하는 부분만 반영하였다. '전력'뿐만 아니라 '원/부자재', '가스', '용수' 등이 모두 유사한 구조를 갖는다. 물론 '산출 식' 각각에 대해 제약 조건이나 유의할 사항들이 있겠으나 여기선 식을 나열하는 선에서 마무리한다. 필요한 '산출 식'이나 제약 조건들에 대해서는 각 기업별 처한 상황에 따라 내부 토론 등을 거쳐 명확하게 재정립하기 바란다.

4.5.6. 유형 분류 '매출 원가↓' → '재고액↕/재고 최적화' 산출 식

본 소단원에서는 '매출 원가↓'의 두 번째 유형인 '재고액↕'에 대해 알아본다. '재고액↕'은 다시 2차 분류로 '재고 최적화(또는 재고↕)', '생산성 증대(또는 생산성↑)', '양품률 증대(또는 양품률↑)'로 구분된다. 다음 [표 Ⅱ-34]는 [표 Ⅱ-11]의 분류 중 '재고액↕' 부분만 떼어 옮겨놓은 것이다.

[표 Ⅱ-34] '매출 원가↓' 중 '재고액↕/재고 최적화'에 대한 유형 분류(파란색)

유형 분류				관련 부서
1차	2차	3차		
매출 원가↓	재고액↕	재고 최적화	▪ 재고 유지비 절감 ▪ 불용/악성 재고 발생 억제 ▪ 불용/악성 재고 활용 증대	생산/영업/구매 부서
		생산성 증대	▪ 공수 절감(비가동 시간 감축, 설비 가동률 향상) ▪ 가동 시간 효율증대(S/T단축, 단위 시간당 처리량 증대)	생산부서
		양품률 증대	▪ 수율 향상 ▪ 재작업률 감소 ▪ 폐품률 감소 ▪ 공정 내 품질 향상 ▪ 클레임 처리 비용 절감	생산부서, 품질부서

'재고'에는 점포나 기업이 보유하고 있는 제품, 반제품, 원자재 등이 포함되며, 유통에 있어서는 조달과 생산 사이의 '자재 재고', 생산/공정 간의 '장치 재고', 생산과 판매 사이의 '제품 재고' 등이 있다. 통상 기업 내 관리 상태에 따라 '가용 재고(정상 재고)', '장기 재고', '불용 재고', '불외 재고' 등으로 분류되기도 한다.

'재고'는 너무 많으면 보관하는 데 그만큼 비용이 들고, 너무 적으면 고객 요청에 제때 대응하지 못해 손실이 발생한다. 이 때문에 항상 적정량이 유지될 필요가 있다는 데서 '제고 최적화'처럼 뒤에 '최적화'가 붙었다. 이 유형에 속할 3차 분류로 '재고 유지비 절감', '불용/악성 재고 발생 억제', '불용/악성 재고 활용 증대'를 두었다. 각각의 '산출 식'에 대해 알아보자.

◎ **'재고 유지비 절감'**은 재고를 보관, 유지하는 데 드는 비용에 대한 분류이다. '재고 유지비(Holding Cost)'에는 보관비, 보험료, 세금, 감가상각비, 재고 투자액의 이자, 창고 운영비, 재고의 변질 및 손상에 따른 비용 등이 포함되고, 단위당 '재고 유지비'는 재고액의 백분율(%)로 산정되며, '총 재고 유지비'는 '보유 재고량'과 '보유 기간'에 의해 결정된다. 결국 리더에 의해 실행될 재고 관련 과제는 '보유 재고량의 최적화'나 '보유 기간의 단축'에 맞춰져 있다. 혹자는 재고가 줄면 줄수록 유리하지 않느냐고 반문할지 모르나 실제 재고 운영비는 창고 운영비 외에 '재고 부족(Shortage)'에 의한 기회 손실 비용까지를 포함하므로 반드시 없앤다고 좋은 것은 아니다. 참고로 '현금 흐름(Cash Flow)' 경영에 있어 '재고'는 자산이기 때문에 재고량이 증가하면 부채가 줄어드는 착시 현상이 발생하며, 부실 기업을 정상 기업으로 둔갑시키는 데 악용하는 사례도 있다.

'재고(Stock, Inventory)'를 구분할 때는 관리 목적에 따라 '주기 재고', '안전 재고', '예상 재고', '운송 재고'가 있으나, 재고의 상태에 따라 변형이나 파손에 의해 사용이 불가능한 '불용 재고', 장기 보관 등에 의한 '악성 재고'로 나누기도 한다. 그 외에 외형은 정상이나 제값받기 힘든 재고인 '진부화 재고', 장부외 재고인 '잉여 재고', 또 정상 재고, 장기 재고, 부실 재고, 부외 재고(정상적인 회계 장부상에 나타나지 않는 재고) 등 기업에 따라 다양한 용어들이 사용된다. 정확한 사전적 정의가 없는 고로 각 용어와 분류 기준은 제품이나 기업 관리 방식에 맞춰 불리는 게 현실이다. 본문에서는 편의상 정상적으로 사용 가능한 재고를 '정상 재고'로 정의하고, 사용이 불가한 재고를 '불용 재고', 그 외의 것들을 '악성 재고'로 분류한다. '악성 재고'는 특별한 결점은 없으나 제품/설계 변경으로 인한 잔류품, 유행이 지난 제품, 장기 보유품 등이 포함된다(고 정의한다). 이때, '정상 재고'에 대한 '산출 식'은 다음과 같이 설정한다.

· '매출 원가↓/재고액⇕/재고 최적화' 중 '재고 유지비 절감(정상 재고)'을 위한 산출 식 →
 1) 재고량 감축: [개선 전 월 평균 재고액－개선 후 월 평균 재고액]×연 이자율
 2) 재고일수 단축: [개선 전 재고 일수－개선 후 재고 일수]×일평균 재고 금액×연 이자율

☞ 산출 식 중 '재고'는 '정상 재고(정상적으로 사용 가능한 재고)'를 의미함
☞ 첫 산식 중 '[]', 즉 '감축 금액'은 절대액을 기준으로 하되 물량 증감이 클 경우 '효과 평가 전문가'(또는 회계 부서)의 판단에 따라 '감축 일수×기준 금액'을 사용
☞ '일평균 재고 금액'에서 '일' 단위가 아닌 '월' 단위 관리일 경우, '일평균 재고 금액'은 '월 평균 재고 금액÷개선 전 재고 일수'로 대체
☞ '이자율'은 '사내 이자율', 개선 금액이 인식되는 월의 말일 '회사채 금리'를 적용
☞ 감축 시 할인 판매나 저가품 대체가 있다면 '할인액'과 '장부가－대체가'를 차감

다음 [표 Ⅱ-35]는 '재고 유지비 절감(정상 재고)'에 대한 재무성과 산출 예를 보여준다.

[표 Ⅱ-35] '재고 유지비 절감'에 대한 재무성과 산정 예(정상 재고)

항목	개선 전		개선 후	비고	
계정 과목	매출 원가	산출 식	[개선 전 월 평균 재고액－개선 후 월 평균 재고액]×연 이자율		
수량(개)	1,200		1,000	200개 줄어듦	
월 평균 재고액(억)	1.5		0.8	0.7억 줄어듦	
재무성과(원)	(150,000,000－80,000,000)×6%=4,200,000			금액(백만)	4.2

(상황)
※ 개선 전후 재고 보유 상황은 위 표와 같음
※ 사내 이자율은 6%(로 가정)
※ 과제 효과 외의 외부적 변동은 없다고 가정

[표 Ⅱ-35]에서 '수량'은 참고 사항이며, '월 평균 재고액'을 얻는 데 이미 반영돼 있으므로 재무성과 산출은 '월 평균 재고액'만 사용하였다(로 가정한다).

◎ **'불용/악성 재고 발생 억제'**는 기업에서 재사용이 불가한 '불용 재고'나 활용상 제약이 따르는 '악성 재고'의 개선은 '활용 가치 증대'나 '할인' 등을 통한 매각 처리의 접근이 유효하다. 그러나 현재 존재하는 '불용 재고'와 '악성 재고'의 양을 줄이려는 노력도 중요하지만 이들이 발생하지 않도록 사전 방책을 마련하는 일 또한 매우 중요한 접근 중 하나이다. 과거 재고 관련 컨설팅을 해오면서 이렇게 많은 '불용 재고'가 어떻게 장부상에 기록도 하나 없이 창고 한구석을 차지하고 있었을까 의아해한 적이 한두 번이 아니었다. 또 담당자가 재고 현황을 파면 팔수록 그를 저지하려는 보이지 않는 저항도 외부인인 필자에게조차 만만찮게 느껴지곤 했었다. 마치 영화에서나 봄직한 막강한 배경이 조직 내 어디엔가 존재하고 있는 듯한…(^^)!! 여하간 '재고' 란 제품을 생산하는 현장에선 필요에 의하든 그 반대든 간에 이용할 가치가 무궁무진하단 점은 분명하다. 그러나 표준 이외 방식으로의 존재는 어떤 식으로든 기업의 소중한 실적을 갉아먹는 해충으로 남겨질 가능성이 높기 때문에 강력하고 철두철미한 관리 의지가 필요하다. 잘못된 재고에 대해 '속죄의 날' 등을 정해 당일 드러내는 부적절한 재고는 과감히 면죄(?)해주는 기업이 있는 것도 재고의 악영향을 염두에 둔 조치라 하겠다. '불용/악성 재고'에 대한 '산출 식'은 '발생을 억제하는 것'과 '활용을 증대하는 것' 두 가지로 나누어 이루어진다. 다음은 편의상 두 예를 함께 적었으며 사례만 나누어 설명할 것이다.

· '매출 원가↓/재고액↕/재고 최적화' 중 '불용/악성 재고'에 대한 산출 식 →

1) 발생 억제: [개선 전 발생액−개선 전 활용액]−[개선 후 발생액−개선 후 활용액]
2) (旣 발생 재고) 활용 증대: 활용 가치 환산액

☞ '불용 재고'는 "사용이 불가한 재고"를, '악성 재고'는 "특별한 결점은 없으나 제품/설계 변경으로 인한 잔류품, 유행이 지난 제품, 장기 보유품 등"으로 정의
☞ '발생 억제'는 예방적 차원의 활동을 통해 향후 발생을 차단시킨 경우임. 따라서 개선 전 발생 원인이 명백히 규명되고, 원인을 해결한 것이 증명돼야 함. 또 과제 수행이 없었다면 개선 전 이상으로 증가됐을 것이란 근거가 포함돼야 함
☞ '旣 발생'은 이미 존재하는 불용/악성 재고의 처리 후 환산액을 재무성과로 간주
☞ 개선 전 지표는 직전 12개월 평균치를 사용
☞ 재고 자산 감축 효과와 타 효과가 중복 계산되지 않도록 해야 함

'산출 식'에서 '[개선 전 발생액−개선 전 활용액]'의 의미는 "재고 발생 액수 중 활용하고 잔존한 액수"이므로 리더가 과제 수행을 통해 긍정적인 개선을 이루었다면 그 잔존 액수가 얼마나 줄어들었는지가 관심 사항이다. 즉 줄인 액수만큼이 재무성과로 인정된다는 것인데, 사실 재고의 증감엔 생산 현황,

[표 Ⅱ−36] '재고 유지비 절감'에 대한 재무성과 산정 예(불용/악성 재고-발생 억제)

항목	개선 전		개선 후	비고	
계정 과목	매출 원가	산출 식	[개선 전 발생액−개선 전 활용액]−[개선 후 발생액−개선 후 활용액]		
월 평균 발생액(억)	4		3	1억 줄어듦	
월 평균 활용액(억)	1		1	변화 없음	
연간(12개월, 억)	36		24	재고액 12억 줄어듦	
재무성과(원)/연간	[(4−1)−(3−1)]×12=1,200,000,000			금액(억)	12

(상황)
※ 개선 전후 재고 지표로써 예시 금액은 '월 평균 재고액'임
※ 연간 재무성과 산출 예임

판매 시장, 관리 상황 등에 따라 변동이 크므로 사전에 과제의 효과 여부를 철저히 검증하는 일이 선행돼야 한다. [표 Ⅱ-36]은 '불용/악성 재고'의 '발생 억제'에 대한 재무성과 산출 예이다.

[표 Ⅱ-36]에서 '불용 재고' 또는 '악성 재고'는 과제가 추진되지 않았다면 개선 전 이상으로 재고가 늘어났을 것이란 객관적 자료가 평가 시 포함돼야 한다. 그렇지 않으면 과제 효과인지 아니면 자연적, 또는 다른 요인으로 줄었는지가 불분명해져 재무성과 인정에 혼란이 야기된다.

◎ **'불용/악성 재고 활용 증대'**는 '활용액' 중 '할인 판매'가 있었다면 그 금액만큼 비용으로 차감해야 하고, 활용가치에 대한 '환산액'이 있다면 그 자체를 '재무성과'로 인정한다. 다음 [표 Ⅱ-37]은 '旣 발생' 재고에 대한 '할인 판매'와 '가치 환산액'에 대한 예를 보여준다.

[표 Ⅱ-37] '재고 유지비 절감'에 대한 재무성과 산정 예(불용/악성 재고-활용 증대)

항목	개선 전		개선 후	비고	
계정 과목	매출 원가	산출 식	활용 가치 환산액		
재고액(억)	20		11	9억 줄어듦	
증감(억)	−9억			할인 판매 5억(할인액 0.5억), 활용 4억(가치 환산액 1.5억)	
재무성과(억)	1.5+5×6%÷12월−0.5=1.025			금액(억)	1.025

(상황)
※ '할인액'과 '가치 환산액'이 발생한 경우의 재고 지표 예
※ '가치 환산액'은 재무성과 산정 시 기업별 상황에 따라 고려
※ 사내 이자율은 6%(로 가정)

[표 Ⅱ-37]에서 '개선 전 재고액' 중 판매가 이루어진 '5억'에 대해 '0.5억'의 '할인액'이 있으므로 재무성과 산출 시 비용으로 간주해 차감을, 활용액 '4

억'은 '가치 환산액'이 '1.5억'으로 나와 그 액수만큼을 가산한 결과이다. '6%' 는 과제 수행을 통해 줄어든 '재고액(5억)'이 관리가 불필요하게 됨에 따라 '사내 이자율'만큼 유지비가 줄어든 점을 감안한 것이다.

재고는 관리의 다양성과 사안의 복잡함으로 재무성과 산정 시 매우 어려운 대상 중 하나로 손꼽힌다. 제시된 기본 가이드뿐만 아니라 '효과 평가 전문가' 에 의한 현업 적용 시 기업 실정에 맞는 산출 식의 토대를 마련하는 데 적극 노력해야 한다.

4.5.7. 유형 분류 '매출 원가↓' → '재고액↕/생산성↑' 산출 식

본 소단원에서는 '재고 최적화'에 이어 '생산성 증대(또는 생산성↑)'에 대해 알아볼 것이다. 다음 [표 Ⅱ-38]은 [표 Ⅱ-11]의 분류 중 '재고액↕' 부분 만 떼어 옮겨놓은 것이다(본 소단원 주제는 파란색으로 강조).

[표 Ⅱ-38] '매출 원가↓' 중 '재고액↕/생산성↑'에 대한 유형 분류(파란색)

유형 분류				관련 부서
1차	2차	3차		
매출 원가 ↓	재 고 액 ↕	재고 최적화	▪ 재고 유지비 절감 ▪ 불용/악성 재고 발생 억제 ▪ 불용/악성 재고 활용 증대	생산/영업/구매부서
		생산성 증대	▪ 공수 절감(비가동시간 감축, 설비 가동률 향상) ▪ 가동 시간 효율 증대(S/T단축, 단위 시간당 처리량 증대)	생산 부서
		양품률 증대	▪ 수율 향상 ▪ 재작업률 감소 ▪ 폐품률 감소 ▪ 공정 내 품질 향상 ▪ 클레임 처리 비용 절감	생산 부서, 품질 부서

'[표 Ⅱ - 11] 매출 원가↓에 대한 유형 발굴'에서 '생산성'이나 '양품률'의 수준에 따라 재고가 변동한다는 점을 가정하여 '생산성 증대'를 '재고액↕'의 2차 분류에 포함시켰음을 기술한 바 있다. 이 가정은 어떤 면에선 적절한 것인데 재무성과가 기업의 '손익 계산서'에 직접 반영되는 것을 원칙으로 삼고 있는 데 반해 '생산성 증대'는 그 증대되는 시점에 바로 판매량으로 직결(손익으로 연결)되는 것이 아니므로 원칙적으론 생산성이 증대될 경우 재고나 판매량의 증감 유무와 연계시켜 재무성과가 평가돼야 한다. 이에 대부분의 기업내 산정 기준에선 생산성 향상으로 생산량이 늘었을 때 재고가 급격하게 증가되지 않으면 이를 판매량 증가로 간주한다. 물론 재고의 '급격한' 변동이란 어느 수준이 '급격한' 상황인지에 대한 기업별 기준 마련이 숙제로 남는 문제가 있긴 하다.

'생산성(Productivity)'의 사전적 정의는 다음과 같다.

· **생산성(Productivity)** (네이버 지식사전) …(중략) 투입된 자원에 비해 산출된 생산량이 어느 정도인가를 대변하는 척도이다. 따라서 생산성이 높을수록 상대적으로 적은 양의 자원을 투입하여 많은 양의 제품이나 서비스를 생산할 수 있게 되므로 제품에 투입된 자원의 원가는 그만큼 낮아진다. …(중략) 생산성은 어떤 재화를 생산하는 데 투입된 생산 요소의 양에 대한 산출량의 비율로 구해진다.

$$\text{생산성} = \frac{\text{산출량}(Output)}{\text{투입량}(Input)}$$

…(중략) 분모에 투입물로 생산 요소 전체를 넣을 경우 총 생산성, 생산 요소 각각을 따로 넣을 경우 요소 생산성, 노동이 투입되면 노동 생산성, 자본이 투입되면 자본 생산성, 원자재가 투입되면 자재 생산성이라고 한다. (중략)…

'생산성'을 논하는 핵심은 '산출량'을 늘리거나 '투입량'을 줄이는 방법 또

는 둘 다를 이루는 접근이 유효하다. 즉

$$생산성 \uparrow = \frac{산출량(Output) \uparrow}{투입량(Input) \downarrow}$$ (II .8)

이다. 제품을 생산하는 제조사 경우 '산출량(이하 생산량)'을 늘리기 위해 어떤 항목을 고려해야 할지 '노동 생산성'에 대한 간단한 예를 통해 알아보자. 제조 공정에서 "생산량을 늘린다"고 하는 것은 "정해진 자원(노동력, 설비 등) 대비 최대로 생산할 수 있는 이론적 양이 있을 때 그에 미달되는 양을 채워간 다"는 뜻이 내포돼 있다. 주어진 환경에서 최대로 생산할 수 있는 양을 통상 'Capacity(줄여서 Capa)'라고 부른다. 다시 'Capa'는 생산에 직접적으로 투입 된 인력(직접 인력)이 몇 명인지와 그들이 몇 시간 동안 작업을 했는지에 비 례하는데, 즉 '투입 인원수'와 '시간' 둘 다를 합친 용어인 – '장인(匠人)'의 뜻 '공(工)'자와 그 '수(數)'를 결합한 – '공수(工數)'와 직접적 관련이 있다. 따라서 '최대 생산량' 'Capa'는 계산된 '공수'를 한 개의 제품을 만들어내는 데 소요된 시간(S/T, Standard Operation Time: 표준 작업 시간)으로 나누면 얻을 수 있다. 산식은 다음과 같다.

$$Capa = \frac{공수}{S/T} = \frac{직접인력수 \times 작업시간}{S/T}$$ (II .9)

예를 들어, 한 명의 직접 인력이 하루 8시간 동안 작업할 때의 '공수'는 '8 人時(=1명×8hrs Man-hour)'가 되며, 만일 'S/T=10분'이면 이때의 '인당 Capa' 는 다음으로 얻는다.

$$Capa = \frac{공수}{S/T} = \frac{직접인력 수 \times 작업시간}{S/T} = \frac{1 \times 8h \times 60\text{min}/h}{10\text{min}} = 48개 \qquad (\text{II}.10)$$

해당 공정에 직접 인력이 '3명'이면 식(II.10)에 '3'을 곱해 총 'Capa=144 개'를 얻는다. 만일 동일한 조건에서 '실 생산량=100개'라면 이때의 '작업 효율(또는 작업 능률, Work Efficiency)'은 약 '69%[=(100÷144)×100]'이며, '100%'에 미치지 못하는 양만큼의 '생산량 증대' 노력이 요구된다. 이제 내용을 좀 더 진전시키면, '실 생산량'이 'Capa'에 이르지 못하는 두드러진 이유가 있을 것이며 이것을 제거하거나 감소시키는 활동이 바로 '과제 수행'이라고 할 때, '과제 수행'을 통해 '생산량 증대'라는 효과를 얻을 수 있다. 그럼 도대체 어떤 문제들이 존재하는 것일까? 이 문제의 핵심들이 금전적 성과와 연계될 때 '효과 평가 전문가'는 비로소 재무성과를 산정하는 일에 착수하게 된다.

식(II.9)를 보면 '공수'를 물샐틈없는 완연한 '8시간'인 '보유 공수(또는 작업 공수)'로 설정했지만 실제 현장에서는 불가항력의 '비가동 시간(또는 유실 시간)'이 발생하므로 온전한 'Capa'를 달성하지 못하는 일이 비일비재하다. 이와 같은 '유실 시간'에 '직접 인력 수'를 곱하면 '유실 공수'가 얻어지며, 따라서 '실 생산량'은 '실동 공수(=보유 공수−유실 공수)'에 의해 결정된다. 결국 '생산량'을 저해하는 요소는 '직접 인력 수'의 감소와 더불어 '비가동 시간'이 직접적으로 관계하며, 과제 수행 또한 이들에 초점을 맞추게 된다. 개념을 더 확장하면 요즘같이 자동화가 대세인 시기에 직접 인력 없이 설비만으로 운용되는 공정이 있다면(물론 '직접 인력'과 '설비'가 공존한다면 둘 모두를 고려한다) 설비의 능률 또한 주요 개선 대상이 될 수 있는데 이를 통상 제조 용어로 '설비 가동률'이라고 한다. '사람'이 '시간'을 들여 하는 일을 '설비(기계)'가 '시간'을 들여 하는 일에 대응시킬 수 있으므로 '설비 가동률' 역시 '공수'의 범주에 포함시키면 재무성과 산출 식 전개가 용이하다.

그 외에 식(Ⅱ.9)의 분모인 'S/T'도 고려해볼 대상인데, 'S/T', 즉 '표준 작업 시간'이란 "보통의 숙련도를 가진 공원이 표준 작업 방법에 의하여 보통의 노력으로 달성할 수 있는 작업 시간"을 뜻하는데 만일 작업자의 능률이 이 수준에 미치지 못하면(예로 80% 수준 등) '생산량' 또한 'Capa' 수준에 이르지 못한다. 식(Ⅱ.10)의 예에서 'S/T=10min'이 아닌 '12min'이면 'Capa'는 '48개'가 아닌 '40개'로 줄어든다. 따라서 'S/T의 단축' 역시 과제 수행의 주 대상이다. 또 '설비'를 '직접 인력'에 대응시킬 때, '설비'의 단위 시간당 처리하는 양 역시 유사한 개념으로 볼 수 있는데, 즉 주어진 시간 내에 단위 시간당 처리량을 늘리는 효과 또한 생산량 증대로 이어져 재무성과를 야기한다. 따라서 이후부터 'S/T 단축'과 '단위 시간당 처리량 증대'를 묶어 '가동 시간 효율 향상'이라 명명할 것이다.

앞서 논의된 내용을 토대로 'Capa'와 연계된 재무성과를 고찰하면 '생산량'을 일정하게 유지하는 상황에선 '공수 절감'[31]이 필요하며, 세부적으로는 '직접 인력 수 감소', '비가동 시간(유실 시간) 감축'이나 '설비 가동률 향상'[32] 등이, '생산량'을 늘리려는 상황에선 '가동 시간 효율 향상', 즉 세부적으로 'S/T 단축'과 '단위시간당 처리량 증대'가 유효함을 확인할 수 있다. 다음 [그림 Ⅱ-28]은 '생산성 향상'과 관련된 세부 평가 항목들에 대한 개요도이다.

---

31) '공수'가 줄면, '생산량'도 줄므로 재무성과와는 거리가 멀어진다. 재무성과 측면에선 "생산량이 일정한 조건"에서 '직접 인력 수'가 줄거나 '작업 시간'이 늘어나는 경우를 고려할 수 있다. '직접 인력 수'가 줄거나 '작업 시간'이 줄었는데 생산량이 늘어나려면 일반적으로 '투자'가 수반된다.
32) '설비 가동률 향상'이 '유실 시간'을 줄이는 측면에서 고려되고 있으나, 만일 설비의 처리 시간을 단축(단위 시간당 처리량 증대)하는 측면이면 'S/T 단축'에 포함된다.

[그림 Ⅱ-28] '생산성 향상'과 관련된 세부 평가 항목 개요도

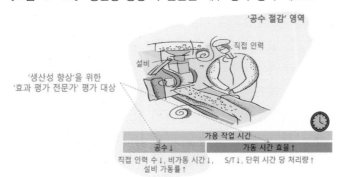

[그림 Ⅱ-28] '생산성 향상'과 관련된 세부 평가 항목 개요도

[그림 Ⅱ-28]에서 '생산성 향상'과 관련된 재무성과는 전체 '가용 작업 시간' 중 '공수 절감', 즉 '직접 인력 수' 또는 유실되는 '비가동 시간'이 줄거나 '설비 가동률'이 향상돼야 하며, '가동 시간 효율'을 높이기 위해서는 'S/T'는 줄고, '단위 시간당 처리량'은 증대돼야 함을 보여준다. [그림 Ⅱ-28]에서 '작업 인력 수↓', '비가동 시간↓', '설비 가동률 ↑'들은 '공수 절감 영역'으로 묶어 표현하였다. 이제 각 항목별 산출 식에 대해 알아보자.

◎ **'공수 절감'**의 '공수'는 '직접 인력 수×작업 시간'이므로 공수 절감을 통해 얻어질 재무성과는 '직접 인력 수가 줄어드는 효과'와 '작업 시간이 늘어나는 효과'로 대변된다. 특히 전자는 「4.5.4. 유형 분류 '매출 원가↓' → '총 제조 원가/노무비↓' 산출 식」에서 상세히 다루었으므로 여기서는 '작업 시간'만 언급할 것이다.

'작업 시간의 증대'는 그 자체로의 의미만 따져볼 때 '생산성'과 직접 연결시키기엔 무리가 따른다. 어느 기업이건 경기 불황이나 공급 과잉 등의 이유로 생산을 줄이려 하지 않는 한 일부러 '작업 시간'을 단축하는 일은 없을 것이기 때문이다. 그러나 현실에선 우리의 의도와 상관없이 어쩔 수 없는 비가

동이 발생하게 되는데, 예를 들어 설비에 문제가 생겨 공정이 가동되지 못하는 경우도 있을 수 있고, 직접 인력의 결근, 지각, 태만 등에 의한 경우, 또는 자재의 유실에 의해서도 발생할 수 있다. 이들을 묶어 한마디로 요약하면 "5M－1I－1E 중 한 개 이상의 원인이 작용할 때 '비가동 시간'이 생길 수 있다." 현업에서는 주로 '설비의 문제'로 기인한 경우가 많으므로 '비가동 시간'과 더불어 '설비 가동률'도 함께 포함시켜 고려한다. 따라서 '작업 시간'에 관련된 재무성과 평가는 '비가동 시간 감축'과 '설비 가동률 향상'을 각각 산정해야 하며, 다음은 이들에 대한 산출 식을 나타낸다('직접 인력 수 감소'는 『4.5.4. 유형 분류 '매출 원가↓' → '총 제조 원가↓/노무비↓' 산출 식」 참조).

・ '매출 원가↓/재고액↑↓/생산성 증대' 중 '공수 절감'에 대한 산출 식 →

1) 비가동 시간 감축: (개선 전 비가동시간−개선 후 비가동시간)×시간당 감가상각비 or (개선 전 비가동 시간−개선 후 비가동 시간)×12월×[(설비 도입가/(내용 연수×연간 가동 시간))/개선 전 가동률]

2-1) 설비 가동률 향상: [(개선 후 가동률−개선 전 가동률)/개선 전 가동률]×(설비 도입가/내용 연수)

2-2) 설비 Tact Time(C/T) 단축: (개선 전 T/T/개선 후 T/T−1)×(설비 도입가/내용 연수)

☞ 감가상각비 산출은 '정액법' 기준
☞ 만일, 동일 설비가 여러 대라면 그 수를 곱함
☞ 만일, 투입 비용이 있을 경우 그 액만큼 차감

3) 유실 공수 감소: (개선 전 유실 공수−개선 후 유실 공수)×임률

☞ '임률'은 제조 부서별 연간 또는 분기별로 적용. 인일(人日, Man-day: 인원수×노동 일수), 인시(人時, Man-hour: 인원수×노동 시간), 인분(人分, Man-minute: 인원수×노동한 분) 등 상황에 맞는 단위 적용

산출 식 '1)'과 '2)'에 들어 있는 '내용 연수'나 '시간당 감가상각비'에 대해서는 「4.5.5. 유형 분류 '매출 원가↓' → '총 제조 원가↓/경비(판관비)↓' 산출식」 중 '투자비 절감'에서 '감가상각비'로 일부 설명한 바 있다. 이를 보충 설명하면, '내용 연수'는 '법인세법 시행 규칙 별표 – 내용 연수 표'에 '시험 연구용 자산의 내용 연수'는 '별표 2', '무형 고정 자산의 내용 연수'는 '별표 3', '건축물 등의 기준 내용 연수'는 '별표 5' 등에 각 연수 범위 하한과 상한을 정해놓고 있다. 또 '시간당 감가상각비'는 '정액법' 경우 '설비 도입가×당해 감가상각률/연간 사용추정 시간'의 기본 산식을 통해 비교적 쉽게 얻어지나 '정률법'은 '법인세법 시행규칙 – 별표 4'의 '감가상각 자산의 상각률 표'를 활용할 수 있다. 이에 대한 예는 생략한다.

산출 식 '3)'은 공정 내 라인 개선이나 투입 자재의 부족, 설비 고장 등의 이유로 유실 시간이 발생했을 때 직접 인력의 '유실 공수'를 줄이는 활동에 적용한다. '설비 가동률'에 대응한 '직접 인력 가동률', 즉 '설비' 대신 '직접 인력'이 대응한 경우이며, 그런 이유로 '임률'이 산출 식 내에 포함된다. 일반적으로 '유실 공수 감소'란 표현보다 '유실률 감소'란 표현을 쓴다. '임률'은 처한 상황에 따라 '人日', '인시(人時)', '인분(人分)' 등을 적용한다. [표 Ⅱ – 39]는 '공수 절감' 중 **비가동 시간(유실 시간) 감축**과 **설비 가동률 향상**의 산정 예를 보여준다.

[표 Ⅱ – 39]는 '설비 비가동 시간'에 대한 산식 예와 '설비 가동률'에 대한 산식 예를 동시에 보여주고 있으며 사실은 두 결과가 동일한 효과임을 알게 해준다. 참고로 '가동률' 계산 시 소수점 이하 자릿수를 몇째 자리까지 쓰느냐에 따라 두 '재무성과(원)' 결과가 약간 다를 수 있는데 엑셀에서 자릿수 전체를 적용해 계산하면 재무성과는 표와 같이 동일하게 나오니 유념하기 바란다.

[표 Ⅱ-39] '공수 절감'에 대한 재무성과 산정 예(비가동 시간 감축/설비 가동률 향상)

항목	개선 전		개선 후	
계정 과목	매출 원가	산출 식	(개선 전 비가동시간-개선 후 비가동시간)×12월×[(설비도입가/(내용연수×연간 가동시간))/개선 전 가동률] [(개선 후 가동률-개선 전 가동률)/개선 전 가동률]×(설비 도입가/내용 연수)	
설비 수량	1대		1대	-
단가(백만)	20		20	설비 도입가
비가동시간(hrs)	50		28	
가동률(%)	71.59		84.09	
추가 투입액(만)	-		1	-
월 가용 가동시간	176		176	22일×8시간/일
재무성과(원)	(50-28)×12×[20,000,000/(5×12월×22일×8시간)/0.7159]-10,000=688,412.7 [(0.8409-0.7159)/0.7159×20,000,000/5]-10,000=688,412.7		금액(원)	688,412.7

(상황)
※ 특정 공정의 1개월간 M설비 '비가동 시간' 및 '가동률' 자료로 가정
※ 설비의 내용 연수는 5년, 정액법 산정으로 가정
※ 일 8시간 월 22일 가동으로 가정 → 월 가용 가동 시간(총 부하 시간)=22×8=176

◎ **'가동 시간 효율 향상'**에 대한 산출 식을 정의하기 위해 [그림 Ⅱ-28]로 다시 돌아가 '공수↓'이 아닌 '가동 시간 효율↑'에 대해 알아보자. 잘 알고 있다시피 '가동 시간'이 늘면 '생산성'이 증대되는데 하루 24시간이란 물리적 한계가 분명히 존재하므로 그 시간을 무한대로 늘릴 수는 없다. 만일 현 체계의 'Capa 증대'를 위해 '투자'가 뒤따른다면 얘기는 달라지겠지만 적어도 과제 수행을 통해 현존하는 체제 내에서 '생산성'을 증대시키려는 접근은 하루 24시간이란 물리적 한계만큼은 인정해야 한다. 따라서 '현존하는 체계 내에서'란 제약을 고려한다면, 물리적 '가동 시간'을 늘릴 순 없으므로(여기선 주어진 가동 시간 전체를 운영하고 있는 생산 체제를 염두에 두고 있다. 만일 '가용 가동 시간' 이하의 생산 체제라면 '비가동 시간'이 존재함을 의미한다) 직접

인력이 단위 시간당 처리하는 능력인 효율을 높이거나 설비의 단위당 처리되는 양을 늘리는 접근이 가능하다. 쉽게 얘기해서 1시간에 10개 만들던 수준을 15개로 늘리는 식이다. 이에는 앞서 설명했던 바와 같이 'S/T 단축'과 '단위 시간당 처리량 증대'가 있으며, 우선 **'S/T 단축'**에 대한 산출 식은 다음과 같다.

- '매출 원가↓/재고액↑/생산성 증대' 중 '가동 시간 효율 증대'에 대한 산출 식(S/T 단축) →

  1) S/T 단축: (개선 전 S/T–개선 후 S/T)×생산량×임률

  ☞ '임률'은 제조 부서별 연간 또는 분기별로 적용
  ☞ 'S/T 단축'과 연계될 재무성과 유형으로
   – 직접 인력 추가 없이 생산량이 증대된 경우
   – 직접 인력의 감소(노무비 절감) 또는 제조 경비의 절감 경우
   – 생산량 증대로 판매액이 늘어나 세전 이익도 증가된 경우
     예: (개선 후 생산량–개선 전 생산량)×판매가×개선 전 세전 이익률
  ☞ 'S/T 단축'에 의한 인건비 감소 효과는 「4.5.4. 유형 분류 '매출 원가↓' →
    '총 제조 원가↓/노무비↓' 산출 식」 참조

'S/T'가 "보통의 숙련도를 가진 공원이 표준 작업 방법에 의하여 보통의 노력으로 달성할 수 있는 작업 시간"을 뜻하므로 'S/T 단축' 효과는 주로 사람, 즉 직접 인력이 줄어든 결과와 연결된다. '산출 식'을 보면 '임률'이 포함된 이유다. '임률'에 대해선 기업별로 산출해 활용하고 있으므로 별도의 언급은 생략한다. 다음 [표 Ⅱ – 40]은 'S/T 단축'에 대한 활용 예이다.

[표 Ⅱ-40] '가동 시간 효율 향상'에 대한 재무성과 산정 예(S/T 단축)

항목	개선 전		개선 후	비고
계정 과목	매출 원가	산출 식	(개선 전 S/T−개선 후 S/T)×생산량×임률	
대당 처리시간(분)	18		14	'시간'과 '생산량
임률(원/분)	400		400	변동'에 따른 고려는
월 생산량(천대)	2		2	'단위 시간당 처리량
추가 투입액(만)	−		−	증대' 참조
재무성과(원)	(18−14)×400원×2,000대×12월=38,400,000			금액(천) 38,400

(상황)
※ 특정 공정의 대당 '처리 소요 시간'으로 가정
※ '임률'은 임의로 설정함. 재무성과는 연간으로 가정

　[표 Ⅱ-40]의 예에서 대당 처리 시간이 줄었으므로 월 생산량이 증가하거나 직접 인력에 여유가 생겨야 한다. 표에서는 월 생산량이 동일한 조건이므로 직접 인력에 여유가 생긴 분만큼 재무성과로 간주하고 있다. 그러나 실제는 줄어든 시간적 효율만큼 처리량이 늘어나 생산량도 그만큼 증가하는 등 다양한 경우가 상존하게 되며 이들에 대해서는 '시간'과 '생산량'을 동시에 고려할 다음의 '단위 시간당 처리량 증대'에서 논하게 된다.

　'단위 시간당 처리량 증대'는 '처리 속도'의 개념이다. 서울에서 대전까지 무궁화호로 100명을 태운 채 2시간 걸리던 데서 KTX로 1시간 만에 주파하면 단순 계산으로 시간당 수송 인원은 후자의 경우 2배로 늘어난다. 생산의 예로 보면 가야 할 공정 단계는 동일한데 단위 시간당 처리하는 양이 증가하므로 결국 생산량이 늘어나는 효과로 이어진다. 이와 같이 단위 시간당 처리량은 늘어나지만(또는 단위 시간당 투입량이 늘어나는 것도 동일 효과임) 동시에 '가동 시간'도 변동한다면 늘어난 생산량이 빨리 처리해서 나타난 효과인지 아니면 시간이 늘어나 생긴 효과인지 구분이 어렵다. '단위 시간당 처리량 증

대'는 개선 전후 '가동 시간'이 동일하다는 전제가 깔리면 쉽게 산정되지만 일반적으로 '가동 시간'의 변동과 함께 고려돼야 훨씬 더 객관적인 재무성과를 산출해낼 수 있다. 따라서 '가동 시간'과 '생산량' 둘 다를 고려한 **'단위 시간당 처리량 증대'**의 산출 식은 다음과 같이 정리된다.

· '매출 원가↓/재고액↕/생산성 증대' 중 '가동 시간 효율 증대'에 대한 산출 식(단위 시간당 처리량 증대) →

  1) 개선 후 '가동 시간'이 개선 전과 동일하거나 늘어난 경우
     시간당(개선 후 생산량-개선 전 생산량)×개선 전 수율×개선 후 가동 시간×개선 전 단위당 고정비
  2) 개선 후 '가동 시간'이 개선 전 대비 줄었으나 투입량이 동등 수준 이상인 경우
     1)번 성과-(개선 전 가동 시간-개선 후 가동 시간)×시간당 개선 전 생산량×개선 전 수율×개선 전 단위당 고정비
  3) 개선 후 '가동 시간'이 개선 전 대비 줄었고 투입량도 줄어든 경우
     재무성과 없음

  ☞ 세 개 식 모두 개선 前 현재 Capa가 부족한 경우나 부족이 예상되는 경우에 해당 부족하지 않을 경우 "투입 비용 절감"에 준하여 산출
  ☞ '개선 전 단위당 고정비'는 개선 전 Full Capa 가동 시 단가 또는 밸런스 후 단가

'단위 시간당 처리량 증대'의 산출 식 '1)'은 '시간당~가동 시간'까지가 늘어난 생산량을, 거기에 '단위당 고정비'를 곱해줌으로써 증대된 양만큼의 고정비 절감 효과를 얻는다. 산출 식 '2)'는 늘어난 생산량의 고정비 절감 효과에서 줄어든 가동 시간만큼의 고정비 증대 효과를 차감해줌으로써 순 재무성과를 얻는다. 또 산출 식 '3)'은 시간당 생산량이 증가했더라도 투입량이 줄어들 정도로 가동 시간이 감소해 결과적으로 전체 생산량의 증대 효과는 발생하지 않은 경우다. 다음 [표 Ⅱ-41]은 '단위 시간당 처리량'에 대한 적용례이다.

[표 Ⅱ-41] '가동 시간 효율향상'에 대한 재무성과 산정 예(단위 시간당 처리량↑)

항목	개선 전		개선 후	비고
계정 과목	매출 원가	산출 식	1)번 성과-(개선 전 가동시간-개선 후 가동시간)×시간당 개선 전 생산량×개선 전 수율×개선 전 단위당 고정비	
생산량(개)	1,000		1,120	
가동시간(hrs)	160		154	월 22일, 8hrs/일 가동 가정
시간당 처리량(개/hr)	6.25		7.273	=생산량/가동시간
수율(%)	90		90	
양품 수량(개)	900		1,008	=생산량*수율
고정비(원)/ 단위당 고정비(원/개)	15,000/ 16.67		15,000/ 14.88	=고정비/양품 수량
추가 투입액(만)	–		–	–
재무성과(원)	[(7.273-6.25)×0.9×154×16.67]-[(160-154)×6.25×0.9×16.67]=1,800.99		금액(원)	1,800.99

(상황)

※ 개선 전후 수율이 동일한 상황에서 생산량이 증대된 것으로 가정

※ 단, 가동 시간이 160 → 154시간으로 줄어듦. 월 총 176시간(=22×8)에 미달되는 시간은 비가동 시간으로 가정

※ 추가 투입액은 없다고 가정

[표 Ⅱ-41]에서 '생산량'은 늘었으나 '가동 시간'이 줄어든 상황을 예시한 것으로 둘 모두의 효과를 통해 재무성과가 산정된다. 개선 전후 '수율'의 차이가 발생하면 이 역시 재무성과 결과에 영향을 줄 것이다. '수율 향상'은 이어지는 소단원에서 소개한다.

4.5.8. 유형 분류 '매출 원가↓' → '재고액↑↓/양품률 증대' 산출 식

본 소단원에서는 '매출 원가↓/재고액↑↓'의 하위 항목 중 '양품률 증대(또는 양품률↑)'에 대한 산출 식을 설명한다. 다음 [표 Ⅱ-42]는 [표 Ⅱ-11]의 분류 중 '재고액↑↓' 부분만 떼어 옮겨놓은 것이다(본 소단원 주제는 파란색으로 강조).

[표 Ⅱ-42] '매출 원가↓' 중 '재고액↕/양품률↑'에 대한 유형 분류

유형 분류				관련 부서
1차	2차		3차	
매출 원가 ↓	재 고 액 ↕	재고 최적화	▪ 재고 유지비 절감 ▪ 불용/악성 재고 발생 억제 ▪ 불용/악성 재고 활용 증대	생산/영업/구매부서
		생산성 증대	▪ 공수절감(비가동 시간 감축, 설비 가동률 향상) ▪ 가동 시간 효율 증대(S/T 단축, 단위 시간당 처리량 증대)	생산부서
		양품률 증대	▪ 수율 향상 ▪ 재작업률 감소 ▪ 폐품률 감소 ▪ 공정 내 품질 향상 ▪ 클레임 처리 비용 절감	생산부서, 품질부서

'양품률↑'은 '불량률↓'과 동일한 개념이며, 익히 잘 알고 있는 '수율↑'과도 같은 개념이다. 양품 수가 증가하면 당연히 불량품 수가 줄어들며, 전체 평가된 제품 수 대비 양품 수의 비율인 '수율'도 그에 비례해서 증가한다.

재무적 관점에선 불량이 늘면 원자재 손실이 생기고 또 처리하는 데도 비용이 발생한다. 그에 반해 양품이 늘면 반대의 효과가 기대된다. 프로세스를 운영하는 측면에선 설계된 최대 용량의 산출물을 얻길 바라지만 여러 변수의 영향으로 그만큼의 수준에 이르지 못하는 게 현실이다. 따라서 최대 용량에 도달하기 위해 부단한 노력을 기울이는데 이와 같은 활동은 과제 수행을 통해 이루어지며, 그 결과로써 '활용이 가능한 제품', 즉 '양품 수'가 이전보다 증가되어 나타난다. 이 과정에 '효과 평가 전문가'에 의한 '재무성과 평가'가 개입된다.

연필을 만들어 판매하는 회사를 생각해보자. 이 회사의 매출이 증가하면 연필이 많이 팔리는 것이므로 제조 현장에선 더 많은 재료가 필요하다. 흑연 심, 지우개 등의 재료비가 늘어나며 통상 이들을 '변동비'로 구분[33]한다. 그런데

불량품이 늘어나면 재처리가 가능한 제품들은 재작업을 통해 정상 제품으로 변모시키지만 이마저 어렵다면 폐기해야 한다. 만일 이 회사에서 과제로 불량품을 줄이는 활동을 한다면 불량을 야기할 품질 특성의 문제를 줄여 결국 일정 불량품을 양품으로 전환시키는 효과를 거두게 된다. 이때 버려질 재료를 회수한 효과인 '폐품 재료비 절감 효과'나 '변동성 경비 절감 효과'가 생기고, 만일 폐품을 회수하는 재작업 공정이 있다면 줄어든 폐품만큼의 '변동성 경비 절감 효과'도 기대할 수 있다. 또 매출액이 1억이건 10억이건 간에 관계없이 일정하게 투입되는 비용을 '고정비'라고 하는데 인건비나 임대료 등이 이에 속한다. 만일 과제 활동으로 기존 10개 생기던 불량품을 7개로 줄이면 설비들의 단위당 고정비가 감소하는 효과가 생긴다. 또 폐품 등을 처리할 인건비 절감에도 영향을 줄 것이므로 '고정비' 관점 역시 '폐품 감소 효과'와 '재작업 감소 효과'가 공존한다. 물론 '고정비'가 줄어드는 효과를 얻으려면 선행 조건으로 개선 후의 양품 수나 생산량이 개선 전에 비해 증가했을 때만 유효할 것이다.

[표 Ⅱ-42]에서 2차 분류인 '양품률 향상'의 하위 유형들, 즉 3차 분류로 '수율 향상', '재작업률 감소', '폐품률 감소', '클레임 처리 비용 절감' 등이 포함돼 있다. 모두 제 기능을 못하는 대상(제품, 부품 등)들을 정상화시키거나 처리 시 비용 절감과 관련해 적용할 수 있는 항목들이다. 이어서 3차 항목 각각에 대한 산출 식들에 대해 알아보자.[34]

◎ **'수율 향상'**은 양품 수를 늘리거나 불량 수를 줄이는 접근을 통해 이룰 수 있다. 다음은 '수율 향상'에 대한 재무성과 산출 식을 나타낸다.

---

33) 유통업이나 소매업 등에서의 변동비는 '상품 매입가'에 해당한다.
34) 3차 분류 항목들의 산출 식에 대해서는 다음을 참조함. → [참고 문헌] 신인화, 김원중, "6시그마 재무성과 산출에 관한 연구", 한국산업경영시스템학회 2007 춘계학술대회 논문집, 2003.5.22.

- · '매출 원가↓/재고액↕/양품률 증대' 중 '수율 향상'에 대한 산출 식 →

  1) 수율 향상: (개선 후 수율−개선 전 수율)×연간 생산량×제품(부품)원가×(기여율)

  ☞ '(기여율)'은 개선 과정에 여러 공정이 관여된 경우, 대상 공정에 대한 책임 부서
     의 기여 수준을 제공받아 평가에 반영(선택 사항)

  2) 종합 수율 향상: 비용 절감+추가 매출 이익=1)+(개선 후 수율−개선 전 수율)×연
     간 생산량×판가×개선 전 세전 이익률

산출 식 중 '1)'은 주로 단위 공정의 재무성과 산정에 유용하다. 단 개선 과
정 중에 여러 단위 공정들과 연계돼 결과를 얻었다면 향상된 전체 수율 중 평
가 대상 공정의 기여율이 얼마인지 확인한 뒤 반영한다. '기여율' 결정은 다소
주관적이므로 공신력 있는 부서(QC팀 등)에 일임하는 것도 좋은 방법이다. 산
출 식 '2)'는 수율 향상이 매출과 직결됐음이 확인된 경우로 최종 공정에서의
마무리가 끝난 완제품을 뜻하는 의미로 '수율 향상' 대신 '종합 수율 향상'으
로 명명하였다. 식 중 '개선 전 세전 이익률' 적용은 「4.5.1. 유형 분류 '매출
액↑' → '판매 수량↑' 산출 식」의 내용을 참조하는 것도 좋은 방법이다. 해당
소단원에서 '세전 이익률' 외에 '공헌 이익률'이나 '영업 이익률' 또는 'EBIT
율' 등을 언급한 바 있다.

[표 Ⅱ−43]에서 '재무성과(원)'란에 두 개로 분류해서 평가한 이유는 수
율 향상을 통한 '비용 절감 효과'와 판매로 이어진 '이익 효과'를 각각 설명
하기 위함이다. 둘의 성과를 합한 최종 재무성과는 '결과(원)'란에 기입한
'2,025,400원'임을 알 수 있다.

[표 Ⅱ-43] '수율 향상'에 대한 재무성과 산정 예(종합 수율 향상)

항목	개선 전		개선 후	비고
계정 과목	매출 원가	산출 식	1)+(개선 후 수율−개선 전 수율)×연간 생산량×판가×개선 전 세전 이익률	
연간 생산량(만 개)	13		13	
원가(원)/판가(원)	950/1,425		950/1,425	
종합 수율(%)	88		90	
세전 이익률(%)	8		−	−
재무성과(원)	(비용 절감): (0.9−0.88)×13만×950×0.7=1,729,000			금액(원) 2,025,400
	(매출이익): (0.9−0.88)×13만×1,425×0.08=296,400			

(상황)
※ 공정 품질 개선을 통해 최종 공정의 수율이 향상된 것으로 가정
※ 최종 공정의 기여율을 70%로 가정
※ 최종 '금액(원)'은 '비용 절감+매출 이익'의 결과 값임

만일 관리하는 자료가 '수율'이 아닌 '불량률'이고 수리를 통해 발생률을 감소(또는 수율을 증가)시키는 경우라면 다음과 같은 산출 식 적용이 가능하다.

> · '매출 원가↓/재고액↕/양품률 증대' 중 '수율 향상'에 대한 산출 식 →
>
> 　1) 수리비용 감소: (개선 전 불량률−개선 후 불량률)×생산량×재작업(수리) S/T×임률
> 　2) 수리불가 제품(반제품) 폐기 비용 감소: (개선 전 불량률−개선 후 불량률)×생산량×
> 　　 폐기 비율×폐기 자재비
>
> 　☞ '재작업 S/T'는 재작업 중 소요되는 'Standard Operation Time'을 의미
> 　☞ '폐기 자재비'는 'BOM 단가' 등을 적용

◎ **'재작업률 감소'**는 '재작업(Reworking)'의 사전적 정의가 "하나 또는 그 이상의 제조 공정을 되풀이하는 것" 또는 "생산 활동 중 여유분을 초과해서 수주량보다 더 불량이 발생하여 추가로 투입되는 행위" 등이므로 한 번에 끝내지 못하고 반복함으로써 생기는 손실을 줄인 경우에 해당한다. 재작업 감소 효과는 주로 재작업을 통해 완제품, 반제품, 부품 등을 정상 품으로 재생산하는 공정에 한해 인정한다. 재생산 프로세스 경우 재작업률이 줄어들면 '양품률 증대'의 효과로 인식될 수 있다.

일반적으로 '재작업'을 "숨겨진 공장(Hidden Factory)"으로 규정하고 반드시 제거해야 할 1순위 대상으로 손꼽는다. 외형상으론 양품이 큰 문제없이 잘 생산되고 있는 것처럼 보이지만 생산 체제 속으로 직접 파고들면 실상은 여기저기서 비용이 줄줄 새고 있는 경우가 많기 때문인데, 이런 비용들을 특히 'COPQ(Cost of Poor Quality)'라 부른다. 이에 대해서는 별도의 설명 공간이 마련돼 있으므로 상세한 내용은 이후로 미루도록 하겠다. 다음은 '재작업률 감소'에 대한 산출 식 예이다.

· '매출 원가↓/재고액⇅/양품률 증대' 중 '재작업률 감소'에 대한 산출 식 →

재작업률 감소: (개선 전 재작업률−개선 후 재작업률)×개선 후 반제품(부품) 투입 수× 개선 전 단위당 재작업 비용(또는 변동비)

☞ 재작업 감소 효과는 재작업을 통해 완성품(반제품, 부품 등)으로 재생산이 가능한 공정에 한정
☞ '변동비'는 '재료비'와 '변동성 경비'만을 포함
☞ 개선 후 투입 수가 개선 전 대비 큰 경우에만 인정

다음 [표 Ⅱ-44]는 '재작업률 감소'에 대한 산정 예를 보여준다.

[표 Ⅱ-44] '재작업률 감소'에 대한 재무성과 산정 예

항목	개선 전		개선 후	비고
계정 과목	매출 원가	산출 식	(개선 전 재작업률−개선 후 재작업률)×개선 후 반제품(부품) 투입 수×개선 전 단위당 재작업 비용(또는 변동비)	
투입 수(개)	500		870	반제품 또는 부품
작업 수(개)	560		920	−
재작업 수(개)	60		61	−
재작업률(%)	12		7.01	=재작업수/투입수%
재작업 단가(원)	12,000		11,700	
재무성과(원)	(0.12−0.0701)×870×12,000=520,956		금액(원)	520,956

(상황)
※ A제품을 재생산하는 공정에서 이루어지는 재작업을 가정
※ 개선 전후의 재작업 단가 변동은 과제 수행과는 무관한 것으로 가정

◎ **'폐품률 감소'**는 말 그대로 "못쓰게 되어버린 물품"을 감소시킨 경우이다. 단 「4.5.3. 유형 분류 '매출 원가↓' → '총 제조 원가↓/재료비↓' 산출 식」에서 '자재 손실률 감소', '자재 폐기량 감소', '자재 재활용량 증대'에 대해 유사한 항목이 언급된 바 있다. 그러나 맥락은 같더라도 본 산출 식은 이전의 구매 프로세스에서의 접근이 아닌 생산 중인 프로세스 내에서 이루어지는 차이점이 있다. 다음은 '폐품률 감소'의 성과에 대한 산출 식을 요약한 것이다.

> · '매출 원가↓/재고액↕/양품률 증대' 중 '폐품률 감소'에 대한 산출 식 →
>
> 폐품률 감소: [1−(개선 전 수율÷개선 후 수율)]×개선 전 해당 공정까지의 변동비×
> 개선 후 양품 수
>
> ☞ '변동비'는 '재료비'와 '변동성 경비'만을 포함
> ☞ '개선 전 해당 공정까지의 변동비'는 '개선 전 해당 공정까지의 투입 단가'도 가능
> ☞ 폐품률 감소 효과는 개선 후 양품 수가 개선 전 대비 큰 경우에만 인정

다음 [표 Ⅱ-45]는 '폐품률 감소'에 대한 산정 예를 보여준다.

[표 Ⅱ-45] '폐품률 감소'에 대한 재무성과 산정 예

항목	개선 전		개선 후	비고	
계정 과목	매출 원가	산출 식	[1−(개선 전 수율/개선 후 수율)]×개선 전 해당 공정까지의 변동비×개선 후 양품 수		
투입 수(개)	1,500		1,500	−	
투입비 단가(원)	2,000		1,800	−	
양품 수(개)	1,455		1,485	−	
폐기 수(개)	45		15	=투입 수−양품 수	
수율(%)	97.33%		99.0%	=양품 수/투입 수%	
재무성과(원)	(1−0.9733/0.99)×2,000×1,485=50,100			금액(원)	50,100

(상황)
※ M공정의 투입 수 및 투입 비용(단가) 등의 지표를 가정
※ 개선 전후 투입 비용 차이는 과제와 관련 없으며, 투입 수와 양품 수의 차이는 폐품임

[표 Ⅱ-45]의 개선 전후 각각의 '폐기 금액(폐기 수×투입비 단가)'을 구해 그 차를 구해도 동일한 결과를 얻을 수 있으나 검증 과정은 생략한다.

◎ **'공정 내 품질 향상'**은 생산 중인 제품의 품질이 떨어질 경우를 고려한 성과 평가 예이다. 생산 중인 제품의 품질은 관리해야 할 품질 특성이 원하는 수준(규격에서 벗어나지 않은 상태)에 이르지 못해 재작업이나 수리 또는 폐기 등의 절차를 밟아야 하므로 내용에 있어선 앞서 설명한 '수율 향상'이나 '재작업률 감소', '폐품률 감소'와 맥락을 같이한다.

그러나 본 소단원에서는 그들 각각을 다시 설명하기보다 품질 문제가 생길 경우 그를 처리하는 과정에 폐품률이나 재작업률 모두가 동시에 발생하는 점을 감안해 재무 평가 역시 각각의 산출 합으로 표기하는 방법을 설명한다. 이때 품질은 과제 수행의 결과로 개선되었음이 증명돼야 하며, 여러 과제에서 동일한 품질 특성의 개선을 추진했다면 과제별로 각각 성과를 산출하는 것도 허용된다.

· '매출 원가↓/재고액↑↓/양품률 증대' 중 '공정 내 품질 향상'에 대한 산출 식 →

변동비 절감액+단위당 고정비 감소액

→ (변동비 절감액)=폐품률 감소액+재작업률 감소액=[1−(개선 전 수율÷개선 후 수율)]×개선 전 단위당 변동비×개선 후 양품 수+(개선 전 재작업률−개선 후 재작업률)×개선 후 (반)제품 투입 수×개선 전 단위당 재작업 변동비

☞ '단위당 고정비 감소액'은 물량 대비 생산량(Capa)이 부족한 경우에 한하여 인정
☞ '폐품률 감소액'은 개선 후 양품 수가 개선 전 대비 큰 경우에 한하여 인정
☞ '재작업률 감소액'은 개선 후 투입 수가 개선 전 대비 큰 경우에 한하여 인정

→ (단위당 고정비 감소액)=폐품률 감소액+재작업률 감소액
① 개선 후 투입(작업) 수가 개선 전 대비 동일하거나 큰 경우
=[개선 후 양품 수−((개선 후 양품 수÷개선 후 수율)×개선 전 수율)]×개선 전 단위당 누계 고정비+[개선 후 투입 수−(개선 후 작업 수÷(100+개선 전 재작업률))]÷개선 전 수율÷개선 전 단위당 해당 공정 고정비

　　내용이 좀 복잡한데 변동비와 고정비 효과를 명확히 하기 위해 도입한 산출 식이다. 맨 상단에 있는 "변동비 절감액+단위당 고정비 감소액"이 핵심이고, 그 아래는 각 항을 구체화한 산식이다. 특히, '폐품률 감소액'과 '재작업률 감 소액'의 세부 수식을 쉽게 구분하기 위해 후자를 다른 색(주황)으로 처리했으 므로 활용에 참고하기 바란다. 그 외에 '단위당 고정비 감소액'에서 개선 전후 공정의 밸런스 문제로 개별 공정의 '가동 시간'이 Capa 대비 다소 줄어든 상 태라면 이 경우 줄어든 상태의 단가를 적용할 수 있다. 또 고정비 총액의 변 동이 공정 품질 향상에 의한 것임이 증명될 경우 그 변동액은 재무성과에 포 함시킨다. 다음은 산정 예이다.

[표 Ⅱ-46] '공정 내 품질 향상'에 대한 재무성과 산정 예

항목		개선 전		개선 후	비고
계정 과목		매출 원가	산출 식	변동비 절감액+단위당 고정비 감소액	
투입 수(개)		1,000		1,000	–
재료비 (원)	단가	600		700	–
	금액	600,000		700,000	=투입 수×재료비 단가
인건비 (원)	단가	3명, 1,000,000/人		2명, 1,010,000/人	–
	금액	30,000,000		2,020,000	=인원 수×인당 단가
변동 경비	단가	200		250	–
	금액	200,000		250,000	=투입 수×변동비 단가
고정경비(원)		400,000		340,000	–
총 원가		4,200,000		3,310,000	=Σ비용
수율(%)		86		91	–
양품 수		860		910	=투입 수×수율
총변동비/단가(원)		800,000/930		950,000/1,044	단가=총변동비/양품 수
총고정비/단가(원)		3,400,000/3,953		2,360,000/2,593	단가=총고정비/양품 수
재무성과(원)		$[(1-0.86/0.91)\times930\times910]+[(910-(910/0.91)\times0.86)\times3,953]=46,500+197,650 ≒ 244,150.0$		금액 (원)	약 244,150.0

(상황)
※ M공정의 투입 수 및 투입 비용(단가) 등의 지표를 가정
※ 고정비 변동은 인건비 인상과 감가상각비 감소며 과제와는 무관함. '투입 수'와 '작업 수'는 동일하며, '투입 수'와 '양품 수' 차이는 폐품으로 가정

[표 Ⅱ-46]에서 과제 수행 결과 '폐품 수'의 감소로 수율이 증가된 경우이며, 산출 식 중 '변동비 절감액 → 폐품률 감소액'이, '단위당 고정비 감소액

→ 폐품률 감소액'이 각각 대응한다. 즉 산출 식 중 독립 항인 '재작업률 감소액(산출 식에서 주황색 부분)'은 계산 대상에서 제외된다. 또 '단위당 고정비 감소액' 산정 시 '개선 전후의 투입 수'가 동일한 경우이고, 예제 상황이 단일 공정이므로 '단위당 누계 고정비'와 '단위당 해당 공정 고정비'는 동일하다.

◎ **'클레임 처리 비용 절감'**은 제품이 고객에 인도되는 과정이나 인도된 후 고객으로부터 제기된 문제를 해결하는 데 들어가는 비용에 대한 평가이다. 통상 사내에서의 품질 문제보다 시장에서의 불량률 성격이므로 공간상 차이가 있으나 시장불량 역시 사내 품질 문제의 연장선상에 있으므로 [표 Ⅱ-42]의 '양품률 증대' 영역에 포함시켜 정리하였다. 다음은 관련된 산출 식 예이다.

· '매출 원가↓/재고액⇅/양품률 증대' 중 '클레임 처리 비용 절감'에 대한 산출 식 →

　1) 클레임 처리 비용: 개선 전 외부 실패 비용−개선 후 외부 실패 비용

　　1-1) 무상 서비스 비용 감축: [(개선 전 불량률−개선 후 불량률)÷개선 전 불량률]×개선 전 무상 건 수×무상 변동비 단가
　　1-2) 서비스 자재대 감축: [(개선 전 불량률−개선 후 불량률)÷개선 전 불량률]÷개선 전 무상 건수÷무상 자재비 평균 단가
　　1-3) 교환, 환불 손실 비용 감축: [(교환 환불품 출고가−교환 환불 차액)×건수×(개선 전 불량률−개선 후 불량률)÷개선 전 불량률]

　☞ 서비스 보증 기간 내 품목에 한정

다음 [표 Ⅱ-47]은 '클레임 처리 비용 절감'에 대한 재무성과 산정 예이다.

[표 Ⅱ-47] '클레임 처리 비용 절감'에 대한 재무성과 산정 예

항목	개선 전		개선 후	비고	
계정 과목	매출 원가	산출 식	1) 무상 서비스비용 감축: [(개선 전 불량률−개선 후 불량률)/개선 전 불량률]×개선 전 무상 건수×무상 변동비 단가 2) 서비스 자재대 감축: [(개선 전 불량률−개선 후 불량률)/개선 전 불량률]×개선 전 무상 건수×무상 자재비 평균단가		
불량개수(개)	200		−	−	
무상변동비 단가(원)	1,000		−	−	
평균 무상 자재비 단가(원)	800		−	−	
불량률(%)	3		2	−	
재무성과(원)	$[((0.03-0.02)/0.03) \times 200 \times 1{,}000] + [((0.03-0.02)/0.03) \times 200 \times 800] = 66{,}666.7 + 53{,}333.3 = 120{,}000$			금액(원)	120,000

(상황)
※ M제품 불량률 감소로 인한 무상 서비스 비용 및 자재 폐기 비용 절감 산정 예로 가정함

[표 Ⅱ-47]은 불량률 감소로 그동안 무상으로 처리된 비용의 절감 효과와 자재의 폐기 비용 절감 효과 모두를 고려한 성과 평가를 나타낸다.

지금까지 알아본 재무성과 평가 방법은 '성과 공간'에서의 'X-축'에 기반을 둔다. 다음 '성과 공간'의 'Y-축'인 '비재무성과 산출'에 대해 알아보자.

5. 비재무성과(Y-축) 산출

　　　　　　　　　'비재무성과'는 '금액 산정이 명문화된 경우'
와 '금액산정이 명문화되지 않은 경우'로 구분되는데, 전자는 'COPQ(Cost of
Poor Quality)'처럼 공론화된 산식이 존재하는 반면, 후자는 산식 자체가 불분
명하거나 존재하지 않는 유형들이 포함된다. '금액 산정이 명문화된 경우'와
'금액 산정이 명문화되지 않은 경우' 각각을 「3. '금전적 효과 평가'를 위한
산출 모형」에서 설명한 '성과 공간([그림 Ⅱ-13])'에 표기하면 다음 [그림 Ⅱ
-29]와 같다. '성과 공간'의 활용과 자세한 정의에 대해서는 「3.1. 시각화를
위한 성과 공간의 정의」로 돌아가 복습해주기 바란다.

[그림 Ⅱ-29] '성과 공간'의 효과별 유형 분류

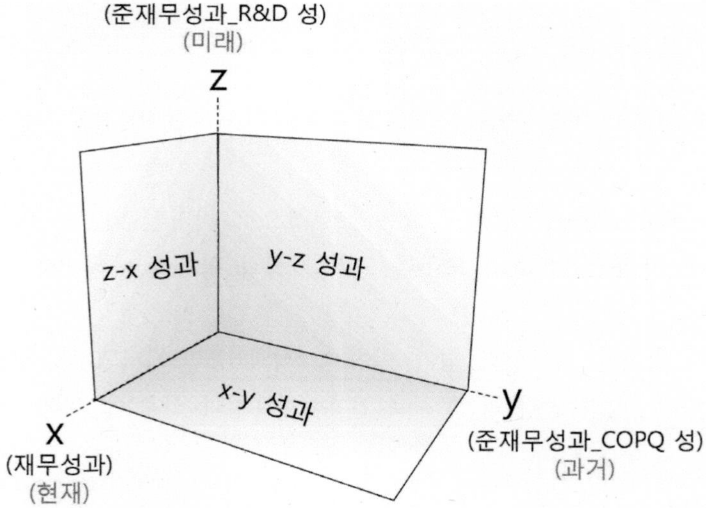

기억을 되살리기 위해 「1. 효과 평가를 고려한 '과제 선정'」에서 정의했던 다음의 용어를 다시 옮겨놓았다.

[그림 Ⅱ-30] '효과' 및 '성과'의 용어 정의

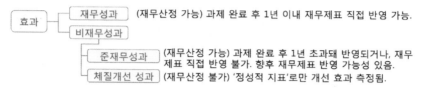

[그림 Ⅱ-30]에서 '준재무성과'는 [그림 Ⅱ-29]의 '성과 공간'에서 'Y-축'과 'Z-축'에 대응한다. 이들 중 본 단원에서 소개할 내용은 바로 'Y-축'이다. 다음 [그림 Ⅱ-31]은 'Y-축'인 '준재무성과'를 강조한 예이다.

[그림 Ⅱ-31] '성과 공간' 내 '준재무성과(Y-축)'

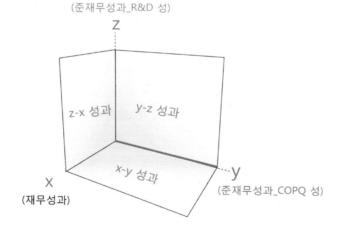

'Y‒축'인 '준재무성과'의 개요에 대해서는 이미 「3.1. 시각화를 위한 성과 공간의 정의」에서 자세히 설명했으므로 여기선 내용의 중심에 서 있는 'COPQ(Cost of Poor Quality)'에 대해 조금 더 깊이 있게 학습한 후 본론으로 들어가자.

5.1. 'COPQ'의 형성 과정과 정의

"모르는 건 죄가 아니나 알려고 노력하지 않으면 죄"라는 출처 불분명한 말도 있지만 '만일 알려고 노력하지 않았던 이유'가 있다면 "모르는 것도 죄가 아니고 노력하지 않았어도 죄가 되지 않는다!"고 말할 수 있지 않을까? 적어도 필자에게는 이 같은 변명이라도 절실히 필요한 시절이 있었다. 바로 '비용'과 '원가'가 동일한 영어 단어인 'Cost'로 쓰이고 있다는 사실을 이해하지 못한 일이다. 영어 사전엔 분명 'Cost'는 익히 잘 알고 있는 "어떤 일을 하는 데 드는 돈", 즉 '비용'의 뜻이 대세지만 원가 회계에서는 '원가'란 의미로 쓰이고 있기 때문이다. 그렇다고 딱히 몰라도 생활에 불편은 없었으므로 당연히 알아보려 부산을 피우는 노력은 하지 않았다. 그런데 왜 이 시점에 'Cost'가 '비용'으로 해석해야 할지, 아니면 '원가'로 해석해야 할지를 두고 고민이 필요한 걸까? 그 이유는 앞으로 설명할 단어 'COPQ'를 풀어쓰면 'Cost of Poor Quality'이고 그 안에 'Cost'가 들어 있음에도 우리말로는 '저품질 비용'의 '비용'으로 해석하고 있기 때문이다. 왜 '저품질 원가'가 아닌지 의문스럽다는 얘기다.

이런 의문을 해소할 단비 같은 서적이 눈에 띄어 정독을 한 적이 있는데 외국 책이 아닌 국내에서 발간됐다는 점이 참 다행이다. 영어로 돼 있으면

'Cost' 한 단어로만 쓰였을 것이고 그렇다면 여전히 해석에 어려움이 남았을 것이기 때문이다. 책의 내용을 인용[35]하면 다음과 같다.

영어 'Cost'에 대한 원가 회계 분야에서의 한글 번역은 '원가'이며, 이는 "특정 목적을 달성하기 위하여 발생하거나 잠재적으로 발생할 희생(Sacrifices)을 화폐적으로 측정한 것"을 말한다는 것이다. 원가는 다시 대차대조표상에서 3가지의 다른 용어로 표현되는데, 첫째는 원가 중에서 미소멸된 부분의 금액을 '자산(Asset)', 즉 판매되지 않고 재고 상태로 있는 경우, 둘째는 원가 중에서 소멸되어 수익의 실현에 기여한 부분의 금액을 '비용(Expense)', 즉 판매되어서 매출을 창출한 경우, 셋째는 원가 중에서 소멸은 되었으나 수익의 실현에 기여하지 못한 부분의 금액을 '손실(Loss)', 즉 불량 제품의 폐기 등의 경우로 구분한다.

원가 회계 분야에서 'Cost=원가'이고, 다시 '원가'는 자산(Asset), 비용(Expense), 손실(Loss)과 관련된 금액으로 이루어졌다는 설명인데, 'COPQ'에 대한 해석을 하기 전 먼저 성격이 거의 유사하고 태생의 원조 격인 'Quality Costs'를 예로 들어 보자. 영문 'Quality Costs(Q-Costs, 또는 Cost of Quality의 첫 자를 딴 COQ도 쓰임)'란 일반적으로 처음부터 불량이 생기지 않도록 하는 데 소요되는 비용인 '예방 비용(Prevention Costs)', 제품의 품질을 정식으로 평가함으로써 회사의 품질 수준을 유지하는 데 드는 비용인 '평가 비용(Appraisal Costs)', 소정의 품질 수준을 유지하는 데 실패하였기 때문에 생긴 불량품, 불량 원재료에 의한 손실 비용인 '실패 비용(Failure Costs)'으로 구분되므로 군이 짧은 소견으로 'Cost'와 'Quality Costs' 간 함수 관계를 따져보면 'Cost⊃Quality Costs(즉, 'Quality Costs'는 'Cost'의 부분 집합)'쯤 되지 않을까 싶다. 'Quality Costs'의 일반적 분류인 'P-Costs', 'A-Costs', 'F-

---

35) 송재근(2006), Q-COST & COPQ 관리시스템 구축 매뉴얼, 한국표준협회컨설팅.

Costs'의 세부 항목엔 직접비로 구분되는 '재료비' 등은 없는 반면, 'Cost'엔 '재료비' 외에도 각종 '경비' 등이 들어 있어 'Quality Costs'는 제품이나 서비스를 창출하는 데 소요된 '원가', 즉 'Cost'의 일부로 간주된다(물론 세부 항목 중에는 'Cost'에 포함되지 않는 것도 있다). 이런 이유로 'Quality Costs'의 우리말 표현을 '품질 원가' 대신 현재의 '품질 비용'으로 호칭하는 게 좀 더 바람직할 것 같다('주석 35'의 서적에서는 "용어 'Quality Costs'의 우리말 표현으로 '품질 원가'가 적합하지만 관례상 '품질 비용'으로 사용한다"고 적고 있음). 참고로 영어 문구상 'Quality Costs'는 'Cost of Quality'와 동일한 의미로 사용된다. 이런 해석은 'Quality Costs(또는 Q-Costs)'와 성격이 유사한 'COPQ(Cost of Poor Quality)' 역시 '저품질 원가'가 아닌 '저품질 비용'으로 호칭할 수 있는 토대를 제공한다. 용어에 대한 이해가 섰으면 이어 'COPQ'의 탄생 이력을 잠시 엿보기로 하자. 'COPQ'의 이력을 알기 위해서는 먼저 'Quality Costs'의 이력을 알 필요가 있다. 한 문헌[36]에 실린 내용을 일부 편집해서 다음에 옮겨놓았다.

1943년에 Dollar-based Reporting System을 개발하던 파이겐바움(Armand Feigenbaum)과 그의 팀이 Quality Costing Analysis를 최초로 고안했다. 1951년 Joseph Juran[37]은 품질의 경제학으로써 품질 비용 산출의 개념을 처음 제시했는데, 그는 여기서 일정한 수준의 품질을 성취하는 데 소요되는 비용을 '가피 비용(Avoidable Costs)'과 '불가피 비용(Unvoidable Costs)'으로 구분하였고, 전자는 불량이나 재작업 등에 의한 재무적 손실을, 후자는 예방이나 검사에 들어가는 비용을 일컬었다. 이후 1956년 다시 파이겐바움[38]에 의해 품질 비용이 예방 비용, 평가 비용, 실패 비용(내부/외부)으로의 분류 체계가 마련돼 현재까지 폭넓게 활용되고

---

36) Schiffauerova, A. and Thomson, V., "A review of research on cost of quality models and best practices", International Journal of Quality and Reliability Management, Vol.23, No.4, 2006.
37) Juran, J. M.(1951), Quality Control Handbook, McGraw-Hill, New York, NY.
38) "Total Quality Control", Harvard Business Review, 34:6 (1956): 93~101.

있다(이후 이론적 설명은 생략).

이미 1956년 파이겐바움에 의해 마련된 품질 비용의 기본 틀인 '예방 비용', '평가 비용', '실패 비용'이 지금까지 유지, 관리된다는 것은 완성도 높은 모델로써 자리매김했다고밖에 볼 수 없다. 그러나 이후 수많은 관련 연구가 진행되면서 파이겐바움의 모델에 약간의 보완이 가해지게 되는데 바로 당시 대표 기업의 하나인 IBM의 Harrington에 의한 'Poor Quality Costs(또는 PQC)'가 그것이다. 아마도 'COPQ'에 포함된 단어 'Poor'가 생겨난 배경이 되지 않나 싶다. 다음은 인터넷 검색[39]에서 'PQC' 탄생 배경을 번역해 옮긴 내용이다. 좀 길지만 전체 흐름을 이해하기에 적절할 것 같아 끈기를 갖고 정리해보았다(^^)!

    1950년대 General Electric(GE)의 부사장이었던 파이겐바움은 'Cost of Quality'를 고안해 GE 전체에 그 모델을 적용했다. 그는 '품질 비용(COQ)'을 '관리에 드는 비용(Costs of Control)'과 '관리의 실패로 드는 비용(Costs of Failure of Control)'으로 구분 짓고 각 하위 항목에 전자는 '예방 비용(Prevention Costs)'과 '평가 비용(Appraisal Costs)'이, 후자는 '내부 결점 비용(Internal Defect Costs)', '외부 결점 비용(External Defect Costs)'이 포함돼 있다고 하였다.
    파이겐바움의 개념은 이후 미국 내 몇몇 대기업에 응용되기도 했는데, 1960년대 들어 Dr. James Harrington은 파이겐바움의 '품질 비용' 개념을 IBM에 적용해보도록 임무를 부여받고 연구하던 중 파이겐바움의 개념이 '보조 기능들에 대한 품질 비용(the Support Functions' Cost of Quality)'과 '외부 고객과 관련된 품질 비용(the External Customers' Quality Costs)'에 대해서는 별 도움이 되지 않음을 알게 되었다. 결국 IBM은 자사의 요구를 만족시키기 위해 파이겐바움의 개념을 확장하게 되었고, 기존과 구분 짓기 위해 명칭도 '저품질 비용(Poor-Quality Cost)'이라

---

39) http://www.hjharrington.com/html/body_poor_quality_cost.html

명명하였다. 명칭을 바꾼 배경엔 기존 '품질 비용 모델'이 IBM의 상황엔 부적절하다고 판단했기 때문이었다. "좋은 품질엔 추가 비용을 지불하지 않는다. 회사에 추가 비용을 발생시키는 것은 저품질이다. 만일 품질이 완벽하다면 우리는 '예방 비용'이나 '평가 비용'이 필요치 않을 것이다. 또 '내부 실패 비용'과 '외부 실패 비용'도 지불할 필요가 없을 것이다. 그러나 불행히도 우리는 완벽한 세상에 살지 못한다."

1964년 1월에, IBM은 사내 부품 제조, 하위 부품 조립, 최종 조립, 최종 장비 검사, 시스템 검사뿐만 아니라 고객사에 납품된 1,620개 시스템에 대해 12개월간의 'PQC'를 포함한 보고서를 발간하였다. 이것을 'Q-100 Report'라 한다. 이후 몇 달간 이 보고서는 많은 다른 IBM 계열 부문으로 확대되었으며, 1970년대 동안 IBM의 'PQC'를 참고한 다양한 기술 보고서와 논문이 발간되는 계기가 되었다. IBM의 'PQC'는 다음의 항목들을 포함된다.

[표 Ⅱ-48] Harrington의 초기 'PQC(Poor-Quality Costs)' 모델

구분	하위 항목		
Direct Poor-quality Cost	A. Controllable poor-quality cost	B. Resultant poor-quality cost	C. Equipment poor-quality cost
	(1) Prevention cost (2) Appraisal cost	(1) Internal error cost (2) External error cost	—
Indirect poor-quality cost	A. Customer-incurred cost	B. Customer-dissatisfaction cost	C. Loss-of-reputation cost

1980년대 초에 Philip Crosby는 ITT에서 파이겐바움의 품질 비용 개념을 처음 적용해보고 덧붙여 자신의 컨설팅 경험을 그에 병합하였다. Crosby의 접근은 비록 파이겐바움이 사용했던 항목들의 이름을 바꾸긴 했어도 그 의미는 그대로 따랐다.

1987년에 ASQC(the American Society for Quality Control)는 저품질로부터 생겨난 비용을 보고했던 IBM의 활동을 참고한 Harrington 저 'Poor-Quality Cost'란 제목의 책을 출판하였다. 이 책은 중국어, 프랑스어, 스페인어, 포르투갈어와 러시아어 등 많은 언어로 번역되었다.

1980년대 초에, Dr. Harrington은 비즈니스 프로세스 간소화 작업에 집중하면서 비즈니스 프로세스 개선 방법론을 개발하던 중 부족하게 설계된 비즈니스 프로세스로부터 생겨난 비용이 'PQC' 항목들이란 점을 발견하였다. 이 결과를 토대로 그는 1990년에 그의 'PQC 모델'에 'no‒real‒value‒added'를 포함시켰다.

1994년에, Dr. Harrington은 영업과 마케팅 영역으로 작업 범위를 넓혔으며 '기회 손실 비용(Lost-Opportunity Cost)'의 개념이 회사 저변에 큰 영향을 준다는 점을 깨닫고 기존 'PQC'에 'Lost-Opportunity Cost'를 포함시켰다. 다음은 최근의 'Poor‒Quality Cost Model'을 정리한 것이다.

[표 Ⅱ‒49] Harrington의 최근 'PQC(Poor-Quality Costs)' 모델

구분	하위 항목		
Direct Poor-quality Cost	A. Controllable poor-quality cost	B. Resultant poor-quality cost	C. Equipment poor-quality cost
	(1) Prevention cost (2) Appraisal cost (3) No-value- added cost	(1) Internal error cost (2) External error cost	‒
Indirect poor-quality cost	A. Customer-incurred cost	B. Customer-dissatisfaction cost	C. Lost-opportunity cost	D. Loss-of-reputation cost

※ 빨간색은 기존에서 새롭게 추가된 항목임

지금까지의 설명을 요약하면 Harrington의 'PQC'는 1987년 ASQC에서 출판된 'Poor‒Quality Cost'[40]에 잘 정리되었음을 알 수 있다. 사실 위키피디아(영문판)를 참조하면 'PQC'와 'COPQ'는 동일한 용어로 해석하고 있으며, 본문에도 'COPQ'가 공공연하게 쓰이고 있어 둘의 차이를 별도로 논할 필요는 없을 것 같다. Harrington이 왕성하게 활동한 8~90년대를 거치면서 'PQC' 개념은 'Six Sigma'의 탄생과 함께 훨씬 더 구체화되는 계기가 마련되었고 기업에 적용돼 실적과 연결시키려는 노력도 꾸준히 이루어졌다. 이후엔 'QS‒

---

40) Harrington, H. James(1987), Poor-Quality Cost, American Society for Quality, ISBN 9780824777432.

9000', 'ISO/TS 16949'와 관계하면서 그 응용 범위를 넓히고 있다. 다음 [그림 Ⅱ-32]는 지금까지 설명한 'COPQ' 탄생 과정을 간략히 도식화[41]한 것이다.

[그림 Ⅱ-32] 'COPQ' 관련 이력 요약

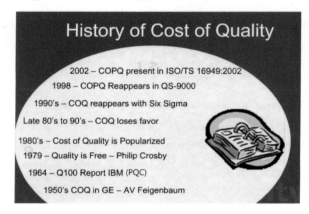

다음은 한 학술 논문[42])에서 'COPQ' 탄생 배경을 언급하고 있어 번역해 옮겨놓았다.

…(중략) 1954년에 일본에 초빙되었던 품질 관리 전문가들 중 한 명인 Juran은 낭비를 서로 다른 형태로 다루었던 최초의 사람이었다(주석 37). 그 이래로 낭비를 구별하고 줄이려는 방법적 접근은 품질 관리의 주요한 활동 중 하나가 되었다. Juran은 낭비 요소를 "the Gold in the Mine" 또는 "Quality Cost"라고 불렀으며(주석 37), 이후 저서[43])에서 다시 "the Cost of Poor Quality (COPQ)"로 호칭하였다. 1951년부터

---

41) http://www.slideshare.net/omnex/costof-quality
42) Jens J. Dahlgaard, Su Mi Dahlgaard-Park(2006), Lean production, six sigma quality, TQM and company culture, The TQM Magazine Volume 18, Issue 3 pp.263~281 ISSN 0954-478X, Emerald Group Publishing Limited.
43) Juran, J. M.(1989), Juran on Leadership for Quality - An Executive Handbook, The Free Press,

1989년까지 Juran의 낭비와 관련된 정의를 비교하는 것은 흥미로운데, 1951년의 "Quality Costs - 무결점 생산이라면 존재하지 않는 비용(the costs which would disappear if no defects where produced)"인 반면, 1989년 경우 "the COPQ - 품질 문제가 없다면 사라질 모든 비용의 합(the sum of all costs that would disappear if there were no quality problems)"이라고 한 점이다. 두 정의를 비교할 때, 1951년의 품질 관리는 기술적 준수 사항 같은 협의의 개념이었고 주요 활동도 생산 중 결점에 집중된 반면, 1988년 이후 품질 관리는 TQM이라고 하는 포괄적 관리 철학으로 발전한 차이 때문에 용어 정의도 시대적 배경에 따른 것으로 풀이된다. TQM은 생산뿐만 아니라 사내 모든 다른 프로세스도 범주에 두고 있으며, 서비스 분야를 포함한 다른 모든 산업에서도 유용하다. (필자) 이와 같이 시대적 상황에 맞도록 품질비 용의 정의는 다소 변경돼왔으나 Juran은 초기부터 "the gold in the mine"의 은유를 통해 품질 비용의 크기에 특별한 의미가 있음을 지속적으로 암시해왔다.

지금까지 'COPQ'의 탄생 배경에 대해 알아보았다. 이제부터는 'COPQ 정의'에 대해 알아보자. 'COPQ'를 수식적으로 표현한 예[44]로 "COPQ=실 운영 비용 - 이상적 운영 비용(the cost of poor quality of an organization is the difference between the actual operating cost and what the operating cost would be if there no failures in its system and no mistakes by its staff)"이 있는데, 앞서 설명한 바와 같이 Harrington의 최근 모델은 'COPQ'에 포함된다고 알려진 'Lost - Opportunity Cost', 즉 '기회 손실 비용'까지 수용하고 있어 사실상 "PQC≅COPQ"임을 연상할 수 있다. 따라서 'COPQ'의 항목들 구성에 있어 동일 개념인 'PQC'보다는 오히려 'Q-Costs(Cost of Quality)'가 비교 대상인데, 이에 대해 둘이 서로 다르다고 주장하는 학자가 다수 존재한다. 예를 들어 'Blackburn and Rosen(1993)'[45]은 "품질 향상을 위한 교육, 훈

New York, NY.

44) Bland, F. M., Maynard, J and Herbert, D. W., "*Quality costing of an administrative process*", The TQM Magazine, vol. 10, No. 5, pp.367~377.

련 비용 등은 COPQ가 아닌 투자로 인식되어야 한다." 또 Corcoran(1987)[46]은 "예방 비용은 세분하기 어렵다. 여기에는 사업 수행을 위한 정상적인 비용이 많다(Corcoran(1987), stated that prevention costs are difficult to segregate…)" 등의 주장이 그것이다. Harrington의 'PQC'로부터 'COPQ'를 이끌어내면 둘 간의 성격이 비슷해 연계성과 내용 측면에서 설명이 매우 수월하지만 기존 '품질 비용(Quality Costs 또는 Q-Costs)'의 영향력이 막대해서 주로 '품질 비용'과 'COPQ'를 비교하는 게 일상화돼 있다. 다음 [그림 Ⅱ-33]은 지금까지의 설명을 토대로 'COPQ'와 'Q-Costs', 'PQC' 간의 관계를 정리한 개념도이다.

[그림 Ⅱ-33] 'COPQ'와 'COQ(Q-Costs)' 및 'PQC' 간 관계 개념도

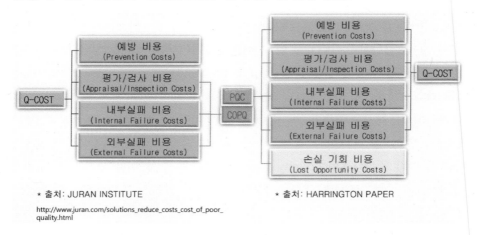

★ 출처: JURAN INSTITUTE

http://www.juran.com/solutions_reduce_costs_cost_of_poor_quality.html

★ 출처: HARRINGTON PAPER

---

45) Blackburn, R. & Rosen, B(1993), total quality and human resource management: Lessons Learned from Baldrige Award-Winning Companies.
46) 6시그마 교재에 있는 내용을 인용하였으나 약간의 영어 원문 외에 정확한 출처는 알 수 없다.

[그림 Ⅱ-33]의 왼쪽은 최근 'Juran Institute' 사이트를 방문해 'COPQ' 항목을 참조한 것인데 '예방 비용'은 빠져 있음을 알 수 있다. 그런가 하면 'Juran's quality handbook[47](1999)'의 내용 중엔 "Lost sales revenue due to poor quality is part of the cost of poor quality. Although this revenue is difficult to estimate, …"와 같이 실제 산정하긴 어렵지만 판매에서 놓친 수익인 '기회 손실 비용' 영역을 'COPQ'로 간주한다.

Harrington의 최근 'PQC' 항목을 정리한 [표 Ⅱ-49]를 보면 기존의 'Q-Cost'는 물론 그에 덧붙여 '기회 손실 비용(Lost-Opportunity Costs)'까지 확실히 포괄하고 있어 'Juran Institute'와 차이를 보인다. 사실 'COPQ'와 'PQC'가 거의 동일 수준으로 인정받고 있어 [그림 Ⅱ-33]상에는 둘을 중앙 위치에 동급 수준으로 배열해 놓았다([그림 Ⅱ-33]의 용어와 [표 Ⅱ-49]의 용어에 약간 차이가 있으나 편의상 모두 동일하게 표현하였음). 일반적으로 'Q-Cost'와 'COPQ'를 다르게 보는 측 입장에서 보면 '예방 비용'을 뺀 '평가 비용'과 '내/외부 실패 비용'만을 'COPQ'로 인식하지만 '예방 비용'에도 'COPQ'가 전혀 포함돼 있지 않다고 단정 지을 순 없다. 또 '평가 비용' 역시 그 전체를 'COPQ'로 인식하는 데는 현실적 어려움이 따른다.

시야를 조금 넓혀 'COPQ'를 'Cost', 즉 '들어간 돈(비용)' 측면만 고려한 데서 탈피해 '새롭게 추가되는 돈(비용)'까지도 영역에 포함시키려는 경향이 강한데, 예로써 설계의 잦은 변경은 그 시점까지 투입된 비용에 잦은 변경으로 인한 추가 부담액의 고려가 필요하며, 또 비슷하게 작업의 잘못이나 임시 방편적 처리 등으로 평가나 수리 시간 또는 비용이 더 들어가는 부분도 고려될 수 있다. 그 외에 납품지연으로 회사의 이미지가 실추돼 그 차이만큼 감당하게 될 손해액 역시 눈에 보이지 않는 비용들의 대표적 예라 할 수 있다.

---

47) Joseph M. Juran, A. Blanton Godfrey(1999), Juran's quality handbook, McGraw Hill.

지금까지의 조사된 내용을 토대로 'COPQ'의 정의를 요약하면 Juran[48]이
제기한 "We defines the COPQ as the difference between those costs that
would disappear if everything was done perfectly in a process, the first time
and every time, versus the actual costs", 즉 "프로세스가 완벽할 때 사라질
비용과 현실적으로 완벽하지 못해 발생하고 있는 실제 비용과의 차이"에 추가
로 Harrington이 제기한 '기회 손실 비용(Lost-Opportunity Costs)'을 덧붙인
것이 적절할 것으로 판단된다(Harrington의 최근 PQC 모델인 [표 Ⅱ-49] 참
조). 다음 [그림 Ⅱ-34]는 지금까지의 설명된 내용을 토대로 'Q-Cost'와
'COPQ'의 적절한 관계를 도식화한 개요도이다.

[그림 Ⅱ-34] 'COPQ' 개요도

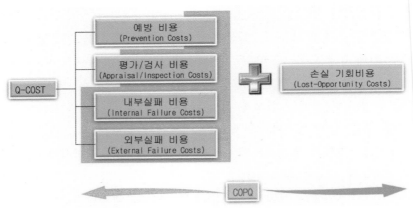

[그림 Ⅱ-34]는 기존 'Q-Cost' 중 '예방 비용'의 극히 작은 일부가, '평가
비용'은 다수가, '내/외 실패 비용'은 전체가 'COPQ'임을 나타내며, 덧붙여

---

48) http://www.juran.com/solutions_reduce_costs_cost_of_poor_quality.html

'기회 손실 비용(Lost‒Opportunity Cost)'이 추가된 개념임을 보여준다. 훨씬 더 세분화된 정의와 개념들이 유명한 학자들에 의해 연구되고 여러 유형의 문헌으로 공개된 바 있으나 본문에서는 이 정도 선에서 'COPQ'에 대한 탄생 배경과 정의를 마무리한다. 실제 'COPQ'와 관련된 매우 많은 자료나 문헌들이 인터넷상에서 손쉽게 구할 수 있으므로 조금 더 관심 있는 독자는 검색 등을 통해 별도 학습해주길 바란다.

5.2. 'COPQ' 산정 대상과 산정 방법

'효과 평가 전문가'의 평가를 위해서는 그 대상이 있어야 한다. 이에 대해서는 이미 「4. 재무성과(X‒축) 산출」의 내용 중 「4.4. 효과 평가를 위한 유형 분류」에서 '손익 계산서'의 계정 과목을 토대로 항목들을 나열한 뒤 각각에 대한 산출 식을 마련한 경험이 있다. 그러나 「5. 비재무성과(Y‒축) 산출」경우 평가를 위한 대상 항목 선정에 다음과 같은 제약이 따른다.

1) '재무성과(X‒축) 산출'의 항목과 중복이 없을 것
2) '준재무성과' 정의([그림 Ⅱ‒30])에 충족할 것(즉 재무산정이 가능하고 현재 재무제표 반영은 불가하나 향후 반영 가능성이 있음)

'1)'은 'COPQ' 영역인 [그림 Ⅱ‒34]에서 'Q‒Cost'는 이미 IT 인프라가 잘 갖춰진 기업 경우 'P‒Cost', 'A‒Cost', 'F‒Cost' 등과 같이 재무적 관점에서 철저하게 관리 및 모니터링되고 있으므로 「4. 재무성과(X‒축) 산출」에서 논의된 항목들과 비용 측면에서 상당수 중복됨을 염두에 두고 있다. 따라서 중복 항목들은 본 소단원에서 당연히 제외돼야 한다. 또 '2)'는 "재무산정

이 가능"해야 하는 조건에 따라 주관적으로 마련된 산출 식이 아닌 공론화된 방법으로의 산출 식이 있어야 함을, "향후 재무제표 반영 가능성이 있음"은 1년 이후 또는 동반된 효과 등에 의해 재무성과와 연계시킬 수 있는 여지를 남겨둔 문구이다.

본론으로 들어가기 전 'COPQ' 영역에서 다루어지는 항목들엔 어떤 것들이 있는지 간단히 알아보자. 'COPQ 항목'들은 주어진 환경이나 기업 업종에 따라 수나 정의가 변모하므로 학계에서 마련된 기본 틀을 적용해 회사에 맞게 변경, 보완하는 접근이 유효하다. 국내에서는 COPQ와 관련된 많은 논문이 발표돼 있으나 부분의 정보가 아닌 전체적으로 검토하고 실제 응용하기에 적합한 출처는 최근 발간된 "Q-Cost & COPQ 관리시스템 구축 매뉴얼"49)이 전개와 깊이에 있어 매우 유용하다. 특히 '품질 비용 항목'에 대해50) 미국 'ASQ (American Society for Quality, 미국품질학회, 1999)'의 「Detailed Description of Quality Cost Elements(품질 비용 항목의 자세한 설명, 제시 항목 또는 가이드라인)」을 소개하고 있는데, 여기엔 '예방 비용', '평가 비용', '내부 실패 비용', '외부 실패 비용'의 4가지 대분류와 24가지 중분류 및 67개의 소분류가 포함돼 있다.

그 외에 "중분류 24가지에 대한 가이드라인을 살펴보면 마케팅(영업), 설계, 구매, 생산, 품질 부문 및 A/S부서에서 발생되고 있는 품질 비용을 찾아낼 수 있도록 구분하여 제시(중략)⋯ 또한 67개의 소분류에 대해서 그 의미를 간략하게 설명하고 있으므로 이를 참조하여 회사 조직 구조에 적합하게 '품질 비용' 관리 항목과 이를 관리하는 부서를 선정(중략)⋯"로 기술하고 있다. [표 Ⅱ-50]은 일부 예이다.

---

49) 송재근 지음(2006), 한국표준협회 컨설팅.
50) 이하 대분류, 중분류, 소분류에 대해서는 '주석 47)'의 p.300, p.301 인용.

[표 Ⅱ-50] 'ASQ Guide Line' 활용 품질 비용 항목 목록 예

품질비용 분류			No	해당 항목 명	발생 부서 명
대분류	중분류	소(또는 세)분류			
1. 예방비용	1.1. 마케팅/고객 / 사용자	1.1.1. 시장조사	1	–	–
		1.1.2. 사용자 품질의 탐색 및 서류심사	2	고객만족도 조사비용	QA팀
		1.1.3. 영업과 관련된 계약 및 서류심사	3	–	–
	1.2. 제품/서비스의 설계 및 개발	1.2.1. 설계품질 진도 및 평가	4	–	–
		1.2.2. 품질설계의 지원활동	5	–	–
		…	…	…	…
	…	…	…	…	…
2. 평가비용	…	…	…	교육훈련비	…
…	…	…	…	…	…

[표 Ⅱ-50]에서와 같이 '대분류/중분류/소분류'의 분류 및 구성은 품질 비용 항목을 도출하는 데 뛰어난 접근성을 제공한다. 또 열 '해당 항목 명'에는 실제 쓰이는 비용을 직접 기술함으로써 그 쓰임새의 추적이 용이토록 배려하고 있다. 단지 모든 품질 비용 항목을 보여주는 것은 본 책의 범위를 벗어나므로 표로 간략히 표현한 점에 대해서는 양해를 구한다. 상세한 내용을 필요로 하는 독자는 소개한 책자를 참조하기 바란다.

[표 Ⅱ-50]에 기술한 항목들은 사실 '손익 계산서'나 '제조 원가 명세서'에 기입된 '경비', '인건비', '판매비와 관리비' 등등에 대부분 속해 있어 제약 사항인 "1) '재무성과(X-축) 산출'의 항목과 중복이 없을 것"에 저촉되므로 여기서 다시 산출 식을 논할 필요는 없다. 따라서 본 소단원에서는 '손익 계산서'에 오르지 않으면서 COPQ성으로 분류될 수 있는 유형들에 대한 산출 식에 집중할 것이다. 이에는 품질이 좋지 않아 발생하는 비용으로 예를 들어, 잦은 설계 변경, 긴 사이클 타임, 잦은 기술 변경 요구, 잦은 설비 Set-up, 과

도한 재고, 영업 기회 손실, 고객 신뢰도 상실, 종업원 사기 저하, 협력 업체와의 마찰, 과학적 관리 기법 적용의 어려움 등이 있다. 일반적으로 알려진 'COPQ Elements'[51]를 모아 보면 다음 [표 Ⅱ-51]과 같다.

[표 Ⅱ-51] COPQ 유형들(COPQ Elements)

COPQ 유형들	
☐ 과잉재고(Excessive Inventory) ☐ 콜 센터 비용(Call Center Expenses) ☐ 서비스 콜(Service Calls) ☐ 선적 오류(Shipping Errors) ☐ 수입 검사(Incoming Inspection) ☐ 집계(Counting) ☐ 일정 변경(Schedule Changes) ☐ 주문 변경(Order Changes) ☐ 재활용 폐품(Scrap) ☐ 할인(Concessions) ☐ (손해)사정(Claim Adjustment) ☐ 영업권(Goodwill) ☐ 초과 화물(Excess Freight) ☐ 보상비용(Warranty Costs) ☐ 준비금을 초과한 보상비(Warranty Costs in Excess of Reserve) ☐ 고객 불만(Customer Complaints) ☐ (재고)부족(Shortage) ☐ 진도관리(Expediting)	☐ 저급의 프로세스 관리(Poor Process Control) ☐ 불충분한 의사소통(Poor Communication) ☐ 재고(또는 실적)조사(Stocktaking) ☐ 교체(Replacement) ☐ 긴 소요시간(Long Lead Time) ☐ IT 시스템 문제(IT System Issues) ☐ 견적 오류(Quotation Errors) ☐ 불합격품(Rejects) ☐ 보상 반품(Warranty Returns) ☐ 재작업(Rework) ☐ 재검사(Reinspection) ☐ 이동(Moving) ☐ 송장작성 문제(Invoicing Problem) ☐ 지체시간(Lost Time) ☐ 추가 경비(Additional Overhead) ☐ 반송품의 포장과 출하(Shipping and Packing for Returned Items)

[표 Ⅱ-51]의 'COPQ 유형'들 대부분은 [그림 Ⅱ-11]의 빙산 개요도에서 수면 아래 영역을, [그림 Ⅱ-34] 경우는 '기회 손실 비용'의 영역에 포함된다. 다음 [그림 Ⅱ-35]는 'COPQ' 중 본 소단원에서 '산출 식' 마련을 위해 관심 대상으로 삼을 영역을 표시한 것이다(빨간 점선으로 표시한 영역 참조).

---

51) Sherry R. Gordon(2008), Supplier Evaluation and Performance Excellence: A Guide to Meaningful Metrics Successful Results, J. Ross Publishing Inc.

[그림 Ⅱ-35] 'COPQ' 중 '산출 식' 마련 대상

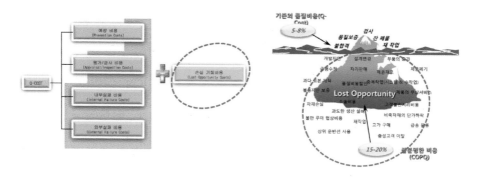

　'산정 대상'에 대한 이해가 섰으면 다음으로 고려할 항목이 '산정 방법'이다. 이는 제약 사항 '2)'의 "재무산정이 가능…"해야 하는 조건, 즉 공식적이고 객관적 산정 방법이 논의돼야 하며, 여기엔 대표적으로 잘 알려진 '총 자원법(Total Resources Method)'과 '단위 원가법(Unit Cost Method)'이 있고, 그 외에 'Gold Standard Method' 등이 있다. 'Gold Standard Method'는 최고 수준(Best Case)을 벤치마킹해서 그 차이만큼을 낭비로 인정하는 방법인데 본문에서의 설명과 산출 식 마련은 생략하고 활용도가 높은 '총 자원법(Total Resources Method)'과 '단위 원가법(Unit Cost Method)'에 대해서만 전개할 것이다. 안타까운 것은 이들 방법들의 정확한 출처나 만든 이에 대한 정보가 명확하지 않은 점인데 가만히 그 내용을 따지고 들면 이해가 될 법도 하다. 각 접근법이 전혀 특별하지 않은 지극히 상식적이고 일반적 수순을 밟고 있기 때문이다(사실 관련 자료를 올린 캐나다 주재 Concordia University 측 담당자에 문의를 하였으나 답장은 아직 못 받았음^^!).
　보통 '품질 비용'을 산출하는 접근[52]엔 'Traditional Costing Approach',

---

52) http://www.slideshare.net/omnex/costof-quality

'Six Sigma Approach', 'Measurable Approach'로 구분하기도 하는데 '총 자원법'과 '단위 원가법'은 'Traditional Costing Approach'에 속한다. 두 방법이 지극히 상식적 수준에서 비용 규모를 산정하고 있어 그 이후 좀 더 구체화된 방법들과의 구분을 위해 'Traditional'이 붙은 것 같다. 지금부터 간단한 사례를 통해 각 방법의 특징과 산출 식 및 산정 과정, COPQ 결과 등에 대해 알아보자.

5.2.1. 총 자원법(Total Resources Method)

  '총 자원법'은 저품질과 관련된 활동이 식별됐을 때 그로 인한 손실 비용이 얼마인지 산출하는 방법들 중 하나이다. 독립적으로도 쓰이지만 이후 설명될 '단위 원가법(Unit Cost Method)'과 혼용해 쓰이기도 한다. '총 자원법'은 영문으로 'Total Resources Method'[53] 외에 'Total Resource Approach'[54], '% Method'[55] 등으로도 통용된다. 다음은 '총 자원법'을 산정하는 일반식을 정리한 것이다.

· '총 자원법(Total Resources Method)'에 대한 '총 자원 COPQ' 추정치 산출 식 →

일반식: 투입 자원의 총 비용×저품질 업무 비율(=COPQ 비율)(%)

☞ 투입 자원의 '총 비용'이 개별 항목들의 합으로 이루어질 경우, 개별 항목들의 비용과 그에 대한 저품질 업무 비율을 각각 산정해 최종 합산할 수 있음

---

53) http://web2.concordia.ca/Quality/tools/8costofpoorquality.pdf
54) http://train-srv.manipalu.com/wpress/?p=54588
55) 주석 '51).'

이해를 돕기 위한 대표적 예로 고객 불만 처리 프로세스를 들 수 있다. 해당 부서의 인적 자원이 고객 불만을 처리할 때 일정 시간이 소요되고 또 그에 따른 비용도 수반된다. 이때 'COPQ'를 계산하기 위해서는 두 부류의 자료가 필요한데 하나는 '자원 원가 연간 총합(인적 자원일 경우 '연봉')'이고, 다른 하나는 실제 저품질 관련 업무를 처리하는데 들어간 '저품질 업무 비율(=COPQ 비율)'이다. 고객 불만을 처리하는데 팀원 4명 모두 활동은 하고 있지만 산정하고자 정한 특정 COPQ 항목에 투입된 각 인적 자원의 업무 비중은 하루 8시간 모두가 쓰이는 것은 아니다. 따라서 각 '자원 원가 연간 총합(인적 자원일 경우 '연봉')'에 특정 COPQ 항목에 대한 자원별 '저품질 업무 비율(=COPQ 비율)'을 곱하면 '자원별 COPQ'를 얻는다. 이 '자원별 COPQ'를 모두 합산하면 실질적인 '총 자원 COPQ' 추정치를 얻을 수 있다. 글로 보면 복잡한 사안처럼 느껴지므로 단계별 사례[56]를 통해 자세히 알아보자(진행 단계는 '주석 52)' 참조).

1) 유형이나 항목별로 투입된 '총 자원 규모(Total Resources)'를 조사한다.
'자원 규모(Total Resources)'란 관심 있는 영역에 투입된 '인적 자원'과 '시간 자료'를 지칭한다. A기업의 고객 품질 부서에 부장 1명, 과장 1명, 대리 2명이 근무하고 있고, 이들은 고객으로부터의 'CC(Claim & Complaint)' 접수 및 관계 부서에서의 'CC' 처리 과정 관리, 결과에 대한 고객 통보를 주업으로 한다(고 가정한다). 이때 각 유형(또는 항목)별 월 '총 자원 규모'는 [표 Ⅱ-52]와 같다..
[표 Ⅱ-52]에서 '부장'의 경우 직접적인 'CC'관련 업무보다 각종 보고나 연계부서와의 회의가 주를 이뤄 '월 110시간'을 '기타 업무'에 투입하고 있다

---

56) Six Sigma 교재.

(고 가정한다). '대리 1' 역시 'CC'관련 업무 외에 기획 업무를 담당하고 있어 '대리 2'와의 업무 시간 배정에 차이가 있다(고 가정한다).

[표 Ⅱ-52] 각 유형(또는 항목)별 '총 자원 규모' 산정 예

자원분류(부서원)	CC 업무(hrs/월)	기타 업무(hrs/월)	비고
부장	66	110	– 주 5일 – 월 22일 – 연 264일 – 8시간/일
과장	99	77	
대리 1	88	88	
대리 2	132	44	

2) 각 유형(또는 항목)별 '총 자원 규모' 중 저품질 문제가 관계한 자원별 '저품질 업무 비율(=COPQ 비율)'을 얻는다.

다음 [표 Ⅱ-53]의 자원별 'COPQ 비율(%)'은 [표 Ⅱ-52]의 'CC' 업무에 대한 월 투입 규모를 연간으로 환산한 후, 1년 동안 가용 업무 시간(2,112hrs) 으로 나누어 얻는다.

[표 Ⅱ-53] 각 유형(또는 항목)별 '총 자원 규모' 중 'COPQ 비율(%)'

자원분류(부서원)	CC 업무(hrs/년)	기타 업무(hrs/년)	합계(년)	COPQ 비율(%)
부장	792	1,320	8hrs/일*264 일/년=2,112	37.5
과장	1,188	924		56.25
대리 1	1,056	1,056		50
대리 2	1,584	528		75

※ COPQ 비율=CC업무÷2,112

고객 불만을 처리하는 데 들어간 소요 시간은 [그림 Ⅱ-35]의 빙산 아래

영역에 속하며 제품이나 프로세스가 완벽하다면 사라져야 할 대상이므로 순수 'COPQ'로 분류할 수 있는 반면, '기타 업무'는 저품질화와 관계가 없으므로 평가 대상에서 제외한다(고 가정한다). '대리 2(75%)'가 고객 불만 처리업무에 가장 많은 업무 비중을 보이고 있고, 그다음으로 '과장(56.25%)' 순임을 알 수 있다.

3) 각 유형(또는 항목)별 '총 자원 규모'에 대한 연간 총 비용, 즉 '자원 원가 연간 총합'과 각 'COPQ 비율'을 곱해 '자원별 COPQ'를 얻는다.

[표 II - 54] '총 COPQ' 산정 예

자원분류(부서원)	자원 원가 연간 총합(만)	COPQ 비율(%)	자원별 COPQ(만)
부장	8,000	37.5	3,000
과장	6,500	56.25	3,656.25
대리 1	4,600	50	2,300
대리 2	4,200	75	3,150

[표 II - 54]에서 '자원 원가 연간 총합', 즉 '인적 자원별 연봉'에 자원별 'COPQ 비율'을 곱한 결과이다.

4) '자원별 COPQ'를 모두 합산해 '총 자원 COPQ 추정치'를 얻는다.
다음 [표 II - 55]는 '자원별 COPQ'를 모두 합산해 '총 자원 COPQ' 추정 치를 얻은 결과이다.

자원분류(부서원)	자원 원가 연간 총합(만)	COPQ 비율(%)	자원별 COPQ(만)
부장	8,000	37.5	3,000
과장	6,500	56.25	3,656.25
대리 1	4,600	50	2,300
대리 2	4,200	75	3,150
총 자원 COPQ(the Total Cost of Poor Quality)		12,106.25	

재무제표의 '손익 계산서' 관점에서 보면 '총 자원 COPQ'는 '손실액'으로 분류할 수 있지만 실질적 '돈'의 가치로 인정해 반영하는 것은 불가하다. 따라서 제품이나 프로세스가 완벽하지 못해 투입될 수밖에 없는 소요 시간을 금전적 규모로 환산했다는 데 의의가 크다. 즉 "재무산정은 가능하고 손익 계산서 반영은 불가하나 향후 품질이 개선돼 처리 업무(투입 시간)가 줄면 인원 등의 재배치로부터 재무성과가 가능"할 수 있는 '준재무성과'에 속하며, 이런 이유로 [그림 Ⅱ-31]의 '성과 공간'에서 'Y-축(준재무성과_COPQ성)'으로 분류된다.

    5) '매출 수입(Sales Revenue)'을 사용해서, '총 자원 COPQ'가 '매출 수입 (Sales Revenue)' 중 차지하는 비율을 산정한다.

연 매출이 '50억 원'이라고 가정할 때, '총 자원 COPQ'가 매출에서 차지하는 비율은 다음 [표 Ⅱ-56]과 같다.

[표 Ⅱ-56] '총 자원 COPQ'의 '매출 수입(Sales Revenue)' 비중 산정 예

연 매출 수입(Sales Revenue), (만)	총 자원 COPQ(만)	연 매출 수입 비중(%)
500,000	12,106.25	약 2.42

고객품질부서 경우 품질이 완벽하지 못해 투입되는 불필요한 금액 규모가 연간 '약 1억 2천만 원' 정도이고, 전체 매출에서 차지하는 비중은 '약 2.42%' 임을 확인할 수 있다. 만일 일부 부서가 아닌 회사 전체 관점에서 이와 같은 금전적 규모가 산출될 수 있다면 학자들의 추정치대로 전체 매출의 '약 15~30%(3~4 시그마 수준 기업 경우)' 수준이 될 것으로 기대된다.

'총 자원법(Total Resources Method)'은 금액으로 환산이 가능한 'COPQ 유형(F－Cost 등)'들을 제외하면 방금 설명했던 바와 같이 주로 '시간(Time)'의 함수로 '비용(Costs)'을 산출하게 되는데, 따라서 다음과 같은 환경에 적용할 시 매우 효과적이다.

1) 낭비가 전체 업무 중 시간으로 나타날 때
2) 전체 투입 자원 중 낭비에 해당되는 부분이 명확하게 구분될 때

사실 '1)'의 '시간'에는 불확실성이 존재하는데 저품질에 영향을 미치는 정확한 '시간'이 얼마인지 객관적으로 입증해 내기란 분명 한계가 있다. [표 Ⅱ-52]에서 각 '자원(부서원)'별로 매달 고객 불만 사항에 대응하는 시간이 정확히 얼마인지 공인된 출처로부터 알아내지 못하면 담당자에게 인터뷰나 설문 형식을 빌려 평균적 추정 자료를 활용하는 수 외엔 별다른 방법이 없다. 물론 '시간' 결정에 대한 이런 불확실성은 재무성과를 산정하는 과정에서도 일부 발생하나 객관성 차원에서 'COPQ'의 경우 신뢰도가 좀 더 떨어진다는 점은 어쩔 수 없는 사실이다.

5.2.2. 단위 원가법(Unit Cost Method)

'단위 원가법(Unit Cost Method)'은 결점/오류/불량당 비용을 산출한 후 그 값에 연간 발생 건수를 곱하는 식의 산출법이다. 대표적인 예로써 만일 출하 부서에서 출하 오류를 보정하기 위해 들어간 연간 비용을 산출하고자 할 때, 단위 오류당 평균 비용을 추정한 뒤 그 값을 연간 일어나는 총 오류 수에 곱함으로써 전체 COPQ를 얻는다. '단위 원가법(Unit Cost Method)'과 동일한 명칭으로 출처에 따라 'Unit Cost Approach', 'Unit Costs(단위당 비용법)', '단위당 원가법' 등이 있다. 다음은 일반식을 요약한 것이다.

· '단위 원가법(Unit Cost Method)'에 대한 '단위 원가 COPQ' 추정치 산출 식 →

일반식: 결점/오류/불량당 평균 비용×발생 빈도 수

☞ '발생 빈도 수'는 일간, 주간, 월간, 연간 등으로 설정할 수 있으나 준재무성과 산 정에서는 주로 '연간'을 적용

'총 자원법'과 마찬가지로 '단위 원가법'에 대해서도 단계별 사례[57])를 통해 자세히 알아보자(진행 단계는 '주석 52)' 참조함).

1) 유형이나 항목별로 발생 빈도를 조사한다.

만일 A라는 제품을 출하하던 중 관리 잘못으로 오류가 발생한 경우 일부 회수나 폐기 또는 재 출하 과정이 이어진다고 가정할 때 이들 모두는 프로세

---

57) Six Sigma 교재.

스가 완전하지 못해 발생하는 'COPQ'로 간주될 수 있다(고 가정한다). 이때 '단위 원가법'을 적용하기 위해서는 정해진 기간 동안 오류 출하가 몇 회 발생하는지, 오류 발생 시 회수되는 제품의 수는 몇 개인지, 회수 제품 중 폐기되는 수는, 오류를 보정하는 데 소요되는 시간은 등등의 유형(또는 항목)별 그 빈도를 조사해서 단위 항목별 비용(Costs)을 산정할 필요가 있다. 그러나 각 항목들을 규정짓고 그에 맞는 빈도 값들을 마련하는 일은 그리 쉽지 않은 일임엔 분명하다. 우선 빈도를 조사하기 위해서는 일정 기간이 정해져야 하는데, 다음 [표 II-57]은 1주 동안 발생된 오류 출하에 대해 규정된 항목별 빈도와 그에 관한 처리 소요 시간을 조사한 예이다(고 가정한다).

[표 II-57] 항목별 '빈도'와 관련 처리 '소요 시간' 조사 예

항목		빈도(회, 개)		소요 시간(hrs)		비고
CS	오류 출하당 평균 회수품 수	2.3		0.12	오류 출하당 고객 주문과 다른 제품 모델을 선적하는 데 소요된 업무 시간=2.3개×3.2분/60	출하 담당자
			0.18	오류 출하당 회수품의 재고 재산입 시 소요된 업무시간=2.3개×4.6분/60	출하 담당자
			0.30	오류 출하당 저품질 비용 양산에 소요된 총 업무 시간=0.12+0.18	출하 담당자
	오류 출하당 회수품 중 평균 폐기품 수	0.7		–	폐기품 처리 소요 시간은 CS 담당자의 1회 오류 출하 보정 소요 시간(0.13)에 포함됨	CS 담당자
출하	총 오류 출하 수	주	189	0.13	1회 오류 출하당 보정 소요시간	CS 담당자
		년	28,098		1주 총 주문 수=2,100, 오류율=189/2,100=9.0% 매출 보고서 내 연간 총 주문 수=312,200 → 연간 오류 수=312,200×0.09=28,098	

[표 Ⅱ-57]은 '빈도'와 '소요 시간' 조사를 제품이 나가는 '출하' 과정과 오류가 확인된 후인 'CS(Customer Service, 고객 서비스)'과정으로 구분한 뒤 '오류 출하 수', '회수품 수', '폐기품 수'를 파악한 예이다(고 가정한다). '오류 출하 수'는 한 주 동안의 관찰 조사를 통해 총 '189건'의 오류(고객 주문과 다른 제품 모델을 선적)가 포함된 출하를 확인했으며 이를 연간으로 환산하기 위해 한 주 동안의 총 주문 수를 조사해서 '오류율=9.0%'를 얻었고, 연이어 이 값을 '연간 총 주문 수'에 곱해 '연간 오류 수=28,098건'을 추정해냈다(고 가정한다). 참고로 표에 이들의 산출 과정을 포함시켰다. 또 오류 출하 발생 시 평균 '회수품 수'는 '2.3개'이며, 출하 담당자는 이와 같은 오류품(고객 주문과 다른 제품 모델) 선적에 투입된 업무 시간 '약 0.12hrs(≒2.3×3.2분/60)' 과 회수품을 재고로 재산입하는 과정에 투입된 시간 '약 0.18hrs(≒2.3개×4.6 분/60)' 등 총 '약 0.30hrs(≒0.12+0.18)'을 'COPQ(저품질 비용)' 양산에 소요 하였다(고 가정한다). 특히 '폐기품 수'는 오류 출하 1회 시 회수된 제품 중 평균 '0.7개'가 해당되는 것으로 파악되었다(고 가정한다).

2) '단위당 소요 비용'을 결정한다.

앞서 '1)'에서 조사된 '빈도'와 '소요 시간'을 활용하여 '단위당 소요 비용' 을 산출한다. 여기서의 '단위당'이란 '출하당', '제품당' 또는 '시간당'을 의미 한다. 이를 위해 '비용'에 대한 사전 조사가 이루어져야 하는데 본 예에서는 조사 과정이 있었던 것으로 보고 그 결과를 다음 [표 Ⅱ-58]에 정리하였다 (고 가정한다).

	항목	빈도(회, 개)		소요 시간(hrs)	단위당 소요 비용
C S	오류 출하당 평균 회수품 수	2.3		0.30	▷오류 출하당 　- 평균 회수 비용: ₩3,200 　- 교환품 긴급 출하 비용: ₩9,600 ▷제품당 평균 포장 비용: ₩439 ▷CS 담당자 　- 시간당 임금: ₩6,000 　- 상여금: 50%
	오류 출하당 회수품 중 평균 폐기품 수	0.7		–	▷제품당 평균 폐기비용: ₩21,500
출하	총 오류 출하 수	년	28,098	0.13	▷출하 담당자 　- 시간당 임금: ₩5,500 　- 상여금: 50%
영업	출하당 평균 주문 금액	오류 출하로 1개월 대금 지급 지연에 따른 이자 손실			▷출하당 평균 주문 금액: ₩320,000 ▷금리: 6.80%

　[표 Ⅱ-58]에 각 항목별 소요되는 비용 중 '영업'이 추가되었으며, 오류 출하로 고객에게 제품이 제때 양도되지 못하고 일정 기간(본 예 경우 1개월) 대금이 지연됨으로써 떠안게 될 이자 손실을 감안한 것이다(고 가정한다). 또 'CS 담당자 시간당 임금'과 '출하 담당자 시간당 임금'에 추후 '상여금(예에선 50% 가정)' 등이 가산돼야 '시간당 총 손실 인건비' 산정이 가능하다.

　3) 각 유형(또는 항목)들의 '단위당 비용'을 구한다.
　[표 Ⅱ-57]에 조사된 '빈도'와 '소요 시간' 및 '단위당 비용'들을 토대로 [표 Ⅱ-59]에 각 유형(또는 항목)별 '출하당 비용'을 산정하였다(고 가정한다).

[표 Ⅱ-59] 항목별 '출하당 비용' 산정 예

	항목	출하당 비용(₩)	비고
C S	평균 회수 비용	3,200	오류 출하당 평균 회수 비용
	평균 폐기 비용	15,050	=오류 출하당 회수품 중 평균 폐기품 수×제품당 평균 폐기 비용=0.7×₩21,500
	인건비(CS 담당자)	1,170	=1회 오류 출하당 보정 소요 시간×CS 담당자 시간당 임금×상여금=0.13×₩6,000×(1+0.5)
출하	교환품 긴급 출하 비용	9,600	오류 출하당 교환품 긴급 출하비용
	재포장 비용	1,010	=오류 출하당 평균 회수품 수×제품당 평균 포장 비용=2.3×₩439
	인건비(출하 담당자)	2,475	=(다른 제품 선적 및 재고 재산입)소요 시간×출하 담당자 시간당 임금=0.30×₩5,500×(1+0.5)
영업	금융 비용	21,760	=출하당 평균 주문 금액×금리=₩320,000×6.80%

4) '총 COPQ(the Total Cost of Poor Quality)'를 얻는다.

[표 Ⅱ-59]의 열 '출하당 비용'을 모두 합한 값에 연간 '총 오류 출하 수'를 곱해 다음 [표 Ⅱ-60]과 같은 연간 '총 COPQ'를 얻는다(고 가정한다).

[표 Ⅱ-60] 연간 '총 COPQ' 산정 예

	항목	출하당 비용(₩)	비고
C S	평균 회수 비용	3,200	오류 출하당 평균 회수 비용
	평균 폐기 비용	15,050	=오류 출하당 회수품 중 평균 폐기품 수×제품당 평균 폐기비용=0.7×₩21,500
	인건비(CS 담당자)	1,170	=1회 오류 출하당 보정 소요시간×CS 담당자 시간당 임금×상여금=0.13×₩6,000×(1+0.5)
출하	교환품 긴급 출하 비용	9,600	오류 출하당 교환품 긴급 출하 비용
	재포장 비용	1,010	=오류 출하당 평균 회수품 수×제품당 평균 포장비용=2.3×₩439
	인건비(출하 담당자)	2,475	=(다른 제품 선적 및 재고 재 산입)소요 시간×출하 담당자 시간당 임금=0.30×₩5,500×(1+0.5)

영업	금융 비용	21,760	=출하당 평균 주문 금액×금리=₩320,000×6.80%		
오류 출하당 총 비용		54,264.7	총 COPQ	₩1,524,729,540.60	=54,264.7 ×28,098
총 오류 출하 수(년)		28,098			

[표 Ⅱ-60]은 오류 출하로 인한 연간 추정 액인 '총 COPQ=1,524,729,540.60 원'을 얻은 결과이다. 이 금액 역시 인건비 등에 적용된 '보정 소요 시간'이나 '업무 시간', 또 연간 발생한 '오류 빈도' 추정치들의 불확실성 때문에 객관성이 다소 떨어지는 단점을 안고 있다.

만일 지금까지 설명된 '총 자원법'의 결과인 [표 Ⅱ-55]와 '단위 원가법' 결과인 [표 Ⅱ-60]이 동일 부서 내에서 이루어진 과정이고 그들의 합이 해당 부서의 연간 '총 COPQ'라고 가정해보자(동일 부서 내에서 각 유형별 'COPQ'를 적합한 방법으로 각각 산정한 후 모두 합산하는 것은 일반적인 과정이다). 또 앞서 진행된 설명용 도표보다는 일반적으로 'COPQ'를 산출하는 데 사용되는 'COPQ Work Sheet'에 설명된 모든 내용을 담으면 [그림 Ⅱ-36]과 같으며, 이는 '출하 프로세스 내 출하 오류 COPQ 산정 예'를 가정한 '총 자원법'과 '단위 원가법' 결과이다. 저품질 활동에 관여한 인건비 '12,106만 원'과 각종 소요 항목들에 대한 비용 약 '1,524,73만 원'의 총합인 '1,645,792,040.60 원'이 '총 COPQ'로 산정돼 있다.

앞서 제시된 사례가 다소 복잡하게 보여 '단위 원가법'이 어렵다고 느낄지 모르지만 실제 적용하면 단순한 구조로 정리된다. 업무가 단순한 것이 아니라 [표 Ⅱ-60]처럼 고려할 항목의 수가 그리 많지 않은 경우가 대부분이기 때문이다. 또 산정 과정이 정해진 틀에 의해 딱딱 맞게 전개되지 않으므로 다양한 사안에 대한 기업별 산정법을 지속적으로 개발할 필요가 있다.

[그림 Ⅱ-36] 'COPQ Work Sheet' 활용을 통한 '총 COPQ' 산정 예

COPQ Work Sheet

불량(결점)명 or 활동명 or 문제명: 출하 프로세스내 출하 오류 COPQ 산정

No	a	b	c	d	e
	총차원법(Total Resources Method)				
	자원 분류	자원원가 연간총합	COPQ 비율 (별도 표 참조)	자원별 COPQ (b*c)	비고
1	부장	₩30,000,000	37.5%	₩30,000,000	부장의 COPQ
2	과장	₩65,000,000	56.3%	₩36,562,500	과장의 COPQ
3	대리 1	₩46,000,000	50.0%	₩23,000,000	대리 1의 COPQ
4	대리 2	₩42,000,000	75.0%	₩31,500,000	대리 2의 COPQ
5	총 자원 COPQ	₩233,000,000	-	₩121,062,500	-
	단위원가법(Unit Cost Method)				
	업무 담당자	투입시간	시간 당 임금	손실 인건비(b*c)	비고
6	CS 담당자	0.13	₩6,000	₩780	오류 출하 당 보정비용
7	출하 담당자	0.30	₩5,500	₩1,650	출하오류+재고 재산입 =2.3*(3.2+4.6)/60=0.30
8					
9					
10					
11	총 손실 인거비			₩2,430	오류 출하 당
	항목	상여지급 비율	총 손실 인건비 (11d)	상여금 비용 (b*c)	비고
12	상여금비용	50%	₩2,430	₩1,215	오류 출하 당
13	(급여+상여)비용 총계			₩3,645	오류 출하 당
	항목	오류 출하 당 발생 수	단위 당 소요비용	소요비용 (b*c)	비고
14	평균 회수품	1.0	₩3,200	₩3,200	제품 당 평균 회수비용
15	평균 폐기품	0.7	₩21,500	₩15,050	제품 당 평균 폐기비용
16	긴급 교환품	1.0	₩9,600	₩9,600	교환품 긴급 출하비용
17	재 포장	2.3	₩439	₩1,010	제품 당 평균 포장비용
18	설비이용				
19	금융비용	6.80%	₩320,000	₩21,760	출하 당 평균 주문금액
20	위탁금 및 할인				
21	프리미엄 가격 차이				
22	기타				
23	총 단위 원가			₩54,264.7	
24	연간 불량(결점) 발생회수			28,098	
25	연간 총 비용(23행*24행)				₩1,524,729,540.60
26	연간 COPQ(5행+25행)				₩1,645,792,040.60

6. 비재무성과(Z-축) 산출

본 단원의 내용은 앞서 「5. 비재무성과(Y-축) 산출」에서 설명했던 '비재무성과-준재무성과'의 연장선상에 있으나 차이가 있다면 'COPQ성'이 아닌 'R&D(연구 개발)성'이라는 점이다. 축의 성향을 '성과 공간'에 표기하면 다음 [그림 Ⅱ-37]과 같다.

[그림 Ⅱ-37] '성과 공간' 내 '준재무성과(Z-축)'

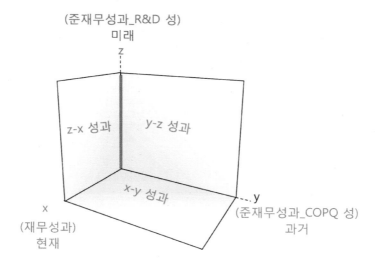

'R&D성 Z-축'은 말 그대로 연구 개발 과제들의 효과 평과를 지칭하는 방향 축이다. 두드러진 특징은 기존 운영 중인 프로세스 안에서 발생된 비효율적 문제들을 제거함으로써 성과의 규모를 바로 파악할 수 있는 '재무성과 X-축'이나 '준재무성과 Y-축'과 달리 그 성과 규모를 바로 파악할 수 없다는 단점이 있다. 일례로 평상시 '1,100원' 들던 업무를 과제를 통해 1,000원으로 줄였

다면 '100원'이라는 이익이 산정된다. 이 '100원'은 '손익 계산서'의 이익에 반영될 것이란 기대도 가능하다. 그러나 새로운 서비스나 제품을 개발한 후 시장에 내놓았을 때 어느 정도의 매출과 이익이 '손익 계산서'에 반영될지에 대해선 아무래도 추정 외에는 대안이 없다. 할 수 있는 최선의 길은 시장 상황에 맞는 '추정 손익 계산서'의 산정과 대외적 위험 영향을 고려한 '민감도 분석'을 마련하는 일이다. 이런 이유로 'R&D성 Z-축'은 [그림 Ⅱ-37]에서 '미래'로 표기하였고, 성과 유형은 다음 [그림 Ⅱ-38]의 '준재무성과'로 분류된다.

[그림 Ⅱ-38] '효과' 및 '성과'의 용어 정의

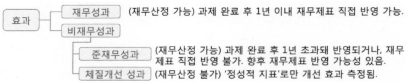

이제 고민이 생긴다. 연구 개발 과제를 수행하면 그 성과 평가에 있어 '추정'의 의미가 생기고, 이것을 당기 손익 관점에서 논할 수는 없으므로 최소한의 객관성을 확보하기 위한 방법이 무엇인지 당장 떠오르는 게 없다. 앞으로 일어날 일에 대해 어떻게 성과의 규모를 산정할 수 있겠는가? A제품을 새롭게 개발했다고 가정할 때 당장 1년 내 또는 2년 내 이익이 얼마가 될지 개발 담당자 입장에선 높게 잡으려는 경향이, 보수적으로 보는 시각에선 그보다 낮은 수준으로 평가하려 들 것이다. 어느 쪽도 추정대로 이루어지리란 보장이 없으므로 평가의 정확성과 객관성 측면에선 난감하기 이를 데 없다. 결국 'R&D성 과제'의 성과 평가는 재무제표의 '손익 계산서'에 당장 얼마의 기여

를 했느냐보다 연구 과제의 성과를 금전적 단위로 환산함으로써 과제 수행자가 얼마나 노력했는지를 확인하고, 또 'X - 축, Y - 축 성향'의 과제들과 성과의 정도를 비교할 잣대로 활용하는 데 의의가 크다. 비교 결과 R&D성 과제의 성과가 더 큰 것으로 나왔다면 회사의 수익성에 기여하는 바 역시 크다고 판단할 근거가 생긴다. 그러나 연구 개발 과제의 성과 평가에 이르는 과정은 많은 장애 요소들이 산적하다. 이 분야에 있어 다양한 방법들이 여러 선각자들에 의해 연구된 바 있으며, 이어지는 다음 소단원에서 연구 과제 진행 단계별 성과 평가의 종류와 용어 정의 등에 대해 간단히 알아본다. 이후 다양한 평가 방법들에 대해서도 소개한다.

6.1. R&D(연구 개발) 과제의 성과 평가 개요

1992년도로 기억된다. 당시 삼성전관(현 삼성SDI)의 연구소에 재직하던 시절 연구 논문 발표 대회에서 2등을 한 적이 있다. 그때만 해도 밀폐된 디스플레이 관내 가스의 유동 해석에 어려움이 있었으나 이를 외부에서 감지할 수 있는 장치 개발 및 그를 이용한 분석으로부터 특이 가스 존재 유무와 동작 상태에서의 제품 고장의 메커니즘을 해석해낸 것이다. 논문 평가는 연구소장을 포함한 임원들로 구성되었으나 평가 방법 등에 대해 알려진 바는 없었고, 또 그에 대해 자세히 알려고 노력한 적도 없었다. 당연히 모든 평가 과정에 공정하고 객관적으로 진행되리란 믿음이 컸던 것 같다. 또 1999년도에는 10여 년 넘게 제품에서 발생되던 고질 불량인 미세 방전 전류 발생 원인을 규명함으로써 불량 자체를 없애는 연구 성과를 올리기도 했다. 이 과제는 이미 불량품의 규모가 얼마나 되는지 관리되고 있었던 터라 재무성과를 파악하는 일은 그리 어렵지 않았다. 한 가지 흠이라면 당시로선 꽤 큰 재무성과임이 분명하였으나 숫자 계산이 자체적으로 이뤄진 것이지 공인된 출처, 예를 들면 지금의 '효과 평가 전문가' 같은 전문가 집단에 의해 산정된 것이 아니라는 점이다. 때문에 고질 불량을 해결했다는 결과에 초점이 맞춰진 대신 재무성과에 대한 인센티브를 받는 데는 실패하였다(물론 그 덕에 고과는 최고 등급을 받았다^^). 2000년도부터는 현재 대부분의 가정에 필수품인 대형 평판 디스플레이 양산 시설에 한창 막대한 자금이 투자되던 시기였다. 양산 체계로 막 진입하던 시점이라 원가 절감이 큰 이슈였으며, 필자는 저가 재료 개발을 통해 CR(Cost Reduction)을 달성할 과제 리더로 활동하였다. 약 6개월 후 과제 결과로부터 12억 원에 달하는 재무성과를 이루었는데 이때는 사내 '효과 평가 전문가'가 이미 양성돼 있었던 터라 그 금액은 공식적으로 인정받게 되었고 대표이사로부터 큰 상을 받는 즐거움도 누릴 수 있었다. 아니 그런데 웬 과거 수행 연구 과제 홍보를 이리…!

1992년도의 「관내 가스 유동 모니터링을 통한 불량 발생의 메커니즘 연구」는 사실 재무성과를 논할 과제는 아니었다. 품질 문제가 어떻게 일어나는지 그 과정을 해석하는 순수 연구 과제였으므로 성과가 곧 당기 손익 계산서에 꽂힌다는 보장은 애초부터 염두에 둔 적도 없다. 그럼 무엇 때문에 평가단은 2위라는 높은 점수를 부여해준 걸까? 아마도 추정컨대 당시로선 밀폐된 내부의 가스 유동을 확인할 수 있다는 참신한 아이디어와 그를 실현시킨 장치의 완성도, 또 장치와 관련된 특허 출원 등이 좋은 점수를 주는 데 큰 역할을 하지 않았을까 생각된다. 다시 말해 연구 과제의 평가가 반드시 '재무성과'의 규모만으로 정해지진 않는다는 점이다. 이런 평가의 다양성이 역으로 R&D 과제를 객관적으로 평가하는 장애 요소가 되기도 한다. 예로 들은 순수 연구 과제의 개념을 확대하면 제품 관련 연구가 아닌 새로운 원리나 기전을 규명하는 연구, 또는 제품 개발 훨씬 전에 이루어지는 사전 연구 영역까지 유사 범주에 포함시킬 수 있다. 이들의 연구 성과는 아마 '재무성과' 이외의 별개 평가 방법들이 존재해야 함을 암시한다.

또 2000년도의 고질 불량을 완전히 해소시킨 연구 과제의 경우 양상이 좀 다른데, 분명 불량 발생 규모가 관리되고 있었고 그에 대한 재무성과 산정도 객관적이고 정확하게 이루어질 수 있었음에도 결국 '재무성과'로 인정받진 못하고 노력의 대가에 대해서만 내부 고과로 돌려받았다. 그 이유는 필자의 소속이 연구소인 반면 실제 불량 발생 장소는 제조 라인으로 두 조직 간에 걸쳐진 연구 성과를 공식적으로 평가할 체계가 없었던 점이 주원인으로 꼽힌다. 실적을 어디서 가져가야 하고 그 성과를 누가 취하느냐는 부서 간 사전 합의가 이루어지지 않은 상태에선 매우 어려운 문제로 부상한다. 즉 '재무성과'의 객관성과 정확성이 확보된 상황일지라도 조직 간 관계 같은 별개의 영향들이 R&D성 과제 평가에 또 하나의 변수로 작용한다.

끝으로 2000년도의 저가 재료 개발을 통한 CR 과제 경우 신제품임에도 명백한 '재무성과' 과제로 인정받은 점이 특이하다. 보통 양산에 들지 않은 신제품 경우 그 비교 대상이 전무하므로 얼마의 원가 절감을 이루었는지 가늠하기 어렵기 때문이다. 그러나 모든 제품관련 연구 과제 경우 연구 초기 단계에 이미 당시 기준의 제품 원가가 대략이나마 파악돼 있으며(그렇지 않으면 앞으로 달려갈 수가 없다. 기업은 연구 자체가 목적이 아니라 팔리는 제품을 만들어내는 일이 중요하기 때문이다), 이 값을 기준으로 과제가 진행되므로 계획 대비 절감 효과의 산정이 가능하다. 아마 대부분의 기업에서 진행되는 연구 과제가 이와 같은 유형에 포함될 것이라 확신한다. 따라서 '상품 기획 시 단가'나 '개발 목표 단가' 등이 존재하는 상황이라면 연구 개발 과제라 하더라도 '재무성과'의 평가가 충분히 가능하다. 이에 대해서는 「4.5.3. 유형 분류 '매출원가↓' → '총 제조 원가↓/재료비↓' 산출 식」을 참조해서 재무성과 규모를 일부 확인할 수 있다.

필자가 앞서 경험한 사례들은 보통 얘기하는 "R&D성 과제들이 모두 미래 지향적이므로 재무성과를 평가할 방법이 없다"고 하는 '효과 평가 전문가' 관점의 선입관을 아예 없애버리거나 적어도 줄이는 데 약간의 기여를 하지 않을까 생각된다. R&D 과제라고 해서 무조건 재무성과 평가가 어렵다고 생각하기보다 과제의 성격에 따라 성과 평가 방법도 맞춰져야 함을 인지해야 한다. 평가 방법에 대한 논의에 앞서 R&D 과제 평가의 유형엔 어떤 것들이 있는지 큰 시각에서 살펴보면 다음 [표 Ⅱ-61][58]과 같다.

[표 Ⅱ-61] R&D 평가의 종류(단계별 구분)

평가 단계		적용 시점	평가 목적
사전 평가		R&D 계획 단계	□연구 개발 과제 선정 □개별 과제의 목표 및 예산 설정
중간 평가		R&D 실시 단계	□연구 개발 과제 진행 파악: 스케줄, 예산 집행, 목표 등 □연구 개발상의 애로 요인 파악 및 개선 □연구 목표의 수정 및 재정립 □연구원의 중간 성과 파악 및 동기 부여
사후 평가	직후 평가	연구 성과 측정 단계 (R&D 종료 직후)	□연구 개발 성과 파악 □차후 연구 개발 방향 설정 및 기초 자료 제공 □연구원의 업적 파악
	추적 평가	기술이전 측정 단계 (R&D 종료 후 일정 기간)	□연구소 내외의 활용성과 파악 □산·학계로의 기여도 파악: 영향, 직접 공헌, 파급 효과 등

[표 Ⅱ-61]의 '평가 단계'를 문제 회피 로드맵인 'D-M-A-D-V'와 비교하면, '사전 평가 → DM Phase', '중간 평가 → D Phase(Audit)', '직후 평가 → V Phase', '추적 평가 → 사후 관리'에 각각 대응한다. '효과 평가 전문

---

58) 조영화, 해외연구개발 성과평가 제도 동향 및 사례분석, 한국과학기술정보연구원, 2004/9.

가'에 의한 과제의 실질적 성과 평가는 수행 초기에 이루어지는 추정 성과를 제외하면 주로 과제가 완료된 직후에 이루어지므로 이후부터 설명할 핵심 내용은 [표 Ⅱ-61] 내 '직후 평가/연구 개발 성과 파악'에 해당한다(빨간색 글자로 강조). 그렇다면 '연구 개발 성과'란 무엇을 지칭할까? 이 부분에 대한 많은 이론적 연구가 진행되었는데 유형과 그 출처를 정리하면 다음 [표 Ⅱ-62][59]와 같다.

[표 Ⅱ-62] 연구 과제 성과의 유형 및 출처

출처				
Brown & Svenson('88)[60]		EC('97)		
Outputs	논문, 특허, 지식, 신제품, 신 공정 등 지적 산출물	Output	사업의 재정 지원을 받아 직접적으로 생산된 재화 및 서비스	
Outcomes	비용 절감, 매출 증대 등 구체적인 경제적 가치의 창출	Impacts	Results	사업의 초기 영향
			Outcomes	사업의 장기적 영향

[표 Ⅱ-62]의 Brown & Svenson('88)에 따르면 'Outcomes'가 '재무성과'와 직결됨을 알 수 있다(빨간색 글자로 강조). 또 R&D 과제의 성과 평가는 '재무성과' 외에 'Outputs'으로 분류되는 논문, 특허 같은 지적 산출물까지 포괄한다는 것도 알 수 있다. EC('97)의 경우 'Output'은 "사업이 만들어내는 직접적 결과물을, 'Impacts'은 사업이 이끌어내는 효과"를 의미한다.

사실 [표 Ⅱ-62]에 표기된 영어 단어들의 우리말 표현이 '주석 58)'의 본문에도 포함돼 있으나 용어 사용에 혼란을 줄이기 위해 「Be the Solver_제품

---

59) 주석 '58)' 참조.

60) Brown, M. and Svenson, R., "Measuring R&D Productivity", Research Technology Management, 1988.

개발 방법론」편의 Define Phase에 실었던 개요도를 다음 [그림 Ⅱ-39]에 그대로 옮겨놓았다.

[그림 Ⅱ-39] 연구 개발(R&D) 과제의 성과 평가 개요도

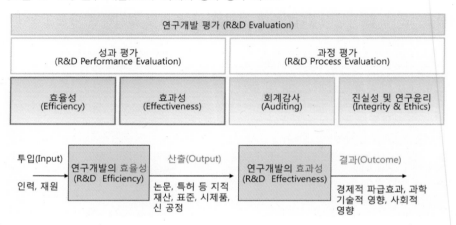

[그림 Ⅱ-39]는 '과학 기술 정책 연구원'[61]의 한 보고 자료를 인용한 것으로 앞서 언급한 'Outputs'와 'Outcomes'의 개념을 이해하는 데 도움을 준다. 내용에 따르면 연구 개발 과제의 평가 대상은 크게 '성과 평가'와 '과정 평가'로 나뉘고 '성과 평가'는 다시 '효율성'과 '효과성'으로 구분된다. '과정 평가'는 연구 개발 중의 씀씀이에 대한 확인 절차로 '회계 감사'와, 서울대 황우석 박사 사례를 통해 부각된 '진실성 및 연구 윤리'로 구분된다. 각각의 용어들에 대해 그 정의를 모아 정리하면 다음과 같다.

---

61) 황석원(2006.8), 'SCI와 연구개발 성과평가', 과학기술정책연구원.

- **효율성** 투입(Input) 대비 산출(Output) 즉 Output/Input
- **효과성** 산출(Output) 대비 결과(Outcome) 즉 Outcome/Output
- **회계감사** 연구비 지출 및 연구 결과 활용과 관련된 회계 감사
- **진실성 및 연구 윤리**
  - → 진실성 검증: 위조, 변조, 표절, 부당한 공필자 배분 등의 부당 행위 검증
  - → 연구 윤리: 생명 윤리 등 윤리 관련 규정 준수 확인
- **기타**
- **투입(Input)** 인력, 재원
- **산출(Output)** 연구 개발 활동의 직접적 성과를 의미(논문, 특허 등 지적 재산, 표준, 시제품, 신공정 등)
- **결과(Outcome)** 연구 개발의 파급 효과 측면에서의 성과를 의미(경제적 파급 효과, 과학 기술적 영향, 사회적 영향 등을 포함하는 개념)

[그림 Ⅱ-39]와 용어 정의를 통해 연구 과제의 성과 평가는 '산출(Output)'과 '결과(Outcome)'의 두 수준을 가늠하는 것으로 대변되며, 특히 이윤을 추구할 기업 경우 '산출(Output)'보다 경제적 가치를 따지는(또는 이익이 되는) '결과(Outcome)'의 수준에 더 큰 관심을 갖게 된다. 과제 수행 현실에 입각하면 '산출(Output)'은 연구 과제의 시간적 범위가 '개발 완료 시점'까지를, '산출(Output)+결과(Outcome)'는 개발 후 생산을 거쳐 '시장에 출시되는 시점'까지를 성과 평가지표로 삼는 것이 적절하다.

지금까지의 내용을 요약하면 R&D(연구 개발) 과제의 성과 평가는 기본적으로 재무성과뿐만 아니라 논문, 특허 등과 같은 산출물도 그 대상에 포함시켜야 함을 알 수 있다. 다음은 이들을 어떻게 숫자화하는지, 즉 연구 개발 성과 파악을 위한 방법들엔 어떤 것들이 있는지에 대해 알아보자.

6.2. R&D 과제 성과 평가 방법

연구 개발 과제들이 이룬 성과를 평가하는 데 있어 어느 한 사람의 의견이
나 주장으로 특정 방법 하나가 일격에 정해지기에는 분명 한계가 있다. 그렇
게 단순하다면 세계 유수 연구 기관의 수많은 전문가나 연구원들이 최적의 평
가 방법을 찾기 위해 그렇게도 많은 시간을 투입하는 일은 벌어지지 않았을
테니 말이다. 그렇다고 그 많은 방법과 주변 연구 테마들을 여기서 논한다면
본 책의 실체가 불분명해지고 범위에서도 상당 벗어날 것이다. 따라서 연구
개발 과제의 성과를 금전적으로 평가하는 일에 집중하리란 애초의 결정, 그
희미한 등불을 향해 나아가고 있다는 것만은 확실히 해둘 필요가 있다.

설명에 앞서 연구 개발 과제의 성과 평가 방법들 유형엔 어떤 것들이 있는
지 알아보자. [그림 Ⅱ-40]은 Drongelen 등이 분류한 유형[62] 구분 예이다.

[그림 Ⅱ-40] 연구 개발(R&D) 과제의 성과 평가 유형

[그림 Ⅱ-40]의 '계량적 방법론'에 연결된 '경제적 가치' 및 '비경제적 가
치'는 계량적 방법에 두 가지 접근법이 있음을 암시한다. 어느 과제는 경제적

---

62) Kerssens-van Drongelen, Inge and Nixon, Bill and Pearson, Alan(2000), "Performance measurement
in industrial R&D", International Journal of Management Reviews, 2 (2), pp.111~143, ISSN
1460~8545. 우리말 해석은 '주석 58)' p.45 참조.

가치를 따져 성과를 평가하고, 또 어느 과제는 비경제적 가치로부터 성과를 파악한다. '평가의 척도'란 평가 방법에서 쓰일 척도의 유형 구분을 정의한 것이다. 실질적인 성과 평가에 있어서는 설명된 방법이나 척도들이 무 자르듯 명백하게 구분되기보다 필요에 의해 서로 혼용되는 형태로 나타난다. 다음 [그림 Ⅱ-41]은 연구 개발 과제의 '경제적 가치'와 '비경제적 가치'를 포괄한 C 연구소 성과 평가 체계 개요도이다.63) 이해를 돕기 위해 [그림 Ⅱ-39]의 내용과 비교해놓았다.

[그림 Ⅱ-41] 연구소 과제의 성과 평가 체계도 예

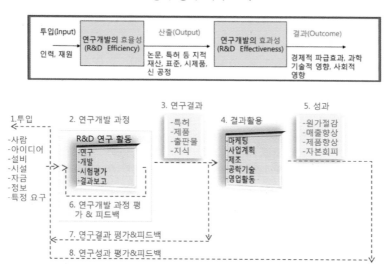

[그림 Ⅱ-41]의 흐름을 간단히 설명하면 용어 중 '3. 연구 결과'와 '5. 성과'는 [그림 Ⅱ-39]의 '산출(Output)'과 '결과(Outcome)'에 각각 대응한다(그

---

63) 윤진효 저(2005.9), R&D 관리, 경문사/본문 영문표기를 우리말로 번역함.

림에 같은 용어끼리 상하로 위치를 맞추어놓았다. 참고로 본문에서는 '효율성' 측면은 '산출(Output)'로, '효과성' 측면은 '결과(Outcome)'로 정의하고 이후부터 계속 사용할 것이다). C 연구소 과제 평가 체계에 따르면 최초 '1. 투입'이 들어가서 '2. 연구 개발 과정'을 거치면 '3. 연구 결과(즉 산출)'가 나오는데 문헌이나 전문가에 따라 다르기는 하지만 이 시점에 종료되는 과제라면 기초 연구 등을 목적으로 수행된 것으로 보고 이를 통틀어 '기술 개발 과제'로 명명한다.64) 만일 '3. 연구 결과(즉 산출)'에서 끝나지 않고 '4. 결과 활용'을 거쳐 '5. 성과(즉 결과)'에 이른 연구 과제라면 이를 '제품(상품)화 과제'라고 명명한다.65) 한 과제의 '산출(Output)'과 '결과(Outcome)'는 모두 평가를 거치며 그 내용들은 최초의 '1. 투입'으로 피드백되어 평가 체계의 완성도를 높이는 데 기여한다. 연구 과제 성과 평가 관점에선 '기술 개발 과제'와 '제품화 과제' 간 접근에 약간의 차이가 있다는 것쯤은 [그림 Ⅱ - 41] 속에서 충분히 예상되는 바이다.

6.2.1. '기술 개발 과제'의 성과 평가

'기술 개발 과제'를 통해 얻은 '산출(Output)'은 '특허'나 '지식'뿐 아니라 단일 제품도 존재할 수 있다. 그러나 아직까지는 기술 수준에 머물러 있거나 경영에 어느 정도 기여하는지에 대한 충분한 정보를 갖기엔 이르므로(물론 사전 조사를 통해 기본적인 경제적 예상 수익은 파악돼 있을 것임) 이 단계에서 경제적 가치 또는 화폐 가치를 평가하는 일은 그리 쉬운 작업은 아니다. 또

---

64) 필자가 설정한 정의.
65) 필자가 설정한 정의. 출처에 따라 '제품화 과제'는 제품을 개발하는 연구 과제를, '상품화 과제'는 양산을 목적으로 수행되는 과제를 지칭하기도 함. 여기서는 '상품화'의 의미를 서비스 부문, 예를 들어 금융 상품 등의 개발까지 아우를 목적으로 용어 '제품화'와 동격 처리 함.

정황상 화폐 가치를 얻었다고 해도 그 금액 그대로 '손익 계산서'에 반영할 수는 없으므로 [그림 Ⅱ-37]의 '성과 공간'에서 '준재무성과'로 분류한 바 있다. 사실 이 분야와 관련해 너무나도 깊고 다양한 접근법들이 존재하는지라 본 지면에 정리하는 것도 쉽지만은 않다. 그러나 일반적으로 알려진 유형들을 모아 정리하면 다음과 같다.

소득 접근법(Income Approach)

'소득 접근법(Income Approach)'은 네이버 사전에서 '소득'이란 단어가 풍기듯 국민 소득을 추계하는 방법의 의미로 해석하나 포털 검색에서 '수익 접근법'의 표현도 상당 쓰이고 있다. 정작 기업에선 기술의 가치를 평가하는 방법을 논하므로 '소득'보다는 '수익'의 표현이 적당하다. 그러나 일단 사전적 정의를 따르는 것이 좋을 것 같다. 출처에 따라서는 '이익 접근법(Profit Approach)'으로도 표현한다. 위키백과(영문판)에 따르면 'Real Estate Appraisal[66](부동산 평가)'라고 하는 부동산 가치를 평가하는 방법에 일반적으로 알려진 세 가지 접근법으로 1) The Cost Approach, 2) The Sales Comparison Approach, 3) The Income Aapproach가 있다. '기술 개발 과제'와 유사하게 부동산의 가치 역시 미래의 개발 여건 등을 감안한 현재의 화폐적 가치가 중요하므로 기술 평가를 논하는 분야에 응용이 가능하다.

'소득 접근법(Income Approach)'으로 돌아와서 이 방법론엔 다시 세 가지 유형으로 구분되는데 그중 하나가 'DCF(Discounted Cash Flow, 현금 흐름 할인법)'로, 위키 백과에서는 이것의 산정 방식이 'NPV(Net Present Value, 순

---

66) 'Property Valuation(자산 가치)' 또는 'Land Valuation(토지 가치)' 등과 동일어로 소개하고 있다.

현재 가치)'와 유사하다고 기술하고 있다. 'NPV'는 네이버 지식사전에서 다음과 같이 정의한다.

"효율적인 사업 선정을 위한 방법 가운데 하나로, 투자 사업으로부터 사업의 최종 연도까지 얻게 되는 순편익(편익 – 비용)의 흐름을 현재 가치로 계산하여 이를 합계한 것이다. 어떤 자산의 NPV가 0보다 크면(중략)… 투자 가치가 있는 것으로, 0보다 작으면(중략)… 투자 가치가 없는 것으로 평가한다. (중략)… 적절한 할인율을 선택하여 현재 가치를 환산한다. 할인율은 시장 이자율, 기업 할인율, 정부 차입 이자율, 사회적 할인율, 공공 투자 사업의 기준 할인율 등이 있다. (중략)…"

'NPV' 개념에 대해 조금 쉽게 설명하면 만일 '이자율(r)=6%'인 거래 은행에 일정 금액을 'N년' 동안 저축한다고 가정할 때, 'N년'이 지난 후 얻게 되는 금액은 저축한 현금에 매년 6%만큼의 복리 이자가 더해진 액수가 된다. 일반 산식은 다음과 같다.

$$N년 후 현금 = 현재 저축한 금액 \times (1+r)^N \qquad (\text{II}.11)$$

식 (II.11)에서 만일 'N년 후 현금'을 알고 있고(사실은 기대 금액일 것이다) 그 금액이 현재 시점에서 볼 때 어느 정도의 규모가 되는지 알고 싶다면 (그래야 현재 투자 금액과 비교해서 적절성 여부를 판단할 수 있다) 식을 약간 조정하면 된다. 즉

$$현재 금액 = \frac{N년 후 현금}{(1+r)^N} \qquad (\text{II}.12)$$

이다. 연구 과제가 완료되면 그 이듬해부터 수익이 발생하되 연도별 금액

규모에 차이가 있을 것이므로 이를 식(Ⅱ.12)에 반영하고 일반적으로 쓰이는 표현으로 정리하면 잘 알려진 'NPV'를 얻는다.

$$\text{순 현재가치}\,(NPV) = I_o + \frac{I_1}{1+r_n} + \frac{I_2}{(1+r_n)^2} + \dots \frac{I_n}{(1+r_n)^N} \qquad (\text{Ⅱ}.13)$$

$$= \sum_0^n \frac{I_n}{(1+r_n)^N}$$

식 (Ⅱ.13)에서 'I'는 '미래 현금 흐름(발생 수익 – 비용)'을, 'r_n'은 '할인율', 'n'은 '투자안의 년 수'를 의미한다. 활용 예를 들면, 올해 연구 과제가 완료돼 시제품이 나왔다고 가정할 때 당장 500만 원을 투자할 경우 예상되는 수익이 1년차에 50만 원, 2년차에 150만 원, 3년차에 190만 원일 경우 식 (Ⅱ.13)에 따르면 다음의 결과를 얻는다(r=0.06).

$$NPV = -500\text{만} + \frac{50\text{만}}{1+0.06} + \frac{150\text{만}}{(1+0.06)^2} + \frac{190\text{만}}{(1+0.06)^3} \cong -1,598,031 \qquad (\text{Ⅱ}.14)$$

'NPV'에 대한 네이버 지식사전 용어 정의에 따르면 식 (Ⅱ.14)는 '0'보다 작은 '음수'가 나왔으므로 사업을 진행하는 데 새로운 판단이 요구된다. 왜냐하면 향후 3년간 평가에서 '0'보다 큰 '양수'로 나오기 위해서는 '수익'을 올리거나, 초기 '투자 금액'을 줄이거나 또는 제어하긴 어렵지만 '이자율'을 낮추는 접근 또는 신규 사업을 아예 포기하는 결정 등이 필요하기 때문이다.

연구 과제 수행 단계(시계열)별 'NPV', '현금 흐름', '수명 주기' 등의 전체 관계를 도식화하면 다음 [그림 Ⅱ - 42]와 같다.[67]

---

67) 최정현, "국가 R&D 과제 평가의 개선 방향", 산업기술정책동향지 제2-2호 (총권 4호).

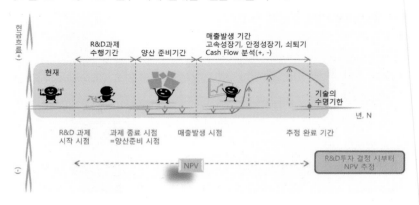

[그림 Ⅱ-42] R&D 연구 과제 단계별 '현금 흐름'과 'NPV'

[그림 Ⅱ-42]에서 연구 개발 과제가 결정되고 수행, 완료된 후 양산 준비 기간까지는 '현금 흐름'이 '음수(−)'를 보이다 시장에 결과물이 투입되면서 성장기, 안정기, 쇠퇴기 동안 '현금 흐름'의 급상승, 유지, 감소의 '수명 주기 (Life Cycle)'를 겪는다. 이때 'NPV'의 추정은 연구 개발 과제가 시작되는 시점부터 추정 완료 기간(통상 시장 투입 직후 3~5년 정도)까지를 대상으로 이루어짐을 알 수 있다.

식 (Ⅱ.14)에서 얻은 '순 현재 가치'는 사실 향후 3년간 신제품(또는 신상품)으로 사업을 했을 때 예상되는 현재상의 '사업 가치'를 평가한 것이지, '기술 개발 과제'를 수행해서 얻은 '기술 가치'의 평가는 아니다. '기술 개발 과제'에서는 제품의 실사용 가능성이나 필요 기능의 동작 등을 완성(또는 기술 원리의 발견이나 규명)하는 데 초점이 맞춰질 것이므로 실제 수익을 얻는 데 필요한 투자나 제반 조건들 모두가 '기술 개발 과제' 안에 포함돼 있진 않다. 정리하면 식 (Ⅱ.14)에서 얻은 'NPV'를 '사업 가치'로 볼 때, '기술 개발 과제'로부터 얻어진 성과, 즉 '기술 가치'는 '사업 가치'의 일부가 되는데, 이 같은 일정 부분을 '기술 기여도(TCI, Technology Contribution Index, 또는 TF, Technology Factor)'라고 한다.

$$기술가치\,(Technology\ Value) = NPV \times TCI \qquad (\text{II}.15)$$

'기술 기여도(TCI)'는 이론적으로 '0~100%'가 될 수 있지만 '사업 가치 (NPV)' 중에서 그 비중이 얼마인지 정하는 문제는 또 하나의 고민거리다. 자료[68])에 따르면 "통상 해당 기술이 사업에 얼마나 유용하게 사용되는지에 대한 '유용성(Utility)'과 타사에 비해 얼마나 경쟁력이 있는가 하는 '경쟁성 (Competitiveness)'을 평가하여 '기술 기여도(TCI)'를 산정하는 것이 일반적이기는 하지만 객관적이고 합리적인 'TCI'의 산정은 용이하지 않은 실정이다. 'TCI'를 간편하게 적용하기 위해서 '경험의 법칙(Rule of Thumb)'을 사용하는 경우도 많은데, 이는 'TCI'를 '25%(제조업)~33%(서비스업)'로 정하는 방법이며, 간단하면서도 현실성이 있다는 평을 받고 있어 선호된다"고 적고 있다. 만일 임의의 '기술 개발 과제'가 완료된 후 이 '경험의 법칙'을 적용해 식 (II.14)로부터 'NPV=100만 원'이 나왔다면, 제조업 경우 '기술 가치'는 다음과 같이 정해진다.

$$기술가치\,(Technology\ Value) = 1,000,000 \times 0.25 = 250,000 \qquad (\text{II}.16)$$

즉 "본 '기술 개발 과제'로부터 얻어진 '시제품(또는 기술, 지식, 특허 등)'을 사업화할 경우 기대되는 '사업 가치'는 '100만 원'이며, 이 금액에 본 과제가 기여한 일정 부분, 즉 '기술 가치'는 '25만 원'이다"란 의미다. 내용대로라면 '기술 가치=25만 원'은 리더가 '기술 개발 과제'를 수행해서 얻은 '준재무

---

68) http://ask.nate.com/knote/view.html?num=296638

성과'로 인정받을 금액에 해당한다.

비용 접근법(Cost Approach)

이 방법 역시 '소득 접근법'의 초반부에 설명했던 'Real Estate Appraisal(부동산 평가)'의 방법론 중 하나로 '기술 가치'를 평가하는 분야에 응용된 예이다. '주석 67)'에 따르면 "이 접근법은 해당 기술을 확보하기 위해 치러야 할 대가를 '기술 가치'로 인정하는 방식이다. 이 경우 주의해야 할 것은 기술 보유자가 해당 기술을 확보하는 데 소요된 개발비가 아니라, 기술 구매자가 해당 기술을 확보하기 위해 향후에 소요될 개발비를 기준으로 삼는다는 점이다"로 설명하고 있다. '비용 접근법'에 의한 '기술 가치'는 일반적으로 다음과 같이 산정된다.

$$\text{기술 가치(Technology Value)} = \text{기술 개발비} \pm \text{가치 조정 요소} \qquad (\text{II}.17)$$

'기술 개발비'는 '재생산 비용(Reproduction Cost)'이나 '대체 비용(Replacement Cost)'의 방식으로 얻어진다.[69] '재생산 비용(Reproduction Cost)'은 지식 자산의 개발 비용 기록이 상세한 경우에 적합하며, 이에는 원형과 기능, 재질, 형태 등의 모든 면에 있어 완전히 동일한 기술의 개발에 소요되는 비용들이 포함된다. 즉 원래의 기술을 개발하기 위하여 현재까지 투입된 '직접 비용'과 '간접 비용'이 해당되는데 전자는 인건비, 관리비, 설비비, 원 재료비, 시험 운영비, 외주 비용 등이, 후자는 기술 개발에 간접적으로 사용된 부대 기술의 개

---

69) 본 단원은 "http://blog.naver.com/jinfree72?Redirect=Log&logNo=50121853818" 내용을 상황에 맞게 일부 편집한 것임.

발비 등이다. 그 외에 고용관련 세금, 고용관련 임시 수입 및 부수입, 경영 및 관리비, 전기나 가스, 수도 및 영업비 등도 포함된다. '대체 비용(Replacement Cost)'은 지식 자산의 개발 비용에 대한 기록이 남아 있지 않을 경우 유리하며 동일한 성능(효용)을 갖는 기술의 개발 또는 입수에 소요되는 비용이 포함된다. 원래의 기술을 현재의 여건에서 개발할 때에 소요되는 비용이므로 산정된 결과가 인건비나 설비, 원자재 가격 변동 등의 영향에 의해 원래의 투자 비용과 차이가 발생할 수 있다.

'가치 조정 요소'는 기술 개발 기간 동안 사업을 추진하지 못함으로 인해 상실되는 '기회 비용(Opportunity Cost)'이 있다면 이와 같은 요소는 '플러스 (+)' 요인으로 작용한다. 그러나 반대도 있는데 '재생산 비용'의 경우 그 결과가 새것을 만드는 데 소요되는 금액이므로 시간 경과에 따른 노후화 등으로 가치가 하락하면 그만큼 차감하는 것이 올바르다. 이 같은 '감가상각(발생 감가)'에는 [표 Ⅱ - 63]과 같은 세 가지 유형이 있다.[70]

[표 Ⅱ - 63] 감가상각 유형과 내용

감가상각 유형	내용
물리적 감가(퇴화) (Physical Deterioration)	주로 건물, 차량, 기계 등 유형 자산의 경우 시간의 경과에 따라 노후화, 마모, 손상 및 재해나 우발적인 손상 등으로 가치 하락이 발생하며, 따라서 하락된 규모만큼 기술 가치 산정 시 차감. 그 외에 기술 등 무형 자산의 경우는 물리적 감가의 가능성이 적음
기능적 감가(진부화) (Functional Obsolescence)	시간이 흐르면서 본래의 물리적 기능은 유지하더라도 구식이 되어 쓰이지 않거나 수요가 줄어 발생하는 감가. 건물 등 유형 자산의 경우는 과대(또는 과소) 개량의 형태로 나타남. 기술 분야 예로 PC 처리 용량과 초고속 통신망이 일반화되면서 55.6Kb 모뎀 수요가 급격히 줄고 그에 따라 기술 가치도 감소함
외부적 감가(진부화) (External Obsolescence)	평가 대상 자체와는 상관없이 주변 환경의 쇠퇴 등 외부적인 힘에 의해 초래되는 가치 하락 분. 예로 건물은 소음, 대기 공해 등과 같은 비경제적 요소의 확대로 가치가 감소됨. 또 온난화가 심해지면 온대 지방 경우 난방 연료 절감 기술의 가치가 크게 하락함

70) http://cafe.naver.com/minkrappa.cafe?iframe_url=/ArticleRead.nhn%3Farticleid=53705&

'비용 접근법'은 평가 대상 기술을 개발하기까지 소요된 물적, 인적 자원의 가치를 합산한 후 이를 현재 가치화하는 방법이므로, 그 측정이 비교적 용이하다는 장점이 있다. 반면 대상 기술의 수익성에 근거를 두고 있지 않기 때문에 향후 기대 수익(예상 수익 성장률), 수익 산출 기간, 투자 리스크 등의 중요한 요소가 고려되지 않는 단점이 있어 주로 다른 기술 평가 방법의 검토 자료로 사용된다.

'연구 개발 투자 비용'과 '연구 개발 성과(영업 이익)' 간 관계를 다중 회귀 분석을 통해 연구한 'Lev. B, & Sougiannis. T.(1996)'[71]에 따르면 R&D 투자의 시장가치 현가는 평균적으로 R&D 투자 비용의 '1.6∼2.6배'로 추정하고 있다. 이 연구엔 성공한 R&D 과제와 실패한 R&D 과제 모두가 포함돼 있는데 'Mansfield & Wagner(1977)'[72]의 실증 연구에 따르면 연구 개발 과제를 기술적인 성공, 상업화에 성공, 재무적인 성공 등으로 구분할 경우 기술적인 성공은 착수된 R&D 과제의 57%, 상업적인 성공을 거둔 R&D 과제는 기술적으로 성공한 R&D 과제의 65%, 재무적으로 성공을 거둔 R&D 과제는 상업화에 착수한 R&D 과제의 74%에 달하는 것으로 나타난다. 따라서 R&D 과제 중 재무적인 성공을 거둘 확률은 최초에 시작된 R&D 과제의 약 27.4%(=100×0.57×0.65×0.74)에 불과하다. 소개된 두 연구 논문을 연계해 해석하면 "'기술 개발 과제'를 수행해서 재무성과를 얻을 확률은 약 27.4%이며, 이 확률에 속할 경우에 예상되는 '영업 이익'은 전체 투자 비용을 기준할 때 적게는 '1.6배'에서 많게는 '2.6배'의 성과를 올릴 수 있다"고 기대할 수 있다. '비용 접근법'으로 산정된 금액 역시 당장의 '손익 계산서'에 반영이 불가하므

---

71) Lev, B. and Sougiannis, T., The Capitalization, Amortization, and Value-Relevance of R&D, Journal of Accounting and Economics, 21, 1996. 본 논문 내용의 인용은 "조영화(2004), 해외 연구 개발 성과평가 제도 동향 및 사례분석, 한국과학기술정보연구원"을 참고함.

72) Mansfield, E., Rapoport, J., Romeo, A., Villani, E., Wagner, S. & Husic, F., The Production and Application of New Industrial Technology, New York: W. W. Norton & Company, 1977.

로 '준재무성과'로 분류한다.

시장 접근법(Market Approach)

영문판 위키피디아에는 'The Sales Comparison Approach'로 명명돼 있으나 일반적으로 사용되는 표기를 따랐다. '주석 69)'에 따르면 이 접근법에 다음의 유형들이 있다.

[표 Ⅱ-64] '시장 접근법'의 유형

유형	내용
Sales Transaction Method	시장에서 이루어진 유사 기술 자산의 실거래 사례에 기초하여 대상기술 자산의 가치를 추정
Relief from Royalty Method	기술 자산이 (거래에 의한)라이선스로부터 창출된 로열티 수입액을 근거로 대상 기술 자산의 가치를 추정
Industry Standard Method	국내 특허 거래, 기술 도입 계약, 기술 수출 계약 등의 사례를 파악하고, 이로부터 일반적 실시료(로열티율)를 추정하여 당해 기술의 조건, 내용 등과 대조함으로써 기술 가치를 산정

[표 Ⅱ-64]를 참고하면 '기술 개발 과제'로부터 얻어진 기술을 평가할 일반적 산출 식은 '시장 접근법'을 통해 다음과 같이 정의한다.

$$\text{기술 가치(Technology Value)}=\text{거래 사례 가격} \times \text{가치 조정 요소} \qquad (\text{Ⅱ}.18)$$

'시장 접근법'으로부터 의미 있는 추정 금액을 얻기 위해서는 기본적으로 다음과 같은 조건들이 전제돼야 한다('주석 69)' 참조).

1) 비교 가능한 기술 자산 거래가 활발히 이루어지는 시장이 존재할 것
2) 비교 가능한 기술 자산이 과거에 거래된 사실이 있을 것
3) 비교 가능한 기술 자산 거래 가격에 대한 정보의 입수가 가능할 것
4) 독립된 당사자 간의 거래일 것(즉 지인 관계 등 이해 관계가 없어야 함)

이 접근법 경우 기술 거래 실적이 있더라도 대개는 기술 판매자보다 기술 구매자가 기술 거래의 사실을 공개하지 않으려 하기 때문에 현실적으로 기술 거래에 따른 계약 조건의 확인이 그다지 용이하지 않다. 기술 거래를 활성화하기 위해 해외의 경우 'yet2.com', '미국 증권거래소 공시 자료' 등을, 국내의 경우 '한국 기술거래소(kttc.or.kr)'와 같은 공개된 시장이 있으나 그다지 많은 기술 거래 실적을 보이지 못하고 있는 실정이다. 유사 기술의 거래 실적에 따른 계약 조건이 있더라도 특허라는 관점에서 보면 동일한 두 개 이상의 기술은 존재할 수 없으므로 유사 기술의 거래 실적은 해당 기술의 거래에 있어서 참고 자료는 될 수 있지만 절대적인 기준이 될 수 없다는 한계가 있다. 따라서 '시장 접근법'은 독립적인 가격 결정의 기초로서 보다 다른 방법에 의해 산정된 가격의 객관성을 확보하는 보조적 수단으로 사용할 것을 권장한다.

몇 년 전 한 벤처 기업이 보유한 해외 특허에 대해 가치 평가를 시도한 적이 있었다. 필자 분야라기보다 해당 기술에 깊이 있게 관여돼 있어 연계 업무로 참여하게 된 것인데 실상 사내외적으로 원천 특허로 평가돼 있었고 굵직한 해외 기업들이 특허 침해를 한 것으로 판단된 상태였다. 문제는 기술의 가치가 얼마인가였다. 그걸 알아야 국내외 로펌 관계자들에게 참여를 유도할 기초 자료가 완성될 수 있었다. 처음부터 전혀 문외한으로 임하다간 개당 100원의 로열티를 50원 내지는 20원 등으로 받을지 알 수 없는 노릇이다. 그러나 수도 없는 다양한 기술들의 가치를 모두 세분화한 뒤 각각의 특징과 상황에 맞게 개당 얼마인지 명확하게 분류해놓은 자료가 있다고 보지도 않았지만 정말 참

고할 만한 정보가 이렇게까지 없을까 하는 의문이 든 게 한두 번이 아니었다. 또 기술 거래나 특허의 로열티 협상은 외부로 공개돼지 않는 게 기본적 협약 조건인지라 세부적인 내용을 파악하는 일은 거의 불가능하였다. 결국 시중 대형 서점에서 발견한 특허 관련 기술 협상 매뉴얼을 손에 넣고야 그나마 개략적인 기술의 가치를 추정하고 보고서를 작성하는 데 성공(?)하였다. 이때 매뉴얼에서 제시한 가장 선호되는 방법이 바로 '시장 접근법'이었다. 물론 그 결과가 그대로 반영되리란 보장은 없지만 일단 로펌의 당사자들에게 기술의 개요와 경제적 가치를 알리고 관심을 끌 뭔가가 있다는 것만으로도 큰 위안이 된 것은 분명하였다. 결론적으로 특정 기술의 가치를 따지는 가장 쉽고 보편적 방법은 남들이 해놓은 유사 결과물을 조사해 그에 빗댄 우리의 기술을 평가하는 접근이 아닐까 싶다.

'기술 개발 과제'의 성과 평가 중 순수 과학 기술 문헌(논문 등)을 계량적으로 분석할 접근법으로 '계량 서지학(Bibliometrics)'이 있다. 이런 방법론이 사용되는 가장 대표적인 예로 'SCI/SSCI/A&HCI' 등의 지표가 있다. 그러나 이들은 경제적 지표라기보다 공식적 접근 경로를 거쳐 관계 분야에서 얼마만큼 인용했는지 등이 해석의 주안점이므로 본 책에서 논할 경제적 가치나 화폐적 가치와는 거리가 있다. 또 기업의 경우 기초 과학 분야의 이론적 토대나 순수 학문을 위한 논문의 양산을 목적으로 하기보다 제품 개발을 통해 수익을 창출하는 데 목적이 있다. 따라서 이에 대한 설명은 건너뛰되 관심 있는 독자는 별도의 문헌이나 출처를 참고하기 바란다.

지금까지 '기술 개발 과제'로 지칭한 [그림 Ⅱ-41]의 '산출(Output)'에 대해 그 성과를 평가하는 방법들을 소개하였다. 이들에서 선보인 각 방법별 산출 식을 정리하면 다음과 같다.

・ **'기술 개발 과제'의 '산출(Output)'에 대한 '기술 가치' 산출 식 →**

1) 소득 접근법(Income Approach): 기술 가치(Technology Value)=NPV×TCI

☞ NPV: 순 현재 가치(Net Present Value)
☞ TCI: 기술 기여도(Technology Contribution Index). 통상 25%(제조업)~33%(서비스업)

2) 비용 접근법(Cost Approach): 기술 가치(Technology Value)=기술 개발비±가치 조정 요소

☞ 기술 개발비: 다음의 두 경우 중 한 가지로 산정
  (1) 재생 비용(Reproduction Cost) → 평가 대상(기술, 특허, 제품 등)과 동일한 것을 얻는 데 소요되는 비용. 개발 비용 산출 후 현재 가치로 환산한 가격
  (2) 대체 비용(Replacement Cost) → 대상과 동일한 효능을 가진 것으로 대체하는 비용
☞ 가치 조정 요소: 기회 비용 부가나 감가 요소 차감('[표 Ⅱ-63] 내용' 참조)

3) 시장 접근법(Market Approach): 기술 가치(Technology Value)=거래 사례 가격×가치 조정 요소

☞ 가치 조정요소: '거래 사례가격'의 일정 수준임을 감안한 감액비율.

　　설명된 '기술 개발 과제'의 산출 식을 기반으로 한 성과 평가 사례는 '현병환(1999)'[73])에 기술된 내용을 일부 편집해 옮겨놓았다. 다음 [표 Ⅱ-65]는 기술 개발 상황을 요약한 예이다.

---

73) 현병환(1999.11), "특허의 경제적 가치평가 방법", 생명공학 연구소

[표 Ⅱ-65] 기술 개발 상황 예

기술개발 명	OO품 대량 생산 기술 개발		기술개발 명	1995.12~1999.12(4년간)
직접 기술개발의 투입비용	구분	연구비	연구 인력	연구 시설
	내용	직접 연구 개발비	5명/년	각종 실험 장비
	금액	3억 7,800만 원	8억 원/년 (5명×4,000만 원/년×4년)	7억 원 (감가상각비 제외)
	직접 비용 합	18억 7,800만 원		
관련 기술개발의 투입비용	관련 비용 합	10억 원(=연구개발비 23억×기술상 관성 30%+기타 부대비용)	총 연구비	28억 7,800만 원
	1992.8~1998.7월까지 본 기술 개발과 함께 이루어진 선행 연구와 유사 기술 개발에 투입된 연구 개발비 총 23억 원 중 본 대량 생산 기술 개발과의 상관성 약 '30%' 적용과 기타 부대 비용 추가			
잠재 용도	조사하지 않음에 따라 권리 지분 포기로 간주			
잠재 시장가치	(국내 시장) 경쟁 시장으로 약 50억, (해외 시장) 경쟁 시장으로 약 1,000억, (제품 수명 주기) 약 6년			

'소득 접근법(Income Approach)'의 산정은 다음 [표 Ⅱ-66]과 같다.

[표 Ⅱ-66] '소득 접근법' 산정 예

항목	산정 과정 및 결과		비고
계정 과목	–	산출 식 =NPV×TCI	
잠재 시장 가치	국내	120억	=20억×6년, [표 Ⅱ-65]에서 국내 잠재시장가치 50억 중 연도별 시장 확대 정도를 감안한 평균 20억 적용
	해외	600억	=1,000억×6년×10%, 시장 점유율 10%로 설정
	잠재 '순 현재 가치(NPV)' 합	720억	=120억+600억
기술기여도 (TCI)	산업화 추진 정도	**20%**(개발단계)	완제품 생산(50%), 개발단계(20%), 연구단계(10%)
	기술의 완성도와 독점성	**30%**(경쟁시장)	독점시장 확보가능(50%), 경쟁시장(30%)
준재무성과	720억×20%×30%=43억 2천만 원		금액 43억 2천만 원

[표 Ⅱ－66]에서 'NPV'는 국내와 해외의 '잠재 시장 가치' 중 본 기술이 향후 '6년간(제품 수명 주기)' 획득할 수 있는 금액을 현재 가치로 추정하였으며, 그 결과 국내 '120억 원', 해외 '600억 원' 등 총 '720억 원'을 얻었다. 이 금액에 '기술 기여도(TCI)'인 '산업화 추진 정도'와 '기술의 완성도 및 독점성'을 각각 '20%'와 '30%'로 가정하여 최종 '준재무성과=43억 2천만 원'을 얻었다. 많은 가정과 추정이 있어야 하지만 관련 분야에 오랜 기간 연구 활동을 해왔다면 시장 성향과 자체 기술의 수준 판단에 충분한 정보와 자료를 보유하고 있을 가능성이 높다. 따라서 어느 정도 객관성이 반영된 결과로 봐야 할 것이다.

'비용 접근법(Cost Approach)'의 산정은 다음 [표 Ⅱ－67]과 같다(기본 정보는 [표 Ⅱ－65]의 내용과 동일함).

[표 Ⅱ－67] '비용 접근법' 산정 예

항목	산정 과정 및 결과			
계정 과목	–	산출 식	=기술 개발비±가치 조정 요소	
직접 기술 개발의 투입 비용	구분	연구비	연구 인력	연구 시설
	내용	직접 연구 개발비	5명/년	각종 실험 장비
	금액	3억 7,800만 원	8억 원/년 (5명×4,000만 원/년x×4년)	7억 원 (감가상각비 제외)
	직접 비용 합	18억 7,800만 원		
관련 기술 개발의 투입 비용	관련 비용 합	10억 원(=연구 개발비 23억×기술 상관성 30%+기타 부대비용)		
준재무성과	18억 7,800만+10억=28억 7천8백만	금액	28억 7천8백만 원	

'비용 접근법(Cost Approach)'으로부터 얻은 '28억 7,800만 원'은 기술 개

발이 수행된 4년 동안의 '기술 개발비'를 추적하여 약 '18억 7,800만 원'을 얻은 금액과, 본 기술 개발 기간 이전부터 수행돼온 선행 연구 중 그에 투입된 총 23억의 약 30% 및 기타 부대 비용을 '가치 조정 요소'로 간주한 10억 원의 총합의 결과이다.

'시장 접근법(Market Approach)'의 산정은 유사 기술의 거래 실태를 조사한 뒤 그 결과를 분석함으로써 금액 규모를 추정한다. 다음 [표 Ⅱ-68]은 산정 예이다.

[표 Ⅱ-68] '시장 접근법' 산정 예

항목	산정 과정 및 결과		
계정 과목	−	산출 식	=거래 사례 가격×가치 조정 요소
기존 거래 내역	☐ 1999년 초 네덜란드 ○○기업이 개발한 유사 xx기술을 미국 △△사에 기술 이전함 ☐ 통상 초기 계약금, 중도 기술료, 경상 기술료로 구분되나 본 건은 일시불로 1,200만 달러(약 135억 원)를 지불함		
준재무성과	135억 원	금액	135억 원

(참고)
- 유사기술에 대한 정보입수와 분석을 통해 기술간 격차를 규명하고 만약 본 기술이 우위에 있으면 초과금액을, 열위에 있으면 감액된 금액을 '가치 조정 요소'로 반영함
- 본 건에 대해서는 정보가 없어 유사기술 계약 금액 전액을 반영한 경우임

각 접근법을 통해 얻어진 결과는 최소와 최대 간 100억 원 이상의 차이가 나므로 특정 방법 하나를 선택해 준재무성과로 활용하기보다 '최소 28억 7,800만 원~최대 135억 원'의 가능성을 열어두고 객관적 자료를 추가해나가면서 최종 금액을 확정하는 것도 좋은 방법이다.

참고로 '주석 73)'에 따르면 특허의 경우 출원과 등록 형태에 따라 기술 가치의 평가가 달라지는데 이를 '기술의 독점성에 따른 가치의 차등 계수'라 하며, 그 기준은 다음 [표 Ⅱ-69]와 같다.

[표 Ⅱ-69] 기술의 독점성에 따른 가치의 차등 계수 예

항목	내용
차등 유형	☐ 출원, 등록된 적 없는 기술: 전체 시장가치의 20% 인정 ☐ 국내 출원된 경우: 전체 시장가치(국내외)의 30% 인정 ☐ 국내 등록된 경우: 전체 시장가치(국내외)의 40% 인정 ☐ 국제 출원된 경우: 전체 시장가치(국내외)의 40% 인정 ☐ 국제 등록된 경우: 전체 시장가치(국내외)의 60% 인정 ☐ 복수의 용도 특허로 등록된 경우: 전체 시장가치(국내외)의 80% 인정 ☐ 제형특허, 제법특허, 용도특허로 등록된 경우: 전체 시장가치(국내외)의 80% 인정 ☐ 물질특허와 용도특허가 동시에 등록된 경우: 전체 시장가치(국내외)의 100% 인정

지금까지 '기술 개발 과제'에 대한 가치 평가, 즉 '준재무성과'에 대해 알아
보았다. 다음은 '제품(상품)화 과제'의 성과 평가에 대해 알아보자.

6.2.2. '제품(상품)화 과제'의 성과 평가

'제품(상품)화 과제'의 성과 평가는 [그림 Ⅱ-41]의 '결과(Outcome)'를 대
상으로 한다. '결과(Outcome)'에는 경제적 파급 효과, 과학 기술적 영향, 사회
적 영향 등이 있으나 기업 경우 '경제적 파급 효과'가 주로 해당된다. '제품
(상품)화 과제의 성과 평가'를 간략히 소개하면 "[그림 Ⅱ-41] 내 '산출
(Output)'인 논문, 특허, 표준, 시제품, 신공정 등을 마케팅, 사업 계획, 제조,
공학 기술, 영업 활동 등에 적용함으로써 '결과(Outcome)'인 경제적 파급 효
과, 즉 원가 절감, 매출 향상, 제품 향상, 자본 회피 등의 금전적(또는 화폐적)
가치를 산정"하는 것으로 요약된다. [그림 Ⅱ-43]은 [그림 Ⅱ-41]의 관련
부분만 떼어 옮긴 것이다.

[그림 Ⅱ-43] '제품(상품)화 과제'의 '결과' 개요도

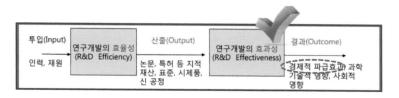

그러나 현업에서의 '제품(상품)화 과제'의 성과는 '결과(Outcome)'만을 언급하기보다 '산출(Output)'과 혼용돼 쓰이므로 통상 '산출(Output)+결과(Outcome)'의 형태로 관리되는 게 보통이다. 그동안 이 영역에 대해 다년간 국내외적으로 많은 연구가 수행된 바 있으나 국내 실정에 맞고 이론보다 기업의 자료를 이용한 실질적 접근의 예로 이정호(2008)[74]의 성과 평가 목록 표를 [표 Ⅱ-70]에 옮겨놓았다.

[표 Ⅱ-70] 신규 '제품(상품)화 과제'의 평가 항목 목록 표 예

No	구분			평가 항목	가중치
1	목표 달성도(50)			Quality(20)	0.10
2				Delivery(20)	0.10
3				특허(10)	0.05
4				논문(5)	0.025
5				월 단위 과정 평가(5)	0.025
6				사업부 이관(40)	0.20
7	가치평가(50)	경영 기여도(75)		매출 기여 액(30)	0.15
8				수익성(20)	0.10
9				NPV(10)	0.05
10				제품 경쟁력(5)	0.025
11				사업성 평가(10)	0.05
12		기술 기여도(25)		경쟁사 우위(20)	0.10
13				최초 출시(5)	0.025
14	가점 항목			이관 프로젝트 실행(5)	0.05

74) 이정호(2008), "기업의 사업화 성공률 향상을 위한 연구개발과제의 완료평가지표의 개발 및 검증", 석사학위논문, 성균관대학교.

[표 Ⅱ - 70]으로부터 빨간색으로 강조된 평가 항목은 '성과 평가'를 재무적으로 산출([그림 Ⅱ - 43]의 '경제적 파급 효과'에 해당)할 수 있는 기회를 제공한다. 표에 소개된 '가치 평가/경영 기여도'의 하위 분류 중 '매출 기여 액', '수익성', 'NPV'는 향후 기업의 매출 기여에 대한 예측이며 이들에 대한 정의와 세 평가 항목들의 산출 식[75])을 정리하면 다음과 같다.

· '제품(상품)화 과제'의 '결과(Outcome)'에 대한 '경영 기여도' 산출 식 →

1) 매출 기여 액: 과제 완료 후 3년간 목표 매출(파생 과제 포함)

$$매출기여액 = \frac{(과제)목표매출}{(회사)목표매출} \times 100$$

2) 수익성: 과제 완료 후 3년간 누적 목표 손익(순 수익)

$$수익성 = \frac{(과제)목표이익}{(과제)목표매출} \times 100$$

3) NPV: 미래 현금 흐름의 합(투자 관련)

$$NPV = \frac{(과제)목표매출}{(과제)투자금액} \times 100$$

상기 산출 식을 보면 세 항목 모두에 '(과제) 목표 매출'이 공통으로 들어 있음을 확인할 수 있다. 사실 연구 개발을 추진하는 기업의 입장에선 개발된 제품(또는 상품)의 향후 '매출'과 그에 따른 '이익'이 얼마가 되는지가 최대 관심사이다. 또 연구 개발을 통해 이루어질 '매출'과 '이익' 중 하나를 고르라면 '매출'이 될 듯싶다. 궁극적으론 '이익'이 많이 나야겠지만 고객의 전폭적인 관심이 있어야 연구 개발의 의미가 부각될 것이고 그 관심이 구입으로 이

---

75) '주석 74)' 논문에서는 국내 S기업의 실제 활용 사례로 소개하고 있다.

어지면 '이익'은 자연히 '매출'에 종속돼 증가될 것이기 때문이다. 따라서 연구 개발 과제의 '결과(Outcome)' 측면에서 가장 우선시해야 할 '효과 평가 전문가'의 평가 대상은 '목표 매출'이, 그다음이 '목표 이익'이 돼야 한다. 그러나 기업 입장에선 둘의 관계가 불가분에 있으므로 늘 함께 표기한다.

'효과 평가 전문가'뿐만 아니라 기업이나 과제 리더에게도 과제의 '목표 매출'은 매우 중요한 요소이다. 그러나 신제품(상품)의 매출이 향후 얼마가 될지 객관적으로 산정돼야 '제품(상품)화 과제'에 대한 평가도 원활히 이루어질 수 있다. 따라서 이 시점에 경영진, 과제 리더, '효과 평가 전문가' 모두가 인정할 수 있는 '목표 매출' 산정 방법이 주요 쟁점으로 부상할 수밖에 없다. 이것이 가능하다면 앞서 [표 Ⅱ - 70]에서 제시한 '경영 기여도'의 '매출 기여 액', '수익성', 'NPV'의 평가 항목들 모두가 존재 의미를 갖는다. 그런데 이런 접근이 현실적으로 그리 녹록치 않아 연구 개발 과제의 평가 역시 모호한 안개 속에 늘 갇히고 만다. 우선 신제품(상품)의 '목표 매출'을 산정할 때 시장의 '수요 예측'이 전제돼야 한다. 수요가 예측돼야 그중 얼마만큼의 매출이 가능한지 추정할 수 있기 때문이다. 현재 알려진 신제품(상품)에 대한 '수요 예측 방법' 중 1965년 E. Jantsch의 분류 방식에 따른 내용을 정리하면 [표 Ⅱ - 71]과 같다.[76)]

[표 Ⅱ - 71] 신제품(상품)에 대한 수요 예측 방법 (1)

방법	내용
구매 의향 조사에 의한 방법	설문 조사를 기본으로 하며, 신제품의 개요를 설명하고 구매 의향이 있는지를 질문함으로써 구매 의향을 갖는 소비자 비율을 파악. 이 비율에 모집단을 곱하여 전체 수요를 예측
유사상품의 대체 수요를 통한 방법	유사 또는 대체 상품이 있는 경우 설문 조사를 통해 수요자 층의 대체 의향률을 파악함으로써 수요를 예측

---

76) 현병한(1998), "신제품의 전주기 경제성분석", 한국기술혁신학회 1998년도 하계콜로퀴엄, 1998년, pp.1.3～1.61.

테스트 마케팅에 의한 방법	본격적인 판매 이전에 모델 지역을 설정하고, 그 지역 내에서 실제로 판매를 해봄으로써 수요를 예측하는 방법. 소규모 판매부터 판매 촉진 활동을 통한 가격 전략, 채널 전략까지 실시하는 다양한 유형이 있음
인터뷰에 의한 방법	미리 질문이나 응답을 준비하는 설문과 달리 수요자와 직접 면담하여 의향을 확인함으로써 수요를 예측. 소비재 예측에 용이하며 FGI(Focus Group Interview)도 이에 속함
기타 예측 방법(델파이법)	수요자의 의향을 직접 파악하는 것이 아니라 그 분야 전문가의 직관에 의해 수요를 예측. 장기적인 수요 예측에 유용

[표 Ⅱ - 71]에 의한 접근 외에도 다음 [표 Ⅱ - 72]와 같은 기법들이 알려져 있다('주석 76)'에 소개된 유형들을 요약함).

[표 Ⅱ - 72] 신제품(상품)에 대한 수요 예측 방법 (2)

방법	내용		
판단적 판매 예측 기법[77]	□ 최고 경영자의 판단		
	□ 판매원 의견 통합법		
	□ 델파이 방법		
	□ 사례 유추법		
시계열 분석 기법[78]	□ 계절적 조정		
	□ 단순 예측법		
	□ 평활법		
Box Jenkins 방법[79]	□ 자기 회귀 모델		
	□ 이동 평균 모형		
모형 설정 기법	신제품 적용 모형	□ 확산모형 → Bass 모형+α(※ α: Pure Innovation, Pure Imitation, Innovation & Imitation, 광고 효과 도입, Kalish 모델, 국가 간의 차이를 설명, Nonuniform Influence 등)	
		□ 시장 진출 이전 모형 → Parfitt-Collins, ASSESSOR 모형, TRACKER 모형 등	
	□ 계량 경제 모형-판매와 마케팅 변수 간의 관계를 모형화		
신제품 전주기 경제성 분석 모델[80]	신제품 개발을 6단계로 나누어 각 단계 사이에서 경제성을 추정(타당성 분석, 공정 설계 및 모의 실험, 재무 분석, 국가적 효용 가치 및 파급 효과, 소비자 행태 분석의 5단계로 접근)		

특히 [표 Ⅱ-72]의 빨간색으로 강조한 기법들은 '판매액'이나 '판매량'을 예측하는 데 활용될 수 있으므로 '제품(상품)화 과제'의 '(과제) 목표 매출'을 추정하는 데 유익하다. 예를 들어 표에 소개된 '계량 경제 모형'은 다음의 기본 산출 식을 통해 '판매량'을 추정한다.

$$판매량 = f(가격, 경쟁자의\,가격, 광고, 경쟁자의\,광고, 소득\,etc) \qquad (Ⅱ.19)$$
$$= 상수 + \beta_1(가격) + \beta_2(광고) + \beta_3(소득) + \cdot\,\cdot\,\cdot$$

물론 식(Ⅱ.19)를 적용하기 위해서는 각종 항들의 자료가 구비돼야 하고 설사 그들이 완비되었다고 해도 신뢰도 높은 예측 값들을 얻으려면 또 다른 연구가 필수적이다. 취지는 좋으나 회사에서 별도의 팀을 구성해 운영토록 배려하거나 또는 담당 '효과 평가 전문가'나 과제 리더들의 엄청난 수고가 뒤따라야 가능한 일처럼 느껴진다(사실 이렇게 하도록 정책화된다면 들끓던 자스민 혁명은 아니더라도 그에 준할 정도의 스트레스가 표출될 것이다^^).

과거 기업에서 연구원으로 활동했던 필자 입장에서 본인이 수행한 연구 개발 과제의 경영 기여도를 매번 스스로 산정해야 했다면 아마 엄청난 스트레스에 시달렸을 것이다. 성과 평가의 필요성은 특정 기업에 한정됐다기보다 많은 기업 연구소들의 일반적 상황이다. 사실 이 시점에 '효과 평가 전문가'들이 손쉽게 접근할 수 있도록 연구 개발 과제의 경영 기여도 수준을 일관된 방식으로 제시할 만한 해법이 딱히 없다는 것이 안타깝기만 하다. 그렇다고 [표 Ⅱ-71]과 [표 Ⅱ-72]처럼 이론적 접근만을 나열할 수도 없는 상황이니 고민의

---

77) Moriarty, M. M. & A. J. Adams, "Management Judgement Forecasts, Composite Forecasting Models, and Conditional Efficiency", Journal of Marketing Research, vol. 21, pp.239~250, 1984.
78) MA. Hurwood D. L., E. S. Grossman & E. L. Bailey, Sales Forecasting, The Conference Board, New York, pp.47~80, 1978.
79) '주석 78)' pp.86~90.
80) '주석 76)'의 논문 주제임.

끝도 깊어질밖에 없다. 기존 '효과 평가 전문가'의 성과 평가에서 다루지 않았던 분야이니만큼 개척하는 것도 쉽지 않은데 무슨 좋은 방법이 없을까? 방법을 찾아야 한다!!

연구 개발 과제가 일반적이지 않고 분야의 전문성이 있다고 해서 성과마저 리더가 산정한 결과를 '효과 평가 전문가'가 그대로 따르는 방식엔 찬성하기 어렵다. 분명 그 결과가 객관적인지, 또 아전인수(我田引水)격이 아닐는지 의심이 가기 때문이다. 그렇다고 과제 종료 후 '효과 평가 전문가'가 개개 연구 개발 과제의 향후 예상 매출을 일일이 평가하는 것도 분야의 전문성과 추정에 요구되는 여러 자료를 구비하는 데 한계가 있으므로 그 또한 좋은 접근은 아닌 듯하다. 이 부분에 대해 현병환('주석 76')은 '사업 계획서'의 활용을 제안하고 있다. 본문에서는 연구 개발 과제가 기업 전체를 대변하기보다 기업의 연구소 과제들을 대상으로 하므로 '사업 계획서'보다 각 연구 과제별 '연구 개발 계획서'로 대체하겠다. 이에는 통상 다음과 같은 내용들이 포함된다.81)

[표 Ⅱ-73] '연구 개발 계획서'에 포함된 내용

구분		포함된 내용
과제 정의		연구 개발 배경, 필요성, 시장 상황
제품화 계획		제품 구조, 제조 라인, 가동 계획/일정, 생산 및 판매 계획, 수출 계획
손익 분석	소요 자금	건물, 기자재, 운전자금, 수송비용, 감리 및 훈련비용, 건설기간 중 이자
	조달 계획	자기 자본 장기 차입금 등
	추정 손익 계산서	매출액, 제조 원가(재료비, 노무비, 제조 경비, 감가상각), 매출 총이익, 일반 관리비 및 판매비, 영업 이익, 영업외 이익(자금 이자), 납세 전 이익 등
...		...

---

81) '주석 76' 내용을 상황에 맞게 편집함.

기업 연구소에서 수행되는 연구 개발 과제 하나하나가 아무런 의미 없이 시작되거나 계획 없이 승인되진 않으므로 과제 초기 단계에 구성된 '연구 개발 계획서'의 '손익 분석' 내용들을 기초 자료로 활용한다. 이때 과제가 완료된 시점은 최소 1년 이상의 시차가 발생했으므로 초기의 '손익 분석'도 일부 갱신이 요구된다. '효과 평가 전문가'는 성과 평가 시 바로 '손익 분석' 사항들의 갱신 작업부터 개입하고 확보된 최근 자료를 근거로 해당 '제품화 과제'의 성과를 평가한다. 또 평가에 필요한 자료들 중 '연구 개발 계획서'에 포함돼 있지 않은 경우 과제 수행 초기에 반드시 조사해 기입하도록 제도화한다. 이때 성과 평가의 첫 번째 산출 식 안(案)은 다음과 같다.

· '제품(상품)화 과제'의 '결과(Outcome)'에 대한 '성과 평가' 산출 식(1) →
'연구 개발 계획서'의 '손익 분석' 신뢰도가 매우 높은 경우 적용

과제 완료 후 3년간 '누적 추정 매출(파생 과제 포함)'을 산정한 후 다음 평가

$$\rightarrow \text{매출기여율} = \frac{3년 누적 (과제)추정매출}{3년 누적 (회사)목표매출} \times 100$$

$$\rightarrow \text{순수익률} = \frac{3년 누적 (과제)추정 순이익}{3년 누적 (과제)추정매출} \times 100$$

$$\rightarrow \text{투자회수율} = \frac{3년 누적 (과제)추정매출}{3년 누적 (과제)추정 투자금액} \times 100$$

이 안(案)은 과제 완료 후 '효과 평가 전문가'의 성과 검토 시 '연구 개발 계획서'의 '손익 분석' 자료 신뢰도가 매우 높은 경우 활용한다. [표 Ⅱ-70]에 이어 바로 기술했던 본문 내 '산출 식'들은 논문인 '주석 74)'에서 제시된 것들을 그대로 옮긴 것이며, 상기 '산출 식(1)'들은 그들을 상황에 맞게 변경한 것이다. 예를 들어 '(과제) 목표 매출'은 과제 완료 직후 일정 기간 매출을 '추정'하는 데 있고, 통상 '제품(상품)화 과제'가 대상 기간을 3년으로 삼음에

따라 '3년 누적 (과제) 추정 매출'같이 그 의미를 명확히 표현하였다. 또 '매출 기여 액'이나 '수익성', 'NPV' 등은 비율의 구조를 띠고 있어 각 표현 역시 '매출 기여율', '순 수익률', '투자 회수율'과 같이 그 표기를 명료화하였다. 이 결과들은 과제 완료 후 12개월간 진행되는 '사후 관리'를 통해 또 한 번의 갱신 기회를 갖게 되므로 실적에 대한 객관성과 신뢰성을 충분히 확보하는 데 기여하게 될 것이다. 다음은 두 번째 산출 식 안(案)을 나타낸다.

· '제품(상품)화 과제'의 '결과(Outcome)'에 대한 '성과 평가' 산출 식(2) →
  연구 개발 과제의 투자 적합성을 재평가한 뒤, '추정 매출(판매량)'의 적합성을 평가

  1) '비용 편익 분석'과 '민감도 분석'을 통해 투자 적합성 평가

   → 순 현재가치: $NPV = -C_0 + \sum_{t=1}^{N} \dfrac{C_t}{(1+r)^t}$

   t: 현금 흐름의 기간,　　　N: 사업의 전체 기간,　　　r: 할인율
   C_t: 시간 t에서의 순 현금 흐름(초기 투자를 강조하기 위해 C_0를 명시하기도 한다)

   → 내부 수익률 'r': $NPV = -C_0 + \sum_{t=0}^{N} \dfrac{C_t}{(1+r)^t} = 0$으로부터 'r'을 구함

   → 민감도 분석: '순 현재 가치'와 '내부 수익률'을 예상되는 악조건으로 변경시켜
     미래의 다양한 환경 변화에 대한 위험 평가

  2) '손익 분기점 분석'을 통해 '추정 매출(또는 추정 판매량)'과 '목표 이익'을 고려한
    '추정 매출(또는 추정 판매량)'의 적합성 평가 →

   손익분기 매출 $= \dfrac{고정비}{(1 - 변동비/매출액)} = \dfrac{고정비}{(1 - 단위당변동비/단가)} = \dfrac{고정비}{공헌이익률}$

   손익분기 판매량 $= \dfrac{고정비}{(단가 - 단위당변동비)} = \dfrac{고정비}{공헌이익}$

  ☞ '목표 이익'을 고려한 '추정 매출(또는 추정 판매량)'은 분자에 '목표 이익'을 더해서
    구함

첫 번째 안(案) 경우 '효과 평가 전문가'가 '연구 개발 계획서' 내 '손익 분석' 자료의 높은 신뢰도를 바탕으로 '제품(상품)화 과제'의 성과 평가에 적용할 수 있는 반면, 상기 기술된 두 번째 안(案)은 과제 수행 기간 동안 투자 환경의 변화가 있었거나 계획의 일부 변경, 또는 '연구 개발 계획서' 내 '손익 분석' 자료의 신뢰도가 다소 낮은 경우에 적합하다. 즉 변경된 투자 환경에 대해 향후 투자 가치가 있을 것인지에 대한 1차 점검을 '비용 편익 분석(순현재 가치, 내부 수익률 등)'을 통해 확인한다. 이어 미래 환경의 예상되는 위험으로부터도 안전한지에 대해 '민감도 분석'을 수행한다. 1차 점검으로부터 투자 가치의 적합성이 검증되면, 이어 경제성 분석의 한가지로 '손익 분기점 분석(Break-even Analysis)'을 통해 연간 얻을 수 있는 최소한의 '추정 매출'을 계산한 뒤 향후 연 '매출 규모(또는 판매량 규모)'의 현실성 유무와 회사에 기여하는 정도를 가늠한다. 경제성 분석엔 '손익 분기점 분석' 외에 '투자 회수 기간(投資回收期間)'을 포함시킬 수 있다. 이들 결과를 활용해 '제품(상품)화 과제'의 성과 평가를 최종 마무리한다. 물론 이 과정에 기업별 특성이나 제도를 반영한 표준화가 마련돼야 실질적 평가의 실체가 분명해진다. 세부적인 산정 방식과 결과를 통해 성과의 수준을 평가에 어떻게 반영할지에 대한 표준화 등은 기업의 역할로 남겨둔다.

설명이 장구해서 내용을 이해하는 데 어려움이 있을 것으로 생각된다. 간단한 예를 통해 두 번째 안(案)의 활용에 대해 알아보자. 그에 앞서 우선 처음에 등장하는 '비용 편익 분석(Cost－benefit Analysis, 費用便益分析)'의 사전적 정의에 대해 알아보자. 용어에 대한 이해가 서야 이어지는 사례 등의 내용을 전개하기도 수월하다. 다음 사항은 국어사전과 네이버 용어사전에 실린 정의를 그대로 옮겨놓은 것이다.

> · **비용 편익 분석**(Cost－benefit Analysis, 費用便益分析) (국어사전) 〈경제〉 어떤 안(案)을 실현하는 데 필요한 비용과 그로 인하여 얻어지는 편익을 평가, 대비함으로써 그 안의 채택 여부를 결정하는 방법이다.
> (네이버 용어사전) 여러 정책 대안 가운데 목표 달성에 가장 효과적인 대안을 찾기 위해 각 대안이 초래할 비용과 편익을 비교·분석하는 기법을 말한다. 즉 어떤 프로젝트와 관련된 편익과 비용들을 모두 금전적 가치로 환산한 다음 이 결과를 토대로 프로젝트의 소망성을 평가하는 방법을 말한다. 각 대안의 비교에는 비용 편익비(費用便益比, B/C Ratio), 순 현재 가치(純現在價値, Net Present Value), 내부 수익률(内部收益率, IRR) 등의 기준이 사용된다.

‘국어사전’ 정의가 바로 와 닿지 않아 ‘네이버 용어사전’의 것을 추가하였다. 공통적으로는 무엇인지 ‘얻고자 하는 바’ 대비 들어가는 ‘비용’을 평가하는 것인데, ‘네이버 용어사전’의 파란색 굵은 글자로 표시한 바와 같이 ‘금전적 가치’라고 하는 어구에 집중할 필요가 있다. 즉 실현하려고 하는 ‘목표’와 그를 위해 투입되는 ‘비용’ 모두가 ‘금전적 가치’로 평가될 수 있어 객관적이고 효과적인 의사결정을 유도한다. 이들 방법들을 세분화하면 ‘비용 편익비’, ‘순 현재 가치’, ‘내부 수익률’이 있으며, 특히 후자 두 경우에 대해서는 사례와 함께 그 쓰임새를 본문에 소개한다.

앞서 설명한 ‘비용 편익 분석’과 유사해서 혼동해 쓰이거나 기업 교재에서도 정의 자체를 잘못 기재하고 있는 것 중 하나에 ‘비용 효과 분석(Cost－effectiveness Analysis, 費用效果分析)’이 있다. 다음은 그 용어 정의이며, 참고로 ‘국어사전’에는 없어 ‘네이버 용어사전’의 것을 활용하였다(이후 설명은 「Be the Solver_프로세스 설계 방법론」편의 ‘Step－12.2. 설계 검증_Do/Check’에 실린 내용을 일부 편집해 옮겨놓았다).

> • **비용 효과 분석**(Cost-effectiveness Analysis, 費用效果分析) (네이버 용어사전)
> 여러 정책대안 가운데 가장 효과적인 대안을 찾기 위해 각 대안이 초래할 비용과 산출 효과를 비교·분석하는 기법을 말한다. 이 기법은 특정 프로젝트에 투입되는 비용들은 금전적 가치로 환산하나, 그 프로젝트로부터 얻게 되는 편익 또는 산출은 **금전적 가치로 환산하지 않고** 산출물 그대로 분석에 활용하는 특징을 지닌다. 이 기법은 산출물을 금전적 가치로 환산하기 어렵거나, 산출물이 동일한 사업의 평가에 주로 이용되고 있다.

'비용 편익 분석'과의 확연한 차이는 실현하려고 하는 '목표'가 '금전적 가치'로 환산되지 않는 대신 그를 위해 투자될 '비용'은 확인할 수 있다는 점이다. 예를 들면 '고객 만족도 1점 향상'이라는 목표를 두고 프로세스를 설계한다고 할 때 '목표' 자체는 금전적 가치의 환산이 어렵거나 또는 불필요할 수 있다. 따라서 '목표'는 정성적 형태 그대로 두고 단지 그를 실현하기 위한 여러 대안들 중('활동'의 추가나 IT 시스템 등을 새롭게 도입하는 등의 비용이 고려될 것임) 금전적으로 환산된 최소의 비용 또는 합리적인 비용의 것을 비교해서 최적의 것을 선택한다. 이제 '비용 편익 분석' 중 '순 현재 가치'와 '내부 수익률'에 대해 알아보자.

순 현재 가치(純現在價値, Net Present Value, NPV): '위키백과'와 '네이버 용어사전'에 정의가 수록돼 있으나 그들 중 설명이 잘돼 있는 하나를 골라 다음에 옮겨놓았다.

> **· 순 현재 가치**(NPV, Net Present Value) (네이버 용어사전) '순 현재 가치'란 효율
> 적인 사업 선정을 위한 방법 가운데 하나로, 투자 사업으로부터 사업의 최종 연도까
> 지 얻게 되는 '순 편익(편익 – 비용)'의 흐름을 현재 가치로 계산하여 이를 합계한 것
> 이다. 어떤 자산의 <u>NPV가 0보다 크면 투자 시 기업 가치의 순 증가가 발생하므로
> 투자 가치가 있는</u> 것으로 평가하며, <u>NPV가 0보다 작으면 투자 시 기업 가치의 순
> 감소가 발생하므로 투자 가치가 없는</u> 것으로 평가한다. 또한 NPV가 극대화되도록 투
> 자함으로써 기업 가치 극대화를 달성할 수 있다.
> 이때 동일한 기준 시점에서 상호 비교가 가능하도록 적절한 할인율을 선택하여 현재
> 가치를 환산한다. 할인율은 시장 이자율, 기업 할인율, 정부 차입 이자율, 사회적 할인
> 율, 공공 투자 사업의 기준 할인율 등이 있다. '순 현재 가치'는 계획된 사업의 경제
> 성을 가늠하는 척도로 대안 선택 시 정확한 기준을 제시해주고 계산이 용이하여 교통
> 사업의 경제성 분석 시 보편적으로 이용되는 방법이다.

다음에 '산출 식' 두 번째 안(案)에 포함된 '순 현재 가치' 식을 옮겨놓았다.

$$NPV = -\,C_0 + \sum_{t=1}^{N} \frac{C_t}{(1+r)^t} \qquad (\text{II}.20)$$

t: 현금 흐름의 기간

N: 사업의 전체 기간

r: 할인율

C_t: 시간 t에서의 순 현금 흐름(초기 투자를 강조하기 위해 C_0를 명시하기도 한다)

간단한 사례를 보여주기 전에 '할인율('r'로 표기돼 있음)'의 의미도 알아야
한다. 다음은 그 정의이다.

> • **할인율** (割引率, Discount rate) (국어사전) 〈경제〉 어음을 할인할 때 빼는 이율

  '할인율'을 간단히 설명하면, A라는 사람이 물품을 구매한 뒤 대금 1,000원을 현금으로 주지 않고 한 달 뒤 어떤 방법으로 지불하겠다는 '(약속) 어음'을 대신 주었다고 하자. 이때 '어음'을 받은 납품 업자는 또 다른 하청 업체에게 대금을 지불할 목적으로 그 '어음'을 은행에 가져가 현금으로 바꾸고자 한다. 이 상황에서 은행의 입장을 보면 한 달 뒤 A라는 사람이 부도가 나거나 나 몰라라 사라져 버리면 1,000원을 날리게 되므로 위험을 감수한다는 논리를 들어 100원을 뗀 900원을 제시했다면 이때 할인율은 '10%'가 된다. 즉 한 달 뒤라는 미래의 현금(Cash Flow)을 현재 가치로 환산하면 위험 부담을 감안한 900원으로 판단하는 것이다. 위험도가 높을수록 할인율은 높아질 것이고 이 경우 현재 가치는 작아지며, 반대 경우 현재 가치는 높아질 것이다. 투자자의 입장에서는 미래의 현금(Cash Flow), 즉 예상 수익 금액을 현재 금액으로 바꾼 뒤 사업에 대한 평가를 하는데 이때 주어진 '할인율'이 작을수록 현재 가치가 커지므로 향후 사업의 수익성이 좋을 것이라 판단한다. 이제 '순 현재 가치'를 설명하기 위해 다음과 같은 상황이 예상된다고 가정하자.

  (상황 1-1) '효과 평가 전문가'인 홍길동은 최근 완료된 한 '제품(상품)화 과제'가 당년부터 투자에 들어가 차년부터 생산 및 판매를 통해 경영에 기여할 것이란 계획을 접하고 성과 평가를 추진하고 있다(고 가정한다). 그동안 투자 환경이 변경돼 과제 완료 시점에 투자 적합성에 대한 재점검을 우선 수행하고자 한다. 이때 확인된 손익 분석은 추가로 확보할 용지를 위한 임대 보증금 3천6백만 원, 건물 내 구조 변경 비용 2천5백만 원, 설비 비용 2천만 원 등 총 8천 1백만 원의 초기 투자가 예상된다. 할인율이 10%라고 가정할 때 향후 3년 동안 연 매출 9천만 원, 수익(매출 -변동비 -고정비) 4천 8십만 원

이 예상된다면 투자의 '순 현재 가치(NPV)'는 얼마인가?

식 (Ⅱ.20)을 적용한 계산 과정과 결과는 다음 (Ⅱ.21)과 같다.

$$NPV = -81{,}000{,}000 + \frac{40{,}800{,}000}{(1+0.10)} + \frac{40{,}800{,}000}{(1+0.10)^2} + \frac{40{,}800{,}000}{(1+0.10)^3} \qquad (\text{Ⅱ}.21)$$
$$\cong 20{,}463{,}561.23$$

'순 현재 가치(NPV)'에 대한 평가는 이어질 '내부 수익률(IRR)'을 산정한 뒤 함께 해석하는 것으로 하고 지금부터는 '내부 수익률'에 대해 알아보자.

내부 수익률법(內部收益率, Internal Rate of Return Method): 다음은 '위키백과(한국어판)' 사전에 실린 용어 정의를 옮겨놓은 것이다.

- **내부 수익률**(Internal Rate of Return, IRR) 어떤 사업에 대해 사업 기간 동안의 현금 수익 흐름을 현재 가치로 환산하여 합한 값이 투자 지출과 같아지도록 할인하는 이자율을 말한다. 내부 수익률법이란 투자에 관한 의사 결정에서 내부 수익률을 고려하는 방법이다. 내부 수익률과 자본 비용을 비교하여 수익률이 높으면 투자로부터 수익을 얻을 수 있다. 여러 개의 투자 안이 있을 때에는 수익률이 높은 쪽을 투자하는 것이 유리하다.

주어진 식은 다음 식(Ⅱ.22)와 같다.

$$NPV = -C_0 + \sum_{t=0}^{N} \frac{C_t}{(1+r)^t} = 0 \qquad (\text{Ⅱ}.22)$$

식의 생김새는 '순 현재 가치(NPV)'와 동일하다. 단지 그 계산 값이 '0'이 되는 'r(=IRR)'을 찾는 과정이 다를 뿐이다. 왜 '0'이 되도록 설정할까? 식 (Ⅱ.22)에서 'C₀', 즉 '투자 금액'과 향후 '현금 흐름'이 같아지는 'r(=IRR)'을 구하는 문제로, 덧붙이면 '내부 수익률'이 시장에서 자금을 차입할 때의 이자율보다 크면 투자 안을 실행한다. 돈을 빌려 투자해도 예상되는 수익이 이자 비용보다 커지게 돼 이자 비용을 지급하고도 이익이 되기 때문이다. 만약에 이자율이 사전에 연구자(또는 기업가)가 설정한 '내부 수익률'보다 크면 투자 안을 실행했을 때의 이익보다 이자 비용이 더 크게 되므로, 이자 비용을 지급하게 되면 오히려 손실이 되기 때문에 투자 안을 기각하는 선택을 하게 된다. 식 (Ⅱ.21)의 상황에 대한 '내부 수익률(IRR)'을 구하는 과정과 결과가 식 (Ⅱ.23)에 나타나 있다.

$$NPV = -81,000,000 + \frac{40,800,000}{(1+r)} + \frac{40,800,000}{(1+r)^2} + \frac{40,800,000}{(1+r)^3} = 0, \qquad (Ⅱ.23)$$

$$\therefore r \fallingdotseq 0.239p$$

설정된 상황에 대해 '내부 수익률(IRR)'은 약 '23.9%'를 얻었으며, 만일 3년간의 미래 예상 수익이 매년 달라진다면 식 (Ⅱ.23)의 분자만 그에 맞도록 변경시킨다. 또 계산 과정은 식 전체를 'r'로 풀어헤쳐서 정리해나가는 방법으로는 값을 얻을 수 없으며, 식 (Ⅱ.23)을 그대로 엑셀에 입력한 뒤 'r' 값을 임의로 변경시키며 우변이 '0'이 되는 값을 찾아야 한다.

이제 '순 현재 가치(NPV)'와 '내부 수익률(IRR)'을 이용해 과연 본 투자를 수행할 가치가 있는지에 대한 판단이 필요하다. 앞서 계산된 식 (Ⅱ.21)과 (Ⅱ.23)을 표에 정리하고 의사결정을 위해 다음의 지침을 따른다.

[표 Ⅱ-74] 투자에 대한 의사결정 지침 및 점검 결과 예

평가	순 현재 가치(NPV)	내부 수익률(IRR)	비고
Base Case	약 20.5백만 원	약 23.9%	'r'은 '할인율', 설정된 '상황'에서 r=10%
투자 매력적	>0	>r	
투자 보통	=0	=r	
투자 거절	<0	<r	

[표 Ⅱ-74]의 평가 지침에 따르면 '순 현재 가치(NPV)'는 '>0'고, '내부 수익률(IRR)'도 '>r(할인율=10%)'에 속하게 돼 결국 '효과 평가 전문가'가 평가한 '제품(상품)화 과제'의 1차 점검 결과는 투자 관점에선 '투자 매력적'이라고 판단할 수 있다.

민감도 분석(Sensitivity Analysis): '순 현재 가치'와 '내부 수익률'을 이용해 미래의 다양한 환경 변화에 대해 어느 정도의 수익 구조를 유지할 수 있는지를 평가한다. 사전적 정의는 다음과 같다.

> · **민감도 분석**(Sensitivity Analysis) (네이버 지식사전) 미래의 상황이 불확실한 상황이면 이용되는 모든 변수가 확실한 상황임을 가정하고 분석하는 자본 예산은 오류를 발생시킨다. 이러한 오류를 감소시키기 위하여 다른 조건이 일정한 경우에 어느 한 투입 요소가 변동할 때 그 투자안의 '순 현재 가치'가 어느 정도 변동하는가를 분석하는 것을 '민감도 분석'이라고 한다. 민감도가 큰 투자 안일수록 '순 현재 가치'의 변동이 심하고 더 위험한 투자 안으로 평가된다. 이러한 '민감도 분석'은 서로 다른 투자안의 상대적인 위험을 측정하는 수단이 된다.

'민감도 분석'을 수행하기 위해 다음과 같은 상황을 가정한다.

(상황 1-2) '효과 평가 전문가'인 홍길동은 최근 완료된 한 '제품(상품)화

과제'가 당년부터 투자에 들어가 차년부터 생산 및 판매를 통해 경영에 기여할 것이란 계획을 접하고 성과 평가를 추진하고 있다(고 가정한다). 그동안 투자 환경이 변경돼 과제 완료 시점에 투자 적합성에 대한 재점검을 우선 수행하고자 한다. 향후 3개년 간 '현금 흐름(Cash Flow)'이 [표 Ⅱ-75]와 같이 추정될 때 주어진 환경 변화에 대한 '민감도 분석'을 수행하라(할인율=10%, 3년간 매출과 비용이 일정하다고 가정).

· 판가=₩ 6,000/개, · 판매량=15,000개/년, · 재료비=₩ 840/개
· 고정비=₩ 36.60백만/년

[표 Ⅱ-75] 현금 흐름(Cash Flow) 요약(단위: 천 원)

연도 구분	0차년	1차년	2차면	3차년	비고
판매액	-	90,000	90,000	90,000	=15,000개×6,000원
변동비	-	12,600	12,600	12,600	=15,000개×840원/개
고정비	-	36,600	36,600	36,600	= 임대보증금+건물 구조변경비용+설비비용
투자금액	81,000	-	-	-	
순 현금흐름	-81,000	40,800	40,800	40,800	=판매액-변동비-고정비

앞서 산정된 '순 현재 가치(NPV)'와 '내부 수익률(IRR)'을 가져와 'Base Case'로 설정한 뒤 [표 Ⅱ-75]의 '판매액', '변동비(재료비만)', '고정비', '투자 금액' 등의 예상되는 미래의 변동에 대해 '순 현재 가치(NPV)'와 '내부 수익률(IRR)'이 얼마나 변동하는지 그 '민감도'를 분석한다. 결과에 따라서는 의사결정도 새롭게 해야 할 처지에 놓일 수 있다. '민감도 분석'에 대한 상황별 결과는 다음 [표 Ⅱ-76]에 나타내었다.

[표 Ⅱ-76] NPV와 IRR의 '민감도 분석' 결과 예

평가	순 현재 가치(NPV)	내부 수익률(IRR)	판단
Base Case	₩ 20,463,561.23	약 23.87%	
판매량 25%감소	(₩ 27,657,024.79)	약 -10.68%	
투자 2배 증가	(₩ 58,536,438.77)	약 -12.29%	팀원과 결과를 활용하여 의사결정 수행
재료비 10% 상승	₩ 17,330,127.72	약 21.80%	
고정비 10% 상승	₩ 11,361,682.95	약 17.81%	

'민감도 분석'을 토대로 향후 실질적인 변동이 예상된다면 과제 리더와 관련 팀원들은 단가 조정이나 투자액 조정 등의 조치를 통해 '투자 매력적'이 유지될 수 있도록 서로 협의를 한다. [표 Ⅱ-76] 경우 '재료비'나 '고정비' 등의 변동에 대해서는 별 문제가 없을 것으로 보이나 '판매량 급감'이나 '투자비 증가' 등의 상황이 발생하면 타격이 예상되므로 이에 영향이 될 요소를 미리 점검하고 사전 대비책 등을 마련할 필요가 있다. '효과 평가 전문가'의 성과 평가 관점에서는 좀 더 정밀하고 체계적인 산정 과정을 표준화함으로써 결과에 대한 합의가 손쉽게 이루어지도록 노력할 필요가 있다. 예를 들어 투자 가치가 없다고 판단되면 사유를 적어 '반려'시킨다든지, 보완이 필요하다고 판단될 경우 '보완'으로 기입한 후 재승인토록 요구하는 접근이 그것이다. 만일 표준화가 마련돼 있지 않다면 시시비비가 발생할 수 있으므로 표준이 꼭 필요한 이유가 여기에 있다. 또 서술된 1차 점검은 평가에 들어가기 전 투자의 적합성을 확인하는 과정이므로 '효과 평가 전문가'는 평가 자체보다 연구원 등이 혹 놓칠 수도 있었던 투자의 문제점 등을 사전 들춰냄으로써 급 사고를 미연에 방지하고자 하는 협조자로서의 기능도 고려해봄직하다. 참고로 다음 [그림 Ⅱ-44]는 '민감도 분석'이 수행된 개별 산정 과정을 보여준다.

[그림 Ⅱ-44] '민감도 분석' 산정 과정 예

	Base Case		구분	0차년도	1차년도	2차년도	3차년도
NPV	20,463,561.23	0.005351	판매액		90,000,000	90,000,000	90,000,000
	0.100	0.23865776210	변동		12,600,000	12,600,000	12,600,000
	IRR		고정		36,600,000	36,600,000	36,600,000
			투자	- 81,000,000			
			순현금흐름		40,800,000	40,800,000	40,800,000

	판매량 25%감소		구분	0차년도	1차년도	2차년도	3차년도
	- 27,657,024.79	- 0.002557	판매액		67,500,000	67,500,000	67,500,000
	0.100	-0.10678925710	변동		9,450,000	9,450,000	9,450,000
			고정		36,600,000	36,600,000	36,600,000
			투자	- 81,000,000			
			순현금흐름		21,450,000	21,450,000	21,450,000

	투자 2배 증가		구분	0차년도	1차년도	2차년도	3차년도
	- 58,536,438.77	0.006543	판매액		90,000,000	90,000,000	90,000,000
	0.100	-0.12285252770	변동		12,600,000	12,600,000	12,600,000
			고정		36,600,000	36,600,000	36,600,000
			투자	-160,000,000			
			순현금흐름		40,800,000	40,800,000	40,800,000

	재료비 10% 상승		구분	0차년도	1차년도	2차년도	3차년도
	17,330,127.72	0.001571	판매액		90,000,000	90,000,000	90,000,000
	0.100	0.21798552380	변동		13,860,000	13,860,000	13,860,000
			고정		36,600,000	36,600,000	36,600,000
			투자	- 81,000,000			
			순현금흐름		39,540,000	39,540,000	39,540,000

	고정비 10% 상승		구분	0차년도	1차년도	2차년도	3차년도
	11,361,682.95	0.001713	판매액		90,000,000	90,000,000	90,000,000
	0.100	0.17809159420	변동		12,600,000	12,600,000	12,600,000
			고정		40,260,000	40,260,000	40,260,000
			투자	- 81,000,000			
			순현금흐름		37,140,000	37,140,000	37,140,000

[그림 Ⅱ-44]에서 맨 위는 엑셀에 기본 상황을 옮겨놓은 것이고, 그다음이 '판매량 25% 감소', '투자 2배 증가', '재료비(변동비) 10% 상승', '고정비 10% 상승' 순이다. 노란색 셀은 상황을 통해 얻어진 'NPV'와 'IRR'을 각각 나타낸다.

손익 분기점 분석(Break-even Analysis): '효과 평가 전문가'에 의한 1차 점검 결과 '제품(상품)화 과제'의 투자 적합성이 판가름 났다면 이어 '손익 분기점 분석(Break-even Analysis)'을 수행한다. 다음은 이에 대한 사전적 정의를 나타낸다.

· **손익 분기점 분석**(Break-even Analysis) (네이버 지식사전) '손익 분기점'은 '총 매출액선'과 '총 비용선'이 교차하는 점이다. '손익 분기점 분석'은 도표법이나 공헌 이익법을 이용하여 산출하는데 '손익 분기점'을 분석할 때 원가—조업도—이익 사이의 관계를 비교적 정확하게 나타낼 수 있어야 '손익 분기점 분석'을 신뢰할 수 있다. 기업에 유리하기 위해서는 고정비를 줄이고 변동 비율을 낮추어야 한다. 이러한 과정을 '합리화'라 한다.

본론에 들어가기 전 이해를 돕기 위해 이론 설명을 약간 포함시켰다. 다음 [그림 Ⅱ-45]는 '손익 분기점(Break-even Point, BEP)'을 보여주는 개요도이다.

[그림 Ⅱ-45] '손익 분기점' 개요도

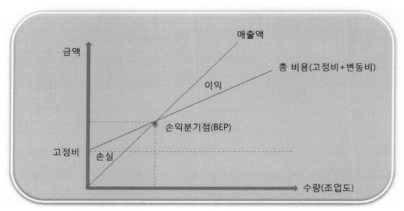

[그림 Ⅱ-45]에서 '판매량(수량)'이 증감함에 따라 '매출액'과 '변동비'도 증감하며, 그 외에 '고정비(F)'는 일정하지만 '변동비(V)'와의 합인 '총 비용' 역시 증감한다. [그림 Ⅱ-45]에서 '손익 분기점'은 '매출액(S)=총 비용[고정비(F)+변동비(V)]'인 지점이며 따라서 다음의 관계식을 얻는다.

$$S = F + V \qquad\qquad\qquad\qquad\qquad\qquad\qquad (\text{II}.24)$$

$\quad(\because S$는 판매단가 P와 수량 Q의 곱으로,
$\qquad V$는 단위당 변동비 v와 수량 Q의 곱이므로$)$

$$P \times Q = F + vQ$$
$$P \times Q - vQ = F$$
$$Q(P - v) = F \ \text{-----------} \rightarrow Q = \frac{F}{P - v}$$
$$Q = \frac{F}{P - v} = \frac{F}{P(1 - \frac{v}{P})} \ \text{--} \rightarrow PQ = \frac{F}{1 - \frac{v}{P}}$$

식 (II.24)에서 'PQ − vQ(또는 P − v)'는 '매출액에서 변동비를 뺀(또는 판매 단가에서 단위당 변동비를 뺀) 값'이며, 이를 통상 '공헌 이익(Contribution Margin)'이라고 한다. 또 '(1 − v/P)'를 '공헌 이익률'이라고 한다. 즉 '고정비 (F)'를 '공헌 이익'으로 나누면 '손익 분기점에서의 매출량(판매량)'이 되고, '고정비(F)'를 '공헌 이익률'로 나누면 '손익 분기점에서의 매출액(판매액)'이 된다. 식 (II.24)을 약간 응용하면 다음의 산출 식도 얻는다.

· '제품(상품)화 과제'의 '결과(Outcome)'에 대한 '성과 평가' 산출 식(3)

1) 일정 매출을 했을 때 발생하는 손익액의 추정 →

$$\text{손익액} = \text{매출액} \times (1 - \frac{\text{변동비}}{\text{매출액}}) - \text{고정비}$$

2) 특정의 목표 이익을 얻는데 필요한 매출액 추정 →

$$\text{필요 매출액} = \frac{\text{고정비} + \text{목표이익}}{(1 - \frac{\text{변동비}}{\text{매출액}})}$$

앞에서 주어진 '제품(상품)화 과제'의 사례 (상황 1−1), (상황 1−2)의 연 장선상에서 '손익 분기점 매출액'이 얼마인지 알아보고 과제에 대한 '성과 평

가'를 정리해보자.

(상황 1−3) '효과 평가 전문가'인 홍길동은 최근 완료된 한 '제품(상품)화 과제'가 당년부터 투자에 들어가 차년부터 생산 및 판매를 통해 경영에 기여할 것이란 계획을 접하고 성과 평가를 추진하고 있다(고 가정한다). 과제 수행 기간 동안 투자 환경이 변경됐다는 판단하에 투자 적합성에 대한 재점검을 마친 상태다. '연구 개발 계획서'로부터 최종 확인된 정보는 추가로 확보할 용지를 위한 '임대보증금=3천6백만 원', '건물 내 구조 변경 비용=2천5백만 원', '설비 비용=2천만 원' 등 '총 8천1백만 원'의 초기 투자가 예상된다. 이때 '임대 보증금=3천6백만 원'에 대한 대출은 연 10%의 금리를, '건물 내 구조 변경 비용=2천 5백만 원'과 '설비 비용=2천만 원'에 대한 감가상각비는 '5년'을 내용 연수로 가정한다. 또 판매 단가(P)는 '6,000원'을, 재료비(변동비) 단가는 '840원'으로 예상하고 있다. '손익 분기점'에서의 예상 매출은 얼마인가?

답을 구하기 위해서는 주어진 정보로부터 비용들을 분해해 '고정비'와 '변동비'를 얻어야 한다.

[표 Ⅱ-77] 비용의 분해

투자 내역			비용 분해			
항목	금액(백만)	비고	고정비(백만), 년		변동비, 년	
① 임대보증금	36	연 10% 금리	인건비	12	재료비 단가	840원
② 건물 내 구조 변경 비용	25	5년 균등상각	임대료	7.2	–	–
③ 설비 비용	20	5년 균등상각	관리비	4.8	–	–
투자비 합	81		금융비용	3.6	=①×10%	
※ (참고) 예상 판매 단가: 6,000원			감가상각비	9.0	=(②+③)÷5	
			고정비 합	36.6백만 원		

[표 Ⅱ-77]의 '투자 내역' 중 '금리'와 '감가상각'은 오른쪽 표내 '비용 분해'의 '금융 비용'과 '감가상각비'로 각각 반영돼 있다. 이때 '손익 분기점 매출량'과 '손익 분기점 매출액'은 각각 다음과 같다.

$$Q = \frac{F}{P-v} = \frac{36,600,000}{(6,000-840)} \cong 7,093 \qquad (\text{Ⅱ}.25)$$
$$PQ = \frac{F}{1-\frac{v}{P}} = \frac{36,600,000}{(1-\frac{840}{6,000})} = 42,558,139.53$$

'손익 분기점 매출량(판매량)'이 약 '7,093'이므로, 매출은 간단히 'PQ=6,000× 7,093≒42,558,139.53'로도 얻을 수 있다. 본 사례의 '제품(상품)화 과제'는 '(상황 1-2)'에서 이미 1차년도 예상 매출을 9천만 원으로 설정하고 있으므로 최소한의 연 매출인 약 4천2백6십만 원을 넘어서고 있어 안정권에 있으며 '성과 평가' 역시 큰 문제가 없는 한 긍정적으로 받아들인다.

회수 기간법(Payback Period Method): 영문으로 'Payback Rule' 또는 'Payback Method' 등으로도 쓰인다. 사전적 정의와 산출 식은 다음과 같다.

· '제품(상품)화 과제'의 '결과(Outcome)'에 대한 '성과 평가' 산출 식(4)

1) **회수 기간법**(Payback Period Method): (네이버 지식사전) '회수 기간법'은 투자에 소요된 자금을 그 투자로 인하여 발생하는 현금 흐름으로부터 모두 회수하는 데 걸리는 기간을 재무관리자가 사전에 정해놓은 회수 기간과 비교하여 투자 안을 평가하는 방법이다. '회수 기간법'은 미래 현금 흐름에 관한 불확실성을 줄이고 기업의 유동성이 향상될 수 있다는 장점이 있으나, 회수 기간 이후의 현금 흐름을 무시하므로 투자의 수익성을 정확하게 알 수 없고, 화폐의 시간적 가치를 무시하고 있다는 단점이 있다.

> **2) 산출 식:** 회수기간 = $\dfrac{\text{증분투자액(연초투자액)}}{\text{연간 증분 현금유입액}}$
>
> ☞ 연간 증분 현금 유입액=연간 이익+감가상각비
> ☞ 적정 판단: "회수 기간〈제품(상품)화 과제가 결정한 회수 기간"인 경우
> ☞ 법인세가 있는 경우: '현금 유입액'에는 '(1−세율)', '감가상각비'에는 '세율'을 각각
>   곱한 뒤 산출 식을 따름
> ☞ '회수 기간' 산출 식의 역수를 별도로 '현금 회수율'이라고 한다.

(상황 1−2)에서 쓰였던 [표 Ⅱ−69]에 '초기 투자비=8천1백만 원'과 과제 완료 직후 3개년 간 '연 4천8십만 원'의 현금 유입이 있을 것으로 예상되고 있다. 이때 '회수 기간'을 계산하면 다음과 같다([표 2−77]에서 연간 감가상각비=900만 원이었음).

$$\text{회수기간} = \frac{81,000,000}{40,800,000 + 9,000,000} \cong 1.627 \qquad (\text{Ⅱ}.26)$$

$$\text{회수율} = \frac{1}{\text{회수기간}} = \frac{1}{1.626506} \cong 0.6148\,(\text{약}61.5\%)$$

식 (Ⅱ.26)에 따르면 투자비의 '회수 기간'은 '약 1.6년' 소요될 것으로 보이며, 만일 '제품(상품)화 과제'의 손익 분석에서 '2년'을 예상하고 있다면 '1.6년<2년'이므로 긍정적으로 평가할 수 있다. '1.6년' 뒤 '회수율'은 '약 61.5%' 수준이라는 것도 확인할 수 있다.

'제품(상품)화 과제'의 성과 평가는 연구 과제의 특성상 미래의 가치를 추정하거나 예상하는 한계에 부딪힌다. 그러나 그 자체의 어려움보다는 그를 산정하는 데 쓰일 연구 과제 각각의 '손익 분석' 자료에 대한 신뢰도가 매우 중요한 관건이며, 다른 하나는 이조차 마련되지 않은 채 추진되는 과제들을 지적

하고 싶다. 만일 '손익 분석' 자료의 신빙성에 의문이 가거나 아예 그조차 존재하지 않는다면 평가를 해야 할 '효과 평가 전문가' 입장에서는 난감하지 않을 수 없다. 제품의 특성 파악부터 그와 관련된 시장 정보들까지 모두를 하나하나 추적해 자료화하기에는 어불성설이기 때문이다. 따라서 연구원들이 과제에 자료를 포함시킬 수 있도록 기본 양식을 개발해 제공하거나 제도적으로 '손익 분석'을 반드시 삽입토록 공론화하는 것이 주요한 대안이다. 또 미래 예측에 대한 사안이므로 '효과 평가 전문가'의 단독 판단보다는 사업부장의 의견뿐만 아니라 과제 리더인 연구원들과 깊이 있는 협의를 거치려는 노력도 결코 잊어서는 안 된다. 이 같은 지속적인 관리가 이루어진다면 축적된 경험 등을 통해 훨씬 더 성숙한 연구 과제 평가 체계가 완성되리라 확신하는 바이다.

7. 비재무성과(좌표 평면) 산출

　　　　　　　　　　아마 이 단원에서 설명하고자 하는 효과 평가
산출 내용이 경영 혁신에 몸담아 왔던 수많은 이들에게 가장 낯설고 어설픈(?)
모습으로 와 닿지 않을까 생각된다. 지금껏 어떤 자료나 문헌에서도 볼 수 없
었던 다소 무모하지만 또 다른 관점에선 독창적이기 때문이다. 그래서 본 내
용을 기획하면서도 한편으론 매우 조심스럽고 염려스러웠던 게 사실이다. 그
러나 모든 과제들의 효과 평가를 '금전적'으로 표현하고자 하는 강렬한 열망
의 소산이므로 너그럽게 봐주십사하는 간절한 소망(?)과, 더불어 향후 좀 더
발전시킬 수 있는 논제거리가 돼주길 바라는 마음이다.

　들어가기에 앞서 본 주제에 대한 효과 평가의 범주를 이해하기 위해 반복적
으로 강조해 온 용어 정의를 다음 [그림 Ⅱ-46]에 다시 옮겨놓았다.

[그림 Ⅱ-46] '효과' 및 '성과'의 용어 정의

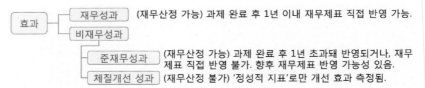

　이전에 설명했던 항목들은 '재무성과'와 '비재무성과'였으며, 특히 후자의
경우는 '준재무성과'로서 'COPQ'와 '연구 개발 과제'의 성과 평가를 각각 설
명한 바 있다. 이제 [그림 Ⅱ-46]에서 설명되지 않은 항목은 '체질 개선 성
과'이다. '체질 개선 성과'를 '성과 공간'에 시각화시키면 다음 [그림 Ⅱ-47]
과 같다.

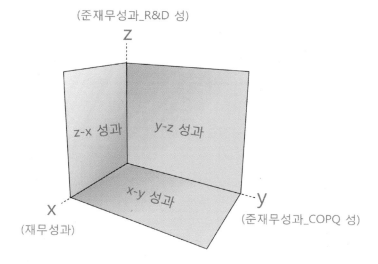

(준재무성과_R&D 성)

z-x 성과

y-z 성과

x-y 성과

(재무성과)

(준재무성과_COPQ 성)

[그림 Ⅱ-47]에서 '재무성과'인 'X-축'과 '준재무성과_COPQ성'인 'Y-축' 및 '준재무성과_R&D성'의 'Z-축'은 그 속성을 명확히 정의할 수 있었으며, 각 과제 특성에 따라 세 축의 성분에 맞게 산출 식을 제시한 바 있다. 그럼 '체질 개선 성과'가 '성과 공간'의 '좌표 평면'에 해당한다는 의미는 무엇일까? 이에 대해서는 「3.2. 성과 공간의 활용」에서 일부 설명했다. 과제 효과가 '성과 공간'의 '좌표 평면'에 포함된다는 '의미'와 또 어떤 조건이 전제돼야 이에 속할 수 있는지에 대해 정리하면 다음과 같다.

1) 수행된 과제의 효과 평가에 있어 그 유형이 '성과 공간'의 'X-축', 'Y-축', 'Z-축' 그 어디에도 포함되지 않는다고 판단된 경우
2) 과제 선정 방법에 있어 'P-FMEA'로부터 발굴된 비재무 과제의 경우 (물론 이때도 '1)'의 조건에 만족돼야 한다)

수행된 과제의 효과 평가 시 '성과 공간'의 세 축 성분들 중 어디에도 속하기 어려운 예들은 '만족도 향상'이나, 일부 '시간의 단축', 일부 '효율이나 능률의 향상', '표준화 활동' 등이 있다. 이들은 굳이 화폐의 가치로 따지지 않더라도 개선 전후의 차이를 지표의 향상 정도로 표현하기에 충분하다. 그들을 굳이 유형별로 나누어 별도 산출 식 등을 마련한다 해도 수가 많으므로 작업이 불가능할지도 모를 뿐더러 설사 완성하더라도 과연 쓰임새가 있을지는 또 다른 고민거리다. 그러나 이 과제들의 효과를 금전적으로 표현할 수 없다고 해서 프로세스 내에서 존재 가치가 없다거나 금전적으로 평가할 수 있는 과제에 비해 의미가 적다는 뜻은 전혀 아니다. 기업의 존재 이유가 '수익'과 '성장'에 목적을 두고 있는 한 그 내부의 모든 기능 부서들은 회사의 '수익'과 '성장'을 위해 작동하고 있는 것이며, 설사 당장 '돈'과의 연을 맺지 못한 활동이라도 그 과정과 결과는 '수익'을 높이고 '성장'을 촉진시키는 활동과 한 다리 또는 두 다리 떨어져 기능하고 있을 뿐이다. 극단적으로 이들 체질을 개선시키는 활동(또는 기능)이 사라져 버린다면 재무성과를 올리는 일은 요원할 뿐이다.

　이와 같이 비재무 과제가 중요하다지만 과제 관점에서는 늘 재무 과제에 비해 상대적으로 좋은 평가를 받기가 쉽지 않은 이유가 있다. 아이러니컬하게도 효과를 정량화하기가 쉽지 않고 또 하더라도 '돈'의 단위인 재무 과제와 직접적 비교가 쉽지 않기 때문이다. 이런 딜레마를 해결할 무슨 묘안은 없을까? 사고의 전환! 이런 유형의 과제들까지도 '금전적'으로 표현할 길을 열어두려는 각오만 있다면 불가능한 것도 아니다. 왜냐하면 적어도 그 방법을 'P-FMEA'에서 찾을 거란 확신이 섰기 때문이다. 만일 체질을 강화시키는 과제의 효과를 금전적으로 표현할 수 있다면 재무 과제와의 직접적 비교는 아니더라도 어느 정도의 순기능 역할은 가능해진다. 다음 장부터는 'P-FMEA'를 어떻게 비재무 과제의 금전적 효과 평가에 활용할 수 있는지에 대해 알아볼 것이다.

7.1. P-FMEA를 이용한 '체질 개선 성과'의 평가 개요

이 책의 첫 시작인 「서론」의 '1.3. 비재무 과제 선정'에서 'P-FMEA'를 이용한 '비재무 과제 선정'을 설명한 바 있다. 즉 프로세스 내 잠재된 문제점들을 모두 적출해 그 위험성 평가와 우선순위를 통해 개선 방향을 설정하는 도구인 'P-FMEA'를 이용하고 있으며, 여기서 '잠재된(Potential)'의 의미란 활동 중에 잘 드러나 있지 않거나 평상 시 고민하지 않았던 또는 잘 몰라서 관심을 못 가졌던 대부분의 유형들을 대변한다.

기업에서의 업무란 주로 눈에 보여지는 것들에 매진하게 마련인데, 예로써 매출을 올린다든가, 불량을 줄인다든가, 가동률을 높이기 위해 장애 요소를 제거하거나 효율 높은 설비로 대체하는 일, 새로운 서비스 상품이나 금융 상품을 만들어 내는 일 등이 해당한다. 이들은 성공하면 바로 가시적인 성과가 공식화되므로 그에 따른 인센티브에 있어 누구나가 매혹을 느끼는 업무 대상임에 틀림없다. 그러나 이와 같은 중요한 업무 수행에 앞서 모든 일들이 기업인들이 생각하는 아주 바람직한 모습대로 돌아가진 않는데 환경적이든, 내부에서 시작된 영향이든 또는 개인 업무와 관련된 일이든 예상치 못한 다양한 문제점들과 맞닥트리면서 그들을 해결하는 데 고민하고 어려워하고 골머리를 써대기도 한다. 이와 같이 평상 시 눈에 보이지 않거나 관심에서 멀어져 있어 관리되지 않는 그래서 발생하면 치명적인 "예상치 못한 문제점"들이 바로 '잠재 문제(Potential Problems)'들이다.

'잠재 문제'들은 달성하려고 노력하는 주요 'CTQ(Critical to Quality, 고객에 중요한 특성)'들인 구매 비용, 매출액, 각종 비용, 불량률 등등에 악영향을 미치기도 하지만 한편으론 '잠재적 문제'들을 해결해도 구매 비용, 매출액, 각종 비용, 불량률 등등에 바로 긍정적 영향을 주었는지 인과관계를 규명하기도 쉽지 않은 경우가 많다. 하지만 분명 주요한 활동에 장애 요소가 된다면 누군가는 해결해야 하므로 이런 활동을 '효과 평가 전문가' 평가에서 쓰는 용어로 '체질 개선(體質 改善)'이라고 총칭한다.

'체질 개선(體質 改善)'은 "몸의 질적 수준을 높여 주는 활동"으로 정의할 수 있는데, 여기서 '몸'이란 회사 내 '프로세스'나 '시스템'을 의미한다. 사람 몸이 찌뿌듯하거나 기운이 없어 꼭 해야 할 활동에 제약을 받으면 안 되듯, 프로세스가 불안정하거나 체계적이지 못해 주요 활동에 문제 소지를 낳는다면 그들을 모두 찾아내 올바르게 고쳐놔야 한다. '잠재 문제'가 '실제 문제'로 전이되는 것을 사전(事前)에 차단하는 효과가 매우 중요하다.

[그림 Ⅱ-47]의 '성과 공간'에서 산식으로 설명되는 축들을 제외하면 'X-Y 성과', 'Y-Z 성과', 'Z-X 성과' 및 'X-Y-Z 성과'들이 남는데 'P-FMEA'에서 발굴된 다양한 사건들의 성과들이 여기에 속한다. 이들은 대부분 산식이 사전에 명문화돼 있지 않거나 규정하기 어려운 것들이다. 예를 들면 "작업자 간 커뮤니케이션 미숙으로 절차가 잘못 지정되는 사건"이나 "개발 과정에서 해야 할 실험 하나가 빠져 요구 품질에 이르지 못한 사건", "관리 범위에서 벗어나 오류가 발생하는 사건" 등이 포함된다. 이들 중 일부는 과제 수행이 완료된 후 '금전적 성과'로 평가되는 경우도 있으나 그렇지 못한 경우 '각 사건별 처리 소요 시간'에 '시간당 평균 임금'을 곱해 금액으로 환산한다. 'P-FMEA'에서 적출된 사건들을 해결하는 데 드는 '시간'에 '시간당 평균 임금'을 곱하면 '저품질을 만드는 데 들어가는 비용', 즉 'COPQ'로 간주되나 "그 금액만큼의 체질이 강화되었음"으로 인식한다면 '비용'이 아닌 '성과'로의 해석도 가능하다.

'산출 식' 정의 중 맨 아래 기술된 내용은 설사 'P-FMEA'로부터 발굴된 '비재무 과제'가 아니더라도 FMEA 작성법에 따라 시트에 추가 후 '산출 식' 대로 성과 평가를 수행하라는 뜻이다. 'P-FMEA' 용법상 모든 잠재적 문제 들은 FMEA 시트에 포함시키는 것이 가능하기 때문이다.

단, 산출 식 '각 사건별 처리 소요 시간×시간당 평균 임금'을 쓰기 위해선 한 가지 고려 사항이 있다. 각 사건별로 프로세스에 미치는 영향 정도가 틀리 므로 이에 대한 '사건별 가중(Weight)'을 해주는 접근이 필요하며, 따라서 '가 중치를 정하는 방법'이 사전에 결정돼야 한다. 파악된 바로는 '가중치를 정하 는 방법'에 몇몇 문헌[82]이 있으나 본문에선 FMEA의 용법을 이용한 독창적인 가중 방법을 소개하고자 한다. 다음 [표 Ⅱ-78]은 일반적인 'P-FMEA' 작 성 예이다.

---

82) Pankaj. Sharma, "Calculating COPQ Using Weighted Risk of Potential Failures", iSixSigma.com.

No	Process Function (Step)	Potential Failure Modes	Potential Failure Effects(Y's)	S E V	Potential Causes of Failures(X's)	O C C	Present Process Control	D E T	R P N
1	자료 분석	관리부서 일반관리비 추정 부정확	추정 손익 변동	9	수집정보 활용 미숙	2	수집자료 Check Sheet 관리	3	54
2	자료 분석	관리부서 일반관리비 추정 부정확	추정 손익 변동	9	주먹구구식 추정	9	표준방법 없음	7	567
3	자료 분석	관리부서 일반관리비 추정 부정확	회기기간 중 보정 작업 과다발생	7	수집정보 활용 미숙	3	수집자료 Check Sheet 관리	3	63
4	자료 분석	관리부서 일반관리비 추정 부정확	회기기간 중 보정 작업 과다발생	7	주먹구구식 추정	3	표준방법 없음	7	147
...	...	...	...	...	...	...	...	...	...
33	자료 분석	각 사업부별 전망수준의 차이	원료 수급에 악영향	8	전망 추정 방법이 제각각으로 이루어짐	4	표준방법 없음	9	288
34	자료 분석	각 사업부별 전망수준의 차이	원료 수급에 악영향	8	급하게 작성됨	7	현 주어진 작성기간 1주 수준임	6	336
35	자료 분석	각 사업부별 전망수준의 차이	추정 손익 변동	9	전망 추정 방법이 제각각으로 이루어짐	5	표준방법 없음	8	360
36	자료 분석	각 사업부별 전망수준의 차이	추정 손익 변동	9	급하게 작성됨	2	현 주어진 작성기간 1주 수준임	5	90
...	...	...	...	...	...	...	...	...	...

[표 Ⅱ-78]은 「Be the Solver_과제 선정법」편에 실린 사례를 옮겨놓은 것이다. 'RPN' 중 점수가 높은 'No. 2', 'No. 33', 'No. 34', 'No. 35'는 문제해결을 위해 과제화가 필요한 사건들이다(로 가정한다). 또 P-FMEA에서 발굴된 사건들의 위험도(개선 순위 또는 프로세스에서의 중요도)를 평가할 때 통상 'RPN(Risk Priority Number)'을 사용하는 것 외에 다음과 같은 방법도 병행한다.

[표 II-79] 'P-FMEA'의 사건별 개선 조치 가이드

SEV	OCC	DET	평가 결과	조치
1	1	1	최고의 설계(상태)	필요 없음
1	1	10	고장(문제)의 영향이 없다	필요 없음
10	1	1	고장(문제)이 고객에게는 영향이 없다	필요 없음
10	1	10	프로세스 관리상 결점(또는 문제점) 처리 필요	개선
1	10	1	잦은 고장(문제), 검출 가능, 비용 유발	재설계
1	10	10	잦은 고장(문제)으로 고객에게 문제가 전달된다	재설계/개선
10	10	1	영향이 큰 잦은 고장(문제)	재설계
10	10	10	심각한 문제	중단

[표 II-79]의 'SEV(1)-OCC(1)-DET(10)'에서 '1'은 '1~3'을, '10'은 '8~10'의 값들을 포함한다. '조치'의 공통점을 보면 '발생도(OCC)'가 높을 때 '재설계'하도록 조치하는데, 이것은 제품이나 프로세스 문제의 '발생 빈도(Occurrence)'는 주로 '설계'의 잘못에서 오기 때문이다. 또 '검출도(DET)'가 높으면 '개선'하도록 조치하는데 이것은 문제를 검출해내는 능력이 떨어진다는 것은 '프로세스의 관리 문제'로 보고 있기 때문이다. 반면에 '심각도(SEV)'는 사건의 결과를 보고 판단하며 개선 전이나 후에 변함없이 동일한 값을 유지시키는데 이는 아무리 '발생 빈도'를 낮추거나 문제 '검출 능력'을 높여도 사건의 '심각성' 자체는 본질적으로 변하지 않기 때문이다. 설명된 P-FMEA 평가의 개요를 응용하면 다음과 같은 결과를 유도할 수 있다.

[표 II-80] '성과 공간'과 'P-FMEA 평가 항목' 대응 관계

성과 공간 좌표		연계성	FMEA
축	축 명		평가 항목
X	재무성과	'SEV'는 사건의 결과에 대한 평가이며, 과제 수행의 실질적 성과(재무성과)와 연계됨	SEV
Y	비재무성과_COPQ성	'DET'는 프로세스 개선과 연계됨. 프로세스 개선은 'COPQ'와 관련이 높음	DET
Z	비재무성과_R&D성	'OCC'는 설계, 즉 R&D(연구 개발)와 연계됨	OCC

[표 Ⅱ-80]의 대응 관계를 통해 'P-FMEA'의 각 사건에 대해 [그림 Ⅱ-48]과 같은 좌표점 (x, y, z)의 존재를 설정할 수 있다.

[그림 Ⅱ-48] '성과 공간'에서의 가중치 설정 개요도

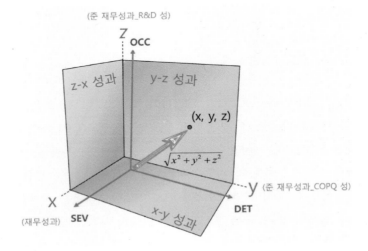

[그림 Ⅱ-48]에서 'X-축(재무성과) ↔ SEV', 'Y-축(비재무성과_COPQ 성) ↔ DET', 'Z-축(비재무성과_R&D성) ↔ OCC'의 대응을 나타내고 있다. 이때 'P-FMEA'에서 적출된 한 사건의 중요도를 대변할 '가중치'는 다음과 같이 산정한다.

$$\text{가중치}(Weight) = \sqrt{x^2 + y^2 + z^2} = \sqrt{SEV^2 + DET^2 + OCC^2} \qquad (\text{Ⅱ}.27)$$

[그림 Ⅱ-48]과 식 (Ⅱ.27)의 결과로부터 'P-FMEA'에서 적출된 모든 사건들을 '성과 공간'에 하나하나 대응시킬 수 있는 논리가 마련되었다.

7.2. '체질 개선 성과'의 평가

　'체질 개선 성과'를 평가하기 위해서는 'P－FMEA'를 이용해 '비재무 과제' 들을 선정해야 한다. 이에 대해서는 「Be the Solver_과제 선정법」편에서 「P－ FMEA 접근법」으로 자세히 소개하고 있다. 즉 프로세스 내부에 존재하는 '잠 재 문제'들은 해결해야 할 과제들로써 이들을 우선순위화하면 대부분 '비재무 과제'로 분류된다. 이때 비재무 과제 도출 과정 중 'SEV', 'OCC', 'DET'는 실무 부서 팀원들이 점수를 매기는 것이므로 결국 '효과 평가 전문가'는 본 평가엔 참여하지 않는다. 바로 앞 단원인 「7.1. P－FMEA를 이용한 '체질 개 선 성과'의 평가 개요」에서 얻어진 식 (Ⅱ.27)을 「P－FMEA 접근법」에서 적 출한 사건([표 Ⅱ－78])들에 적용하면 [표 Ⅱ－81]과 같다.

　[표 Ⅱ－81]의 '1번' 사건 경우 '성과 공간'의 좌표 점(9, 3, 2)에 위치하며, '가중치=9.7'임을 알 수 있다. 'RPN'과 '가중치'와의 상관성이 '약 0.94' 정도 의 '강한 양의 상관관계'를 보이므로 문제의 중요도(우선순위)를 평가할 때 '가중치'를 이용해도 'RPN'과 큰 차이는 없다. 그러나 '가중치'가 'RPN'에 비 해 수치가 현격히 낮아지므로 금액 환산 시 비이상적인 왜곡을 방지하는 효과 가 있다. 이어 [표 Ⅱ－82]는 지금까지의 결과를 이용하여 「P－FMEA 접근법」 을 통해 적출된 사건(비재무 과제)들의 '비재무성과' 수준을 파악한 예이다. 이 작업을 위해 앞서 산정된 각 사건별 추정된 '처리 소요 시간(가정함)'과 사 건별 산정된 '가중치([표 Ⅱ－81])'를 활용한다. 단, 본 예 경우 시간당 평균 임금을 '1만 원'으로 가정한다.

No		Potential Failure Effects(Y's)	S E V	Potential Causes of Failures(X's)	O C C	Present Process Control	D E T	R P N	Recommended Actions	가중치
1	…	추정 손익 변동	9	수집정보 활용 미숙	2	수집자료 Check Sheet 관리	3	54	–	9.7
2	…	추정 손익 변동	9	주먹구구식 추정	9	표준방법 없음	7	567	일반관리비 추정방법 표준화	14.5
3	…	회기기간 중 보정 작업 과다발생	7	수집정보 활용 미숙	3	수집자료 Check Sheet 관리	3	63	–	8.2
4	…	회기기간 중 보정 작업 과다발생	7	주먹구구식 추정	3	표준방법 없음	7	147	'No. 2'에 통합	10.3
…	…	…	…	…	…		…	…		…
33	…	원료수급에 악영향	8	전망 추정방법이 제각각으로 이루어짐	4	표준방법 없음	9	288	전망방법 가이드라인 마련	12.7
34	…	원료수급에 악영향	8	급하게 작성됨	7	현 주어진 작성기간 1주 수준임	6	336	적정시간 협의 후 결정	12.2
35	…	추정 손익 변동	9	전망 추정방법이 제각각으로 이루어짐	5	표준방법 없음	8	360	'No. 33'에 통합	13.0
36	…	추정 손익 변동	9	급하게 작성됨	2	현 주어진 작성기간 1주 수준임	5	90	–	10.5
…	…	…	…	…	…		…	…		…

No	…	S E V	Potential Causes of Failures(X's)	O C C	Present Process Control	D E T	R P N	Recommended Actions	추정 소요 시간 (hr)	가중치	추정 비재무성과 (만)
1	…	9	수집정보 활용 미숙	2	수집자료 Check Sheet 관리	3	54	–	20	9.7	194.0
2	…	9	주먹구구식 추정	9	표준방법 없음	7	567	일반관리비 추정방법 표준화	1,440	14.5	20,880.0
3	…	7	수집정보 활용 미숙	3	수집자료 Check Sheet 관리	3	63	–	12	8.2	98.4
4	…	7	주먹구구식 추정	3	표준방법 없음	7	147	'No. 2'에 통합	0.5	10.3	5.2
…	…	…	…	…	…	…	…	–	…	…	…
33	…	8	전망 추정방법이 제각각으로 이루어짐	4	표준방법 없음	9	288	전망방법 가이드라인 마련	480	12.7	6,928.0
34	…	8	급하게 작성됨	7	현 주어진 작성기간 1주 수준임	6	336	적정시간 협의 후 결정	240	12.2	2,928.0
35	…	9	전망 추정방법이 제각각으로 이루어짐	5	표준방법 없음	8	360	'No. 33'에 통합	0.5	13.0	6.5
36	…	9	급하게 작성됨	2	현 주어진 작성기간 1주 수준임	5	90	–	18	10.5	189.0
…	…	…	…	…	…	…	…	…	…	…	…

[표 Ⅱ-82]의 'No.2', 'No.33', 'No.34', 'No35' 등은 이미 핵심 과제로 선정된 바 있으므로(가정) 나머지 사건들도 우선순위를 통해 함께 개선을 수행한다면 '추정 비재무성과' 금액만큼의 프로세스 효율이 높아지는 성과를 거둔다. 요약하면 [표 Ⅱ-82]의 '추정 비재무성과'는 프로세스가 품고 있는 잠재적 비용 요소들로써 이들을 제거하면(개선해서 없애면) 그만큼의 프로세스가

체질 강화, 즉 '성과'를 얻게 되는 원리이다. 사실 이 단계까지 '효과 평가 전문가'가 직접적으로 관여되는 일은 없다. 프로세스 내 잠재 문제를 들춰내고 '추정 비재무성과'를 산정한 뒤 그들을 순위화해 비재무 과제를 뽑는 일까지는 실무팀에서 담당하기 때문이다. 그렇다면 '효과 평가 전문가'는 무엇을 평가해야 하는 걸까?

본 책의 「1.3. '효과 평가 전문가의 역할 관점' → '능동형 효과 평가 전문가'의 구분」에서 이 물음에 대한 답이 잘 나타나 있다. 즉 '능동형 효과 평가 전문가'는 과제별로 정해놓은 목표를 초과 달성하기 위해 탐색과 아이디어 발굴, 비재무 과제로부터의 재무성과 실현 연구 같은 전문적이면서 능동적인 활동을 수행한다. 단순히 효과 평가를 위한 지원이 아닌 목표 초과 달성을 위해 전문성을 발휘하는 핵심 역할을 한다. 이때 '효과 평가 전문가 역동성 지표'가 그들의 활동 수준을 가늠할 주요 평가 지표로 활용된다.

$$\text{'효과 평가 전문가' 역동성 지표} = \frac{\text{발굴된 재무성과}}{\text{부문 재무성과} + \text{발굴된 재무성과}} \times 100 \quad (\text{II}.28)$$

'능동형 효과 평가 전문가'는 [표 II-82]의 과제들이 선정될 시점에 '재무성과'나 '준재무성과'를 얼마나 얻어낼 수 있는지 검토해서 가능한 많은 액수의 금액을 발굴해낸다. '효과 평가 전문가'는 다음의 단계를 거쳐 과제 수행 초기에 성과 금액을 추가 발굴하고 과정 관리를 통해 초과 목표를 실현할 수 있도록 지원한다.

1) 단계 1 → 실무 담당부서와 [표 II-82]를 통해 '비재무 과제'를 확정한다. 예를 들어 'No 2', 'No 33'이 선정됐다고 가정하자.
2) 단계 2 → 선정된 과제의 'SEV', 'OCC', 'DET' 값을 직접 활용하거나

'성과 공간'에 타점한다. 후자의 경우 좌표 점의 위치 확인을 통해 본 '비재무 과제'의 효과가 'X-축(재무성과)', 'Y-축(준재무성과_COPQ 성)', 'Z-축(준재무성과_R&D성)'의 어느 영역에 속할지를 예상해본다. 다음은 'No 2=(9, 7, 9)', 'No 33=(8, 9, 4)'을 '성과 공간'에 타점한 예이다.

[그림 Ⅱ-49] '성과 공간'에의 타점 예

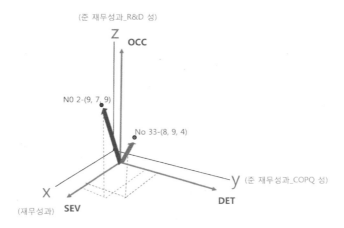

3) 단계 3 → 예상된 영역에서의 성과 금액을 발굴한다. 예를 들어, [그림 Ⅱ-49]로부터 'No 2'는 'Z-X 평면'에 근접하다. 이때 두 축 성분들 중 'Z-축'에 가까운 것으로 판단하면 '준재무성과_R&D성'의 성과 금액을 추가 발굴한다. 또 'No 33' 경우 'X-Y 평면'에 근접하며, 동일하게 두 축 성분들 중 'Y-축'에 근접한 것으로 판단하면 '준재무성과_COPQ 성'의 성과 금액을 발굴한다. 어느 평면에 근접한가와 어느 축 성분의 성과를 추가 발굴할지는 전적으로 '효과 평가 전문가'의 판단에 따른다.

지금까지 '재무성과'와 '비재무성과'의 금전적 표현법에 대해 알아보았다. '능동적 과제 수행'의 개요 단계에서 설명한 바와 같이 **초기에 정해진 과제 목표는 고정됐다기보다 목표 미달을 우려한 '위험 관리(Risk Management)'와, 목표 추가 달성을 위한 '과정 관리'를 통해 과제 수행 중 끊임없이 연구되고 관찰돼야 한다.** 또 '중간 점검 활동(Audit)'을 목표 추가 달성의 기회로 삼기 위해 '효과 평가 전문가(Financial Effect Analyst)'의 체계적 활동을 주문한 바 있다. 더불어 눈으로 보는 관리를 위해 '성과 공간'을 개발했으며 [그림 Ⅱ-15]와 같은 '과제 효과 분포도'를 소개했다. 또 이 같은 접근과 기법들을 통해 과제 수행 기간 동안 최대 성과를 낼 수 있도록 과제 관리와 운영 방안이 마련돼야 한다. 참고로 과제 선정과 관련한 자세한 사항들은 「Be the Solver_과제 선정법」편에서 자세히 다루고 있으니 관심 있는 독자는 참고하기 바란다.

양식 모음

'효과 평가 전문가'들의 원활한 평가를 위해서는 과제 내용을 잘 알고 있는 리더들의 사전 성과 평가 또는 기본 정보 작성이 매우 중요하다. 본 단원에서는 기본 자료들을 입력할 수 있는 주요 양식들을 모아 정리하였다. 표준 양식이 될 수 있도록 제도화하는 것도 좋은 방안이다.

과제 Baseline 검토서
(년   월)

과 제 명			
팀 구 성	[리더]	[팀원]	[총원]
수 행 기 간		예상 성과 기간	

Baseline 검토 요약	지표 명(Y)	검토 기간	현 수준	목표 수준	최고 수준
		~			
		~			
		~			

Baseline 설정 검토내용

[Baseline]

☐ 검토 기간 :

☐ 검토 내용 : 근거 자료

☐ 확정 Baseline

–

	과제 리더	멘토	효과평가 전문가	확 정	비 고
성 명					
검토일					
Baseline					

과제 효과 평가표

(20□□. □□. □□ □□회의)

과 제 명				
팀 구 성	[리더]　　[팀원]　　　　외　명　[총원]　　명			
수 행 기 간	`□□.□□ ~ `□□.□□	예 상 효 과 기 간	`□□.□□ ~ `□□.□□	
과 제 유 형	□ 재무과제　□ 비재무과제			
과 제 단 계	□ 등록 단계,　□ Define Phase,　□ Control Phase			

과　　제 효 과 판 정	효 과 의 성 격	□ D-Phase 목표, □ C-Phase 완료, □ 사후관리 완료		
	개 선 수 준	지표 명:(　　　　　), 개선 전(　　) → 개선 후(　　)		
	재 무 성 과 (백만 원)		비재무성과 (백만 원)	
	20□□년	20□□년	준 재무성과	체질개선 성과

분 석 내 용

[재무성과]

[준 재무성과]

[체질 개선 성과]

분 석 참 여 효과 평가 전문가	담 당 회 계 부 서	□□□□ 부서			
	홍길동 과장	No.	부 서	성 명	합의여부
		1			
		2			
		3			

□ Y정의서

지표 명		관리범위	□전사,	□부서
산 출 식				
산출기준				
관리단위	□ 억 원, □ 백만 원, □ %, □ 기타( )			

Baseline		목 표	
관리주기	□ ( )월, □ ( )주, □ ( )분기	관리부서	
비 고		첨부파일	

색인

완료 효과: 54
원가 회계: 101
원자재(원재료): 191
위험 관리: 87
유실 공수: 230

(ㅈ)

잠재 효과: 123
재고: 36
재무 과제: 24
재무 분석: 42
재무성과: 22
재무제표 접근법: 33
재무 회계: 63
정상 재고: 222
제조 원가 명세서: 98
제품(상품)화 과제: 294
준재무성과: 23

(ㅊ)

체질 개선: 340
체질 개선 성과: 23
총 자원법: 115, 269

(ㅍ)

표준 작업 시간(S/T): 229

(ㅎ)

할인율: 186
현금 주의: 128
화폐: 11
화폐의 종류: 102
회계: 57

회수 기간법: 333
효과: 22
효과성: 290
효과 지향점: 124
'효과 평가 전문가': 24
'효과 평가 전문가' 역동성 지표: 91
효율성: 36, 290

(영문)

ASQ: 258
Audit: 64
Baseline 적절성: 73
Capacity: 229
COPQ: 60
COPQ Elements: 268
COQ: 255
CR: 198
CVE: 198
DMWC: 158
EBIT: 182
FMEA 가중치법: 118
GVE: 198
H－Cost: 116
IFRS: 186
K－IFRS: 187
P－FMEA 접근법: 33
Post Sigma: 77
PQC: 257
SPC: 137
VE: 198

송인식 ————————————————————————————

(현) PS-Lab 컨설팅 대표

한양대학교 물리학과 졸업
삼성 SDI 디스플레이연구소 선임연구원
한국 능률협회 컨설팅 6시그마 전문위원
네모 시그마 그룹 수석 컨설턴트
삼정 KPMG 전략컨설팅 그룹 상무

인터넷 강의: http://www.youtube.com/c/송인식PSLab
이메일: labper1@ps-lab.co.kr

※ 도서 내 데이터 및 템플릿은 PS-Lab(www.ps-lab.co.kr)에서 무료로 받아보실 수 있습니다.

Be the Solver
과제 성과 평가법

초판인쇄   2018년 5월 4일
초판발행   2018년 5월 4일

지은이   송인식
펴낸이   채종준
펴낸곳   한국학술정보㈜
주소   경기도 파주시 회동길 230(문발동)
전화   031) 908-3181(대표)
팩스   031) 908-3189
홈페이지   http://ebook.kstudy.com
전자우편   출판사업부 publish@kstudy.com
등록   제일산-115호(2000. 6. 19)

ISBN   978-89-268-8404-1 94320